Christian Hentschel

MASCHINE

Christian Hentschel, Jahrgang 1967, ist Musikjournalist und Buchautor. Er schreibt für Kulturzeitschriften wie *Das Magazin, Nitro* und *Schall* und verfasst Musiksachbücher, darunter bereits Bandbiografien über die *Puhdys, Keimzeit* und CITY. Der »DDR-Rock-Experte« (Zitat *Der Spiegel*) trifft sich seit bald dreißig Jahren regelmäßig mit Dieter »Maschine« Birr zu ausführlichen Gesprächen. Dadurch hat er wie kein Zweiter tiefe Einblicke in die Karriere des Kultmusikers sowie ein enges Vertrauensverhältnis zum Künstler, wovon das vorliegende Buch profitiert. *MASCHINE. Was bisher geschah* ist Christian Hentschels siebzehntes Buch.
Zuletzt erschien bei Rotbuch: *Einmal wissen, dieses bleibt für immer. CITY. Das Buch* (2022)

CHRISTIAN HENTSCHEL

ROTBUCH

MASCHINE

WAS BISHER GESCHAH

ISBN 978-3-86789-214-8

2. Auflage

Umschlaggestaltung: Ronald Reinsberg
Umschlagabbildungen: © Chris Gonz
Innengestaltung: Buchgut, Berlin
Druck und Bindung: Graspo CZ

Ein Verlagsverzeichnis schicken wir Ihnen gern:
BEBUG mbH / Rotbuch Verlag
Axel-Springer-Straße 52
10969 Berlin
Tel. 030 / 206 109 – 0

www.rotbuch.de

INHALT

VORWORT

Frank Schöbel war es, der mich wissen ließ, dass der Rotbuch Verlag sich vorstellen könnte, ein Buch von und mit mir zu meinem achtzigsten Geburtstag herauszugeben. Natürlich fühlte ich mich geehrt, aber ich dachte auch, dass ja schon einige Geschichten meines Lebens oft und gern erzählt wurden. Andererseits gibt es noch viele bisher nicht erzählte Dinge, und in den letzten Jahren kamen so viele Geschehnisse hinzu, dass ich noch einmal genauer überlegte. Zumal ein Buchverlag ja auch wissen wird, was er da tut und haben will. Frank, den ich nicht nur als Musikerkollegen schätze, sondern auch als früheren Rundfunkmoderator, der die ersten *Puhdys*-Produktionen im Radio spielte, hat in diesem Verlagshaus auch kürzlich ein Buch veröffentlicht, und meine Journalistenfreunde Wolfgang Martin sowie Christian Hentschel haben hier ebenso ein verlegerisches Zuhause.

Mit Christian habe ich mich dann zusammengesetzt, und er nahm mir die letzten Zweifel. Eigentlich finde ich, dass so eine Biografie immer etwas Abschließendes hat, aber wir zwei waren uns darüber einig, dass wir *das* später machen werden, vielleicht zum neunzigsten oder noch besser erst zum hundertsten Geburtstag. Doch vorerst könnten wir ja schon mal zusammentragen: *Was bisher geschah*. Und das ist nun hier zu lesen.

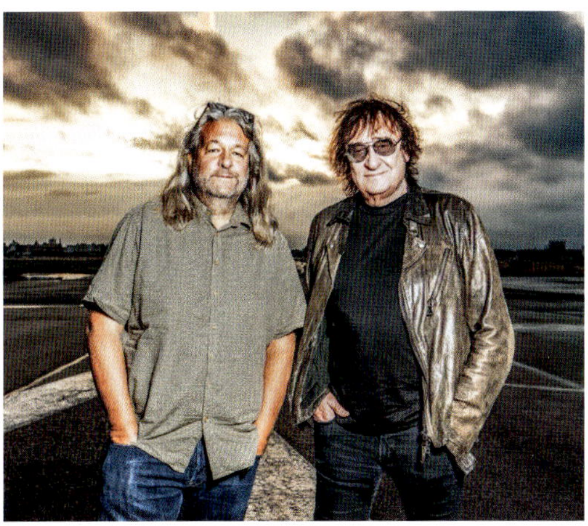

Dieter »Maschine« Birr erzählt Christian Hentschel (links) so ziemlich alles. Der schreibt das meiste davon auf …

Christian Hentschel kenne ich seit Ewigkeiten, unser allererstes Interview hatten wir 1996 gemacht. Seitdem trafen wir uns immer mal wieder zu ausführlichen Gesprächen. Das ist bis heute so und wird hoffentlich noch lange so bleiben. Ein Nachrichtenmagazin warb vor vielen Jahren mit dem Spruch »Fakten, Fakten, Fakten – und immer an die Leser denken«, damit könnte auch Hentschel gemeint sein. Mir gefällt sein Stil, denn er hat nicht nur die Gabe, sehr kurzweilig und unterhaltsam zu schreiben, sondern er schaut stets über den Tellerrand und trägt akribisch Informationen zusammen. Dass zum Beispiel das Freiberger Tivoli schon 1843 erwähnt wurde, dass die brasilianische Fußballlegende Pelé am Tag des ersten *Puhdys*-Auftritts ihr tausendstes Tor schoss und dass es am Tag, als die *Puhdys* für acht Wochen in die offiziellen Charts gingen, Schneeregenschauer gab, weiß ich nur durch ihn. Wir entschieden uns dafür, dass er meine Geschichte erzählt, sozusagen auf mein Leben von außen schaut. Nichtsdestotrotz komme ich ausführlich zu Wort, in fast drei Jahrzehnten sind nicht wenige Interviews zusammengekommen. Und nicht zuletzt hat er einige Kolleginnen und Kollegen, die meinen Weg beglei(te) ten, befragt. Im Anschluss haben wir alles mosaikartig zusammengefügt; man kann das Buch von vorn beginnen, aber es lässt sich ebenso wunderbar querlesen. Ich wünsche euch viel Spaß damit.

Haltet durch!
Euer Maschine

BESSERE TAGE

Maschine im Admiralspalast

Wenn man in Berlin am Bahnhof Friedrichstraße in den Admiralspalast geht, denkt man immer zuerst: Was für ein opulentes Haus, was für ein schöner Saal! Die Mischung aus goldenem Dekor und sattroten Sitzen wirkt mondän und edel, und trotzdem ist hier nichts etepetete. Der riesige Kronleuchter ist mit einem Netz überspannt, das man nur bei genauerem Hinsehen wahrnimmt. Wäre ja schade, wenn man mitten beim Genießen eines Konzerts von einem Kristall erschlagen wird. Früher, in den Goldenen Zwanzigern, soll es hier noch pompöser gewesen sein. Man entscheidet sich erst später, es ein bisschen schlichter zu halten. Wirklich schlicht ist es aber nie geworden. Nach dem Zweiten Weltkrieg zieht erst die Deutsche Staatsoper ein, bis sie ab 1955 wieder in ihr eigenes Haus auf dem Boulevard Unter den Linden zurück kann. Dann kommt das Metropol-Theater hierher und bleibt bis zu seiner Schließung 1997. Vornehmlich wird in dieser Zeit die sogenannte leichte Muse aufgeführt. Musicals und Operetten zum Beispiel. Der populäre DDR-Komiker Rolf Herricht ist hier im Sommer 1981 mit nur dreiundfünfzig Jahren mitten auf der Bühne verstorben. Sporadisch finden auch Konzerte statt. Pete Seeger, die *Nick Straker Band*, Otto Waalkes und *Silly* habe ich hier in den 1980ern gesehen. Inzwischen wird das Haus hauptsächlich für Gastspiele genutzt.

Für den 9. November 2023 haben sich Maschine und Uwe Hassbecker im Admiralspalast angekündigt. Ihr Programm heißt »MASCHINE intim – Lieder für Generationen«. Irgendwie mutig – nur zwei Musiker, die vornehmlich den Abend mit Gitarren bestreiten, aber auch sporadisch mit Geige und Mandoline. »Die Songs sind dabei auf das Wesentliche reduziert und dennoch fehlt nichts. Kein Ton hat die Chance, zu schwächeln, sich hinter einem Schlagzeug-Break oder einer Keyboardfläche zu verstecken. In den vermeintlich abgespeckten Versionen entfalten die bekannten Lieder einen ganz neuen Zauber, Altvertrautes überrascht durch neue Ansätze und Herangehensweisen. Wie so oft ist weniger mitunter mehr, die Lieder für Generationen versprechen magische Konzertabende«, schreibe ich ihnen als Presseinfo und meine es auch so. In einem Interview, viel weiter hinten im Buch, erklärt Maschine, wie es zu der Idee kam. Das Konzert gleicht einer Zeitreise durch mehrere Jahrzehnte Rock- und

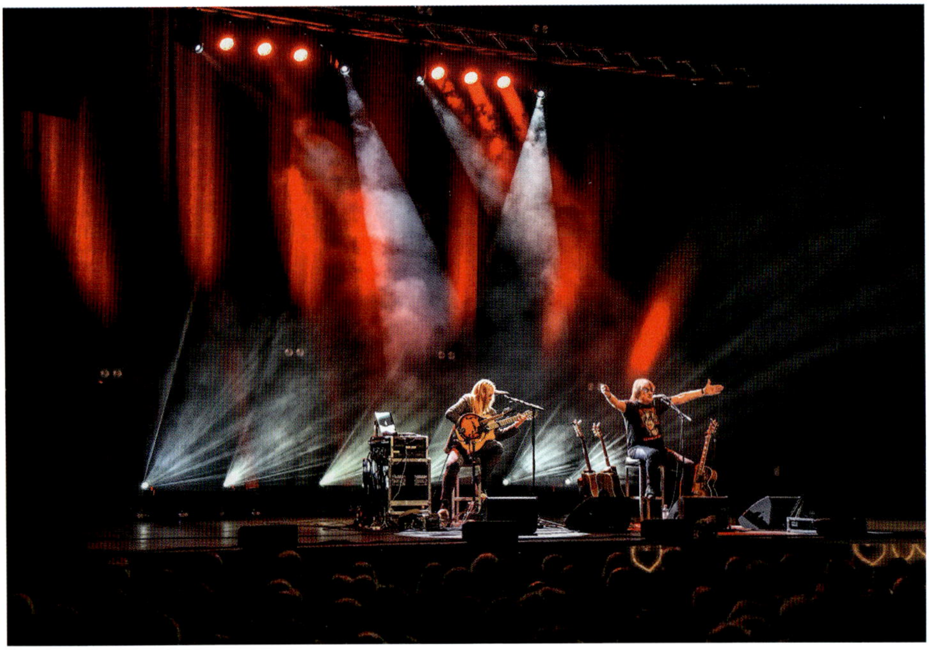

Uwe Hassbecker und Maschine am 9. November 2023 im Berliner Admiralspalast

Popgeschichte. Es bleibt erstaunlich, wie viele Hits im Laufe seiner Karriere zusammengekommen sind. Und längst sind es nicht alle, das Duo hätte locker noch eine Stunde heranhängen können. Was man vielleicht nicht erwartet: Selbst wenn das Dreamteam der Akustikszene nicht einen einzigen Song spielen würde, wäre es dennoch eine sehr unterhaltsame Show. Hassbe, wie den Gitarristen viele nennen, und Maschine entpuppen sich als charmante Plauderer. Mit wahrhaftigen Entertainerqualitäten schaukeln sie sich gegenseitig hoch und geben Anekdoten ihres Lebens zum Besten. Das kennt man so maximal noch von *Die Ärzte*, bei denen man auch nicht weiß, ob man sich lieber auf den nächsten Song oder doch besser auf die nächste Ansage freuen sollte.

Das Konzert beginnt (und endet) mit »Was bleibt«, einem ***Puhdys***-Klassiker aus den frühen 1990ern. Die kommenden Nummern pendeln durch die Jahrzehnte. Songs aus Maschines Soloalben der letzten Jahre wie »Bessere Tage« und »Auf das Leben« wechseln mit den ***Puhdys***-Hits wie »He, John« und »Boote der Jugend«. Bei »Regen« kommt spontan Julia Neigel auf die Bühne. Sie war am Vortag mit ***Silly*** bei einer TV-Aufzeichnung. Als sie von Uwe Hassbecker erfuhr, dass die beiden am nächsten Tag ein Konzert im Admiralspalast haben, verschob sie ihre Heimfahrt, um als Überraschungsgast dabei sein zu können. Julia, die bereits mit Edo Zanki, David Knopfler und Peter Maffay im Duett sang, bleibt auch auf der Bühne und singt mit, als Maschine den ***Silly***-Song »Bye, bye« anstimmt. Dann folgt »Deine Stille« vom ***Neubeginner***-Album. Schließlich ist Pause. Maschine habe gehört, dass einige Gäste an Unterhopfung leiden und dringend ein Bier bräuchten. Der Saal lacht an diesem Abend nicht zum ersten und nicht zum letzten Mal.

In der Pause sehe ich in beseelte, glückliche Gesichter. Mir wird bewusst, dass all diese Lieder für viele der Soundtrack ihres Lebens sind. Ich komme mit einigen Gästen ins Gespräch. Stolz erzählt mir jemand, dass er seine Frau im Kino bei *Die Legende von Paul und Paula* kennengelernt hätte und der Song »Geh zu ihr« von einem leiernden Tonband nach der Trauung gespielt worden wäre. Ein anderer meint, dass er verblüfft sei, wie gut und kraftvoll diese Songs ohne Band klingen. Er habe sich das Konzert schon einmal Anfang des Jahres angesehen, und gleich morgen wolle er nach Rostock, denn da spielen Uwe und Maschine noch einmal. Für eine Zweiundzwanzigjährige, mit der ich ebenfalls spreche, ist es eine Premiere. Sie wollte ihre Tante begleiten und staune jetzt, dass es ihr auch gefalle. Sagt sie und entschuldigt sich für ihre Unkenntnis. Schwamm drüber – als sie geboren wurde, feierten die *Puhdys* gerade ihren zweiunddreißigsten Bandgeburtstag.

Schließlich geht es weiter. Das Set startet mit dem »Lied für Generationen«, übrigens eine Komposition des 2020 verstorbenen Harry Jeske, *Puhdys*-Bassist von 1969 bis 1997. Der Text stammt von Wolfgang Tilgner, der in den 1970ern vieles für

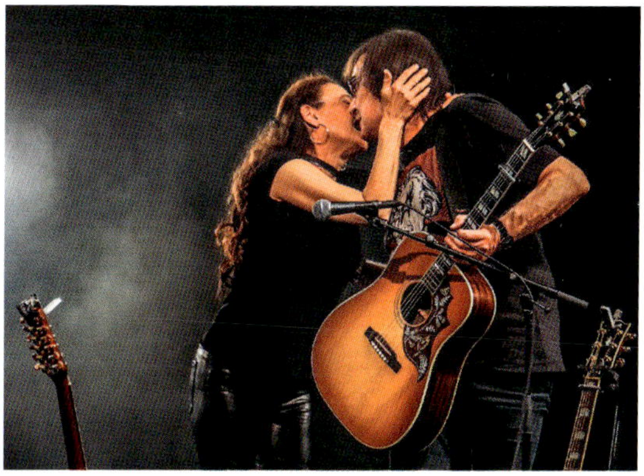

Julia Neigel ist am 9. November 2023 zufällig in der Stadt und überrascht Maschine und das Publikum mit einem Spontanauftritt.

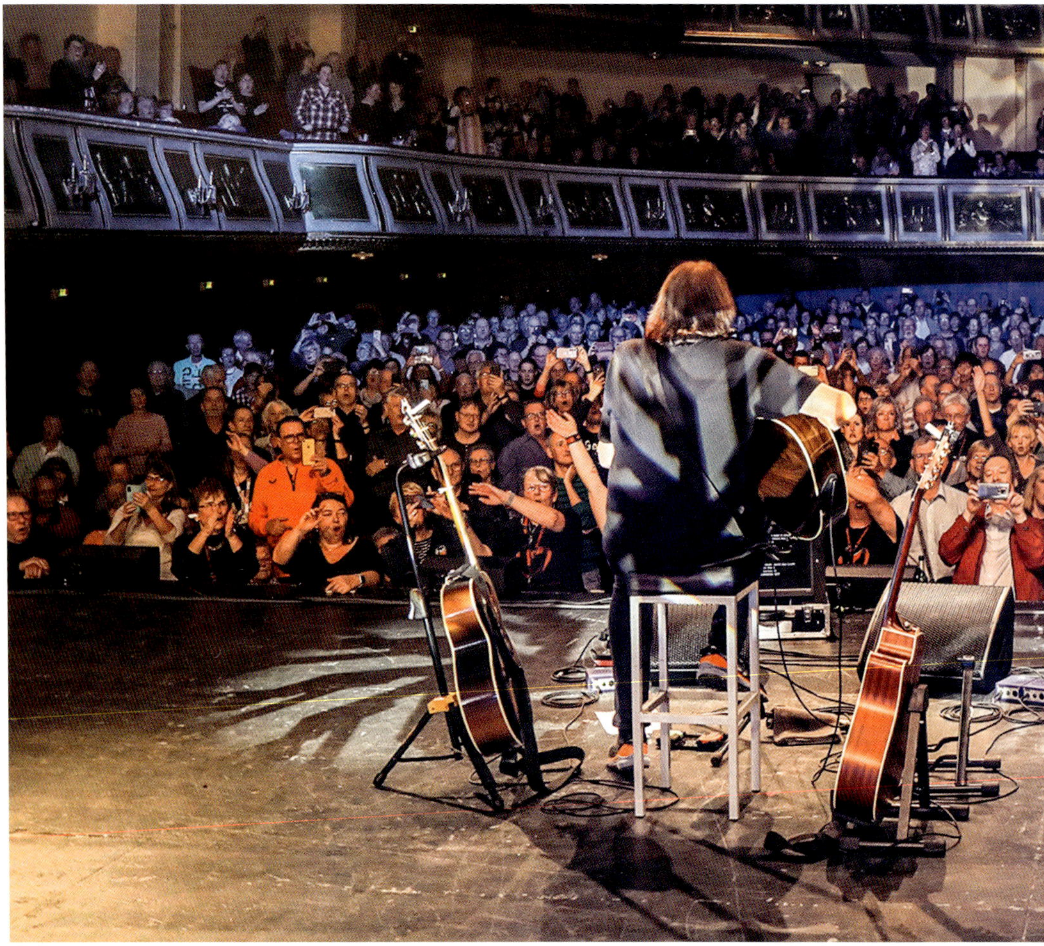

9. November 2023: So sieht der Admiralspalast von der Bühne aus.

die *Puhdys* schrieb. Mit »Wo bist du« gibt es noch einen weiteren *Silly*-Titel, und Uwe bringt außerdem ein Instrumental aus dem Soundtrack des Bernd-Böhlich-Films *Der Mond und andere Liebhaber*, in dem er auch in einer kleinen Rolle an der Seite von Katharina Thalbach zu sehen ist. Dann geht es Schlag auf Schlag: »Wenn Träume sterben«, »Wenn ein Mensch lebt«, »Geh zu ihr«, »Lebenszeit«, »Alt wie ein Baum«, »Hey, wir woll'n die Eisbärn sehn«, »Das Buch« … Längst haben sich die Fans aus den gemütlichen Sitzen gerissen und feiern ihre(n) Maschine.

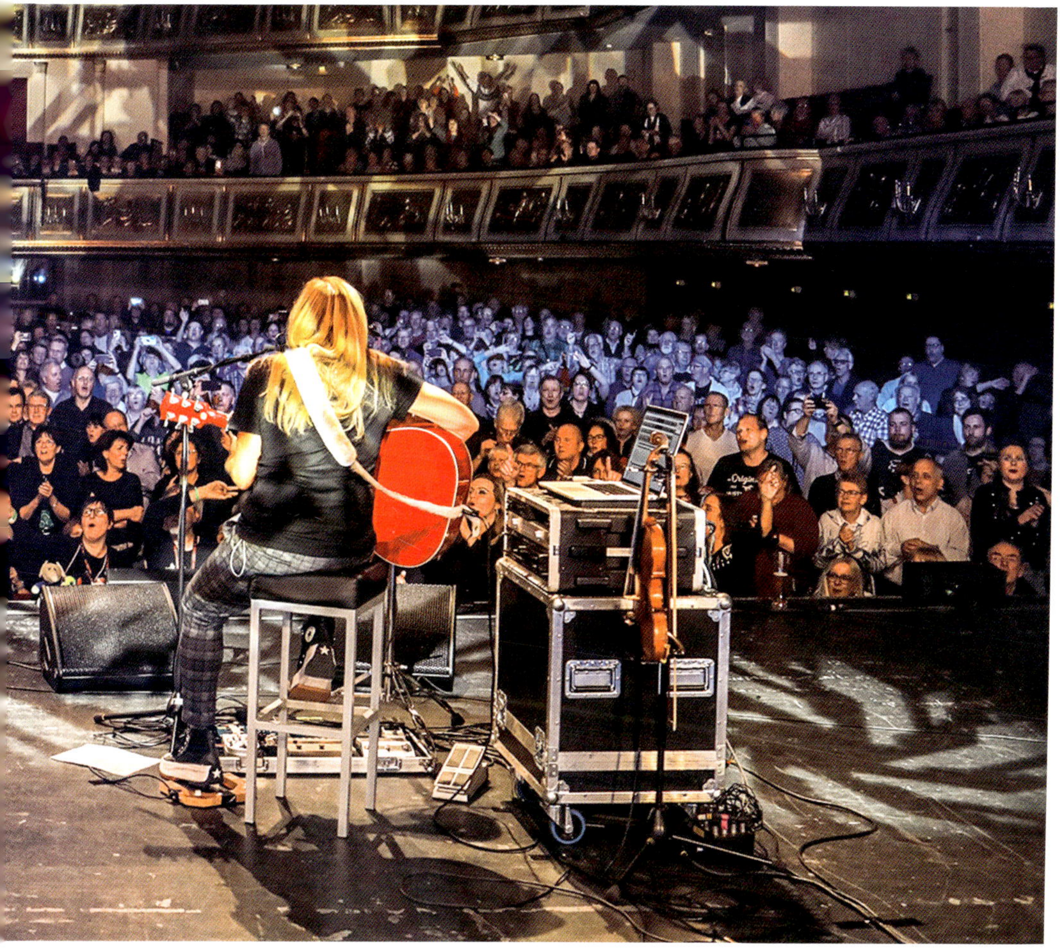

Als das Konzert vorbei ist, husche ich noch schnell in die Garderobe, quatsche kurz mit Julia Neigel und Uwe Hassbecker, die mir freundlicherweise für dieses Buch hier ein Interview gegeben haben, und bedanke mich bei Maschine für diesen großartigen Abend. Er und seine Frau Sylvia packen gerade zusammen, es soll heute noch nach Rostock gehen. Was ich in der Eile vergaß zu erwähnen: Maschines Lieder sind auch der Soundtrack meines Lebens. Ich bin stolz darauf, dieses Buch für, mit und über ihn geschrieben zu haben. Danke!

10 Fragen an UWE HASSBECKER

Gitarrist, Violinist; seit 1986 bei *Silly*, spielt an der Seite von Maschine bei »MASCHINE intim – Lieder für Generationen«

Der Gitarrist, Violinist, Komponist und Produzent Uwe Hassbecker begann sehr jung in Formationen wie *Klink*, der *Uschi-Brüning-Band* und der *Modern Soul Band* und wurde in der ersten Hälfte der 1980er als Gitarrist von *Stern Meißen* bekannt. 1986 wechselte er zu *Silly* und prägt diese Band bis heute. Seit genau zehn Jahren kollaboriert Uwe Hassbecker regelmäßig mit Maschine – im Studio, in seiner Band und nicht zuletzt in der Duovariante. Womit sich ein Kreis schließt: Als Schlagzeuger einer Schülerband coverte Uwe Hassbecker einen Song von den *Puhdys*.

1 *Du warst dreizehneinhalb, als das erste* Puhdys-*Album erschien, und als du sechzehn Jahre alt wurdest, waren schon vier Platten draußen. Hattest du dir als Jugendlicher mal eine* Puhdys-*LP gekauft, oder hast du mal eine geschenkt bekommen?*

Mann, waren die fleißig. Als ich anfing, mich ernsthaft für Rock, Pop und Jazz zu interessieren, war ich etwa im Alter von dreizehn Jahren. Ich kam eher von der Klassik, hatte eine sehr musisch geprägte Familie und seit meinem siebten Lebensjahr Geigenunterricht. Dann kam ich über den Umweg Schlagzeug recht schnell zur Gitarre. Ich hörte damals eigentlich alles, was ich aufschnappen konnte. Vor allem aber Jazz-Rock, Funk und auch Blues. Viel internationalen Kram, vornehmlich aus England und Amerika. Da hatte ich meine Vorbilder, denen ich nacheifern wollte. Die Puhdys waren damals in der DDR schon sehr populär, und man kannte natürlich einzelne Titel. Mit deutschsprachiger Rockmusik konnte ich aber zu der Zeit noch nicht so viel anfangen, also hatte ich auch keine *Puhdys*-LP. Die Kontingente für Schallplattenproduktionen waren in der DDR zu dieser Zeit noch sehr begrenzt, und wenn mal eine LP einer populären Band oder gar eine internationale Lizenzplatte verkauft wurde, war die immer recht schnell vergriffen. Das war bestimmt auch ein Grund dafür. Ich kann mich erinnern, dass eines Tages in der örtlichen Musikalienhandlung

Polyhymnia in Halle (Saale), in der es auch eine Schallplattenabteilung gab, ein neues Album der ungarischen Band *Omega* verkauft wurde. *Omega* klang schon ein wenig nach Westen. Ich überredete meine Mutter, sich mit mir in die Schlange zu stellen. Als wir endlich dran waren, war die *Omega*-Platte alle, und es gab nur noch *Die Roten Gitarren*, eine Band aus Polen. Aus lauter Frust habe ich die dann gekauft. Zumindest das Cover mit den schönen roten Gitarren gefiel mir.

2 ***Für ein anderes Buch von mir hattest du mir mal erzählt, dass du Schlagzeuger in der Schülerband Scolares warst, die die* Puhdys *gecovert hat. Welche Erinnerungen hast du daran?***

Ich glaube, das war etwa 1973. Bei einem Schulfest sollten wir auftreten und uns ein Programm überlegen. Meistens haben wir versucht, internationale Sachen nachzuspielen, teilweise auch Klassik-Adaptionen. An eigene Kompositionen war damals noch nicht zu denken, und wir standen wirklich erst am Anfang. Offiziell gab es ja für Tanz- und Unterhaltungsveranstaltungen in der DDR eine 60/40-Regel, die besagte, dass 60 Prozent des Programms aus der sozialistischen Welt kommen sollten und maximal 40 Prozent westliches Repertoire. Im Prinzip hat sich da kaum einer dran gehalten, aber wahrscheinlich hat die Schuldirektion uns das für unseren Auftritt nahegelegt. Jedenfalls haben wir bei diesem Auftritt im Klassenzimmer auch »Wenn ein Mensch lebt« gespielt, ich am Schlagzeug. Ich glaube, an einem *Renft-Song* haben wir uns auch versucht. Unser Pianist Reinmar Henschke hatte schon einen Kassettenrecorder, und unser Auftritt wurde mitgeschnitten. Eine Kopie dieses Mitschnitts habe ich vor ein paar Jahren auf einer alten Tonbandkassette gefunden und ihn digitalisiert. Das klingt natürlich schrecklich, aber es ist eine schöne Anekdote, von der wir auch ab und zu bei unserem gemeinsamen Maschine-Programm erzählen. Überhaupt, wenn mir damals jemand gesagt hätte, dass ich das Lied etwa fünfzig Jahre später zusammen mit Maschine bei Konzerten spiele, hätte ich den für komplett durchgeknallt erklärt.

3 ***Kannst du dich daran erinnern, ob du mal in den 1970ern in einem* Puhdys-*Konzert warst? Falls ja, wie war's?***

Nein – war ich nicht.

4 Die Puhdys zählten seit den 1970ern zu den populärsten Bands des Ostens, spätestens in der zweiten Hälfte der 1980er hatten Silly aufgeholt. Wart ihr Konkurrenten?

Natürlich waren wir auch irgendwie Konkurrenten. Kennengelernt habe ich die *Puhdys* – oder sagen wir: die einzelnen Bandmitglieder – während meiner Zeit bei *Stern Meißen*, zwischen 1980 und 1986. Die Band hatte uns, was Popularität anbetrifft, auf jeden Fall so einiges voraus. Ich würde sagen: Der Weg der *Puhdys* war irgendwie geradliniger, während wir uns mit *Stern Meißen* zum Beispiel mit den großen instrumentalen Werken und Klassik-Adaptionen doch so einige Experimente erlaubt haben. Wir fanden das ja sehr spannend, aber es ist eben auch nicht jedermanns Sache. Etwa 1983 kam dann eine radikale Umbesetzung bei *Stern Meißen* dazu und mit IC Falkenberg ein neuer Sänger, der durchaus auch frischen Wind mitbrachte. Das hat die Band gewissermaßen verjüngt und war auch notwendig. Die *Puhdys* durften bereits schon länger in den Westen reisen, wovon wir nur träumen konnten. Die Homebase von *Stern Meißen* war damals wie heute in Berlin-Wilhelmshagen, und die *Puhdys*-Musiker wohnten mehr oder

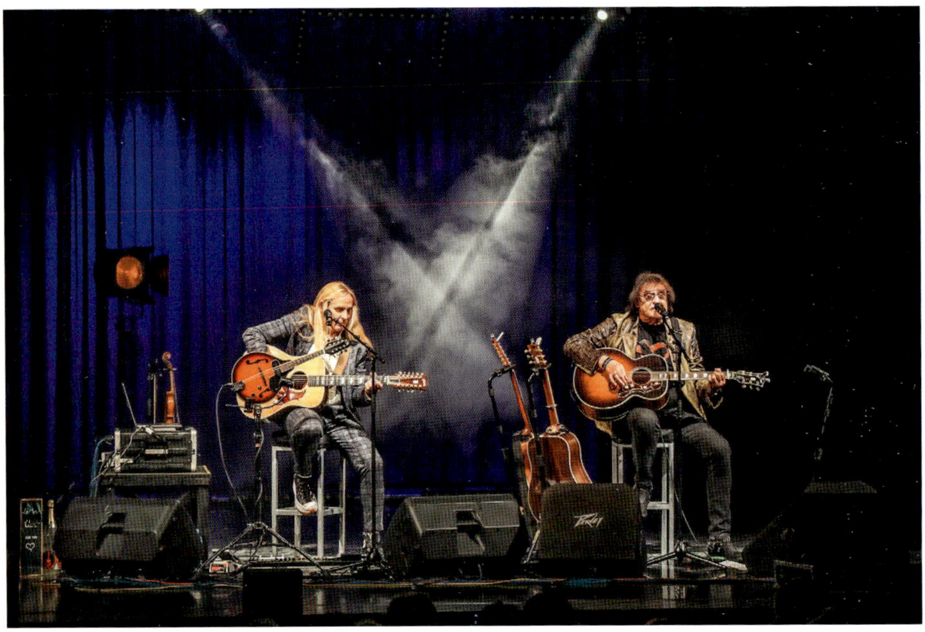

Uwe und Maschine am 17. November 2023 in Staßfurt

weniger verstreut in unmittelbarer Nähe in Rahnsdorf, Friedrichshagen und so weiter. »Rockhausen« wurde das damals genannt. Es entstanden die ersten Privatstudios, etwa von *Stern*-Chef Martin Schreier, nicht lange danach auch eines von Harry Jeske und anderen. Ich begann zu der Zeit, immer intensiver als Studiomusiker zu arbeiten, und hatte auch durch die neu entstandenen Möglichkeiten gut zu tun. Harry war ja geschäftlich sehr aktiv und hat mich oft für meine Studioarbeit in Naturalien bezahlt, das heißt, er hat mir heißbegehrte Instrumente und Verstärker aus dem Westen mitgebracht. Von Quaster habe ich mal 'ne Fender Stratocaster, die ich heute noch spiele, gekauft und so einiges andere auch.

Silly hat tatsächlich ab Anfang, Mitte der 1980er kräftig aufgeholt. Ich bin zusammen mit Jäcki Reznicek 1986 eingestiegen. Das war dann schon 'ne fette Besetzung auf der Bühne. Kann schon sein, dass wir von anderen Bands auch zunehmend als Konkurrenz wahrgenommen wurden. Aber vielleicht kann ich es so am besten erklären: Die *Puhdys* und wir haben auf so verschiedenen Hochzeiten getanzt, da war selbst dieses kleine Land immer noch groß genug, und es war ausreichend Platz für alle da.

5 ***Wie hast du als Stern Meißen- und/oder Silly-Musiker darüber gedacht, dass die Puhdys an ihren AMIGA-Platten beteiligt waren und die Gagenhöhe frei vereinbaren konnten?***

Im Prinzip ist das richtig so. Natürlich muss man als Band auch an seinen Plattenverkäufen beteiligt sein, und man muss als populäre Band mit vielen Zuschauern auch entsprechend mehr verdienen können, als es irgendeine pauschale »Einstufung« hergab. Das Einzige, was daran damals nicht stimmte, dass nur eine Handvoll Künstler in diesen Genuss kam. Die anderen durften, auch mit zunehmender Popularität, nur für ihr Einstufungshonorar spielen. Dafür konnten aber die *Puhdys* oder *Karat* nichts. Wir als *Silly* haben uns ab circa 1987/88 die Möglichkeit ertrotzt, Gagen frei verhandeln zu können. Das Argument, dass es nicht sein kann, dass wir als Band das Gleiche verdienen, egal ob wir vor dreihundert oder vor fünftausend Leuten spielen, was in dieser Zeit eher die Regel war, und bei Letzterem aber deutlich höhere Kosten haben, hat auch der letzte Kulturbonze irgendwie verstanden. Das war bekanntlich auch die Zeit, in der die DDR zusehends begann zu zerbröckeln.

6 ***Maschine und du haben 2024 Zehnjähriges. So lange ist schon wieder die Produktion des Soloalbums* MASCHINE *her. Inwiefern hat sich die Arbeit im Studio verändert, seid ihr mit den Jahren enger geworden?***

Wahnsinn, wie die Zeit rennt ... Genau gesagt, begann unsere Zusammenarbeit ja schon 1973. Das hat er bloß damals nicht mitgekriegt ... *(lacht)*. Auch mit Abstand gefällt mir das Album von 2014 immer noch sehr gut, weil es so anders ist, als man es von ihm erwartet hätte. Wirklich gelungen! Nun, es gab ja noch andere gemeinsame Alben mit Maschine. *Neubeginner* von 2016 und *Alle Winter wieder* von 2018. Zu diesem Album fällt mir 'ne lustige Geschichte ein, weil das mitten im Sommer 2018 produziert wurde, ausgerechnet in der Zeit unseres lange geplanten Familienurlaubs auf Rügen. Normalerweise spiele ich alles bei uns im *Silly*-/Danzmusik-Studio im brandenburgischen Hoppegarten ein. Dort habe ich eine riesengroße Spielwiese, sehr viele Instrumente und beinahe unendliche Möglichkeiten. In diesem Fall jedoch habe ich mir das Auto bis unter das Dach voll mit Technik und Instrumenten geladen und mir auf Rügen in unserem Holzschuppen ein provisorisches Studio eingerichtet. »Beachbar-Studio« habe ich es genannt. Tagsüber war Urlaub mit Familie, und in den Abend- und Nachtstunden habe ich Weihnachts- und Winterlieder eingespielt. Manchmal auch am Tage und dann ab und zu auch mal in Badehose, weil es so warm und der Schuppen überhaupt nicht isoliert war. Das war schon total schräg. Außerdem kamen die bei uns reichlich vertretenen Vogelschwärme und Wind hinzu. Bei Aufnahmen von Akustikgitarren mit empfindlichen Mikrofonen hat das Gezwitscher auf den Takes mitunter echt skurril geklungen – und das noch dazu für ein Weihnachtsalbum. Ich habe dann gemerkt, dass die Vögel in Abständen wie verabredet Pausen machen und auf einmal Ruhe ist, falls der Wind nicht gerade weht. Die Takes mit dem zu lauten

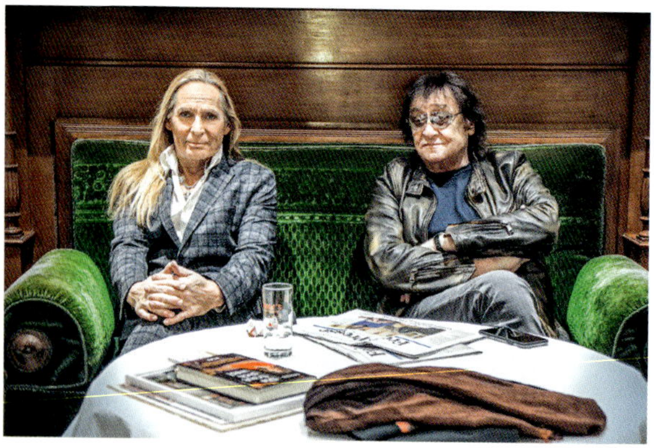
Im Freiberger Tivoli, wo einst die *Puhdys* starteten, schaut Maschine auch mit Uwe vorbei. Beide warten darauf, dass es losgeht.

Gezwitscher versuchte ich dann, in deren Pausen auszubessern oder eben in der nächsten Nacht, wo ausnahmslos alle geschlafen haben, außer ich. André Kuntze, der die Spuren zusammengetragen und das Album gemischt hat, meinte scherzhaft: »Ach, das hat schon einen ganz besonderen Charme.«

Ansonsten hatten wir in den Jahren immer wieder echt tolle gemeinsame Erlebnisse. János »Mecky« Kóbor, der Sänger jener ungarischen Band *Omega*, lud uns ein, auf einem Open Air in Landsberg bei Halle (Saale) als Gäste mitzuspielen. Daraus wurden dann mehrere gegenseitige Gastauftritte. 2017 fragte Mecky an, ob wir nicht Lust hätten, am Jahresende beim 55-Jahre-*Omega*-Jubiläumskonzert in Budapest mitzuspielen. Ich sollte schon vorher nach Ungarn kommen, um einige Warmup-Shows mitzuspielen. Man muss dazu wissen, dass die dort nach wie vor Superstars waren. Gesagt, getan, war ich auf einmal mit *Omega* in Ungarn auf Kurztour, Weihnachten zu Hause, um dann gemeinsam mit Maschine und *Omega* am 28. Dezember 2017 vor fünfundzwanzigtausend Leuten in der Papp László Sportaréna in Budapest aufzutreten. Das war ein Jahresabschluss, den ich nicht vergessen werde ... Leider ist Mecky im Dezember 2021 an den Folgen einer Corona-Infektion verstorben.

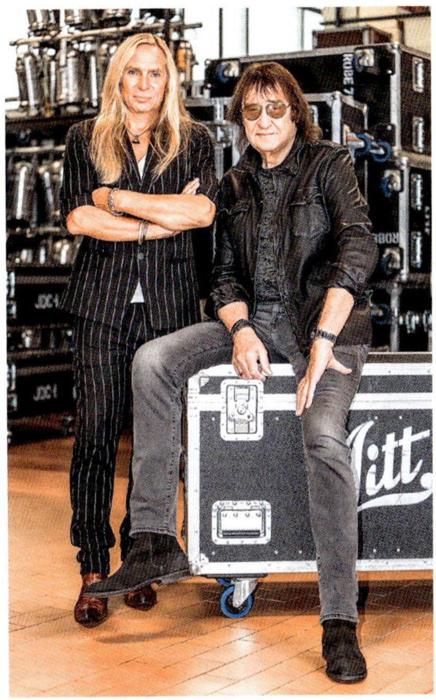
Offizielles Pressefoto von 2018

7 ***Auch live kann man euch als Duo erleben. Wie empfindest du die Unterschiede zwischen dem Spielen in einer Band und der hier abgespeckten Variante?***

Die Songs werden bei unserem Programm auf das Wesentliche reduziert, und das hat, ehrlich gesagt, einen ganz besonderen Reiz. Ich habe sogar das Gefühl, dass manche Stücke in unserer Version intensiver sind als im Original, zumindest aber gleichwertig. Nichts übertönt den Gesang, und die Texte werden anders wahrgenommen. Damit will ich nicht sagen, dass wir einen beschaulichen, stillen Chansonabend darbieten. Mitnichten, manchmal übertönen uns die Fans, weil sie so gut wie jedes Lied lauthals mitsingen. Das ist schön zu erleben. Ein intensiver Abend, oft auch sehr lustig und komisch, weil wir nicht nur spielen, sondern auch aus unseren in den Jahren riesengroß gewordenen Nähkästchen plaudern. Manchmal denke ich, wir haben echt einen Hang zur Comedy. Das hätte ich mir vorher so nicht vorstellen können.

8 ***Wie ist es, mit ihm auf Tour zu sein? Gibt es Befindlichkeiten? Allüren?***
Es ist, genau gesagt, sehr angenehm und entspannt. Maschine oder Dieter, wie ich ihn jetzt mal nenne, ist ein sehr herzlicher und zu allen Leuten freundlicher Mensch. Er hat einen wunderbaren Humor und ist, glaube ich, äußerst sensibel und auch emotional. Es gibt Momente, da gehen ihm Dinge zu Herzen, egal ob er auf der Bühne steht oder nicht. So zu Herzen, dass es dann kein Halten mehr gibt. Ansonsten ist er Profi, hat auf der Bühne so gut wie keine Allüren und macht jeden Soundcheck so lange mit, bis alles stimmt oder seine Monitorboxen nicht mehr zu laut sind. Die Setlisten, die er schreibt, sind immer deutlich zu lang. Aber wenn wir ihn nicht vorher überzeugen konnten, dann merkt er es selber während des Konzerts, und wir überspringen den einen oder anderen Song. Und er kümmert sich um seine beziehungsweise unsere Fans, so wie ich es noch nie erlebt habe. Das Einzige, was mir manchmal etwas Sorge bereitet, sind seine Ernährungsgewohnheiten. Nach dem Motto »Fleisch ist mein Gemüse« besteht unser Catering überdurchschnittlich aus Schnitzel und/oder Bouletten und/oder Currywurst mit Pommes oder Bratkartoffeln. Da würde ich mir manchmal etwas mehr Vielfalt wünschen. Aber das bekomme zumindest ich ja dann am nächsten Morgen bei meinem »Gitarristenfrühstück« im Hotel, von dem Maschine immer meint: »Das ist ja ein totales Durcheinander.«

9 ***Gibt es Songs von Maschine, die du besonders gern spielst, und welche, die dir weniger gefallen?***
Natürlich mag ich die *Puhdys*-Klassiker. Songs wie »Geh zu ihr«, »Lebenszeit«, »Wenn ein Mensch lebt«, »Alt wie ein Baum« sind nicht umsonst zu Hits geworden. Die spielen wir alle. »Regen« ist sehr schön, und entsprechend unserer Zweierbesetzung finde ich aber auch die leiseren Songs gut. Vor allem

»Was bleibt« oder »Die Boote der Jugend«. Bei »Deine Stille« kann ich mich gar nicht so still auf der Geige austoben und, und, und ...

10 ***Maschine singt in diesem Programm auch zwei Songs von Silly. Schlägt er sich wacker?***

Maschine schlägt sich sehr gut. Er sagt ja selber, dass es für ihn ungewöhnlich ist, Lieder zu singen, die nicht von ihm ausgedacht sind. *Silly*-Songs haben andere Strukturen, andere Harmonien, andere Wendungen, und der Teufel steckt manchmal im Detail. So einfach es nach außen klingt, ist da oft eine Besonderheit. Außerdem sind die Songs für eine Frauenstimme geschrieben. Das bedeutet: Tonarten ändern, anpassen, so dass es auch für Maschine passt. Er meinte am Anfang: »Das muss in Fleisch und Blut übergehen, als ob es schon immer aus meinem Mund gekommen ist.« Nur dann kann er die Lieder souverän singen. Und das tut er. Ich werde aber mal schauen, ob wir das Programm vielleicht doch noch um ein, zwei *Silly*-Lieder erweitern können. Ich glaube, es lohnt sich.

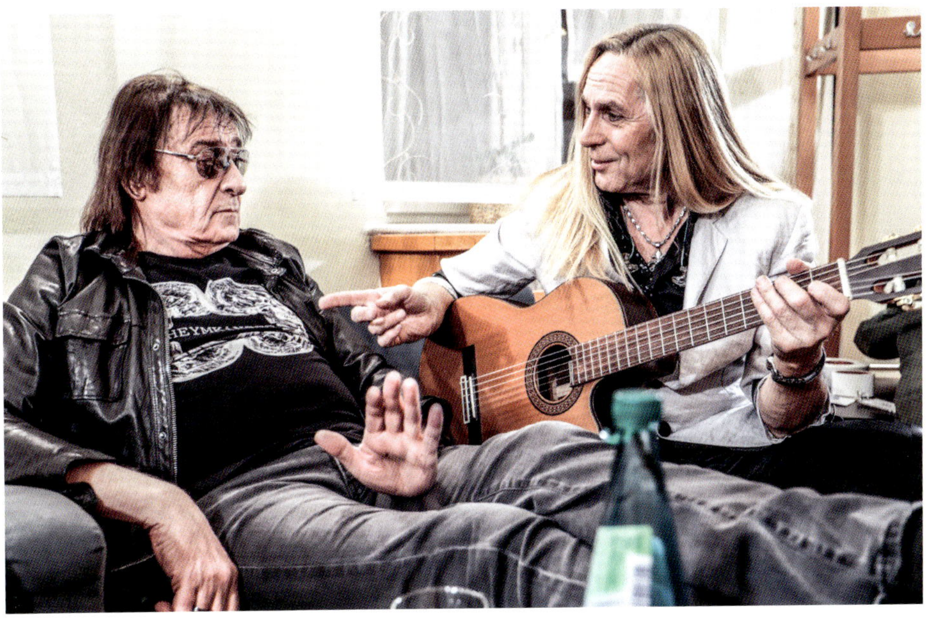

Uwe schlägt fürs gemeinsame Konzertprogramm einen weiteren *Silly*-Song vor, Maschine lehnt dankend ab – so sieht es zumindest aus.

LIED FÜR EINEN FAN

Entspannte Begegnungen mit Maschine

Maschine und ich verstehen uns gut. Wir sind Cousins. – Sind wir natürlich nicht, aber ich wäre nicht der Erste, der das behauptet. In aller Regelmäßigkeit melden sich bei ihm Menschen aus den unterschiedlichsten Regionen und sind felsenfest davon überzeugt, dass sie verwandt mit dem Musiker sind. Wäre ja auch was! Aber sie sind es nicht. Maschines Stammbaum ist überschaubar. So ist immer ziemlich schnell klar, dass es sich hier um einen Wunsch oder einen Irrtum handelt. Er kann also die angebotenen Treffen, bei denen die familiären Bande einmal mehr geknüpft werden sollen, beruhigt absagen. Auch andere vermeintliche Verwandtschaftsgrade schlagen auf. Nicht nur Cousine oder Cousin, sondern Tante, Neffe ... – was auch immer. Besonders beliebt: »Ich bin dein Kind!« Naheliegend, als Mitglied einer Band kommt man viele Jahre gut rum. Und schließlich wird der gute, alte Rock 'n' Roll immer sehr schnell mit den Wörtern »Drogen« und »Sex« in einem Satz erwähnt. Das kann ja auch mal Folgen haben. Hat es oft auch, aber das ist die Geschichte einer anderen Band. Maschine kann hier nämlich Entwarnung geben. Aber es bleibt spannend, denn die Familienanfragen tauchen immer mal wieder auf. Es ist irgendwie ja auch lustig.

Lustig ist es aber nicht immer. Zum Beispiel, wenn sich jemand meldet und behauptet, er sei Maschine. Und deshalb den Sänger und Gitarristen Dieter Birr, der sich frecherweise auch Maschine nennt, töten muss. Weil sonst ja der Birr dem vermeintlich echten Maschine an den Kragen will. Klingt ziemlich wirr und ist es auch. Aber es ist tatsächlich passiert.

Kennen Sie den Beißer aus den James-Bond-Filmen *Der Spion, der mich liebte* sowie *Moonraker – Streng geheim*? Diesen fiesen Hünen mit den Metallzähnen, den auch der 007-Agent nicht ohne weiteres aufs Kreuz legen kann? Richard Kiel (seine Vorfahren kommen aus dieser Stadt, erzählte der US-amerikanische Schauspieler einmal Rudi Carrell in einer Samstagabendshow) spielte diesen Schurken und ist damit bis heute unvergessen. So in etwa sah auch der durchgeknallte Typ aus. Natürlich ohne metallenes Gebiss.

Da kann man schon ein bisschen Schiss kriegen. Besonders dann, wenn sich so einer in eine Pension ganz in der Nähe von Maschines Haus einquartiert und sowohl den Pensionsbetreibern als auch den Wirten in einem nahe liegenden

Lokal den Grund seiner Reise offenbart. Er ist gekommen, um Dieter Birr umzubringen. Maschine ist in seinem Ort gut vernetzt und wird schnell über den unheimlichen Besuch informiert. Maschine kann sich auch denken, um wen es sich handelt. Der Typ hatte zig *Puhdys*-Konzerte besucht und war den Musikern aufgefallen. Keyboarder Peter Meyer verpasste vielen Fans immer einen Namen. Dieser Irre hier wurde Zentaurus genannt – nicht zuletzt wegen seines stechenden Blicks. Nun ist er in die Nähe von Maschine gereist und hat bei seinem absurden Plan keinerlei Unrechtsempfinden, ihm bleibe schließlich keine andere Möglichkeit. Das trägt der Riese nicht nur in der Unterkunft und im Restaurant vor, sondern bestätigt das auch gegenüber Tastenmann Meyer, der zur Hilfe eilt, um seinen Bandkollegen zu verteidigen, sowie gegenüber Maschines Frau, Sylvia – irgendwann nämlich steht Zentaurus tatsächlich vor der Haustür (Maschine ist aber nicht da).

Die ganze Chose wird immer unheimlicher. Wenn Maschine mit seinem kleinen Hund in der Dämmerung Gassi geht, nimmt er in Ermangelung an tatsächlichen Waffen eine Glasflasche mit – in der Not vielleicht ein alternatives Mittel zur Verteidigung. Natürlich geht Maschine auch zur Polizei, doch der diensthabende Polizist ist gerade aus Bayern ins Brandenburgische versetzt worden, er kennt weder die Brandenburger noch die *Puhdys*. Deshalb wundert er sich über Maschines Aussage: »Ein Fan bedroht mich«, und denkt sich seinen Teil. Welchen Fan soll dieser Mann schon haben? Und vor allem warum?

So plötzlich wie Zentaurus in die Gemeinde in der Nähe Berlins gekommen ist, so schnell verschwindet er auch wieder. Der Typ wird nie wieder gesehen. Welch ein Glück!

Die Geschichte ist jetzt etwa zwanzig Jahre her. Und natürlich ist klar, dass der Mann für sein Verhalten vielleicht nichts konnte, dass es sich mit ziemlicher Sicherheit um eine psychische Störung handelte. Aber die Angst war real. Und um das ein wenig zu kompensieren, muss es möglich sein, heute darüber zu schmunzeln.

Zu allen anderen Fans ist Maschines Verhältnis wesentlich entspannter. Er ist ein äußerst nahbarer Künstler, und er liebt seine Fans. »Die Fans sind eine Macht, wer keine hat, gut Nacht«, ließ sich schon Schlagerkollege Frank Schöbel von Jochen Petersdorf dichten. Und recht haben sie. Was nicht heißen soll, dass ein Künstler für seine Anhänger immer verfügbar sein muss (das sagt nicht Maschine, das sage ich). Wenn ich mit ihm unterwegs bin, steht er unter ständiger Beobachtung. Was sagt er? Wie verhält er sich? Was isst er? Und was trinkt er? Maschine geht damit sehr souverän um. Aber ich gönne ihm gern einmal ein bisschen mehr Privatsphäre. Hin und wieder hat er die auch. Im Urlaub beispielsweise. Also zunächst. Wenn Maschine mit seiner Frau etwa eine Schiffsreise macht, wird er erst mal nicht angesprochen. Die Leute grüßen eher oder winken. Bis zu jenem Moment, in dem der Erste nach einem Autogramm oder nach einem Selfie fragt. Dann ist sozusagen das Eis gebrochen und die Anfragen häufen sich.

Maschine findet, dass die Leute freundlicher geworden sind. Also im Vergleich zu früher, zu DDR-Zeiten. Flake von *Rammstein* hatte das einmal in einem Interview gesagt, es gehörte zum guten Ton, die *Puhdys* nicht gut zu finden. Weshalb der Keyboarder erst viel später die Band für sich entdeckte. Auch wenn die *Puhdys* jeder kannte und sie zu den beliebtesten Bands des Landes gehörten, gab es nichtsdestotrotz einige, die nach einem Ventil suchten, um mit dem damaligen Alltag klarzukommen. »Scheiß Osten« wurde vielfach schnell gesagt, und manchmal richtete sich der Zorn auch gegen die Prominenten Ostdeutschlands.

Maschine erinnert sich amüsiert an die Zeit, als er erste Autogramme geben musste. Das war merkwürdig für ihn. Ja, er war der Sänger und Gitarrist einer Band, und freilich war es ein Hochgenuss, wenn ihm die Menschen im Saal zujubelten. Aber nun sollte er auf einem Zettel oder einem Foto unterschreiben? Schließlich wurden es mit der Zeit immer mehr Autogramme, und mit der Menge wichen die Gedanken, ob es nun kurios ist oder nicht, den Fans etwas zu unterschreiben. Vielleicht ist Dieter Birr auch so nahbar und freundlich zu denen, die ihn ansprechen, weil er – wenn man das so sagen kann – durch die ganz harte Schule gegangen ist. Selten ließ sich eine Garderobe abschließen. Und manchmal gab es überhaupt gar keinen sogenannten Backstagebereich. Und wenn doch, dann eben ohne Security, früher bekannt als »Ordner«. Oft stürmten Fans einfach hinter die Bühne und schnappten sich ihn und seine Kollegen in den kleinen Kabuffs zum Umziehen und Ausruhen. Selbst beim Pinkeln entdeckten ihn schon die Anhänger und warteten kurzerhand, bis Maschine den Reißverschluss an seiner Jeans wieder zuzog.

Wenn man Fans hat, kann es sein, dass man auch auf Konzerten anderer Künstler bejubelt wird. So passiert – kein Witz – bei *Modern Talking*. Deren

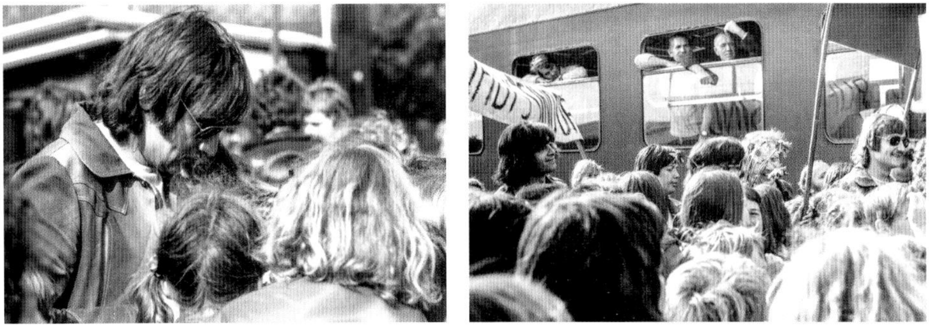

Etwa 1978: Maschine (mit Sonnenbrille) nimmt mit den *Puhdys* ein Bad in der Menge.

Schlagzeuger, nämlich Nick Scharfschwerdt (der Sohn von *Puhdys*-Schlagzeuger Klaus), lud die *Puhdys*-Musiker zu einem Konzert ein. Es ging aber auch darum, mit einem der Techniker über ein neues Lichtkonzept für die *Puhdys* zu sprechen. Das wurde backstage gemacht, und als danach die *Puhdys* ins Publikum gingen, tönten ihnen Jubel und Applaus entgegen.

Es gibt so Gerüchte, dass in der Zeit, als die *Puhdys* ihre allerletzte Zugabe spielten, Crewmitglieder bereits die Motoren der Musikerautos anließen, und als der letzte Ton verklang, saßen sie zwei (gefühlte) Sekunden später in ihren Fahrzeugen, um schnell in die Nacht zu verschwinden. Bitte festhalten: Es ist kein Gerücht. Das entspricht der Wahrheit. Aber, hey, es ging nicht anders. Denn ließ man sich doch mal Zeit, kam man nicht mehr weg, die Zufahrtsstraßen waren die gleichen wie die fürs Publikum. Und bei zweihundertfünfzig Konzerten im Jahr – das war die Regel – ist es wohl mehr als legitim, auch mal pünktlich zu Hause sein zu wollen.

Ansonsten kann man sich Maschine gut und gern schnappen. Etwa bei den Autogrammstunden. Es gibt kaum eine, die er ablehnt. Und wenn doch, nur schweren Herzens und weil ihn ein anderer Termin hindert. Oder aber man wird Mitglied in seinem Fanclub. Kommt ein neues Album, lädt er die Fans ein, spielt ihnen die neuen Songs vor – bevor sie als Album erscheinen. Deren Feedback ist ihm wichtig. Klar, es wird kaum jemand einer solchen Einladung folgen, um dann zu sagen, wie schlecht die neuen Songs sind. Aber die Meinungen der Fans sind dennoch spannend, weil sie sagen, was ihnen besonders gefällt, welche Gedanken sie dazu haben. Es ist ein anderes Feedback als zum Beispiel das aus der Branche – von Labelmachern, Produzenten und Musikerkollegen.

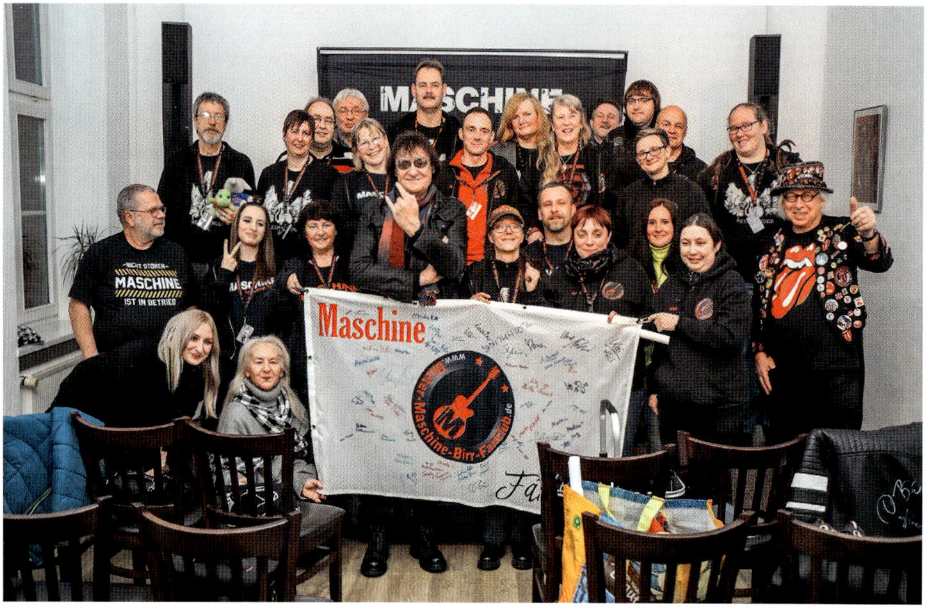

Maschine mit seinem Fanclub 2022. Traditionell lädt Maschine den Fanclub ein, das jeweils neue Album vorab zu hören.

Einmal widmete Maschine einen *Puhdys*-Song einem Fan. Der Song heißt auch so: »Lied für einen Fan«. Aber es war ein Scheißanlass. Es ist das einzige Lied mit über fünf Minuten Spiellänge auf dem Album *Ohne Schminke* aus dem Jahr 1986. Ein junges Mädchen, das schon oft bei den Konzerten der Band war, machte sich erneut auf den Weg und verunglückte mit dem Motorrad tödlich. Sie hieß Simone. »Sie war so jung«, singt Maschine in diesem Song. Selbstredend, dass die *Puhdys* zur Bestattung reisten, um sich von ihr, die so oft am Bühnenrand stand, zu verabschieden. Der fiese Schicksalsschlag ist bald vierzig Jahre her, aber er bewegt bis heute.

AUF DER BÜHNE FÜHL ICH MICH AM WOHLSTEN

Maschine im Interview – 1996

Zwar hatte ich schon 1992 als Vertreter des Stadtmagazins *Harzer* eine Pressekonferenz der *Puhdys* zu ihrem Album *Wie ein Engel* besucht, aber gesprochen hatte ich Maschine noch nie. Das sollte sich 1996 ändern, als ich das Musikmagazin *gaffa* gründete. Ich stellte mir so etwas wie das damals sehr beliebte *WOM Journal* vor, nur dass ich eben auch die Bands aus dem Osten berücksichtigen wollte. Schon deshalb hievte ich die *Puhdys* aufs allererste *gaffa*-Titelbild. Es war gerade das neue Livealbum *In flagranti* erschienen. Dass wir uns achtundzwanzig Jahre später immer noch treffen und über die jeweils neue Platte sprechen würden, ahnten weder ich noch Maschine, der an diesem Sommertag meine allerersten Fragen an ihn gut gelaunt beantwortete.

Stones *oder* Beatles? *Das soll ja schon in den 1960ern im internationalen Musikbusiness die große Frage gewesen sein und die Fans in zwei Lager geteilt haben. Ähnlich soll es im Osten Deutschlands in den 1970ern gewesen sein. Hier stellte sich die Frage: Die* Puhdys *oder die* Klaus Renft Combo? *Wie hast du es in Erinnerung?*

Ich glaube, dieser *Beatles*/*Stones*-Zwist war eine Erfindung der Medien. Ich sehe es ja an mir und an vielen meiner Freunde und Kollegen. Ich bin zwar eher der *Stones*-Fan, aber dennoch weiß ich auch die *Beatles* sehr zu schätzen. »Strawberry Fields Forever« ist zum Beispiel einer meiner Lieblingssongs. Die *Stones* und die *Beatles* sollen auch ein paarmal zusammengearbeitet haben. Beide waren populär genug, um das nicht zu machen, wenn sie tatsächlich verfeindet gewesen wären. Bei *Renft* und uns ist es ebenso absurd, ich habe die Band immer respektiert.

Der* Renft*-Texter Gerulf Pannach schrieb auch für euch.

Genau. Locker die Hälfte der Texte auf unserem 1992er Album *Wie ein Engel* ist von ihm. Gerulf kam in den 1970ern ins Stasi-Gefängnis und hatte zuvor schon faktisch Berufsverbot. Dann wurde er nach Westberlin abgeschoben. Wir sind sehr froh über diese Zusammenarbeit.

Hast du die* Klaus Renft Combo *schon mal live gesehen?
Na klar, schon öfter. Und das allererste Mal sogar vor meiner Zeit bei den *Puhdys*. Ich spielte noch bei Peter Baptist. 1968/69 gab es ein gemeinsames Konzert in Berlin, im Klubhaus der Eisenbahner am S-Bahnhof Karlshorst. Vorher hatte ich schon von meinem damaligen Schwager gehört, dass *Renft* eine sehr geile Band sein sollen. Das wollte ich als Berliner aber nicht glauben, und ich war mit meiner Meinung, dass aus Sachsen nichts Gescheites kommen kann, sicher nicht allein. Die arroganten Hauptstädter halt ... *(lacht)*. Die Berliner und die Sachsen hatten sich damals nicht allzu sehr vertragen. Wir waren uns ganz sicher, dass sie uns die Wohnungen wegnehmen, und den Dialekt fanden wir auch ganz schrecklich. Als wir in Karlshorst unseren Soundcheck machten und »Venus« von *Shocking Blue* probten, weil wir den Song ins Programm nehmen wollten, kam *Renft*-Chef Klaus Jentzsch an den Bühnenrand und meinte, dass die den Song schon lange nicht mehr spielen, für sie wäre es kein Hit mehr.

Frech, oder?
Allerdings. Ich fand das echt großspurig. Ein Duft von Krawall lag in der Luft. Als wir mit Baptist fertig waren, ging ich zur Toilette, und als ich wiederkam, hörte ich aus dem Saal »You Keep Me Hanging On« von *Vanilla Fudge*. Das klang so fett, es konnte nur das Original vom Tonband sein. War es aber nicht, es war die *Klaus Renft Combo*. Ich war wirklich sehr beeindruckt. Auch später von ihren eigenen Songs.

1975 wurde die* Klaus Renft Combo *verboten, galt als nicht mehr existent, und die Musiker verließen die* DDR, *die* Puhdys *dagegen wurden noch populärer. Nicht selten hörte man die Meinung unter den Leuten, dass* Renft *die Helden und die* Puhdys *die »Staatsband« sind. Wie hast du das empfunden?
Das kann man so sehen. Man kann uns vorwerfen, dass wir nicht so mutig und politisch sind wie *Renft*. Wir waren damals Anfang dreißig und wollten Musik machen. Im Grunde konnte jede Band in Ostdeutschland abschätzen, wann sie einem Verbot entgegensteuert. Und für die allermeisten Musikerkollegen – wie auch für uns – war das keine Option. Das heißt aber nicht, dass wir uns alles gefallen und uns immer biegen lassen haben. Aber natürlich: Im Vergleich zu

den *Renft*lern waren wir wesentlich diplomatischer. Das finde ich nicht schlimm. Wir waren Berufsmusiker, und wir wollten es bleiben.

Und man darf festhalten, dass die* Renft Combo *auch lange Zeit – von der Einstufung bis zu ihren AMIGA-LPs – ebenso die »Spielregeln« befolgt hat. Nichtsdestotrotz höre ich in Gesprächen mit Musikerkollegen aus dem Osten öfter: »Die* Puhdys *durften alles.« Ist das Neid?

Auf jeden Fall auch. Ein Vorwurf war ja immer, dass wir mehr Platten als andere veröffentlichen könnten. Aber da kannst du die AMIGA-Leute fragen, sie haben uns nicht veröffentlicht, weil wir mit denen so dicke waren, sondern weil sie Umsatz machen wollten. Offenbar haben wir aber auf viele unnahbar gewirkt. Ich erinnere mich noch an die Zeit, als Klaus Scharfschwerdt als neuer Schlagzeuger zu uns kam. Das war 1979. Er mochte die *Puhdys* zunächst auch nicht so sehr. Die Vorurteile erledigten sich erst, als er uns live sah. Vielleicht sollte das jeder machen.

Mir fiel kürzlich ein Interview mit dir aus den 1980ern in die Hände. Dort sagst du sinngemäß dem westdeutschen Musikmagazin* Soundcheck, *dass du dich in der DDR gegen die Zensur einsetzen möchtest. Ich kann mir vorstellen, dass es bei den ostdeutschen Funktionären nicht so gut ankam. Hatte der Artikel gar keine Folgen?

Doch hatte er. Aber ich war echt bedient, es ging um meinen Song »Eine frei erfundene Geschichte« von meinem Soloalbum *Intim* aus dem Jahr 1986. In diesem Lied geht es um jemanden, der im Knast saß, nun wieder draußen ist und in ein normales Leben zurückfinden will. Das Lied konnte zwar auf Platte in der DDR veröffentlicht werden, aber es durfte nicht im Radio oder im Fernsehen gespielt werden. Zu dieser Zeit hatten auch *Berluc* und *Rockhaus* Schwierigkeiten mit einem Liedtext, also haben wir über das Komitee für Unterhaltungsmusik das Gespräch gesucht. Am Ende konnten die Nummern der Kollegen doch gesendet werden, aber mein Song immer noch nicht. Deshalb hatte ich dem *Soundcheck*-Musikmagazin gesagt, dass ich mich für die Abschaffung der Zensur einsetzen werde ... Ich wurde dann zu einem Auswertungsgespräch vorgeladen. Dort ging es auch um die Geschichte, als ich einem von Ordnern bedrängten Fan zur Hilfe eilte.

Was war geschehen?
Es war bei einem Auftritt in Ostberlin, in der Werner-Seelenbinder-Halle. Ich sah, wie eine Frau im Saal von den Ordnern traktiert wurde. Egal, was sie auch immer zuvor gemacht hat, es geht nicht, ihr an den Haaren zu ziehen und sonst wie gewalttätig zu werden. Also bin ich runter von der Bühne und habe mich für sie eingesetzt. Ich sagte: »Wir sind doch hier nicht in Chicago.«

Ist so etwas öfter passiert?
Nicht allzu oft, aber ich entsinne mich an ein Konzert in der ČSSR. Das Publikum saß auf Stühlen und durfte nicht aufstehen. Einer machte es aber trotzdem und fing an zu tanzen. Sofort stürzten die Ordner auf ihn. Dann habe ich für diesen Fan Partei ergriffen, und am Ende stürmten alle nach vorn. Doch dafür konnten wir ja nichts ... *(lacht)*.

Und musstest du dich bei diesem Gesprächstermin entschuldigen?
Das habe ich nicht gemacht. Ich habe mir das angehört, und dann konnte ich wieder gehen.

Gab es denn öfter mal Klärungsbedarf?
Ja, natürlich. Meist hat das bei den *Puhdys* Peter Meyer übernommen. Jeder von uns hatte so seinen Aufgabenbereich. Quaster beispielsweise war der absolute Bastler, ihm verdankten wir schon in den 1970ern eine gut funktionierende Stroboskop-Alternative und so eine gigantische Tafel mit einem *Puhdys*-Schriftzug aus siebenhundert Glühbirnen. Harry war bekanntermaßen der Manager, und ich bin für die Songs zuständig. Und Meyer eben unser Vermittler und Diplomat.

Sehr diplomatisch musstet ihr sicher sein, als ihr mal eure Ehefrauen zu einem BRD-Konzert mitnehmen konntet, doch die von Quaster kam nicht mit zurück.
Eigentlich sollte für uns und unsere Frauen von offizieller Seite eine *Jugendtourist*-Reise ins »Nichtsozialistische Wirtschaftsgebiet«, wie es so schön hieß, ermöglicht werden. Als Dank, als Auszeichnung, was auch immer ... Darüber haben wir uns natürlich sehr gefreut. Doch drei Tage vorher wurde uns das dann abgesagt. Die Enttäuschung war groß, und wir beschwerten uns. Man verstand

sogar unseren Ärger, und als Alternative bot man uns an, dass unsere Frauen zu einem BRD-Konzert mitdürfen. Jedoch nicht alle auf einmal, sondern pro Reise maximal zwei. Die erste Runde waren die Frauen von Harry und Peter. Das zweite Mal konnten meine Frau und die von Quaster mit, die dann dablieb. Wir befürchteten nun absoluten Stress, und natürlich wurde Quaster verhört, ob er was wusste. Doch es passierte nichts weiter. Auch die Frau von Klaus konnte das nächste Mal mit.

Lass uns über Musik sprechen. Ihr habt ein neues Livealbum draußen,* In flagranti *heißt es. »In flagranti« kommt aus dem Lateinischen und steht für »Auf frischer Tat« – was bedeutet der Albumtitel für dich?
Genau das. Es ist eine Bestandsaufnahme. So klingen die *Puhdys* 1996. Es sind alte Hits dabei, aber auch neuere Lieder aus den letzten Jahren. Im Laufe unserer Geschichte haben wir ja schon einige Livealben gemacht, und es war uns wichtig, auch die 1990er festzuhalten. Wir spielen am liebsten Konzerte. Auf der Bühne fühl ich mich am wohlsten.

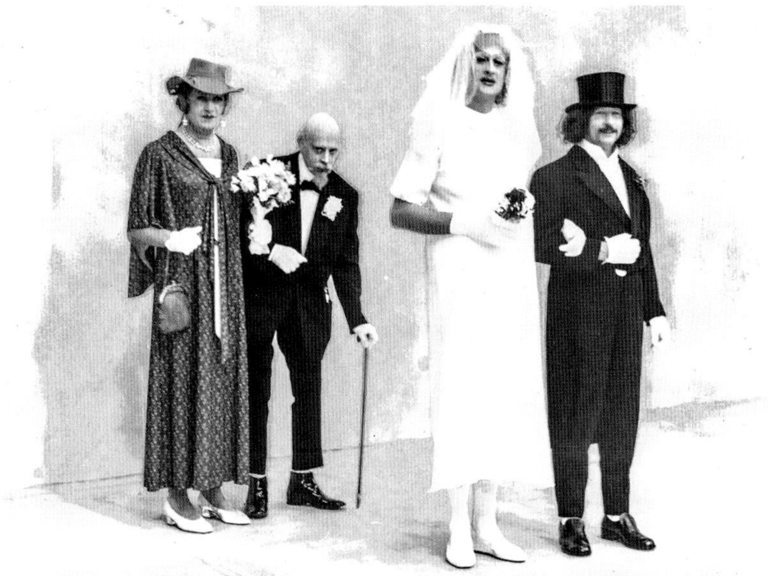

Hatte Maschine in den 1970ern den *Puhdys*-Bassisten Harry Jeske geheiratet? Schauen Sie selbst!

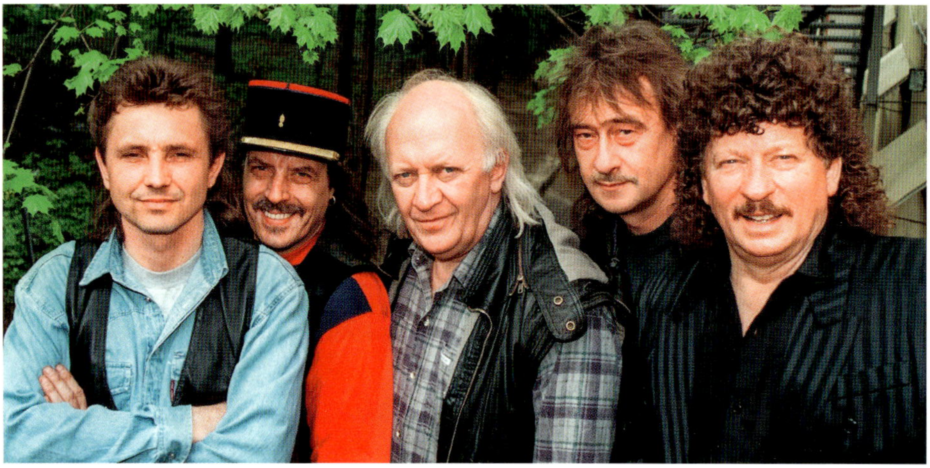

Die *Puhdys* im April 1994 am Tag ihres 25-Jahre-Jubiläumskonzerts im Berlin-Neuköllner Huxleys

Ja, mehr als die Hälfte sind Lieder eurer letzten drei Studio-LPs.

Das haben wir schon immer so gemacht und werden es weiterhin so tun. Natürlich möchte ich bei den *Stones* auch »Satisfaction« hören, aber mich interessiert immer auch, was sie an neuen Songs haben. Und so halten wir das auch bei unseren eigenen Konzerten. Auf *In flagranti* sind auch zwei neue Songs drauf, nämlich »Kühle Lady«, den Gerulf Pannach mit Manfred Maurenbrecher zusammen getextet hat, und »Nirvana«.

Vom letzten AMIGA-Studioalbum* Neue Helden *aus dem Jahr 1989 stammen das gleichnamige Lied und »Leben ist kurz«, eines meiner persönlichen Favoriten. Stimmt es eigentlich, dass die Texte des* Neue Helden*-Albums von Kurt Demmler sind?

Ja, das stimmt. Allerdings schrieb er sie unter dem Pseudonym Kowarski. Die meisten unserer Texte waren ja zunächst von Wolfgang Tilgner und Burkhard Lasch, dann zunehmend von mir. Dann wurde uns zugetragen, dass Kurt Demmler gern mal für uns schreiben möchte. Das wollten wir gern probieren. Er schrieb die Texte direkt auf bestehende Musiken, nur bei »Leben ist kurz« war es umgekehrt. Ich hatte den Text in einer seiner Mappen, in die er nur ungern jemanden gucken ließ, entdeckt und schrieb dann die Musik dazu.

Nach wie vor schmunzeln muss ich bei »Keine Ahnung«, dem ersten Song des Albums* Zeiten ändern sich *von 1994.

Der Song entstand kurz nach der Wende. In dieser Zeit wusste ja niemand im Osten, wie es für ihn weitergehen würde, was sich für einen alles ändern wird. Es war eine sehr unsichere Zeit für viele Menschen. Das wollte ich ganz einfach auf den Punkt bringen.

Vom 1992er Album* Wie ein Engel, *dem ersten Album nach der Wiedervereinigung sowohl von Deutschland als auch von den* Puhdys, *ist »Was bleibt« ein Song, der aus meiner Sicht eine echte Hymne werden kann, und »Wie ein Engel« einer, der mich sehr berührt.

Beide sind von Gerulf Pannach getextet. »Was bleibt« hat mich sofort berührt. Alles im Leben kann wegbrechen, sich verändern, aber Freunde, die können bleiben. Und »Wie ein Engel« handelt von einem verunglückten S-Bahn-Surfer. Leider ist der Song traurige Wahrheit.

Was die Interessenten am neuen Livealbum vielleicht irritieren könnte, dass vor nicht allzu langer Zeit, nämlich 1994, eine neue Live-CD herauskam.

Es handelt sich bei *Puhdys live – 25 Jahre die totale Aktion* um kein neues Album. Es sind Ausschnitte aus früheren Liveplatten aus den Jahren 1979 und 1984, die damals zum zehnten und fünfzehnten Bandgeburtstag herauskamen. Und wir haben mit dieser Veröffentlichung nichts weiter zu tun. Die Bertelsmann Music Group hat den AMIGA-Katalog gekauft, der nun fleißig ausgewertet wird. Wir können uns also daran gewöhnen, dass immer mal wieder *Puhdys*-CDs mit alten Aufnahmen auf den Markt kommen und wir dann genauso überrascht wie die Fans sind. Aber es schlagen da auch zwei Herzen in meiner Brust. Natürlich ist es ungünstig, wenn wir etwas Neues herausgeben, dass mehr oder weniger gleichzeitig noch ein Best-of oder Ähnliches veröffentlicht wird. Andererseits freue ich mich aber auch über jede *Puhdys*-CD. Viele Songs von uns gab es bisher ja nur auf LP, insofern ist es doch gut, wenn unser altes Repertoire nun auch auf CDs zu haben ist.

MINÄ RAKASTAN SINUA

Erste Gitarren, erste Songs

Schon mal in Schwerin gewesen und dem Glockenspiel des Rathauses gelauscht? Zumindest den Anfang? Hier wird nämlich die Melodie des Volkslieds »Herrn Pastor sien Kauh« verwendet (und ein Brunnen auf dem Schweriner Schlachtermarkt »erzählt« die Geschichte des Songs). Es handelt sich um einen alten Gassenhauer, der bis zu hundert Strophen haben kann und in etlichen Varianten überliefert ist. Ein plattdeutsches Lied, das Maschine schnell – nachdem er schon »Hänschen klein« mit nur einem Finger hingekriegt hatte – auf dem Akkordeon spielen konnte. Sämtliche Onkels spielten ein Instrument. Und einer schleppte eben ein Akkordeon an und begeisterte damit die Angehörigen bei Familienfesten. Große Freude kam immer bei besagtem Volkslied auf. Das wollte auch Maschine können. Zeitweilig nahm er gar Akkordeonunterricht. Doch es blieb ein flüchtiges Verhältnis zwischen ihm und diesem Instrument, es flammte keine Liebe auf. Auch sonst ging es im Hause durchaus musikalisch zu, so sang der heranwachsende Dieter mit seiner Mutter immer die tagesaktuellen Schlager beim Abwaschen in der Küche: Peter Alexander, Catarina Valente, Peter Kraus. Letztgenannter war ja schon fast Rock 'n' Roll ... Wie der so dastand mit seiner Gitarre. Und Elvis sowie Chuck Berry klopften ebenso an die Kinderzimmertür.

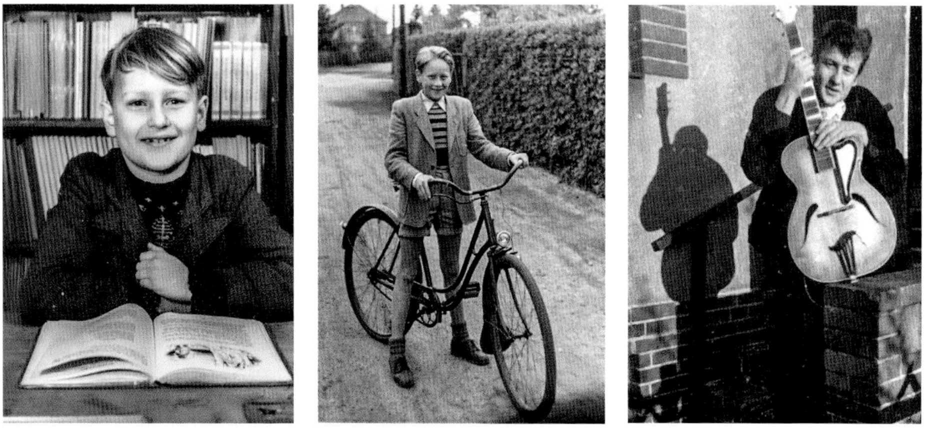

Der junge Maschine mit Buch, Fahrrad und Gitarre

Ein Katzensprung zur allerersten eigenen Gitarre. Ein ganz schlichtes Modell, eine simple Wandergitarre. Die liegt irgendwann in der zweiten Hälfte der 1950er Jahre am Heiligabend unterm Weihnachtsbaum. Nicht, dass der vierzehn- oder fünfzehnjährige Dieter sie nicht gewollt hätte, aber so richtig weiß er noch nicht, was er damit anfangen soll. Zwar weiß Maschine schon, wie er mit ihr dastehen muss (genau – wie Peter Kraus), aber wie und was man spielt, da hat er noch keine Idee. Es gibt auch niemanden im näheren Umfeld, der das Instrument beherrscht und ihm vielleicht mal ein paar Griffe zeigen kann. Also steht die Gitarre erst einmal in der Ecke. Dann greift er doch zu ihr, probiert ein bisschen was aus, aber der Testlauf avanciert zum Drama hoch zehn. Eine Saite ist gerissen. Wie soll er seinen Eltern bloß erklären, dass er das Instrument kaputt gemacht hat? (Keine Sorge, er bekam keinen Ärger, und nur wenig später war klar, dass das Saitenreißen zum Gitarrespielen dazugehört wie der Zauberwürfel zu den 1980ern oder wie Andrea Berg zur Carmen-Nebel-Show.)

Schließlich trifft Maschine doch auf jemanden, der Gitarre spielt. Günter ist etwa ein, zwei Jahre älter und auf der gleichen Schule wie er. Und eines Tages sieht Maschine ihn auf einem Laubenpieperfest, wie er auf der Gitarre einige Lieder zum Besten gibt. Maschine fragt Günter, ob er ihm ein bisschen was zeigen könne. Klar, meint der und schlägt alsbald bei Maschine in der elterlichen Wohnung auf. Günter freut sich, dass sie nicht bei null anfangen müssen, der zeitweilige, bereits erwähnte Akkordeonunterricht von Maschine hatte doch sein Gutes. Dadurch sind ihm sofort ein paar harmonische Zusammenhänge klar. Tonika, Subdominante und Dominante lassen sich in einfachen Liedern wunderbar erkennen (sagt Maschine). Der damals angesagte Schlager macht das Leben eines angehenden Gitarristen ein wenig einfacher. Denn allzu schwer sind die Gassenhauer nicht. Klar, die verschiedenen Tonarten: C-Dur, G-Dur, D-Dur, A-Dur, E-Dur, na ja, und so weiter. Jedenfalls geht es ziemlich schnell mit den drei Harmonien. Dann die Barré-Akkorde (richtig, man kann den kompletten Gitarrenhals nutzen). Nichtsdestotrotz fühlt sich Maschine immer noch weit entfernt von seinen Idolen Peter Kraus und Elvis Presley. Denn so will er auch Gitarre spielen können, aber er hat vor ihnen einen Heidenrespekt. Schließlich sind das seine Helden, und als echter (jugendlicher) Fan muss der Blick halt zu denen nach oben gerichtet sein. Allerdings ist ihm auch Günters Motivationssatz in Erinnerung geblieben: »Bleib locker, die machen beim Kacken auch nur die Knie krumm!« Um es abzukürzen: Maschine bleibt dran, übt und übt und übt und ist Gitarrist geworden. Wie gut er sein Instrument beherrscht, kann man bis heute prüfen.

Alsbald singt Maschine selbst ein paar Peter-Kraus-Stücke sowie ein paar weitere gerade angesagte Schlager. Beispielsweise ist er mit den Kumpels zum Herrentag unterwegs. Und mitten auf der Straße interpretiert er die Songs – allesamt aus dem Westradio – mit Inbrunst und Attitüde und begleitet sich auf der Gitarre dazu. Durch die Kumpels ist gleich eine Menschentraube gebildet, die schnell größer wird. Und siehe da: Es sind auch Mädchen dabei. Alles richtig gemacht! Apropos Mädchen: Paula aus der Nähe von Helsinki, wo bist du? Blond ist sie und temperamentvoll, und sie hat (im besten Fall noch heute) eine waschechte Vinylrarität. Maschine hat die Finnin bei einem Arbeitseinsatz in einer Spinnerei im Erzgebirge kennengelernt. Aus der Schwärmerei entsteht ein Lied, sozusagen ein Frühwerk des Komponisten Dieter Birr. »Minä rakastan sinua« heißt es, »Ich liebe dich« auf Finnisch. Gemeinsam mit seinem Kumpel Klaus nimmt er es auf, schneidet es auf Vinyl und schickt es dann nach Finnland. Paula und ihre Freundin wollen auch noch mal nach Ostberlin kommen, aber es bleibt bei dem Versprechen. Also wollen Klaus und Maschine den finnischen Mädels einen Besuch abstatten, doch auch das klappt nicht. In jenem Jahr, 1961, wird die Mauer endgültig dicht gemacht. Falls jemand diese Paula kennt: Kaufen Sie ihr die Platte ab! Sie dürfte in Fankreisen hoch gehandelt werden.

Dass Klaus und Maschine mal dicke Freunde werden, lässt sich nicht gleich absehen. Denn zunächst gibt es auf die Fresse. Selbst Schuld, eigene! Immer wieder provoziert der rothaarige Bengel Maschine, macht blöde Sprüche und triggert ihn mit fiesen Blicken. Klaus fürchtet sich nicht, denn Maschine ist bekannt dafür, ein ruhiger Typ zu sein. Trotz beachtlicher Körpergröße zieht es Maschine vor, Konfrontationen aus dem Weg zu gehen. Da nützt es nichts, dass sein Vater ihn wiederholt bittet, sich nichts gefallen zu lassen. Leicht gesagt, denn wer weiß schon, was einem blüht, wenn man Paroli bieten will. Klaus ist sich jedenfalls sicher, dass von Maschine keinerlei Gefahr ausgeht. Ein tragischer Irrtum, der Klaus ein Stück Vorderzahn kostet. Denn irgendwann ist das Maß voll. Als Maschine wieder einmal von ihm angemacht wird, schlägt er zu. Der Beginn einer wunderbaren Freundschaft. Und obendrein eine schicksalshafte Begegnung: Der Vater von Klaus besitzt ein Arsenal an ausrangierten Tonbandgeräten und ähnlichem Equipment. Selbst eine Vinylschnittmaschine ist dabei. Die beiden können das Zeug nutzen und experimentieren fleißig rum. So kommt es zur Schallplatte für die schöne Finnin. Es ist allerdings schon das zweite Werk. Kurz zuvor schrauben sie an der Nummer »Susi Baby Twist« – Maschines allererste »Produktion«. Viele, viele Jahre später, nämlich 1994, wird das Stück der Opener auf der allerersten *Raritäten*-CD der *Puhdys*.

Und längst ist Maschine der stolze Besitzer einer echten E-Gitarre geworden. In der Stalinallee im Berliner Friedrichshain gab es ein Instrumentenfachgeschäft, und dort stand im Schaufenster eine sattrote E-Gitarre. Maschine weiß heute nicht mehr, was sie gekostet hat. 200 Ostmark? Oder 300? In jedem Fall ein Vermögen. Nichtsdestotrotz löcherte er seine Eltern, und weil er schon Lehrling war, verfügte er über eigene Einnahmen. Das edle Stück aus dem Schaufenster, eine echte Musima, wurde schließlich Maschines erste E-Gitarre. Musima steht übrigens für Musikinstrumentenbau Markneukirchen. Bis Mitte der 1990er Jahre wurden noch Musima-Instrumente hergestellt.

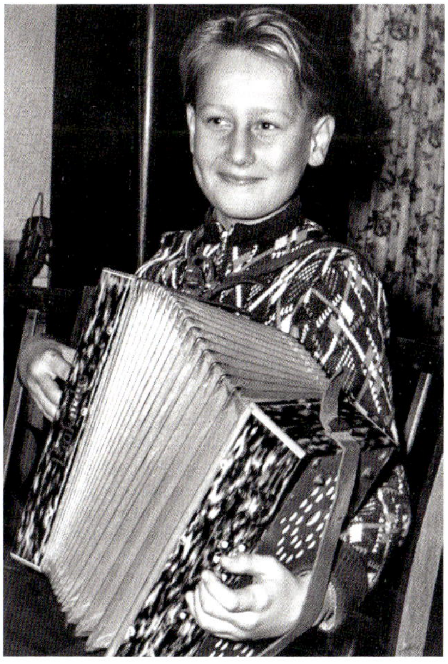

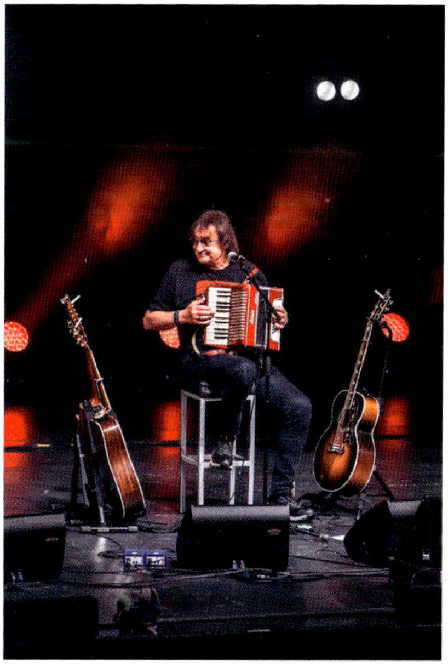

Maschine bekam als Kind Akkordeonunterricht. Ob er das Instrument noch beherrscht, musste er jüngst im Berliner Admiralspalast demonstrieren.

WAS WUSSTEN WIR DENN SCHON?

Maschines erste Bands

Schon im allerersten *Puhdys*-Buch, *Lebenszeit. Ein Puhdys-Porträt* von Monika Fehlberg, 1979 herausgegeben, sind Maschines erste Bandstationen gelistet. Spätestens seitdem kann jeder Fan gebetsmühlenartig Dieter Birrs frühe Bands im Schlaf aufsagen. Auch ich hatte in diversen Publikationen immer wieder mal von den *Luniks* (oder: *Lunics*) bis zum *Kantschev-Quintett* erzählt. Sollte ich dennoch noch einmal nachhaken? Ich traue mich und werde belohnt. Dieter Birr war nämlich auch Sänger und Gitarrist bei *Albatros*. Das hatte er noch nie erzählt. Oder, falls doch, noch nicht oft. *Albatros* hatte Maschine mit dem Keyboarder Mario Peters (sie spielten zusammen bei Evgeni Kantschev) gegründet. Als Schlagzeuger konnten sie Udo Reichel gewinnen. Der war schon bei den verbotenen *Music Stromers* dabei.

Mario, der Pianist, musste zu den Proben eigens aus Magdeburg anreisen, dort wohnte er. Das dauerte manchmal, denn der spätere *Günther Fischer Quintett*-Musiker reiste mit der Deutschen Reichsbahn an. Keine gute Idee, wenn man pünktlich sein wollte, doch es gab keine Alternative. Ein Auto – einen Trabi – hatte nur der Trommler. Den nutzte er, um noch mal schnell zu seiner Frau zu fahren, weil Mario noch irgendwo im Zug auf freier Strecke hockte und es somit nicht zur vereinbarten Probenzeit schaffen konnte. Udo wurde nie wieder gesehen. Beziehungsweise erst vier Wochen später – in einer anderen Band, in der von Klaus Lenz. Aber es war kein Drama, die aufkommende Musikszene war eben noch neu, die Fluktuation in den Beatkapellen normal. Hauptsache, man war dabei.

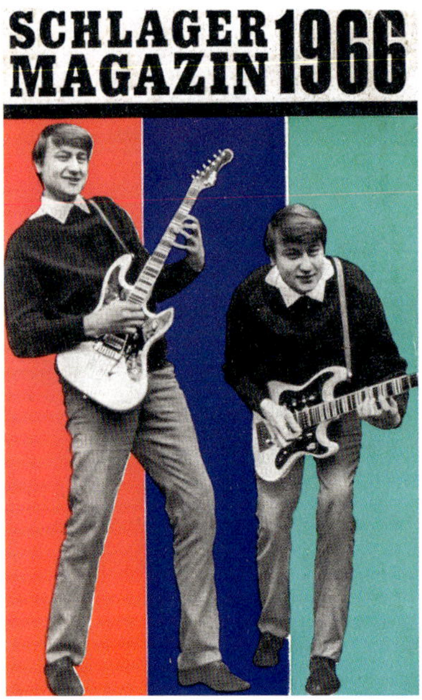

Schlagermagazin 1966: Maschines erstes Frontcover einer Zeitschrift. Allerdings kennt ihn noch niemand, der Fotograf suchte einfach nach einem jungen Gitarristen.

Doch der Reihe nach: Maschines allererste Band sind *The Telstars*. Die haben sich nach dem bis heute erfolgreichsten Instrumentaltitel »Telstar« benannt. Den schrieb der Engländer Joe Meek zunächst für *The Tornados*, fast sieben Millionen Mal hatte sich die Single im Jahr 1962 verkauft. Richtige Zeit, richtiger Ort – heißt es so schön. Der Telstar war der erste zivile Fernsehsatellit, den die NASA gemeinsam mit dem Telekommunikationsanbieter AT&T im Sommer 1962 ins All schoss. Nur 88 Zentimeter im Durchmesser groß und nur 77 Kilogramm schwer, sorgte das Teil beispielsweise dafür, dass man nur wenige Tage später eine John-F.-Kennedy-Rede gleichzeitig in den USA und in Europa live verfolgen konnte. Meek also (der sich fünf Jahre später suizidierte, nachdem er seine Vermieterin erschossen hatte) lässt sich davon zu seiner Komposition inspirieren, die so schön nach Weltraum, neudeutsch »spacig«, klingt. Und ein paar Typen in Ostberlin benennen ihre Band nach diesem Hit.

Maschine ist zu diesem Zeitpunkt schon Lehrling, er will oder soll Universalschleifer werden. Und mindestens nebenbei will er in einer Band spielen. Also hört er sich nach anderen Musikern um. Was irgendwie überhaupt nicht schwer ist, denn es gibt nur wenige Lehrlinge, die sich nicht für »die neue Musik« interessieren. Und so kennt immer jemand einen anderen, der jemanden kennt. So bekommt Maschine die Adresse des Gitarristen Günter Dobrowolski, der später bei Klaus Lenz und der *Modern Soul Band* spielt und vermutlich damals der einzige Ossi ist, der eine Fender-Gitarre, nämlich eine Stratocaster, spielt. Ihr erstes Gespräch braucht nicht viele Worte. Dobrowolski sagt nur dreimal »ja«, als Maschine fragt: »Spielst du Gitarre? Kennst du die *Shadows*? Wollen wir mal was probieren?«

Als Bassist kann Peter Grützmacher gewonnen werden, den alle Fatty nennen. Anlass für diesen Spitznamen ist aber nicht die Körperfülle oder so, sondern die Frisur. Fatty hat echt eine Matte. Zudem wird die schwarze Haarpracht gegelt beziehungsweise geölt. Ein echt cooler Typ, das sieht nicht nur Maschine so. Seine Bassgitarre hat er sich von einem Musiker des *Franke* Echo *Quintetts* bauen lassen. Das Instrument gibt es damals im DDR-Handel schlichtweg nicht. Fatty wiederum hat einen Schlagzeuger in seinem Bekanntenkreis, der eigentlich in einem schon sehr populären Jazztrio trommelt. Die *Telstars* sind komplett.

Maschine und Fatty sind für die Engagements zuständig. Gemeinsam klappern sie mit dem Motorrad die umliegenden Kulturhäuser ab. Sind die ersten

Auftritte noch kurze Sets in Jugendclubs und ähnlichen Etablissements, folgt schließlich der erste lange Tanzabend in Storkow. Ob es tatsächlich der erste ist oder nur einer der ersten, lässt sich mit Sicherheit nicht mehr sagen. Aber das geht in Ordnung, es ist sechzig Jahre her. Jedenfalls sind die *Telstars* alsbald eine Institution in Storkow. Dem damals einzigen DDR-Musikmagazin *Melodie & Rhythmus* ist es gar eine Story wert. Schließlich kommt mit Gerd Hertel ein dritter Gitarrist dazu. Hertel, übrigens Onkel vom zweiten *Puhdys*-Schlagzeuger Klaus Scharfschwerdt, Gründungsmitglied von den *Sputniks* und später beim Staatslabel AMIGA beschäftigt, spielt fortan die Harmonien. Drei Gitarren in einer Band sind eine echte Ansage, allerdings auch irgendwie zu viel. Dann halt von dem trennen, der eh immer zu laut spielt. Das ist Maschine.

Resignieren jedoch ist nicht. Er will mit seinem Freund Fritz Puppel eine absolute Mörderband gründen. Maschine und Fritz kennen sich aus einem Jugendclub in Berlin-Baumschulenweg. Beide sind Gitarristen, sie zeigen sich Tricks und Kniffe und fachsimpeln über ihre Instrumente. Warum nicht auch eine gemeinsame Band gründen? Die Geburtsstunde der *Lunics* oder *Luniks* – es gibt beide Schreibweisen. Eigens dazu hat sich Maschine ein Echogerät bauen lassen, und Fritz verfügt gar über eine Bassgitarre und eine Gitarre aus dem Hause Höfner, denn eines ist klar: *The Luniks* sollen mindestens wie *The Shadows* klingen. Einigermaßen kriegen sie das auch hin. Sie spielen außerdem Songs von *The Move*, *The Tremeloes* oder *The Troggs*. Lutz Horn und Axel Elter sind auch noch dabei. Axel aus Potsdam ist schon der zweite Schlagzeuger. Sein Vorgänger ist zwar ein prima Kumpel, aber eben – zumindest zu diesem Zeitpunkt – kein guter Schlagzeuger.

Zunächst sind Fritz und Maschine ein wenig in Sorge, ob Elter die richtige Wahl ist. Denn sie kennen ihn überhaupt nicht und haben ihn noch nie Schlagzeug spielen gesehen. Er ist sozusagen nur eine Empfehlung. Fritz verfügt schon über einen Wartburg und holt Axel in Potsdam ab, es geht gleich in den Twistkeller zum Auftritt. Irgendwie wirkt der neue Drummer ein wenig weltfremd, weiß nicht genau, wie man das Schlagzeug zusammenbaut. Was vielleicht daran liegt, dass er ja eigentlich Konzertgitarrist ist. Und später auch professionell wird.

Nun, die *Luniks* sind eine absolute Mörderband. In Berlin-Treptow gibt es einen legendären Club, den Twistkeller. Wer hier spielt, hat es praktisch geschafft. Das Publikum kann sich sicher sein, wer hier spielt, ist keine Gurkentruppe. Die *Sputniks* und das *Franke Echo Quintett* feiern beispielsweise hier ihre ersten großen Erfolge. Die Erstgenannten werden hier gar von AMIGA, dem Label, entdeckt. Ihre erste Schallplattenveröffentlichung ist ein Mitschnitt aus jenem Keller im Kreiskulturhaus Treptow, der ab 1969 als Jazzkeller weitergeführt wird. Doch es soll hier um die *Luniks* gehen. Haben die sich im Twistkeller angekündigt, stehen die Leute Schlange.

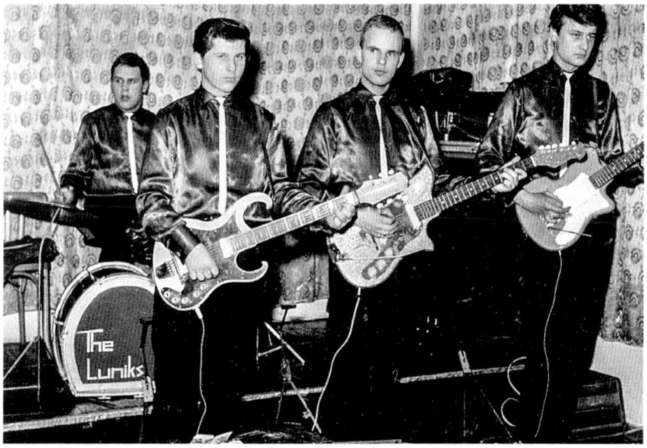

Maschine (rechts) bei den *Luniks*, links neben ihm der spätere *City*-Gründer Fritz Puppel

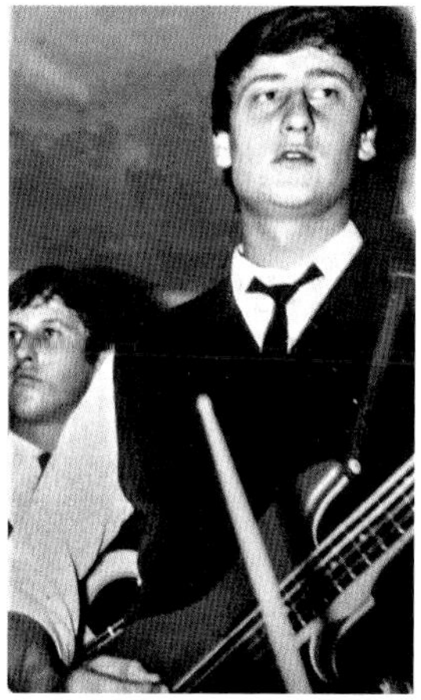

Heimspiel: Maschine, etwa 1965, im legendären Twistkeller in Berlin-Treptow

Doch der heißeste Scheiß währt leider nicht lange. Vielleicht wären die *Luniks* eine der großen Rockbands Ostdeutschlands geworden (nicht auszumalen, was wir ohne *Puhdys* und ohne *City* gemacht hätten), aber es kommt alles anders: Fritz und Maschine müssen ihren Grundwehrdienst bei der Nationalen Volksarmee antreten. Zwar haben sie sich bemüht, zum gleichen Zeitpunkt eingezogen zu werden, damit es nach diesen beschissenen anderthalb Jahren sofort mit den *Luniks* weitergehen kann, doch es gibt keine Chance. Die beiden verlieren sich ein bisschen aus den Augen. Nicht, weil sie mit ihrer Freundschaft grob fahrlässig umgehen, sondern weil es sich absolut nicht organisieren lässt, dass sie an den gleichen Tagen Urlaub vom Militär haben. Ihre Freundschaft besteht bis heute, doch die *Luniks* bleiben ein kurzes Kapitel.

Ein kurzes, aber wichtiges Kapitel. Denn Maschine wird in dieser Zeit Profimusiker. Auslöser ist Fritz Puppel, der ein paar Wochen früher in die Profiebene wechselt. Maschines Schlüsselerlebnis: Fritz besucht ihn eines Tages auf der Arbeit. Mit seiner Frau Micki an der Seite und echt schick angezogen, erkundigt er sich nach Maschines Wohlbefinden, der in Arbeitsklamotten vor ihm steht. Dann verschwindet das Paar wieder – es hat ja frei –, und Maschine arbeitet weiter. Wie doof. Allerspätestens jetzt möchte er auch Profi werden.

Maschines Eltern sind weniger amüsiert. Zwar geht es für sie voll in Ordnung, dass ihr Sohn den Weg eines Musikers einschlägt (sie haben ihn dabei auch immer unterstützt), aber dass er nun bis zwölf Uhr mittags im Bett liegt, ist dann doch gewöhnungsbedürftig. Dabei können sich Mutter und Vater Birr sicher sein, dass es nie später als zwölf Uhr wird. Denn eine Stunde später muss ihr Dieter in Baumschulenweg sein. Seine Freundin hat Mittagspause, es geht jeden Tag darum, gemeinsam mit ihr etwas zu essen oder wenigstens zusammenzusitzen. Insgesamt ein sehr sorgenfreies Leben. Aber keineswegs eine Gammlerzeit, zumindest nicht mehr nach dem Aufstehen. Denn Fritz und Maschine treffen sich täglich, friemeln an den Gitarren, hören sich Songs an, überlegen, wie die Bands das gemacht haben könnten und wie sie es am besten für die *Luniks* umsetzen.

Als die Armeezeit nach schrecklich langen anderthalb Jahren beendet ist, geht Maschine wieder arbeiten. Er braucht schlichtweg das Geld. Aber selbst wenn er es nicht gebraucht hätte, am Weg zurück in den Job kommt niemand mehr vorbei. Inzwischen ist ein Gesetz in Kraft getreten, dass nur noch derjenige professionell Musik machen darf, der eine entsprechende, abgeschlossene Ausbildung vorweisen kann. Alternativ lässt sich nur neben einem richtigen Job musizieren, praktisch in der Freizeit. Eine Vollkatastrophe für viele junge Musiker (übrigens bis zum Ende der DDR). Denn wie soll man beispielsweise bis sechzehn Uhr in Eberswalde-Finow arbeiten, wenn man um neunzehn Uhr in Ottendorf-Okrilla auf der Bühne stehen will? Allerdings gehen viele Musiker mit der neuen Situation kreativ um. Sie werden Hausmeister, Heizer, Telegrammbote, Gasverbrauchsableser und, und, und ... So unterschiedlich diese Jobs sind, sie haben eines gemeinsam: Man braucht nicht viel Zeit, im besten Fall steht der Job eh nur auf dem Papier. Kann man keinen Job vorweisen, gilt man als asozial. Das ist strafbar. Doch das nur am Rande, denn wie gesagt, Maschine ist »in Arbeit«.

Und er spielt auch wieder in einer Band. Er bekommt ein Angebot von den *Jupiters*. Das hört sich für den Gitarristen gut an. Bei den *Jupiters* ist übrigens auch

Bassist Fatty dabei, der mit Maschine schon bei den *Telstars* spielte. Und der sorgt nicht nur auf der Bühne für Frohsinn. Wenn sie gemeinsam zu einem Auftritt fahren, nutzt Fatty die Zeit in der Bahn, um andere Reisende zu interviewen. Er hat gar ein Aufnahmegerät dabei. Warum und wozu eigentlich, weiß niemand mehr. Gern lässt sich Fatty von den Passagieren auch mal die Fahrkarten zeigen. Irgendwie muss man die Fahrzeit, beispielsweise nach Görlitz, ja rumkriegen.

Was den *Luniks* ihr Twistkeller war, ist den *Jupiters* ein Jugendclub in Berlin-Baumschulenweg. Dort proben sie, und zum Wochenende spielen die *Jupiters* dort auch. Ähnlich wie bei Maschines anderen Bands davor und danach geht es darum, die aktuellen Hits aus England und Amerika nachzuspielen. Auf BBC gibt es die Radiosendung »Eine kleine Beatmusik aus London«, immer dienstags und eine Viertelstunde lang, grundsätzlich läuft mindestens eine *Stones*- und eine *Beatles*-Nummer. Die neuen Songs werden auf dem Tonband mitgeschnitten, und anschließend wird probiert, was sich davon nachspielen lässt.

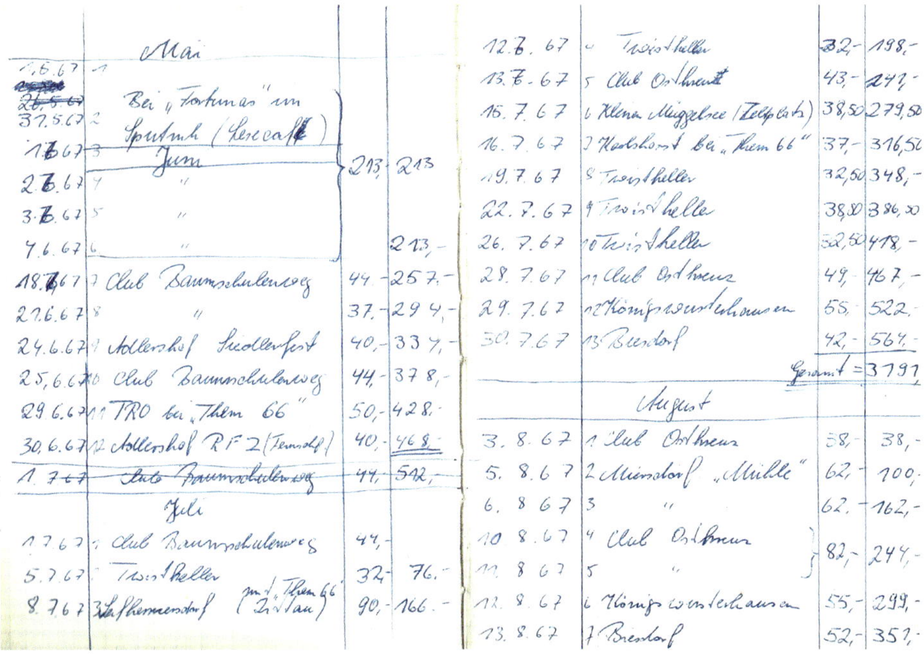

Ausschnitt aus Maschines Notizbuch, in dem er sich seine Gagen einträgt. In der letzten Spalte sind alle Konzerteinnahmen zusammengerechnet.

Die Texte werden phonetisch aufgeschrieben. Den Begriff »Kauderwelsch« gibt es da schon lange, wenn nicht, hätte man ihn spätestens jetzt erfinden müssen. Maschine grinst, als er sich daran erinnert, zum ersten Mal *The Rolling Stones* im Radio gehört zu haben. Der Song elektrisierte ihn, doch leider war nur schwer zu verstehen, wer das eben war. Der Moderator nuschelte irgendwie »Roland Störns« oder so.

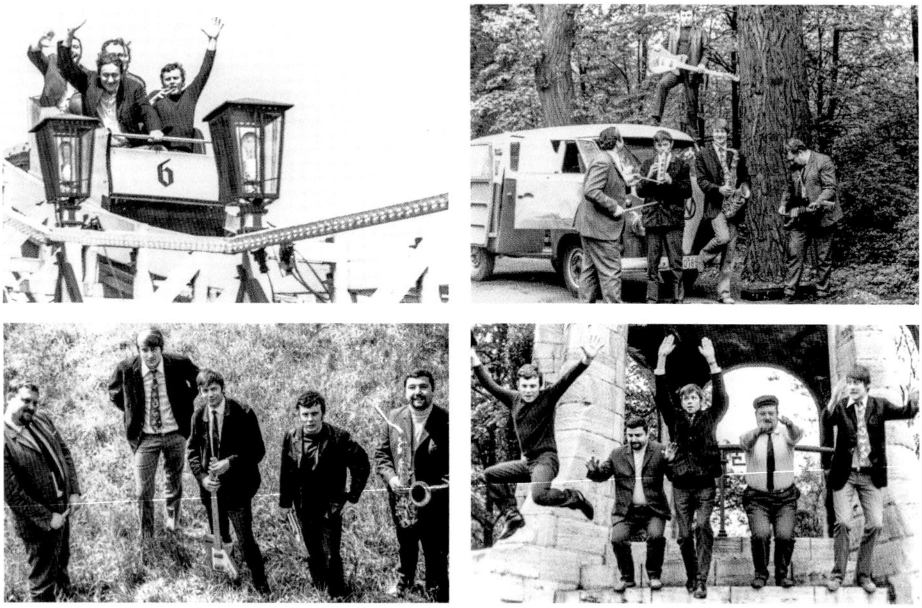

Maschine in der Achterbahn, mit Saxophon, mit Krawatte und sportlich – gemeinsam mit den Bandkollegen des Bulgaren Evgeni Kantschev. Mit denen schaffte es Maschine erstmals auf eine AMIGA-LP.

Magdeburg, Liebigstraße. Aus der ehemaligen Gaststätte *Tauentzien* ist im Januar 1965 ein Jazzclub geworden. Eine Zeit lang sah es so aus, dass die Idee, diesen Club zu gründen, ein Traum bleibt. Es muss viel improvisiert werden, der Name *Café Impro* ist naheliegend. Einer der Gründer, Jürgen Heider, spielt hier zur Eröffnung mit seinem Sextett, zu dem übrigens auch das spätere Schlagerduo Monika Hauff und Klaus-Dieter Henkler gehört. Als Louis Armstrong noch im gleichen Jahr in Magdeburg gastiert, soll er nach seinem Konzert auch im *Café Impro* eingekehrt sein. Es ranken sich viele Legenden um das Mekka der Magdeburger Szene. Schnell entern die ersten ortsansässigen Beatbands das *Impro*, und wenig später gastieren hier auch die Kapellen anderer Städte. Aus Berlin beispielsweise das *Evgeni Kantschev-Quintett*. Eine echte Profiband, die sich nach ihrem bulgarischen Bandchef benannt hat. Gerade gab es bei ihnen einen Besetzungswechsel. Neu an der Gitarre: Dieter Birr – sie haben ihn von den *Jupiters* abgeworben. Im *Impro* sind die *Kantschevs* eine Institution (auch weil sie Songs im Repertoire haben, die kaum eine andere Band covert, etwa »Fire« von Arthur Brown, »We Love You« von den *Stones* oder »Lovely Rita« von den *Beatles*). Alle vierzehn Tage – jeweils von Mittwoch bis Samstag – spielen sie im sagenumwobenen Café. Geschlafen wird in der Wohnung einer Mitarbeiterin, sie stellt ein Zimmer mit fünf Schlafplätzen zur Verfügung. Ein schöner Spaß. Zu den Auftritten wird übrigens mit einem VW-Bus gefahren. Als Bulgare kann Kantschev problemlos nach Westberlin und legt sich schließlich so einen Bus zu. Aber es gibt noch bessere Gründe, bei Evgeni Kantschev zu spielen. Man kann fürs Leben lernen (bis heute beherrscht Maschine einige Schimpfwörter auf Bulgarisch), es gibt einen vorläufigen Berufsausweis, und Maschine kann sein Gitarrenspiel erstmals auf einer AMIGA-LP hören. Auf einem Sampler mit dem Namen *Das zündet. Tanzmusik für junge Leute*. Das *Evgeni Kantschev-Quintett* ist mit zwei Tracks vertreten: »Dragia« und »Sonnenbrand«. Später wird das auch auf CD veröffentlicht, zuletzt 2017 in einer längst vergriffenen 5-CD-Box mit alten Alben von Thomas Natschinski, Uve Schikora, Theo Schumann und Klaus Lenz.

Die nächste Station sind schon die eingangs erwähnten *Albatros*. Geprobt wird in Berlin-Friedrichshagen (Maschine zieht hier später auch hin). Hier gibt es auch einen angesagten Liveclub: das Gesellschaftshaus am Ende der Bölschestraße. *Albatros* sind dort einige Male zu Gast. Keine zehn Jahre später wird das Haus abgerissen wegen Einsturzgefahr. So wie der alte Friedrichstadt-Palast, der 1980 geschlossen und 1985 abgerissen wird. Kurz zuvor gibt es hier große *Puhdys*-Konzerte. Ob Dieter Birrs imposantes Gitarrenspiel oder sein Gesangsstil in Zusammenhang mit dem Abriss der Kulturhäuser stehen, soll an dieser Stelle nicht geklärt werden.

Schließlich landet Maschine in der Band von Peter Baptist. Das war eine absolute Ehre. Der Ruf der *Peter* Baptist *Combo* war grandios. Die Band hatte fast einen Status wie die Musiker um Klaus Lenz. Und nun fragen *Baptist* bei Maschine an. Das ist schon geil. Vor den neuen Kollegen hat er absolute

Hochachtung. Besonders vor Reni Baptist, der Frau des Kapellenchefs. Sie hat ein absolutes Gehör. Die *Baptist Combo* setzt auf ein für ihn mitunter ungewöhnliches Repertoire. Herb Alpert beispielsweise. Aber Maschine darf auch mal etwas von den *Bee Gees* singen. Letztlich bleibt es jedoch bei einem kurzen Intermezzo. Baptist entscheidet sich für einen anderen Sänger. Keine Ahnung, ob der besser ist, aber zumindest hat er eine eigene Gesangsanlage. Glücklicherweise klopft kurz danach eine andere Band an Maschines Tür. Die sind zu diesem Zeitpunkt schon ein Begriff in der Szene, unter den Musikern munkelt man, dass die immer die neuesten Instrumente haben, ihr Bassist soll die wohl besorgen. Bisher haben sie auf Soul gesetzt, doch die Säle sind nur noch halbvoll. Vielleicht liegt es an den fehlenden Bläsern. Wie auch immer, neue Ideen und neue Musiker müssen her. Aber das ist eine andere Geschichte.

10 Fragen an HENNING PROTZMANN

Bassgitarrist, Gründer unter anderem von *Panta Rhei* und *Karat;* lud Maschine zu seinem 60. Bühnenjubiläum ein

Der Bassist Henning Protzmann ist eine feste Institution in der deutschen Rockszene. Er gründete die Bands *Panta Rhei* und *Karat*, spielte in den 1990ern bei *Lift* und in den 2000ern bei *Jazzin' the Blues*, die unter anderem Manfred Krug begleiteten. Seit bald einer Dekade ist er Kopf von *Panta Rhei II*. Und kürzlich beging Henning Protzmann ein ungewöhnliches Jubiläum: Der Mann steht seit sechzig Jahren auf der Bühne. Was im Hallenser Steintor-Varieté sowie auf der Freilichtbühne Berlin-Friedrichshagen groß gefeiert wurde – unter den Gästen: Maschine. Nicht die erste Zusammenarbeit der beiden, schon in den frühen 1990ern half Henning Protzmann mal bei den *Puhdys* aus.

1 ***Du hast kürzlich dein sechzigjähriges Bühnenjubiläum in Halle und in Berlin gefeiert. Sechzig Jahre – krass, oder?***

Ja, das ist krass. Andererseits: Musik ist mein Leben. Ich kann auch gar nichts anderes. Und falls doch: Ich möchte gar nichts anderes machen. Der Beruf des Musikers hat sich extrem gewandelt, nicht nur auf der gesellschaftlichen Ebene. In jeder Beziehung hat es sich verändert. Aber ich möchte jetzt gar nicht erst damit anfangen. Es soll hier schließlich um Maschine gehen.

2 ***Maschine war Gast bei deinen Jubiläumsshows …***

Das ist richtig. Ich hatte Werther Lohse von *Lift*, bei denen ich in den 1990ern gespielt hatte, eingeladen und eben Maschine. Wir hatten zwei Proben gemacht. Gemeinsam mit unserem Pianisten habe ich die Arrangements geschrieben, er die Leadsheets, ich die Bläser. Die Idee war es, dass es schon nach *Panta Rhei* klingt, aber Maschine sollte sich nicht überfahren fühlen, es sollte unterm Strich seine Musik bleiben. Er hatte sich darüber sehr gefreut, was wiederum mich sehr gefreut hat. Es hat mir wirklich sehr viel Spaß gemacht.

3 ***Was denkst du über Maschine?***

Er hat sich ein Leben lang nicht verbiegen lassen. Das, was er macht, zieht er konsequent durch. Und zwar mit wachsender Qualität. Ich bewundere ihn sehr, wie er dranbleibt. Und das in seinem, nein, unserem Alter. Viele unserer Kollegen sind bereits gestorben. Und wenn ich sehe, wie viele Arzttermine ich habe – zwar nichts Lebensbedrohliches, aber da muss was gemacht werden, da muss ich hin ... Manchmal denkt man, man kommt zu nichts anderem mehr. Aber ich lasse mich nicht unterkriegen. So macht es auch Maschine, das ist sehr bewundernswert.

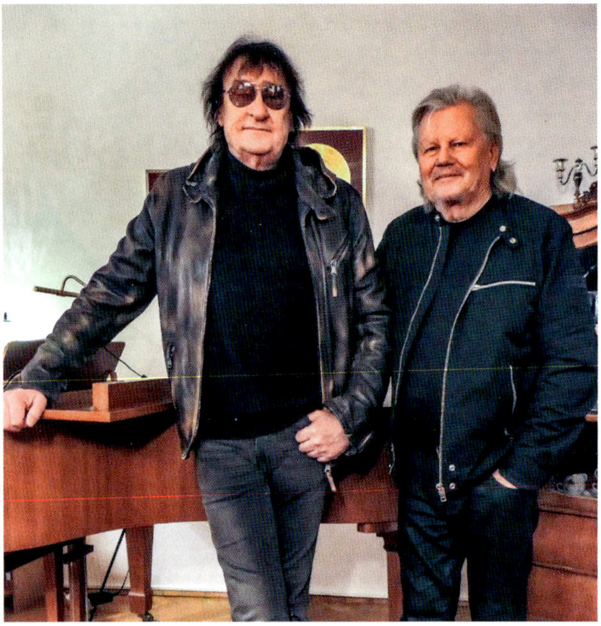

Maschine mit dem *Panta Rhei*- und *Karat*-Gründer Henning Protzmann. Als der kürzlich sein 60. Bühnenjubiläum feierte, lud er auch Maschine ein. Henning half auch mal bei den *Puhdys* aus.

4 ***Kannst du dich erinnern, als du ihn das erste Mal wahrgenommen hast?***

Nein, das weiß ich wirklich nicht mehr. Es ist einfach zu lange her. Aber natürlich sind sich *Karat* und die *Puhdys* schon in den 1970ern und vor allem in den 1980ern regelmäßig begegnet. Beide Bands waren ja andauernd im Fernsehen. »Rund«, »Bong« ... und wie die Sendungen alle hießen. Bei diesen Aufzeichnungen hatten wir uns schon immer gesehen.

5 ***Entstanden dadurch private Kontakte zwischen den* Karat- *und den* Puhdys-*Musikern?***

Ich kann da nur für mich sprechen. Ich hatte damals einen engeren Draht zu Quaster, weil er mein unmittelbarer Nachbar war. Er hatte schon einen Farbfernseher, und meine damalige Frau konnte gut kochen, da hatten wir beide was davon. Und Harry wollte mir auch irgendwelche Sachen verkaufen, er wollte allen etwas verkaufen ... *(lacht)*. Mit den anderen, also auch mit Maschine, war es eher ein »Hallo, wie geht's?«. Möglicherweise gab es zwischen anderen Musikern engere Kontakte, doch ich bin eh nicht der Typ, der anderen die Bude einrennt. Ich bin wohl eher ein Eigenbrötler ... Wir waren auch so viel unterwegs, dass ich froh war, endlich mal zu Hause zu sein.

6 ***Haben sich* Karat *und die* Puhdys *den gegenseitigen Erfolg gegönnt?***

Ja, das haben wir schon. Es war Platz für beide in der DDR. Aber natürlich haben wir dennoch gegenseitig geschaut, was so möglich ist. Als ich hörte, dass die *Puhdys* ihre Gagen frei verhandeln konnten, wollte ich das auch für *Karat*. Ab 1983 war es dann auch möglich.

7 ***Der* Karat-*Sänger Herbert Dreilich war zeitweilig bei den Ur-*Puhdys *dabei. Hat er dir von dieser Zeit einmal erzählt?***

Nein, hat er nicht. Als ich Herbert kennenlernte, sang er gerade bei den *Music Stromers*, und als ich ihn wiedersah, schon bei den *Alexanders*. Seine *Puhdys*-Zeit war genau dazwischen und auch nur kurz. Vielleicht hat er deshalb davon nie erzählt.

8 ***In den frühen 1990ern warst du als Gastmusiker bei den* Puhdys *dabei. Welche Erinnerungen hast du an diese Zeit?***

Ich war überrascht, dass sie mich gefragt hatten. Aber ich habe mich darüber sehr gefreut. Ich wollte meine Parts exzellent spielen. Peter Meyer brachte mir ein paar Skizzen und ein kleines Tonband, wie es damals noch üblich war. Ich habe mich da richtig reingekniet. Ich habe ewig gesessen, um das alles auswendig zu lernen. Es war eine absolute Mammutaufgabe, die nie enden wollte. Als ich halbwegs durch war, kam noch ein Medley mit zig Liedern dazu. Wir wollten dann drei Tage lang im ABC in Berlin-Hirschgarten proben, aber

Maschine meinte nach anderthalb Tagen: »Wir können aufhören, er kann alles.« Das freute mich dann doch sehr.

9 ***Hast du dir gewünscht, als 1997 Harry Jeske ausstieg, dass die* Puhdys *dir den vakanten Job anbieten?***

Da fragst du was, den Gedanken hatte ich noch nie. Das ist mir nicht in den Sinn gekommen. Ich war noch bei *Lift* und hatte mit der Band auch gut zu tun.

10 ***Hast du Lieblingssongs von Maschine oder den* Puhdys?**

Ich mag einige Songs. Momentan gefallen mir »An den Ufern der Nacht« und »Was bleibt« besonders, die wir auch bei meinen Jubiläumskonzerten gespielt haben. Viele Lieder kenne ich auch gar nicht, ich muss mich mal damit beschäftigen. Mir war gar nicht bewusst, dass Maschine mehrere Hundert Lieder geschrieben hat. Da kann ich nur meinen Hut ziehen. Was für eine Lebensleistung.

IM TIVOLI

Die *Puhdys* gehen an den Start

Schöne Scheiße, Herbert Dreilich ist da. Natürlich hatte und hat Maschine überhaupt nichts gegen den späteren *Karat*-Sänger. Aber an diesem Abend wäre es irgendwie besser, wenn der Musiker nicht aufgetaucht wäre. Denn Dreilich steht im Publikum und auf der Bühne die Band, in der er bis vor kurzem noch gespielt hat. Doch er und Henry Kotowski sind vor wenigen Wochen bei den *Puhdys* rausgeflogen, und nun will der Mann, der in den kommenden Jahren zu den *Alexanders* und *Panta Rhei* gehört, mal sehen, was sein Nachfolger macht. Das ist Maschine, und es ist der 19. November 1969. Es ist ein Mittwoch, und eigentlich wäre Buß- und Bettag, aber in der DDR wurde dieser Feiertag zwei Jahre zuvor abgeschafft. Der neue *Puhdys*-Frontmann hat freilich per se keine Angst, sein Können auf der Gitarre und am Mikro auch den Musikerkollegen zu präsentieren, doch Herbert Dreilich – übrigens in der Nähe von Salzburg geboren – wuchs in Großbritannien auf und wird definitiv heraushören, dass Maschines Englisch eher ein Kauderwelsch ist. Da kann man schon mal besorgt sein. Doch alle Sorge ist umsonst, es wird ein fantastischer Abend im Tivoli im sächsischen Freiberg.

Dass Kotowski, der seine Musikkarriere als Schlagzeuger des *Franke Echo-Quintetts* begann und 1964 die *Sputniks* gründete, bei den *Puhdys* gefeuert wird, wusste Maschine schon eine Zeit lang. Die Szene war gut vernetzt, und der Buschfunk funktionierte bestens. So wusste Henry, der sich später als Cott'n dem Country zuwandte, wiederum, dass Maschines Tage bei *Baptist* gezählt sind. Die beiden erzählten sich das gegenseitig. Sie trafen sich immer mal wieder an der Musikschule Friedrichshain. Wie an anderer Stelle schon erwähnt, benötigte man einen entsprechenden Abschluss, um als Profimugger aktiv zu sein. Zwar arbeitete Maschine längst professionell, aber die Pappe (wie man den Berufsausweis auch nannte), die er besaß, hatte ein baldiges Ablaufdatum. Also ab zur Musikschule. Im Grunde war dagegen auch nichts einzuwenden, aber es ging in den Unterrichten nicht nur ums Musizieren, ein nicht unwesentlicher Teil drehte sich um theoretische Belange. Das war immer ziemlich langweilig, zuweilen richtig ätzend. So kam es, dass Maschine dem schulischen Geschehen sporadisch fernblieb. Keine gute Idee, denn wer nicht regelmäßig da war, konnte nicht Musiker werden (auch dann nicht, wenn man schon lange Musiker war). Tatsächlich sollte Maschine von der Musikschule fliegen, und eigentlich wollte er sich seinem Schicksal bereits fügen. Doch glücklicherweise sprach Mutter Birr noch einmal vor, erzählte etwas von Missverständnissen und Terminüberschneidungen und gelobte Besserung. Kurzum: Maschine konnte weitermachen. Doch zurück zur Birr-Kotowski-Connection. Die zwei Musiker sahen sich regelmäßig am Weidenweg in der Musikschule, und der obligatorischen Begrüßung folgte ein knapper Dialog:

»Du fliegst bei *Baptist* raus!«

»Und du bei den *Puhdys*.«

Beide sollten recht behalten.

Genau genommen reichen die *Puhdys*-Anfänge bis in die erste Hälfte der 1960er Jahre zurück. Ins brandenburgische Ketzin, im Havelland, aber nur 75 Kilometer vom Berliner Alexanderplatz entfernt. Und obwohl hier nur um die sechstausend Menschen leben, hat der beschauliche Ort gleich zwei Kapellen mit Lokalmatadoren-Status. Eine davon: Die *Udo-Wendel-Combo*. Zur Besetzung gehören unter anderem Peter Meyer und Harry Jeske. Der Namensgeber steigt aber irgendwann aus, die verbliebenen beziehungsweise teils neuen Musiker reihen die Anfangsbuchstaben ihrer Vornamen aneinander und hängen ein Y ran und wenig später ein S. Aus dem *Puhdy-Quartett* werden die *Puhdys*. Die haben von Anfang an gut zu tun. Meist begleiten sie diverse Solisten. Die legen den Musikern ihre Noten hin, und los geht's. So wird beispielsweise die Schlagersängerin Britt Kersten auf einer Modenschau-Tournee begleitet, ein anderes Mal Siegfried Walendy, mit dem die *Puhdys* einige Jahre später in der Sowjetunion ein Album aufnehmen. Zweimal geht es sogar in die Tschechoslowakei. Wenn die Solisten fertig sind, packen sie ihre Noten wieder ein und verschwinden. Die *Puhdys* bleiben allerdings, sie spielen weiter – zum Tanz. Was zum Bandalltag gehört: die permanenten Besetzungswechsel. Falls Sie mal jemanden treffen, der behauptet, bei den Ur-*Puhdys* dabei gewesen zu sein, glauben Sie es ruhig, es ist durchaus möglich. So kommt es, dass selbst Reinhard Lakomy und Michael Fritzen von der nach ihm benannten *Dampferband* einmal zum Line-up zählen. Zeitweilig wird sogar der Name *Puhdys* aufgegeben, denn neu am Schlagzeug sitzt Henry Kotowski. Der ist durch die *Sputniks* berühmt geworden. Den dabei zu haben, beschert einem sicher volle Säle. Voilà: das *Henry Kotowski Quintett*.

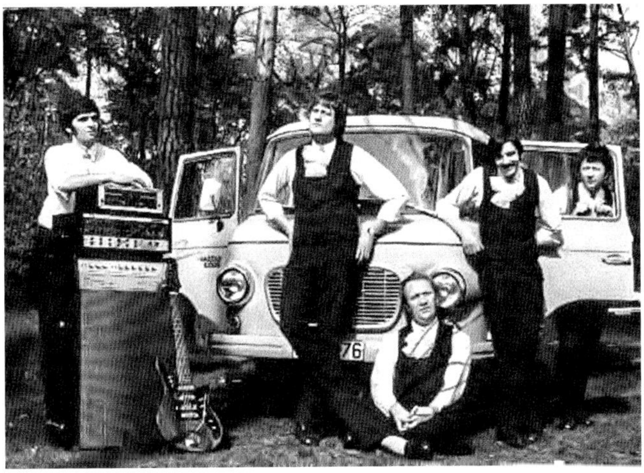

Frühe *Puhdys*-Autogrammkarte. Vom Barkas B1000 gab es in der DDR circa 175.000 Stück, einer gehörte den *Puhdys*.

Mittlerweile schreiben wir das Jahr 1969. Ein durchaus spannender Jahrgang: Richard Nixon wird Präsident der USA, Willy Brandt Bundeskanzler und Helmut Kohl Ministerpräsident von Rheinland-Pfalz. Michael Schumacher, Jennifer Lopez und Sahra Wagenknecht werden in diesem Jahr geboren. Die DDR wird 20 Jahre alt, der Fernsehturm, die Weltzeituhr und der Kulturpark Plänterwald werden in Ostberlin sowie der Kulturpalast in Dresden eingeweiht. Neu im Portemonnaie sind 20-Pfennig- und 5-Mark-Münzen. Anfang Oktober geht das zweite DDR-Fernsehprogramm an den Start, übrigens sogar in Farbe. Das Sandmännchen-Kollektiv und Manfred Krug werden zu Fernsehlieblingen gewählt, und auf den Buchhandelstischen (oder darunter) liegen ganz neu Stefan Heyms *Lassalle* und Jurek Beckers *Jakob der Lügner*. Auch musikalisch ist eine Menge los: Im Sommer 1969 findet das legendäre Woodstock-Festival, die Mutter aller Open Airs, statt. Elvis Presley spielt seine großen Hits »In The Ghetto« und »Suspicious Minds« in seiner Heimatstadt Memphis ein, und die *Beatles* veröffentlichen ihr legendäres *Abbey Road*-Album. Im Umfeld der *Rolling Stones* kommt es zu einem Todesfall: Brian Jones ertrinkt unter ungeklärten Umständen in seinem Swimmingpool. Eigentlich wollte der Gitarrist eine neue Formation gründen, nachdem er die Kultband auf Drängen von Mick Jagger sowie Keith Richards und gegen Abfindung verlassen musste. In Holland wiederum besucht der junge Gitarrist Robbie van Leeuwen eine private Party von *Golden Earring*, damals schon und bis zur Auflösung 2021 die populärste Band der Niederlande. Dort tritt die unbekannte Sängerin Mariska Veres auf. Van Leeuwen ist so angetan, dass er dem Sänger seiner Band kündigt und die Veres für *Shocking Blue* engagiert. Ihre Single *Venus* avanciert zum Welthit. Wenig später werden die *Puhdys* genau mit dieser Nummer ihren ersten Auftritt eröffnen.

Denn in den Käffern um Ostberlin reift bei Peter Meyer und Harry Jeske der Gedanke, mit den *Puhdys* noch mal einen Neuanfang zu wagen. Andere Besetzung, anderer Sound, andere Ziele. Es soll wieder Spaß machen. Zunächst holen die beiden Dieter »Quaster« Hertrampf zu den *Puhdys* zurück. Der lieferte zwar das D im *Puhdys*-Namen, stieg aber schnell wieder aus, um zum *Teisco-Quartett* und später in die Band von Uve Schikora zu wechseln. Als er wiederkehrt, bringt er den Schlagzeuger Gunther Wosylus gleich mit. Und sie haben einen Sänger im Visier, der ihnen gefällt: Dieter Birr. Der scheint nicht abgeneigt, als Peter Meyer ihn fragt. Allerdings macht er seinen Einstieg von einer Bedingung abhängig. Der spätere *Puhdys*-Kopf möchte nicht nur Sänger, sondern auch Gitarrist sein. Das hat ganz viele Gründe, auch einen monetären: Die irrwitzigen Bestimmungen sehen vor, dass ein Sänger, der auch Gitarre spielt, ein bisschen mehr Honorar bekommt als einer, der »nur« singt. »Na gut«, sagen die anderen, »der Neue«, den sie bald Maschine nennen, »darf auch Gitarrist sein.« Die erste Probe findet in Harry Jeskes Wohnzimmer statt. Die Garage auf dem gleichen Grundstück in Oranienburg, auf dem Jeskes Eltern ein Haus haben, wird erst später zum Probenraum umfunktioniert. Die allererste Nummer, die sie einstudieren, ist Joe Cockers »With A Little Help From My Friends«, die allerdings Quaster singt. Maschine macht sich derweil als Frauenchor im Refrain nützlich. Bis zum allerersten Auftritt sind es noch zwei Wochen. Das hehre Ziel ist es, jeden Tag einen neuen Song einzustudieren. Der Plan funktioniert. Als sie sich auf den Weg nach Freiberg machen, haben die *Puhdys* fünfzehn Titel im Gepäck.

Der 19. November 1969 ist nicht nur für die *Puhdys* ein ganz besonderer Tag. Die Schriftstellerin Anna Seghers feiert an diesem Mittwoch ihren neunundsechzigsten, die indische Premierministerin Indira Ghandi ihren zweiundfünfzigsten sowie der amerikanische Modedesigner Calvin Klein seinen siebenundzwanzigsten Geburtstag. Und die brasilianische Fußballlegende Pelé schießt an diesem Mittwoch ihr tausendstes Tor, während der US-Astronaut Charles Conrad nach fünf Tagen Flug durchs All als dritter Mensch überhaupt den Mond betritt. Das alles ist aber unwichtig, fünf junge Herren reisen in die sächsische Kleinstadt. Ziel ist das Tivoli, das Kreiskulturhaus Freibergs. Als Konzert- und

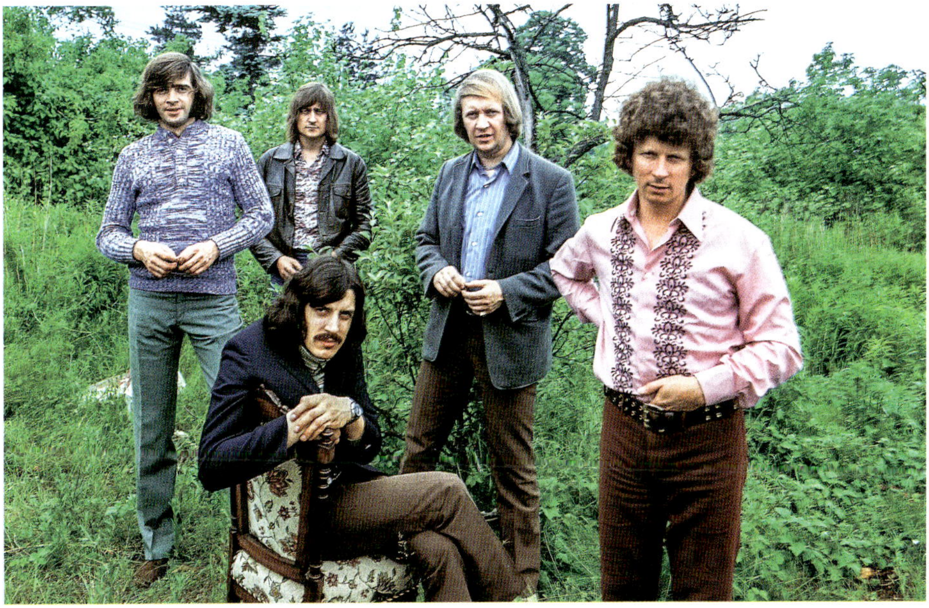

Vermutlich ältestes Farbfoto der *Puhdys*, circa 1973. Mit Maschine hinten von links: Schlagzeuger Gunther Wosylus, Gitarrist Dieter »Quaster« Hertrampf, Keyboarder Peter Meyer und Bassgitarrist Harry Jeske.

Ballhaus wurde es 1902 feierlich eröffnet. Der Neubau musste her, weil das etwa hundertjährige Vorgängerhaus (schon 1843 wurde es als Tivoli erwähnt) einem Brand zum Opfer fiel. 1953 wird das Ballhaus Volkseigentum, zehn Jahre später Kulturhaus: Der Stuck wird abgeschlagen, der Kronleuchter abgehangen, ein kleiner Saal und das Bühnenhaus angebaut. Übrigens sind die *Puhdys* nicht die einzigen populären Musiker, die hier ihren allerersten Auftritt haben. 1935 gastiert erstmals das *Meistersextett*, die Nachfolgeformation der *Comedian Harmonists*, im Tivoli.

Im Saal erlischt das Licht, und die neu formierten *Puhdys* entern die Bühne. »I'm your fire / at your desire / Well, I'm your Venus«, krakeelt Maschine ins Mikro. Sie müssen den Song und auch die anderen vierzehn Coverversionen mehrmals spielen, das einstudierte Repertoire reicht noch nicht für fünf Stunden mit nur wenig Pausen. Nur einen Abend später spielen die *Puhdys* wieder im Tivoli – der Beginn einer ganz besonderen Symbiose zwischen den Musikern und der Konzertlocation. Beinahe jährlich kommen die *Puhdys* hierher, und auch nach deren Ende ist das Tivoli feste Station in Maschines Tourkalender. 1996 wird hier auch das *Puhdys*-Livealbum *In flagranti* aufgenommen, und 2009 erscheint auf ihrer Jubiläums-CD ein Song über die Anfänge im Tivoli. Was allerdings am 19. November 1969, dem Gründungsdatum der (neuen) *Puhdys*, noch keiner ahnt, dass hier eine Erfolgsgeschichte mit über zweiundzwanzig Millionen verkauften Tonträgern, rund viertausendfünfhundert Konzerten und über dreihundert Liedern beginnt.

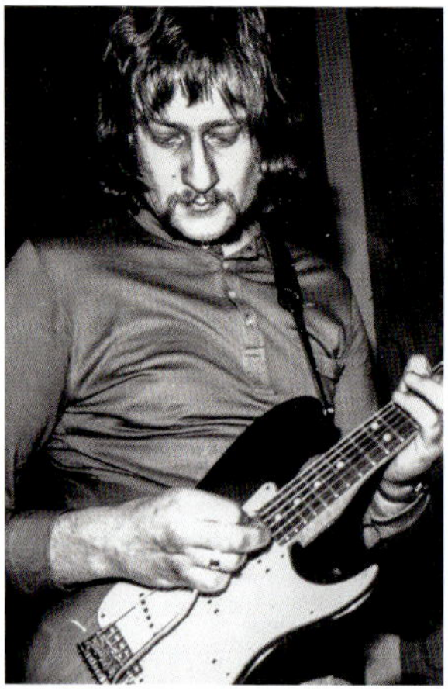
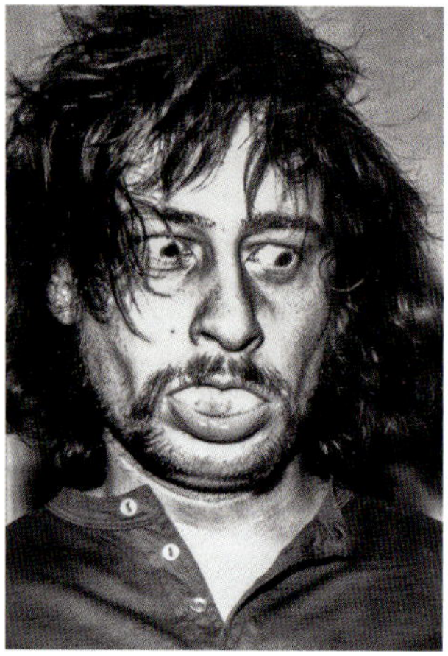
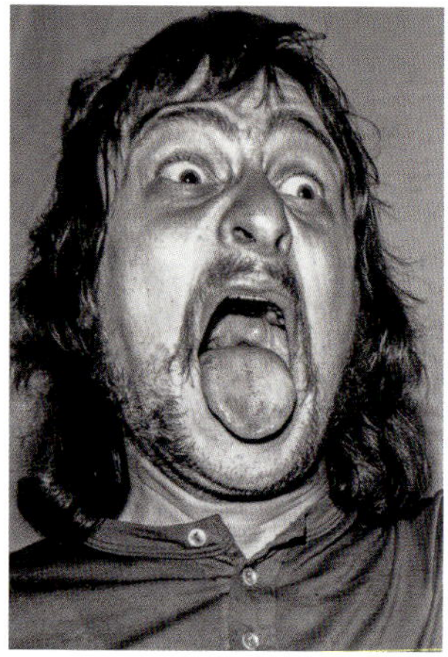

Maschine 1971: zu Beginn, in der Mitte und am Ende eines Konzerts

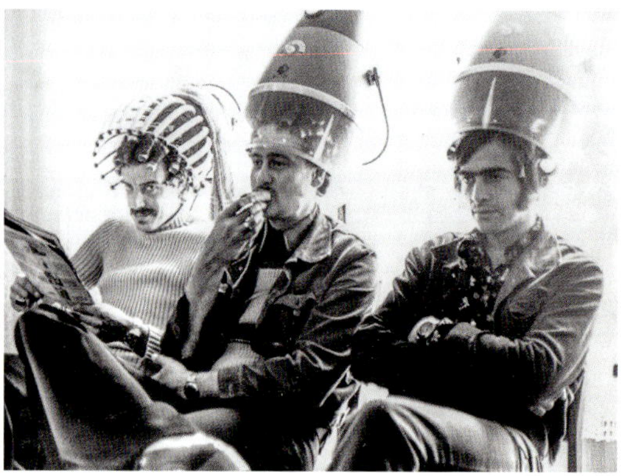

Eine Band muss auch immer optisch etwas hermachen. Quaster, Maschine und Gunther bleiben dran.

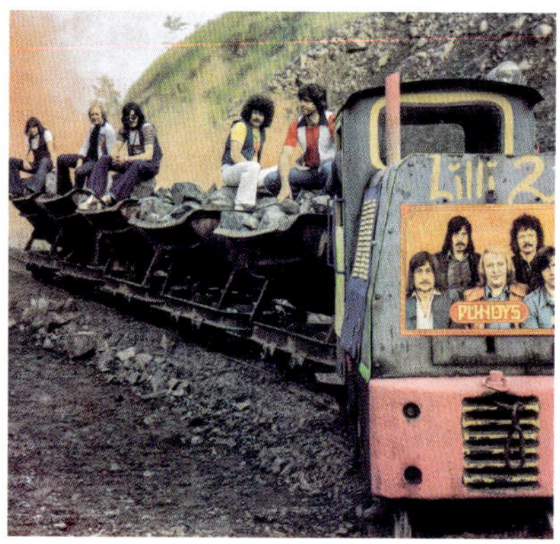

Die *Puhdys* reisen mit der Bahn an.

DEN ERFOLG WEISS MAN HEUTE MEHR ZU SCHÄTZEN

Maschine im Interview – 1999

Als wir uns Ende 1999 zu einem Interview treffen, liegt ein ereignisreiches Jahr hinter Maschine. Gemeinsam mit seinen Bandkollegen feiert er 30 Jahre *Puhdys*. Gleich zwei neue Alben sind in diesem Jahr erschienen, einmal *20 Hits aus 30 Jahren*, für das einige *Puhdys*-Klassiker neu aufgenommen wurden, und einmal *Wilder Frieden*, ein reguläres Studioalbum mit durchweg neuen Songs. Eine kleine Sensation darauf ist ein Duett mit Maschine und dem *Rammstein*-Sänger Till Lindemann. Darum geht es auch in unserem Interview. Was wir beide nicht ahnen: Kurz nach unserem Gespräch kommt es zu einem Eklat zwischen der Plattenfirma der *Puhdys* und der von *Rammstein*. Letztere ist darüber wenig amüsiert, dass sich ihr Künstler an diesem Album beteiligt hat. Wer die Erstausgabe oder die CD-Single hat, besitzt ein echtes Sammlerstück. Denn beide Varianten wurden vom Markt genommen. In den Nachauflagen singt Maschine das Stück »Wut will nicht sterben« ohne prominente Unterstützung.

Ich hab euch kürzlich in der Fernsehshow »Versteckte Kamera« mit Fritz Egner gesehen, in der sie dich hereingelegt haben. Man sah die* Puhdys *in einer Talkshow, und weil du angeblich zu spät warst, hatte man für dich einen anderen Mann hingesetzt, der sozusagen in deine Rolle schlüpfte. Du solltest ihm soufflieren …

Ja, das haben sie wirklich gut hingekriegt. Vorher hatten sie mir noch einen anderen Termin gemacht, der sich künstlich in die Länge zog. Man wollte unbedingt vermeiden, dass ich zu früh komme. Als ich dann endlich eintraf, war die Show schon im Gange. Ich sollte nicht mehr auf die Bühne, weil ja da schon einer statt meiner mit den Kollegen saß. Ich bekam dann die Chance, vom Regieraum aus meinem sogenannten Double die Antworten zu sagen, aber der stellte sich extrem trottelig an.

Du hast erstaunlich gelassen reagiert. Bist du immer so gelassen?
Nein, nicht immer. Vielleicht war ich es hier, weil ich erstaunt war, was alles möglich ist. Ich war eher perplex. Und natürlich war ich auch dankbar, dass wir in unserem Jubiläumsjahr auch ein paar Fernsehauftritte haben. Deshalb wollte ich die Show nicht platzen lassen. Aber innerlich dachte ich, das geht doch nicht, das können die doch nicht machen ...

Die* Puhdys *sind dreißig Jahre alt geworden. Wie fühlt man sich am Ende dieses Jubiläumsjahrs?
Erstaunlich gut. Das hätten wir uns nicht träumen lassen, dass es so gut läuft. Wir hatten ja nach der Wende wieder angefangen. Zuerst ein paar heimliche Konzerte im Westen. Wir hatten zum Beispiel neunmal in Villingen-Schwenningen gespielt, und da meinte der Veranstalter: »Das zehnte Mal müsst ihr hier auch noch spielen!« Obwohl wir zu diesem Zeitpunkt eigentlich gar nicht existent waren.

Warum so oft in Villingen-Schwenningen?
Ist der Veranstalter* Puhdys*-Fan?
1980 war dort das erste Konzert. Das war immer in einer großen Messehalle, da kamen je nachdem so zweitausend bis dreitausend Leute hin. Das war damals für eine Ostband utopisch gewesen. Und das hatte sich dann von Jahr zu Jahr gesteigert. Wir spielen immer noch da, immer am zweiten Samstag im Dezember – jetzt zum neunzehnten Mal. Wir kriegen auch immer noch die Gage wie 1990, das ist einfach so eine Geste, weil der Veranstalter so lange Zeit zu uns hält.

Schließlich waren auch eure Konzerte in den neuen Bundesländern wieder gut besucht ...
Offiziell hatten wir wieder 1992 angefangen. Wir spielten zum Blumenfest in Dresden, und der Veranstalter meinte: »Fünfhundert Leute werden wohl kommen.« Das wollten wir gar nicht glauben, wir hatten ja mitgekriegt, was bei anderen Bands lief ... Wir hatten zu diesem Konzert auch nur eine kleine Anlage. Wir sind dann essen gegangen, und als wir wiederkamen, waren schon dreitausend Leute da. Das ging natürlich nicht ständig so, es gab auch Konzerte mit weniger Publikum, aber zumindest merkten wir, dass bei den Leuten noch Interesse an den *Puhdys* besteht. Ja, und in diesem Jahr haben sich die

Ereignisse überschlagen. Unsere neue Platte ist wieder in den Charts, die Waldbühne war im Sommer voll ...

Das wollte ich dich sowieso fragen: Euer dreitausendstes Konzert in der Berliner Waldbühne war ausverkauft – was ist das für ein Gefühl?

Das ist immer wieder aufregend. Zweiundzwanzigtausend Menschen waren da. Es ist schon ein außergewöhnliches Gefühl, dort auf der Bühne zu stehen und zu wissen, die vielen Leute sind alle wegen uns da ... Im Osten wurde das im Laufe der Jahre irgendwie zur Gewohnheit, dass immer reichlich Leute kamen. Es gab ja nicht so viele Bands, die ähnlich populär waren. Und jetzt erleben wir den Weg zum Populärwerden noch einmal, wie wir ihn schon mal am Anfang unserer Karriere erfuhren. Inzwischen bist du eben nur noch einer von vielen. Früher sind die Leute zu uns, zu *City* oder zu *Karat* gegangen, heute ist die ganze Welt da. Man geht mit derselben Spannung auf die Bühne wie früher. Den Erfolg weiß man heute mehr zu schätzen.

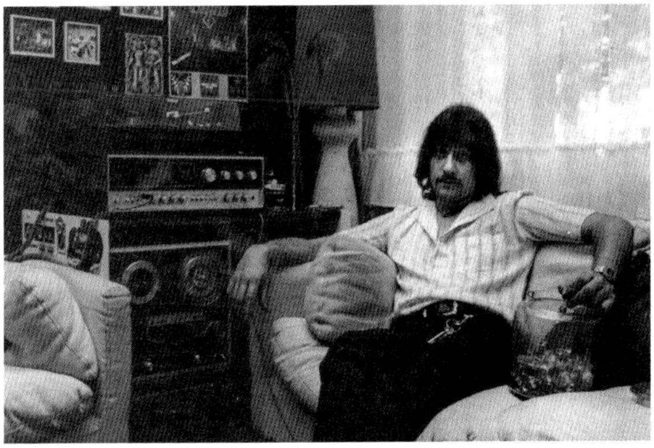

Maschine allein zu Haus (1982)

Die Westberliner Waldbühne hatten die* Puhdys *schon Anfang der 1980er vollgekriegt, als das DDR-Publikum eben noch nicht dahin kommen konnte ... Wie ist eigentlich das Interesse für die* Puhdys *in der BRD und Westberlin entstanden?

Das kann ich auch nicht genau sagen. Ich weiß nur noch, dass die Leute sämtliche Lieder mitsingen konnten, als wir das erste Mal in Westberlin spielten. Vielleicht haben die viel Ostradio gehört? Auch in Hamburg war es dann so gewesen. In München wiederum war es beispielsweise nicht so, da kamen bei der ersten Tour vielleicht vierzig, fünfzig Zuschauer ... Im Laufe der Zeit haben wir aber darüber nicht mehr so viel nachgedacht.

Kannst du dich denn noch an das erste* Puhdys*-Konzert im Westen erinnern?

Das erste Konzert im Westen war in Belgien. Und das war schon Wahnsinn gewesen. Schon das Gefühl, dort zu landen ... Du siehst die Schaufenster, du siehst die Kneipen ... Wir waren in so einem ganz kleinen Dorf, und trotzdem gab es da dreißig Kneipen. Wir sind dort abends angekommen, wurden herzlich empfangen und haben in einer Kneipe erst mal was gegessen und getrunken. Wie das schon alles aussah, das war sensationell. Und das Konzert war auch gut, das war auf dem Fest von irgendeiner Brauerei. Und dann kam Holland. Harry Jeske, unser Bassist und Manager, ist immer so einem Westmanager hinterhergerannt, der die ganzen Westkünstler ins Ostfernsehen schleppte. Der meinte dann, irgendwann klappt's – und so kam's mit Holland zustande: Clubs und Discotheken. Und unser erstes Konzert in Westdeutschland war in der Dortmunder Westfalenhalle bei einem SDAJ- oder Pressefest zusammen mit *Frumpy*.

Im Westen wurden auch die LPs der* Puhdys *veröffentlicht. War das von Anfang an eine Selbstverständlichkeit, oder war der Weg zur Westveröffentlichung ein steiniger?

Mit diesem ganzen Zeug, Management und so, hatte ich überhaupt nichts am Hut, deshalb kann ich auch nichts Genaues sagen. Ich hatte mich gefreut, dass ich fahren konnte, dass es die Platte dort gibt. Ich weiß nur so viel, dass Peter Schimmelpfennig »Geh zu ihr« im Radio hörte und uns daraufhin kennenlernen wollte. Auf der Rückfahrt von einem Gig aus Holland haben wir uns mit Schimmelpfennig getroffen. Vorher hatte er Wolfgang Martin, der immer noch unser Freund ist, beim Rundfunk kontaktiert. Schimmelpfennig sagte jedenfalls: »Lasst uns 'ne Platte machen!« Alles Weitere lief dann über die Plattenfirmen. Das Ergebnis war dann ein Zusammenschnitt aus der ersten und zweiten LP von uns. Und ab dem Album *Sturmvogel* kamen die Platten in Ost wie West identisch raus.

In der Diskografie* 30 Jahre Puhdys *sind auch mehrere* Puhdys*-Bootlegs abgebildet. Kennst du die? Ärgert es dich, dass dir dadurch Tantiemen flöten gehen?

Nein, da war ich selbst erstaunt. Die Situation ist nicht neu, zu DDR-Zeiten wurden wir an den Plattenverkäufen zunächst nicht beteiligt. Wir wussten auch gar nicht, wie viele Platten wir schon verkauft hatten. Später wurden wir dann doch beteiligt, man gab uns pro verkaufte Hunderttausend immer eine bestimmte Summe. Dafür hatten wir auch gekämpft. Wir waren fast die Einzigen, die das hatten, und waren zufrieden, klar. Das war irgendwie eine Sonderregelung. Und in Russland war die Startauflage eine Million ... *(lacht)*.

In der damaligen Sowjetunion hattet ihr auch unzählige Konzerte gegeben.
Ja, das war extrem. Es waren solche Geschichten dabei wie sieben Konzerte hintereinander in Moskau oder fünfzehn Konzerte in zehn Tagen in Leningrad. Und bei jedem Konzert waren fünfzehntausend Zuschauer. Das war natürlich keine Kunst, genauso wie es keine Kunst war, in der DDR den Laden voll zu kriegen. In Russland waren die halt noch ausgehungerter. Wir hatten das als normal empfunden. Das ist uns jetzt erst bewusst geworden, wie schwer es ist, auch nur fünftausend Leute ins Konzert zu bekommen.

Wie waren die Reaktionen des russischen Publikums?
Das war schon gigantisch, allerdings durften die von ihren Stühlen nicht aufstehen. Links und rechts jeder Reihe stand jemand, der darauf achtete, dass alle sitzen blieben.

Es existieren Gerüchte, dass man als DDR-Rockband erst mal in Russland spielen musste, bevor man auch mal in den Westen fahren durfte?
Müssen nicht. Aber es wäre sicher unklug gewesen, wenn man das nicht gemacht hätte. Und das Publikum war irre gewesen, nur die Umstände waren nicht immer so gut.

Wurdet ihr in Rubel bezahlt? Wenn ja, was habt ihr damit gemacht?
Ja, in Rubel. Die haben wir dann bei Genex eingezahlt. Natürlich nicht alles, das ging nur für einen gewissen Prozentsatz. Und beim Genex gab es diverse Sachen, durchaus aus der DDR, die es aber sonst seltener oder eben gar nicht gab. Man konnte dort auch Autos kaufen, jedoch ohne lange Wartezeiten und wohl ein paar Prozente günstiger ... Mit dem Rest der Rubel haben wir uns in Russland etwas gekauft, bei der ersten Tour zum Beispiel Bootsmotoren, weil wir dachten, dass wir Bootsmotoren prima in der DDR verkaufen könnten. Aber mein Bootsmotor lag dann jahrelang im Schuppen meiner Eltern herum.

Eine Anekdote eurer frühen Russlandtourneen besagt, dass sich deine Kollegen und du auf der Bühne halb kaputtgelacht haben, während Bandkollege Quaster wegen einer Blinddarm-OP im Krankenhaus lag …
Das war in Bulgarien. Quaster wurde während des Konzerts ins Krankenhaus eingeliefert. Damals spielten wir unsere Konzerte noch mit einer Pause dazwischen. Und in dieser Pause wird Quaster kreidebleich und bricht zusammen … Wir haben sofort einen Krankenwagen geholt, die hatten Quaster mit einer Blinddarmentzündung abtransportiert. Wir überlegten, was wir mit dem Konzert machen, und entschlossen uns, ohne Quaster weiterzuspielen. Quasters Gitarre und Stimme fehlten, was sich sofort bemerkbar machte. Wir spielten drei Songs und bekamen Lachkrämpfe, weil wir erst mal spürten, was alles fehlt. Wir konnten nicht mehr vor Lachen, weil das so beschissen klang. Und die Dolmetscherin erklärte dem Publikum zuvor todernst, dass einer der Musiker ins Krankenhaus musste, das Publikum war ganz betreten. Wir hörten dann auf, es ging nicht mehr …

Es gibt auch die Geschichte, bei der ihr auch nicht mehr vor Lachen auf der Bühne könnt, und letztlich lachen die zehntausend Zuschauer auch mit …
Das war wiederum in Russland. Quasters Mikrofon war gerade heruntergedreht, weil Meyer ein Saxophonsolo gespielt hatte – sonst hätte man das auch über das Mikro von Quaster gehört. Doch anstatt es wieder aufzudrehen, kniete er sich runter zum Saxophonmikro. Doch Quaster konnte gar nicht singen, weil er plötzlich einen Lachkrampf hatte. Davon ließen sich die anderen dann anstecken, und schließlich lachte der ganze Saal. Das Publikum wusste bestimmt nicht, warum wir überhaupt lachen, aber es gibt ja so Momente, in denen man einfach losgrölen muss. Das war so ein Moment.

Stimmt es eigentlich, dass die* Puhdys *in irgendeinem Kaff mal Auftrittsverbot hatten?
Das war in Brand-Erbisdorf. Wir hatten eine Nebelmaschine, lange Haare und haben nur englisch gesungen. Und natürlich waren wir zu laut. Schon hatten wir dann dort Auftrittsverbot. Wir sind dann noch zum Bürgermeister, um uns zu beschweren, doch ich selbst bin nicht mitgegangen, weil ich die längsten Haare hatte … Und in Leipzig hatten wir auch einmal Spielverbot oder waren da zumindest unerwünscht. Wir spielten im Leipziger Zentralstadion. Damit die

Leute nicht auf dem Rasen rumlatschen, wurde das komplette Feld mit dünnen Platten ausgelegt. Auf denen standen wir mit unserem Equipment auch, es gab keine Bühne. Das war zu irgendeinem Pfingsttreffen oder so etwas Ähnliches, es wurden andauernd irgendwelche öden Reden gehalten, so dass das Publikum gar nicht mehr abwarten konnte, bis wir endlich anfingen. Und als es dann endlich so weit war, stürmten die Massen zu uns runter und überrannten uns förmlich. Da war die Hölle los, der Mikrofonständer war verbogen, irgendwo lagen Schuhe rum, jedenfalls mussten wir nach dem ersten Song aufhören. Das war natürlich gut fürs Image, aber wir konnten eine ganze Weile nicht mehr in Leipzig spielen.

Es gab auch mal Probleme mit den langen Haaren. Beim allerersten Fernsehauftritt musstet ihr euch die Haare zusammenstecken. Musstet ihr das bei den Konzerten auch tun?
Als ich wieder von der Armee kam, war das nicht mehr so ein großes Problem. Ich hatte auch ganz schön gekotzt, alle hatten schon absolute Matten, nur meine waren durch die Militärzeit noch kurz. Es war also nicht mehr wirklich verboten, höchstens nur noch unerwünscht. In den Sälen haben wir immer mit offenen Haaren gespielt. Nur bei der allerersten Fernsehmugge bat man uns, die Haare abzuschneiden. Das machten wir natürlich nicht. Wir haben dann die Haare ein bisschen hochgesteckt, es sah absolut bescheuert aus. Ich kann mich aber an einen früheren Bandkollegen – Lutz Horn ist sein Name – erinnern, der musste allen Ernstes wegen seiner langen Haare hinter der Bühne spielen. Das passierte ihm aber in einer anderen Band, ich selbst war da schon bei der Armee.

Bist du eigentlich durch die* Puhdys *Profimusiker geworden?
Das war ich schon vorher. Als ich ausgelernt hatte, war ich noch zwei, drei Monate Geselle in einer kleinen Fabrik. Ansonsten hing ich immer mit Fritz Puppel von *City* zusammen. Wir hatten uns in Baumschulenweg kennengelernt, spielten beide Gitarre und haben uns für die *Shadows* interessiert. Und eines Tages sagte Fritz, er höre jetzt auf zu arbeiten … Und das fand ich natürlich geil, jeden Tag richtig ausschlafen … Also habe ich auch aufgehört. Wir haben die ersten Monate dermaßen ausgenutzt, sind in Kneipen gegangen, haben bei ihm oder bei mir zu Hause nächtelang Gitarre gespielt und geprobt, so

dass wir am nächsten Tag immer bis mittags geschlafen haben. Unsere Band nannte sich *Luniks*. Doch dann kamen wir zur Armee, und dadurch ist die Band auseinandergegangen …

***Wäre vielleicht alles ganz anders gekommen, wenn Fritz Puppel und du nicht zur Armee gemusst hättet? Hätten wir dann statt* Puhdys *und* City *jetzt 35 Jahre* Luniks?**
Wahrscheinlich. Das kann gut möglich sein.

Im Laufe der Jahre entstanden immer wieder Gerüchte über die* Puhdys. *Vier fallen mir spontan ein, vielleicht kannst du mir sagen, was da dran ist beziehungsweise war? Zum Beispiel hatte mir etwa 1986 ein DT64-Redakteur erzählt, dass du ein Duett planst, und zwar mit dem damals in Westberlin lebenden Österreicher Herwig Mitteregger, der mit der* Nina Hagen Band *und* Spliff *bekannt wurde sowie als Solokünstler mit Hits wie »Immer mehr« Erfolge feierte?
Als es um meine erste Soloplatte ging, hatte ich Mitteregger mal besucht. Ich war mal bei einem Freund in Kassel, und bei dem hatten wir »Abendschau« oder irgend so was geschaut, in der auch Herwig Mitteregger dabei war. Spontan erzählte ich meinem Kumpel, dass ich mir vorstellen könnte, mit Mitteregger mal was zu machen. Witzigerweise waren die Fernsehstudios fast um die Ecke, so dass wir gleich hin sind. Dort hatte ich Mitteregger tatsächlich getroffen, und er hat mir seine Nummer gegeben. Später trafen wir uns bei ihm zu Hause, aber das Ding hatte sich nachher zerschlagen, Mitteregger meldete sich nicht mehr, ich hatte ihn auch nicht erreicht – aber auf jeden Fall war das mal geplant …

Das klappte zwar nicht, aber dafür singt Till Lindemann von* Rammstein *einen Song mit dir auf der* Puhdys*-LP* Wilder Frieden *– wie kam's?
Till hatte mich mal angerufen, um zu fragen, ob wir ihn bei einer Musiktherapie für Kinder unterstützen. Nachdem wir hier unsere Zusammenarbeit geklärt hatten, erzählte ich ihm, dass ich *Rammstein*-Fan bin und wir fürs neue Album eine Nummer haben, bei der es passen würde, wenn er mitsingt.

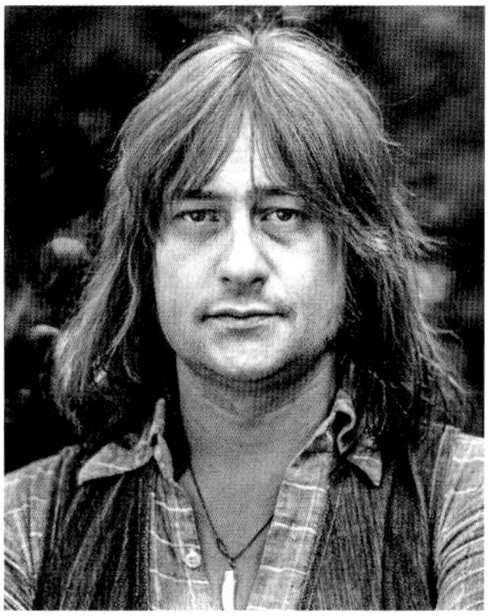

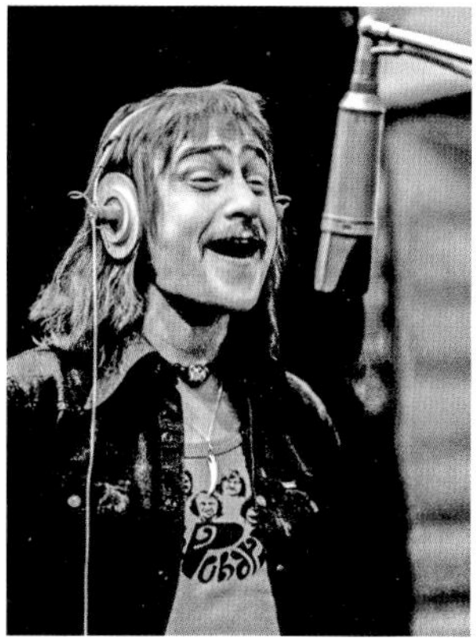

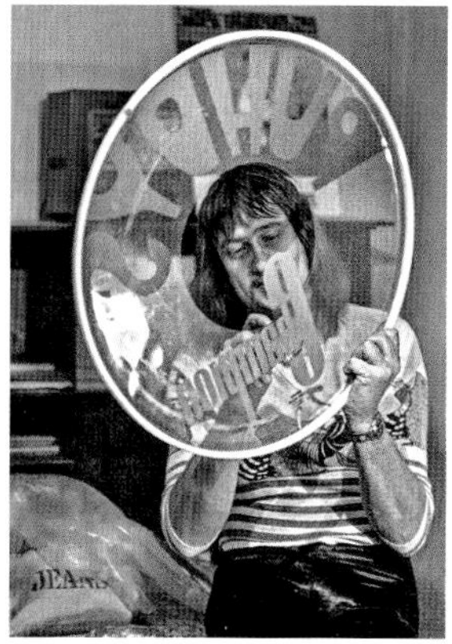

Fotoschätze von Maschine aus den 1970ern

Vorher kanntet ihr euch noch gar nicht?

Nicht persönlich, nein. Ich hatte schon ein paarmal mit seinem Bandkollegen Flake telefoniert, weil ich wollte, dass Flake ein bisschen was zum Album beisteuert. Dass Till bei uns mitsingt, hätte ich nie erwartet. Normalerweise hätte ich mich auch nie getraut, ihn zu fragen. Bei unserem Telefonat sagte er aber spontan zu. Das war ganz unkompliziert und unspektakulär.

Aber Flake war schlussendlich nicht an **Wilder Frieden** ***beteiligt?***

Rammstein waren kurz zuvor in den USA unterwegs, und Flakes Equipment, das verschifft wurde, ist in Deutschland nicht angekommen, also zumindest nicht pünktlich. Und dann war keine Zeit mehr, weil *Rammstein* ständig unterwegs sind.

Zurück zu den Gerüchten: Ein weiteres besagt, dass sich die **Puhdys** ***bereits 1984 auflösen wollten …***

Nein, das stimmt nicht. Das erste Mal war wirklich 1989, wir hatten das ein Jahr zuvor beschlossen. Allerdings auch gar nicht so richtig, das Thema stand zwar im Raum, aber irgendwie konnten wir uns nicht entscheiden. Peter Meyer und ich waren auch dagegen. Aber Harry hatte schon vorsorglich Plakate mit der Aufschrift »*Puhdys*: Goodbye-Tour« drucken lassen. Dann haben wir das eben gemacht.

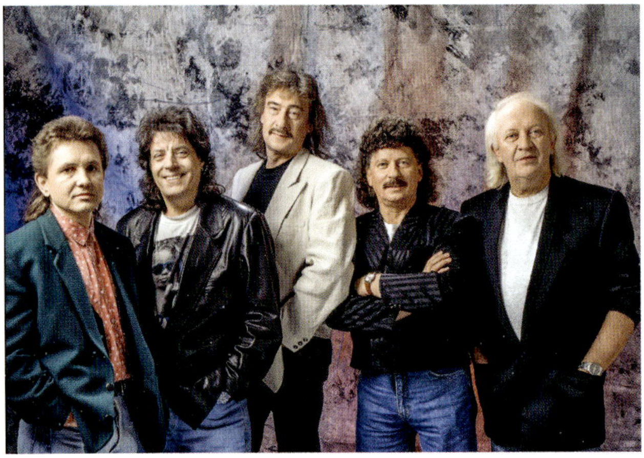

Offizielles Pressefoto der *Puhdys* zur 1996er Liveplatte *In flagranti*. Harry Jeske (2. von rechts) steigt im Folgejahr aus.

Die 1989er »Goodbye-Tour« hattet ihr mit den* Lords *aus Westberlin bestritten. Vor wenigen Wochen ist ihr Sänger Ulli Günther alias Lord Ulli mit nur siebenundfünfzig Jahren verstorben …

Das stimmt leider, und ich bin darüber sehr traurig. Es war ein großer Schock, als uns seine Frau Renate anrief, um uns mitzuteilen, dass Ulli gestorben war. Die *Lords* hatten am 9. Oktober einen Auftritt in Potsdam, und dort brach Ulli wegen Herzrhythmusstörungen zusammen. Beim Sturz zog er sich eine Schädelfraktur mit Hirnblutungen zu. Am 13. Oktober 1999 verstarb er an den Folgen in einem Potsdamer Krankenhaus. Wir hatten uns auf der gemeinsamen Tournee 1989 kennen und schätzen gelernt. Wir waren seitdem befreundet, haben immer den Kontakt gehalten. Auch unsere Frauen verstehen sich sehr gut. Renate bat mich, eine Trauerrede zu halten. Ich grübelte erst, ob ich das tun könnte, also ob ich dem gerecht werden könnte, und sprach dann darüber, wie ich ihn erlebte, über seinen Gerechtigkeitssinn und über seinen feinen Humor.

Das tut mir sehr leid. Darf ich dennoch zurück zu den Gerüchten kommen? Als Gunther Wosylus die* Puhdys *verließ, soll* Karat*-Schlagzeuger Michael Schwandt als Neuzugang im Gespräch gewesen sein. Ist das wahr?

Ja. Aber als wir einen neuen Schlagzeuger suchten, hatten *Karat* ihren ersten wirklichen Hit: »Über sieben Brücken«. Michael Schwandt konnte sich zwar schon vorstellen, bei uns zu spielen, aber er wollte auch – und das fand ich sehr gut von ihm – das Gefühl haben, dass er den eigenen Erfolg mit erarbeitet hat.

Gerücht Nummer 4: 1981 waren die* Puhdys *in den USA auf Promotour. Eure »West«-Plattenfirma Hansa hatte euch dort hingeschickt, allerdings soll es keine wirkliche Promotour gewesen sein, sondern eher ein Urlaub?
Das war insofern Promotion, weil die Medien darüber geschrieben haben. In Amerika gibt es ein Label, das verschiedenste Platten aus der ganzen Welt kauft. Da kann man ägyptische Volksmusik genauso wie japanische Blasmusik bestellen, und über dieses Label haben wir auch ein paar Platten verkauft. Die HANSA International hatte das für uns besorgt, wir waren in New York, San Francisco und Los Angeles – und haben uns ein bisschen umgesehen ...

In dreißig Jahren* Puhdys *entstanden viele Lieder. Gibt es denn welche, die du im Nachhinein lieber nicht gesungen hättest?
Ja, eines: »Jodelkuh Lotte«!

Ist es dir peinlich?
Ja, das ist mir peinlich, wenn ich das jetzt so höre. Aber es ist auch das einzige Lied, für alle anderen stehe ich ein. Na klar gibt es noch welche, bei denen ich heute denke, dass das wohl nicht so der Wurf gewesen ist, doch das ist sicher normal. Aber »Jodelkuh Lotte« ist richtig scheiße ... Vielleicht wäre es mit einem anderen Text gegangen, aber so!? Irgendwie war das die erste Punknummer der DDR ... *(lacht)*.

Apropos Punk: Zum 25-jährigen Jubiläum gab es bei einem kleinen Independentlabel eine Compilation mit jungen Punkbands: »25 Jahre* Puhdys *– wir feiern mit«. Kennst du die?
Die hab ich sogar. Das fand ich wirklich lustig. Es war auch eine Ehre gewesen, dass junge Bands unsere Musik spielen. Natürlich war darauf nicht alles super, aber ich fand es schon gut.

WILDE JAHRE

Maschines erstes Jahrzehnt mit den *Puhdys*

»Die *Puhdys* bringen den Schnee auf dem Dach des Friedrichstadt-Palastes zum Schmelzen.« So oder so ähnlich schreibt es eine Tageszeitung in Berlin über die *Puhdys*-Shows im Winter 1979 in jenem ehrwürdigen Haus, das schon »Markthallen-Zirkus«, »Riesen-Olympia-Theater« und »Varieté der 3000« hieß (die Berliner nannten es früher auch mal »Tropfsteinhöhle« wegen einer Deckenkonstruktion des Architekten und Bühnenbildners Hans Poelzig). Die Auftritte der *Puhdys* dort sind nicht irgendwelche, es sind Jubiläumskonzerte. Die *Puhdys* werden zehn Jahre alt. Zehn Jahre sind damals eine echte Ansage. Welche Rockband hat schon eine ganze Dekade auf dem Buckel? *10 wilde Jahre* heißt dann auch das *Puhdys*-Album dieses Jahres (wenige Monate später folgt das erste Live-Doppelalbum der Band – genau: ein Mitschnitt aus dem Friedrichstadt-Palast).

Wie wild sie tatsächlich waren, soll an dieser Stelle nicht geklärt werden, in jedem Fall war es eine turbulente und ereignisreiche Zeit. Mit Resultaten, die in der Anfangszeit kaum vorstellbar waren. Zehn Jahre auf der Überholspur. Da kann man ja auch mal Danke sagen.

Danke an den Nachbarn der Jeskes. Ein Fleischermeister aus Oranienburg ist mit den Eltern des Bassisten Harry befreundet und gibt einen Privatkredit. 25.000 Ostmark, für die eine Anlage gekauft wird. Und zwar die von Klaus Lenz. Auch Maschine ist stolz darauf, wenngleich heute vermutlich jeder mehr an Wattzahl im Wohnzimmer zu stehen hat.

Immerhin macht diese Anlage das Touren erst möglich. Transportiert wird sie in einem Anhänger, der an einen alten Wolga gekuppelt ist. Der erste Fahrzeugpark der *Puhdys*. So gut ausgestattet, wird praktisch jede öffentliche Steckdose in Ostdeutschland bereist. Fahren sie zu einer Mugge, wird an jedem Kulturhaus, das auf dem Weg liegt, angehalten. Harry, der nicht nur den Viersaiter zupft, sondern auch der Manager ist, springt stets aus dem Wolga und kehrt erst zurück, wenn er einen Gastspielvertrag in der Tasche hat. Meist handelt es sich um sogenannte Tanzveranstaltungen, aber oft kann überhaupt nicht getanzt werden, es ist schlichtweg zu voll. Einmal gibt es auch ein Auftrittsverbot, das für den kompletten Bezirk Karl-Marx-Stadt gilt. Anlass war ein Konzert in Brand-Erbisdorf. Eigentlich ist da überhaupt nichts Außergewöhnliches passiert. Lediglich der Bürgermeister alias Mister Wichtig war an diesem Abend anwesend, und der traute seinen Augen und Ohren nicht. Die Musik zu laut und selbst leise viel zu westlich, die Haare zu lang, die Bewegungen zu obszön, what ever – vermutlich kann jeder DDR-Musiker, der Ende der 1960er beziehungsweise Anfang der 1970er unterwegs war, so eine Anekdote erzählen.

Es ist auch die Zeit, als aus Dieter Birr Maschine wird. Ein wenig uncharmant (aber dennoch nicht bösartig) nennen ihn die Bandkollegen »Fressmaschine«. Bis heute hat er sich sein Faible für gutes Essen bewahrt. Es darf auch traditionell und deftig sein. Currywurst, Schnitzel und Bouletten sind bis heute in seiner kulinarischen Top Ten zu finden. Und so ein schlaksiger Typ von ein Meter neunzig verstoffwechselt eben auch gut. Da darf es gern ein Scheibchen mehr sein. Oder mal einen Nachschlag. Oder eine zweite Portion. Auf jeden Fall fällt den anderen *Puhdys* auf, dass hier einer von ihnen ein bisschen mehr vertilgt. Dieter nimmt den neuen Spitznamen »Maschine« – sozusagen die gekürzte Fressmaschine – gelassen auf. Bestimmt auch deshalb, weil er schon einige, je nach Ansichtssache, unsägliche Spitznamen über sich ergehen lassen musste. Das fing schon in frühester Schulzeit an. »Birkenscheißer«, rief man ihm manchmal hinterher. Mit Augen zugedrückt steckt ja da das Wörtchen »Birr« mit drin. Schon weniger kreativ war »Langer«. Vermutlich ist jeder Großwüchsige in seiner Jugend mal »der Lange«. Und Maschine war auch mal »Fitsche«. Warum auch immer, da lässt sich sein Spitzname aus Lehrlingszeiten schon wieder besser erklären. Dort, in der Ausbildung zum Universalschleifer, wird Dieter »Sammy« gerufen. Da ist man eben nur die Assistenz, der Handlanger, der Stift, eben der, den man mal schnell

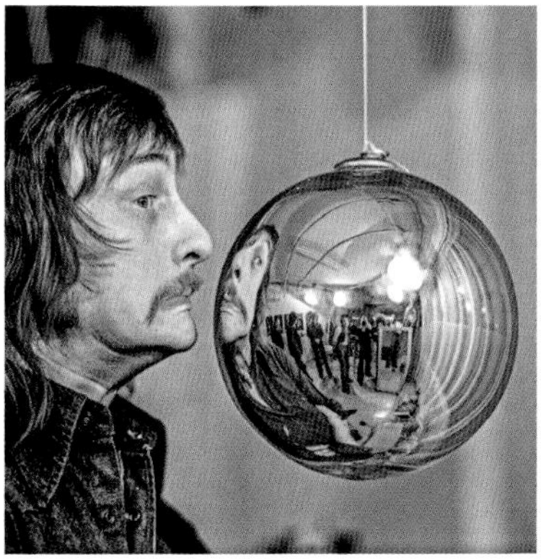

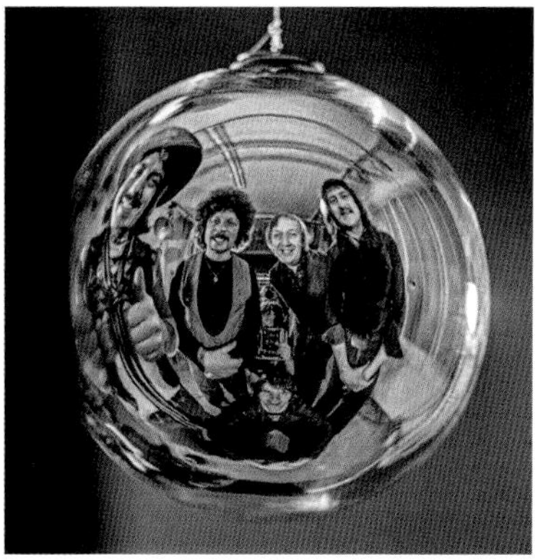

Nach wie vor eine schöne Idee: Maschine und die *Puhdys* in Kugel-Optik

schicken kann. Angeblich sollen in alten Hollywoodschinken die Diener und Butler meistens Sam beziehungsweise Sammy geheißen haben. Weshalb »Ich bin doch nicht dein Sammy« ein geflügeltes Wort wurde. Der spätere Maschine war aber der Sammy in Oberschöneweide, allerdings nicht mehr beim Militär. Hier nennt man ihn »Schocker«. Schocken war damals ganz krasse Jugendsprache. Wenn etwas toll, etwas geil war oder sonst wie gefetzt hatte, dann hat es geschockt. Maschine sagt das ständig, also ist er »der Schocker«. Für die jüngere Leserschaft: »Dit schockt« meint wild, nice oder krank! Dann kommt schon der Spitzname »Maschine«. Dabei ist es geblieben.

Aber wir wollen uns ja bedanken. Gern auch bei den frühen *Puhdys*-Fans. Zum Beispiel denen aus Gardelegen. Hundertvierundfünfzig (!) Gardelegener haben sich beim Fernsehen gemeldet, dass sie ihre neue Lieblingsband – ja, die *Puhdys*! – mal auf dem heimischen Bildschirm sehen wollen. Auf die Idee muss man erst mal kommen: »Liebes Fernsehen, wir waren letzte Woche mal wieder bei den *Puhdys* gewesen, war wie immer knorke, und es wird Zeit, dass der Rest des Landes das auch mal sehen kann.« Respekt! Und cool irgendwie, dass die TV-Redakteure in Berlin-Adlershof tatsächlich darauf reagieren. Allerdings ist die Einladung ins TV-Studio an mehrere Bedingungen geknüpft, an mindestens drei. Erstens: Keine langen Haare! Zweitens: Keine Bärte! Drittens: Ein eigener Song in deutscher Sprache! Das mit den Haaren ist schon mal keine Option. Für drei Minuten Fernsehen mindestens ein halbes Jahr warten, bis die Haare allmählich wieder Länge haben? Geht schon mal nicht, aber natürlich sind Maschine und seine Kollegen kompromissbereit. Man kann ja das lange Haar zusammenstecken. Entspannter ist da schon das Entfernen des Bartes. *Puhdys*-Kollege Quaster nimmt die Rasur während eines Konzerts vor. Bart ab als Showeinlage, das Publikum amüsiert sich prächtig. Fehlt nur noch die deutschsprachige Eigenkomposition. »Tut uns leid«, sagen die *Puhdys*, »Rock 'n' Roll ist nun mal englisch. Denn wenn deutsch gesungen wird, ist es immer gleich Schlager. Und wozu eigene Lieder schreiben, wenn man für die von *Deep Purple*, *Uriah Heep* oder *Jethro Tull* gefeiert wird?« Während sich ein Teil der Band ganz sicher ist, dass es dann doch nichts wird mit dem TV-Auftritt, beackert Keyboarder Meyer seine Kollegen. Man könne viel mehr Menschen mit einem Mal erreichen, mehr als durch zig Konzerte. Derweil setzt sich Maschine hin und probiert mal was. Am Ende hat er zwei eigene Lieder. Das eine ist ein wenig bei *Jethro Tull* abgekupfert, das andere von *Uriah Heep* inspiriert. Fehlen nur noch die Texte. Es gibt keine konkrete Idee, Maschine weiß nur, dass es nicht nach Schlager klingen darf. Die Rettung naht mit Wolfgang Tilgner. Der ist eigentlich Dramaturg am Friedrichstadt-Palast und – hört, hört! – anerkannter Lyriker. Tilgner ist mit der Sängerin Hanna-Maria Fischer liiert, die war wiederum mit den Ur-*Puhdys* in der Sowjetunion auf Tournee. Kurzer Dienstweg sozusagen. Das Ergebnis: zwei fertige, deutschsprachige *Puhdys*-Songs. Der eine heißt »Türen öffnen sich zur Stadt« und wird ein Hit, der andere, »Als wir gestern schieden«, ist bald wieder vergessen. Mehr noch: Die Rundfunkleute kommen der Bitte der *Puhdys* nach und löschen die Aufnahme wieder. Zu ärgerlich, der Track hätte sich gut in der Raritätensammlung gemacht. Zuerst werden die Lieder in Mono aufgenommen, mehr ist für die Fernsehgeschichte nicht nötig. Dass man die Songs auch mal im Radio spielen könnte, hat noch niemand auf dem Schirm. Erst kurze Zeit später denkt man darüber nach, die *Puhdys* müssen die Songs im Rundfunkstudio erneut einspielen – diesmal in Stereo. Die Monoversion von »Türen öffnen sich zur Stadt« ist dann schließlich in der Flimmerkiste zu erleben. Der Song klingt ganz schön spektakulär, nicht zuletzt wegen des Textes. Irgendwie verblüffend, dass die Nummer durchgewunken wurde, denn welche Türen öffnen sich zu welcher Stadt? Ist vielleicht die Berliner Mauer durchlässig geworden? Na gut, so ist es sicher nicht gemeint. Es kommt auch niemand drauf, nicht die Kollegen der Zensur, nicht die Band. Aber hätte ja sein können. Die Sendung heißt übrigens »Basar«, seit Januar 1965 läuft sie im Fernsehen. Es geht um »das kulturelle Leben der jungen Leute«. Mit Beginn der 1970er kommt man nicht mehr an Rockmusik vorbei, zumindest nicht an der landeseigenen. Das *Joco Dev Sextett* ist mal dabei und 1971 eben die *Puhdys*.

Dann entwickelt sich »Türen öffnen sich zur Stadt« (diesmal die Stereoversion) zur veritablen Radionummer. Sie wird ein Hit. Der erste für die *Puhdys*. Auf Stimme der DDR, dem Radiosender, hat der bereits erfolgreiche Sänger Frank Schöbel seine eigene Radiosendung, die »Beatkiste« – »Franks Beatkiste«. Darin stellt er neue Rundfunkproduktionen vor, und Hörer können Postkarten schreiben, was ihnen besonders gefällt. Dadurch entsteht ein Ranking, eine Art Hitparade. »Türen öffnen sich zur Stadt« läuft als Neuvorstellung, in der Woche danach ist der Song schon auf Platz 3, danach bleibt er wochenlang auf der

Poleposition. Maschine hat das alles detailgenau in Erinnerung. Als wäre es erst kürzlich passiert und nicht schon vor zweiundfünfzig Jahren. Schöbel lädt die Band auch zur Sendung ein, das allererste Radiointerview der *Puhdys*. In der Tageszeitung *Junge Welt* sind auch die ersten Kritiken zu lesen, so steht dort 1972: »Die *Puhdys* bevorzugen einen akzentuierenden Grundrhythmus, mit elektronischen Effekten gehen sie nicht sparsam um. Ihre melodischen Einfälle überraschen immer wieder. Im Bemühen um Kontraste wird allerdings häufig ein bisschen zu viel des Guten getan«, und wenig später noch im selben Jahr: »Beliebt und umstritten, das sind die *Puhdys*. Schon ihre Ankündigung löste einen Sturm der Begeisterung aus. Und als sie dann ihre Elektrokraftwerke in Gang setzten, war das Publikum in seinem Element. Der dicke Sound der Truppe, die einprägsamen Melodien und der motorische Rhythmus packten das Publikum immer wieder.« Es entstehen weitere Rundfunkaufnahmen: »Geh dem Wind nicht aus dem Wege«, »Manchmal im Schlaf«, »Steige nicht auf einen Baum«, »Finde den Weg durchs Feuer«, »Zeiten und Weiten«, »Hören und sehen« … Die Songs, inklusive des mit den sich öffnenden Türen, werden alle auch auf Vinyl veröffentlicht. Es sind noch keine eigenen *Puhdys*-Platten, sondern es handelt sich um die Compilationreihe *hallo*. Allein 1972 werden von diesen Samplern mit späterem Kultstatus sieben produziert, im Folgejahr fünf. Dann wird es weniger, 1976 erscheint die letzte *hallo*-Platte. Auf neun von insgesamt sechzehn LPs sind die *Puhdys* zu finden. Besonders geil ist *Volume 3*, hier liegt der Schallplatte ein LP-Hüllengroßes *Puhdys*-Foto, eine Art Miniposter, bei. Der allererste *Puhdys*-Song auf Vinyl ist übrigens »Geh dem Wind nicht aus dem Wege« – auf *hallo 1*.

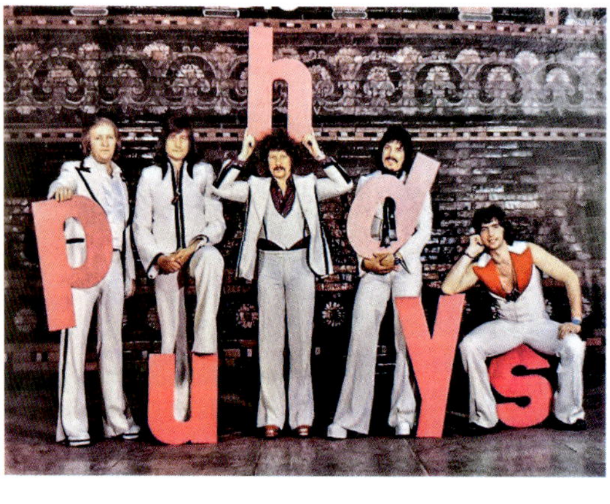

Zum Glück haben sich die *Puhdys* richtig aufgestellt. Bis heute geistern die Schreibweisen »Phudys« und »Pudhys« durchs Netz.

»Geh dem Wind nicht aus dem Wege« ist auch jenes Lied, mit dem Peter Gotthardt die *Puhdys* entdeckt. Gotthardt ist Filmkomponist, seine Soundtracks sind jedoch eher von der Klassik inspiriert. Auch für *Die Legende von Paul und Paula* – immerhin schon seine dritte Zusammenarbeit mit dem Regisseur Heiner Carow – schreibt er zunächst eher klassische Melodien. Doch Gotthardt und Carow merken schnell, dass es nicht passt. Die beiden probieren einiges aus, darunter auch Songs von *Slade* und den *Bee Gees*. »Das ist es«, sagt der Regisseur. Und der Filmkomponist hat ein Problem: Noch nie hat Peter Gotthardt Rocksongs komponiert. Bekanntermaßen soll es ihm gelingen. »Wenn ein Mensch lebt« und »Geh zu ihr« werden echte Klassiker. Bis heute zählen die beiden Lieder zu den größten *Puhdys*-Hits. Waren die *Puhdys* vor *Paul und Paula* schon bekannt, nun sind sie berühmt. Tausend Dank an Peter Gotthardt, der später auf die *Puhdys* sauer ist. Angeblich hätten sie sich mit fremden Federn geschmückt und in Interviews nicht darauf hingewiesen, dass Gotthardt Komponist der Stücke ist. Haben sie aber immer gemacht. Nichtsdestotrotz steht es aber öfter mal falsch geschrieben. Mir selbst ist das auch schon passiert. Man sitzt so da und ist in einem Tunnel, und zack wird aus einem »gespielt« oder »gesungen« ein »geschrieben«. Asche auf mein Haupt! Und auf das aller sich irrenden Musikjournalisten. Es ist ja irgendwie auch so, dass es grundsätzlich um die Musikerinnen und Musiker geht, die die Songs interpretieren. Nehmen wir beispielsweise die Australierin Kylie Minogue. Mindestens fünfzehn ihrer Top-Ten-Singles stammen vom britischen Komponisten- und Produzententeam *Stock, Aitken & Waterman*. Selbst für Elton John, Debbie Harry und *Dead or Alive* hatte das Trio schon geschrieben. Doch wo steht denn das schon außer gerade hier?

Dass die *Puhdys* mit *Paul und Paula* an einem ganz besonderen Film, der bis heute Kultstatus genießt, mitwirken, ist zunächst nicht abzusehen. Ebenso wenig, dass »Wenn ein Mensch lebt« und »Geh zu ihr« zu Hits werden. Maschine geht felsenfest davon aus, dass es sich lediglich um Beiträge zu einem Soundtrack handelt. Damals war ja das verfrickelte Zeug von *Deep Purple & Co* angesagt, wer kann da schon ahnen, dass jeden Moment die vergleichsweise einfachen Stücke die Hitparaden stürmen? Für den Erfolg des Kultfilms gibt es sicher ganz viele Erklärungen. Meine: Weil es authentisch ist. Weil es um Menschen geht mit Ecken und Kanten. Ungekünstelt und echt. Ganz sicher ein Kompliment, das auch für Maschines Lieder gilt. Im Kapitel »Gigolo« ist die *Paul und Paula*-Geschichte noch ausführlicher erzählt.

»Geh zu ihr«, der eine *Paul und Paula*-Hit aus der Feder von Peter Gotthardt, bildet auch die A-Seite der allerersten *Puhdys*-Single. Je nach Zählweise ist es vielleicht schon die zweite, denn einige Zeit davor – aber auch 1973 – teilen sie sich eine Single mit der Dresdner Band *Electra*. Ein Jahr später folgt dann endlich der erste Longplayer. Es ist keine wirkliche Albumproduktion, sondern ein Sammelsurium der bereits bekannten Rundfunkproduktionen. Das Jugendmagazin *neues leben* verteidigt das: »AMIGA brachte die erste *Puhdys*-LP auf die Verkaufstische, und da gab's vor Erscheinen viel kritische Post. Warum nicht ausschließlich neue Titel, lauteten die Fragen, auf die es nur eine Gegenfrage als Antwort geben kann: Soll nicht die allererste Scheibe so etwas wie ein Überblick sein?« Zwei Songs sind allerdings schon im AMIGA-Studio aufgenommen, nämlich »Ikarus« und »Mann im Mond«. Fortan wird immer im Studio des Labels in der Berliner Brunnenstraße aufgenommen. Es gibt immer Vier-Stunden-Termine. Das klingt vielleicht nicht so schlecht, ist es aber. Das beginnt schon damit, dass man versuchen muss, den Sound der letzten Schicht wieder hinzukriegen, denn zwischenzeitlich nahmen andere Kollegen auf, und sämtliche Einstellungen an den Pulten sind somit hinfällig. Und dann will man ja auch mal was probieren. Mehr Keyboards? Oder Streicher? Dann noch eine Zigarettenpause, und vier Stunden sind rum. Na schön, hier wird auf hohem Niveau gejammert. Denn mit den Jahren werden die Studiozeiten mehr, und der richtige Mann ist an ihrer Seite: Helmar Federowski. Er ist Produzent von immerhin zwölf *Puhdys*-Alben. Aber es darf nicht so heißen. Also ist er der Tonmeister! Ihre erste Zusammenarbeit ist ausgerechnet die zweite LP. Maschine mag zwar alle Alben, die er aufgenommen hat. Aber mit *Puhdys 2* ist es so eine Sache.

Die schwierige zweite Platte. Übrigens ein Phänomen, das man bei den meisten Bands und Interpreten beobachten kann. Das Debüt vereint meist die Highlights der Anfangsjahre. Und wenn es die Band schon fünf Jahre gibt, ist der Erstling die Quintessenz der ersten fünf Jahre. Aber man muss relativ schnell nachlegen, die neuen Lieder müssen in einem viel kürzeren Rahmen entstehen. Und gleichzeitig ist die Messlatte durch den Erfolg des Debüts enorm hoch gesetzt. Da kann man schon mal scheitern, die Fallhöhe ist beachtlich. Warum soll es den *Puhdys* da anders gehen? Die Platte ist zwar kein Flop, aber bei einigen

Songs schlägt Maschine bis heute die Hände über dem Kopf zusammen. Genau, beispielsweise bei »Jodelkuh Lotte«, dem ersten Lied auf der B-Seite. Eine Kuh hat den Verkehr lahmgelegt, und im Refrain heißt es immer wieder »Holt doch endlich bloß die Polizei« – es ist bis heute nicht überliefert, welche Drogen in der Kantine der VEB Deutsche Schallplatten ausgegeben wurden ... Das Cover der Platte wurde übrigens von Feliks Büttner illustriert. Auch ein passendes Postermotiv gestaltete er. Viele Jahre später wird er noch berühmter, die Augen und der Kussmund an den AIDA-Schiffen stammen von ihm.

Die dritte LP *Sturmvogel* (mit Songs wie etwa »Lebenszeit« und 1976 erschienen) ist ein echter Hingucker. Eine Schneiderin hat ihnen für ein Festival im polnischen Sopot weiße Kostüme verpasst, dazu schicke Plateauschuhe – es sind ja die 1970er –, anzusehen auf dem Artwork der Platte. Für das Festival entstehen nicht nur die schmucken Anzüge (mal bitte ganz genau gucken, Maschines Hemdkragen reichen bis zum Ende der Schultern), sondern auch eine deutschsprachige Version eines polnischen Hits des Trios *2plus1*: »Schlafe ein und fang die Träume« – ebenso auf dem *Sturmvogel*-Album zu finden. Die nächste *Puhdys*-LP wird später die meistverkaufte AMIGA-Rock-LP. Sie heißt *Rock 'n' Roll Music*, erscheint 1977, und der Name ist Programm. Die Songs hierauf sind Coverversionen von Little Richard, Elvis Presley, Chuck Berry, *Everly Brothers* und Buddy Holly. Praktisch von all denen, die mit daran Schuld haben, dass Maschine einst zur Gitarre griff. Obwohl wir uns schon im letzten Drittel der 1970er befinden, geht es mit AMIGA und den *Puhdys* Schlag auf Schlag weiter. Die »Best-of«-Kopplung *Die großen Erfolge* (inklusive »Erinnerung« und »Alt wie ein Baum«, die bis dato auf keinem anderen, regulären Album zu finden waren), *Perlenfischer* (mit »Wenn Träume sterben« und »Sterne verspäten sich nie«), die bereits erwähnte *10 wilde Jahre*-LP (mit »So nah am Leben, so nah am Tod« und »Doch die Gitter schweigen«) sowie die Liveaufnahmen aus dem Friedrichstadt-Palast. Offenbar haben die *Puhdys* ein Dauerabonnement beim einzigen Label für Unterhaltungsmusik in der DDR. Das gefällt nicht jedem Musiker in anderen Bands, doch Produzent Helmar Federowski bringt es einmal in einem von mir geführten Interview auf den Punkt: »Im Vordergrund stand aus AMIGA-Sichtweise der Verkaufserfolg. Das konnten viele Musiker nicht verstehen, aber sie werden es vermutlich nach der Wende begriffen haben. AMIGA war schon damals auf dem Weg zum Kapitalismus und – sachlich betrachtet – kein Nachwuchspflegeverein.« Bald gibt es auch *Puhdys*-Platten im Ausland. Zuerst lizenziert die Tschechoslowakei die zweite *Puhdys*-LP. Ein Jahr später, 1977, gibt es die Platten von Maschine und seinen Kollegen auch in der Sowjetunion und in der BRD. Wird ja auch Zeit, denn längst absolviert die Band Tourneen in Ost- und Westeuropa. Aber darum soll es später noch gehen ...

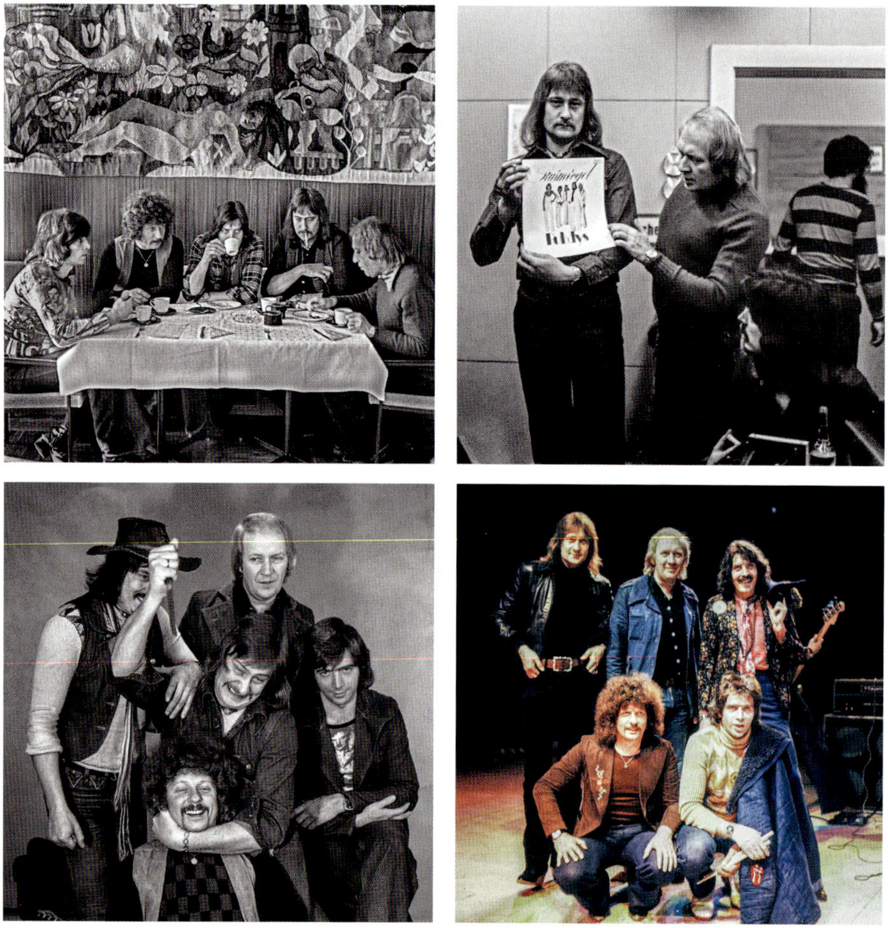

Die *Puhdys* bei Kaffee und Kuchen, mit Schallplatte und Messer sowie backstage in der Westberliner Eissporthalle

10 Fragen an JÖRG STEMPEL

AMIGA-Chef; früherer *Puhdys*-PR-Manager und Maschines Skatbruder

Die Lebenswege von Maschine und vom Musikmanager Jörg Stempel kreuzen sich wiederholt. Zuerst in den 1970ern, als Jörg Stempel einen Kulturjob an der Drushba-Trasse annimmt. Später begegnen dem umtriebigen Mann die *Puhdys* bei AMIGA – in den 1980ern als Mitarbeiter beim VEB Deutsche Schallplatten, in den 1990ern als Labelchef im Hause BMG. Zwischenzeitlich begleitet Jörg Stempel als PR-Manager das 20-jährige Jubiläum der *Puhdys*, und es gibt gar Pläne, mit Maschine eine gemeinsame Plattenfirma zu gründen. Außerdem sind die beiden freundschaftlich verbunden, nicht zuletzt sind sie Teil einer illustren Skatrunde. Die Leidenschaft fürs Kartenspielen haben Maschine und Jörg Stempel gemeinsam – neben der für die Musik. Jörg Stempel kann also eine Menge erzählen.

1 ***Wann hattest du das erste Mal mit Maschine beziehungsweise mit den Puhdys zu tun?***

Ich weiß sogar noch den genauen Tag: Es war der 16. März 1976 – der Geburtstag meines Bruders. Ich flog an diesem Tag mit den *Puhdys* nach Kiew, um meinen neuen Job als Kulturorganisator an der Trasse anzutreten. Ich durfte die Band begleiten, um gleichzeitig die einzelnen Baustellen des DDR-Abschnitts der Drushba-Trasse kennenzulernen. Zwei der Musiker sind mir sofort aufgefallen. Der Schlagzeuger Gunther Wosylus, der im Flugzeug allein Schach spielte. Er las in einem Buch dazu und spielte bekannte Partien nach. Und Maschine, der sich im ersten Gespräch als Skatspieler outete. Aber nicht nur das, seine ganze Erscheinung war irgendwie imposant. Ich war insgesamt zweieinhalb Jahre an der Trasse und habe dort viele Konzerte erlebt. Von *Karat* über *Kreis* bis zu Frank Schöbel. Aber ich muss sagen: Die *Puhdys* legten immer ein paar Schippen mehr drauf.

2 ***Hattest du die* Puhdys *zuvor schon mal im Konzert erlebt?***

Ja, allerdings waren das noch die Ur-*Puhdys*. Ich hatte gerade an der Hochschule für Ökonomie mit dem Studium begonnen, und ein Kommilitone von mir war Rettungsschwimmer an der Ostsee. Er hatte in Zinnowitz eine Bleibe und lud mich zu sich ein. Die *Puhdys* bespielten die Konzertmuscheln in den einzelnen Ostseebädern, und die Rettungsschwimmer-Clique mit mir als Gast folgte ihnen – jeden Abend an einem anderen Ort auf Usedom. Dabei hatte die Truppe immer Stammplätze direkt vor der Bühne, weshalb ich bei einem Konzert auch mitbekommen habe, dass Peter Meyer – er war damals der künstlerische Bestimmer – Dieter Hertrampf, also Quaster, ein wenig rund machte, weil er nicht jeden Ton im *Beatles*-Klassiker »Yesterday« getroffen hatte. Wir hingegen waren froh, diesen wunderbaren Song live zu hören.

3 ***Du warst ja auch DJ, hattest du die* Puhdys *im Repertoire?***

Als Schallplattenunterhalter, wie wir DJs offiziell hießen, wurden wir bekanntermaßen verpflichtet, die 60/40-Regelung einzuhalten. 40 Prozent durften aus dem Westen sein, die anderen 60 Prozent aus der DDR und den anderen »sozialistischen Ländern«. Aber das AMIGA-Repertoire hat nicht so viele tanzbare Stücke hergegeben. Wenn, dann waren meine Favoriten: Holger Bieges »Cola-Wodka«, »Pfefferminzhimmel« von *City*, »Verdammt« von Wolfgang Ziegler, »Eisdame« von Arnulf Wenning sowie diverse Songs von *Modern Soul* oder Krug/Fischer/Brüning. Manchmal habe ich die Leute damit auch von der Tanzfläche vertrieben. Die *Puhdys* waren auf jeden Fall für die Engtanzrunden geeignet.

4 ***Trafen die* Puhdys *auch deinen persönlichen Geschmack?***

Ob als DJ oder später als AMIGA-Labelchef: Der persönliche Geschmack kann nur an zweiter Stelle stehen. Trotzdem bleibt das subjektive Gefühl nicht unberührt. Dieses im Zusammenhang mit seiner Aufgabe zu »disziplinieren«, ist das Thema. Insofern kann ich diese Frage nur so diplomatisch beantworten. Ja – sie treffen ihn, wenn auch nicht mit jedem Lied. Die *Puhdys* hat schon immer großer Fleiß ausgezeichnet. Das beziehe ich am meisten auf Maschine. Er war der Motor. Er hatte die Ideen, er orientierte sich am Musikmarkt, kennt sich in der Szene aus, »studiert« die Konkurrenz.

Ich glaube, am schlimmsten hat er sich gefühlt, als er mit dem Zeckenbiss, allen Begleiterscheinungen und Nachwirkungen zu kämpfen hatte. Da konnte er nicht seiner Lieblingsbeschäftigung nachgehen, nämlich Songs zu komponieren, Texte zu schreiben und das Ergebnis »der Welt« mitzuteilen. Das hat ihm richtig zu schaffen gemacht. Zuerst kommt also die Anerkennung vor der – inzwischen kann man das sagen – Lebensleistung. Dann kommen die Erfolge, die sich in ausverkauften Konzerten, Chartplatzierungen, Radioplays und TV-Auftritten darstellen, und dann meine persönlichen Favoriten, wie »Wenn Träume sterben«, »Doch die Gitter schweigen«, »He, John«, »Das Buch«, »Kleiner Planet«, »Wut will nicht sterben«, »Was bleibt«, die mir aus der Seele sprechen. Auch Lieder aus den Anfangstagen, die internationale Muster zum Vorbild hatten, haben mich begeistert. Ich denke an das dreitausendste Konzert in der ausverkauften Berliner Waldbühne im Juni 1999 und die beeindruckende Performance von »Türen öffnen sich zur Stadt« mit zehn Schlagzeugern …

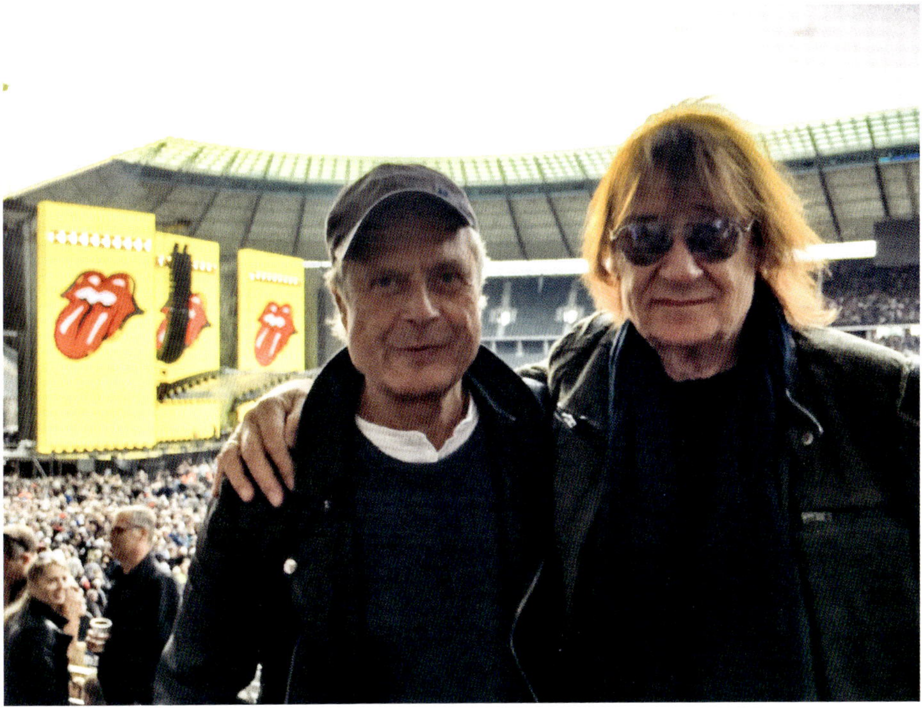

Jörg Stempel und Maschine bei den *Rolling Stones*

5 ***1981 wurdest du Redakteur bei AMIGA, hattest du hier mit den* Puhdys *zu tun?***

Mehr indirekt, wenn es um Verkaufszahlen und Medienaktivitäten ging. Wir haben uns immer wieder bei Livekonzerten getroffen, wenn ich als DJ unterwegs war, aber ihr zuständiger Redakteur – heute heißt das Produktmanager – war mein Kollege Charly Ocasek. Nichtsdestotrotz führten unsere Begegnungen dazu, dass ich den *Puhdys* im Herbst 1987 ein Konzept vorlegte, wie ich mir das 20-jährige Jubiläum vorstellen würde – vom Fernsehauftritt bis zur Plakatierung, vom Radioeinsatz bis zur *Puhdys*-Werbung auf zwei Berliner Linienbussen, die mitten durch Berlin fuhren.

6 ***Das muss die Musiker begeistert haben. Du bist 1988 ihr PR-Manager geworden. Welche Erinnerungen hast du an diese Zeit?***

So war es. Ich war fortan für alle zentralen PR-Aktivitäten zuständig – Fernsehen, Radio, Werbung, Pressearbeit, Abstimmung mit AMIGA über die von mir vorgeschlagenen LP-Konzepte. Das war schon lustig, dass ich bei Begegnungen mit den alten Kollegen auf der anderen Seite saß. Die Arbeitsumstände waren allerdings eine echte Herausforderung. Wir hatten damals schon zwei Kinder und eine relativ kleine Wohnung mit nur 64 Quadratmetern. Mein Büro war gleichzeitig unser Schlafzimmer. Auf den Betten lagen die verschiedenen Stapel der Arbeitsvorgänge, die ich dann jeden Abend wegräumen musste, um mich am nächsten Morgen wieder neu zu sortieren. Eine Katastrophe war auch das Telefon, wir hatten nur einen sogenannten Doppelanschluss. Das bedeutet, dass ich nicht telefonieren konnte, wenn die Nachbarin gerade sprach. Also lief ich mehrmals zu ihr runter, um sie zu bitten, aufzulegen.

7 ***Als du von AMIGA zu den* Puhdys *gewechselt bist, war ja schon klar, dass sich die Band auflösen wird. War es nicht fatal, selbständig zu werden, wenn du weißt, dass es zeitlich begrenzt ist?***

Nein, denn von Beginn an war klar, dass die *Puhdys* sich nach dem 20. Jubiläum auflösen und Maschine, Peter Meyer und ich ein Label gründen, um Newcomer aufzubauen und zu vermarkten. Darüber hinaus war ich nach wie vor als DJ und Moderator, beispielsweise im Palast der Republik bei den Jugendbällen, unterwegs. Ich war also zuversichtlich und machte mir keine Sorgen.

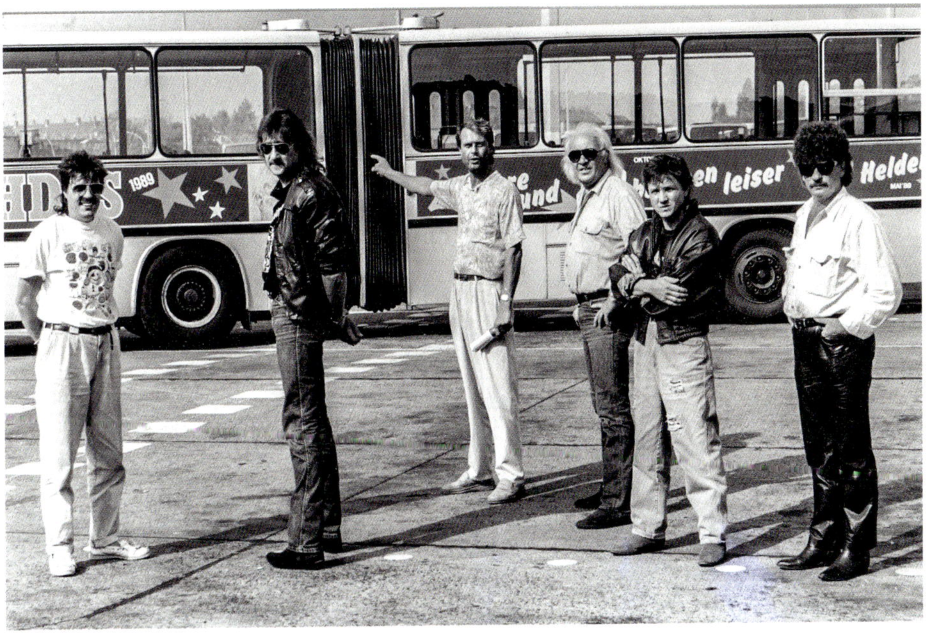

Jörg Stempel übernimmt die PR für 20 Jahre *Puhdys*. So rollen 1989 zwei Nahverkehrsbusse mit *Puhdys*-Werbung durch Ostberlin.

8 ***Maschine und du seid euch auch privat nähergekommen …***

Du spielst auf unsere Skatrunden an, die es seit Anfang der 1990er gab. Dabei waren der Sänger Ralf »Bummi« Bursy, *Stern Combo Meißen*-Gründer Martin Schreier, Maschine und ich. Maschines Nachbar – ein Berliner Autohändler – war dann unser vierter Mann, als Bummi ausstieg. Bis heute haben wir ein herzliches Verhältnis. Ich bin darüber sehr glücklich, dass er mir seine neuen Songs vor der Veröffentlichung vorstellt. Ab 1994 hatten wir auch wieder dienstlich miteinander zu tun. Ich wurde für die BMG, die den AMIGA-Katalog von der Deutsche Schallplatten Berlin GmbH, der Nachfolgerin des VEB Deutsche Schallplatten, erworben hatte, AMIGA-Chef. Ab dem Zeitpunkt haben wir ihre Backkatalogalben auf CD neu veröffentlicht. Später gab es auch neue AMIGA-Produktionen mit den *Puhdys*.

9 ***Warum dauerte es noch bis 1998, bis AMIGA auch neue* Puhdys*-Produktionen herausgab?***

Ich hätte die *Puhdys* sehr gern eher unter Vertrag gehabt. Doch sie hatten zu dieser Zeit einen mehrjährigen Deal bei einem anderen Label. Am liebsten hätte ich versucht, sie dort freizukaufen. Aber das wäre – mal abgesehen davon, ob die Vorgängerplattenfirma überhaupt eingewilligt hätte – mit finanziellen Aufwendungen verbunden gewesen, die die Chefs von der BMG damals nicht zahlen wollten. 1996 fand der erste »Rockpalast« außerhalb des Sendegebiets von Nordrhein-Westfalen statt. Dieser basierte auf einer Idee von mir, die ich dem Erfinder des »Rockpalastes« vom WDR, Peter Rüchel, vorstellte. Dieser biss sofort an, und in der Berliner Waldbühne kam es zum wirklich allerersten »Rockpalast« mit den großen Bands des Ostens. Veranstalter waren WDR, MDR, Peter Schwenkow und BMG Berlin. Der großartige Auftritt der *Puhdys* dort hat meine BMG-Chefs überzeugt, die Band zu uns zu holen. 1998 war es dann so weit, und ein Jahr später kamen unsere ersten neuen Veröffentlichungen, nämlich *20 Hits aus 30 Jahren* und *Wilder Frieden*, heraus. Es folgten das Album *Zufrieden?* sowie ihre erste Weihnachtsproduktion *Dezembertage*. Hinzu kamen – zuerst auf VHS, dann auf DVD – das dreitausendste *Puhdys*-Konzert und eine Reihe Singles.

10 ***Nach fünf Jahren war die Liaison BMG AMIGA–*Puhdys *wieder vorbei. Warst du traurig?***

Ja. Klar. Schon damals war offensichtlich, dass sich meine Chefs wenig für die Veröffentlichungen, die ich auf die Schiene gebracht habe, interessierten. Hauptsache, am Ende des Jahres stimmten die Zahlen, und die waren gut. Aber wie das im Einzelnen ablief, möchte ich in meinem Buch schreiben ... *(lacht)*.

ES BLEIBT MEIN EIGENER STIL

Maschine im interview – 2001

Die Sängerin Dunja Rajter, in Našice, im heutigen Kroatien, geboren, kommt in den 1960er Jahren von Jugoslawien in die BRD und wird hier eine gefragte Künstlerin. Mit ihrer ganz eigenen Mixtur aus Schlager und Chanson feiert sie schnell Erfolge, in den Annalen der deutschen Unterhaltungsmusik hat die zeitweilige Ehefrau von Les Humphreys bis heute ihren festen Platz. Mit den *Curocas* – eine Showformation sowie die Begleitband von G. G. Andersen – waren die Musiker Wolfgang Schwalm und Wilfried Gliem unterwegs, bis sich die zwei Nordhessen 1989 zu einem Volksmusikduo zusammentun. Sie nennen sich die *Wildecker Herzbuben* und genießen mit Hits wie »Herzilein« bis heute Kultstatus. Eine Australierin, eine Engländerin, ein Neuseeländer sowie ein Italiener lernen sich 1998 bei einem Engagement für das *Cats*-Musical kennen, gründen ein Projekt mit Produzent Alex Christensen namens *ATC* und sind alsbald eine feste Größe im internationalen Pop- und Eurodancebereich – »Around The World (La La La La La)« wird ihr größter Hit. Doch was könnten Dunja Rajter, die *Wildecker Herzbuben* und *ATC* gemeinsam haben? Und was haben sie in diesem Buch hier zu suchen? Ganz einfach: Unter ihren Komponisten findet sich auch der Name Dieter Birr. Darum geht es auch in unserem Interview im Jahr 2001. Aber am Ende sprechen wir über die *Rolling Stones*.

Das Danceprojekt* ATC*, die Volksmusikbarden* Wildecker Herzbuben *und die Schlagerlegende Dunja Rajter hatten Kompositionen von dir im Repertoire. Ich staune über diese ungewöhnliche Bandbreite …
Ich denke, dass ich in der Lage bin, die musikalische Mentalität der jeweiligen Kollegen nachzufühlen und mich entsprechend hineinzuversetzen. Das ist jedoch mehr ein handwerkliches Ding und hat nichts mit persönlichen, musikalischen Vorlieben zu tun. Mein Herz schlägt nun mal für die Rockmusik, nichtsdestotrotz aber akzeptiere ich auch andere Genres, selbst Volksmusik. Ich könnte so etwas natürlich nie selbst interpretieren, aber trotzdem bin ich imstande, solche Sachen zu schreiben.

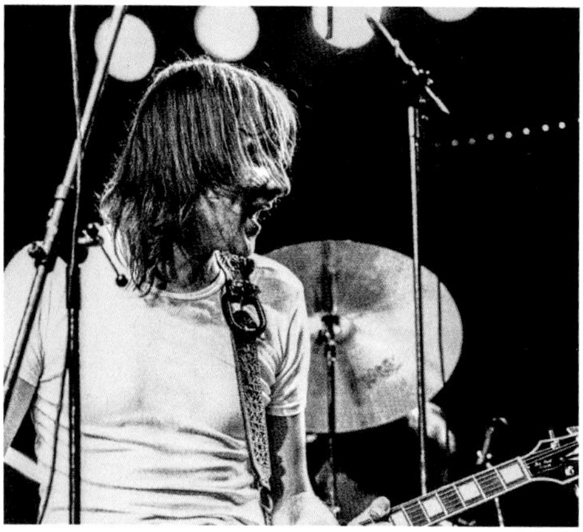 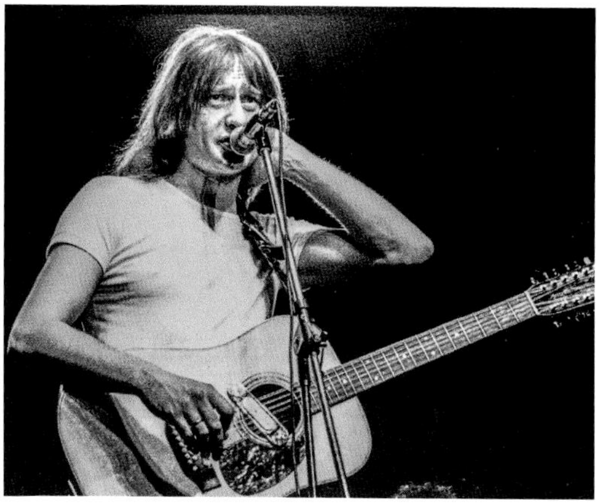

Zwei Live-Schnappschüsse von Maschine aus den 1970er Jahren

Und dann kommen die* Wildecker Herzbuben *und sagen, du kannst das bestimmt, mach mal was?
Es sind dann doch eher Zufälle. Wir trafen uns ab und zu zum Skat mit dem leider kürzlich mit nur fünfundfünfzig Jahren verstorbenen Peter Albert …

Peter Albert, der im Osten bekannte Schlagersänger?
Ja, genau. Und der fragte in so einer lustigen Skatrunde: »Willst du mir nicht mal ein Lied schreiben?« Das haben wir dann mal probiert, und es klappte gut. Dann kam mit Peter Ehrlicher ein weiterer Sänger hinzu, dem ich Lieder schrieb. »Ich hab so großes Heimweh« war eigentlich für ihn gedacht, landete aber dann bei den *Wildecker Herzbuben*.

Mir fällt ein, dass du auch mal für Thomas Lück geschrieben hattest. Ich erinnere mich an seine Hits »Kurschatten« und »Mannequin«, die von dir waren. Das war Anfang der 1980er. Plötzlich klang der Mann nicht mehr nach Schlager, sondern nach Neuer Deutscher Welle …
So war es. Thomas Lück und ich hatten uns bereits als Jugendliche kennengelernt, zu einem Zeitpunkt, als noch nicht abzusehen war, dass ich Rockmusiker und er Schlagersänger wird. Aber es war eine schöne Zusammenarbeit. Es ist mir ein Vergnügen, mit Thomas zu arbeiten, weil er eben auch nicht so ein bierernster Sänger ist. Das gefällt mir gut.

War Thomas Lück eigentlich der erste Musiker, der eine Komposition von dir bekam?

Nein. Mein erster Song für andere ging an Jens Heller. Ich habe keine Ahnung, was aus ihm geworden ist, aber in den 1970ern sah man ihn regelmäßig im Fernsehen, und es gab auch ein paar AMIGA-Singles. Meinen Song sang er mit Lydia Filipowitsch im Duett. Das Lied heißt »Ein Haus aus Stroh«.

Und wie bist du Anfang der 1990er an Dunja Rajter, die in den 1960ern aus Jugoslawien in die BRD kam und dort eine erfolgreiche Sängerin wurde, gekommen?

Das war auch wieder Zufall. Burkhard Lasch probierte in seinem Studio mit Dunja Rajter einige Sachen aus, und irgendwie fehlten noch ein paar Songs, also fragte Lasch einfach. Ich habe sie dann kennengelernt, verstand mich mit ihr gut und schrieb ihr drei Titel.

Sie hat auch einen* Puhdys*-Song gecovert.

Ja, das war »An den Ufern der Nacht«, den auch schon mal die Gruppe *Berluc* sang. *An den Ufern der Nacht* hieß auch ihr damaliges Album.

Die Sensation wird aber erst jetzt perfekt:* ATC*, die im Jahr 2000 Platz 1 der Singlecharts in Deutschland, Österreich und der Schweiz erreichten und deren Debütalbum eine Goldene Schallplatte bekam, haben ebenfalls eine Dieter-Birr-Nummer im Repertoire.

Der Song heißt »Until«, es ist die fünfte Nummer auf ihrem Debüt *Planet Pop*. Der Kontakt kam über unsere Plattenfirma. »Until« gefiel offensichtlich der Band und dem Produzenten. Ich hatte mich darüber sehr gefreut.

Was treibt dich dazu, für andere zu schreiben?

Es macht einfach Spaß, mal andere Dinge zu tun, mit anderen Kollegen zusammenzuarbeiten, für sie zu schreiben oder sie zu produzieren. Ich bin da jetzt nicht so hinterher, aber wenn es sich ergibt, mache ich das gern.

Wenn dir eine Melodie einfällt, weißt du dann sofort, ob sie für die* Puhdys *oder für einen anderen ist?

Das kommt darauf an, ob wir gerade an einem neuen Album arbeiten. Wenn nämlich ja, bleibt jeder Fetzen Melodie erst einmal für uns reserviert. Aber wenn ich weiß, ich will für den und den schreiben, überlege ich auch in dieser Richtung. Wobei, wenn ich dann diese Nummer singen würde, würden alle sagen, typisch Maschine. Der Sänger macht den Song.

Also könnte deine* ATC*-Nummer auch als* Puhdys*-Titel durchgehen?

Von der Melodie her auf jeden Fall. Vom *ATC*-Hit »Around the World« gibt es ja auch eine Rockversion. Du siehst, es geht alles ...

Gibt es auch Kompositionen für andere, bei denen es dir lieber ist, dass keiner erfährt, dass die Stücke von dir sind?

Nein. Ich habe keine Probleme damit, mit Leuten aus ganz anderen Bereichen zusammenzuarbeiten. Für mich ist Musik eine Angelegenheit, die aus dem Herzen kommt. Natürlich stehe ich nicht auf Volksmusik, aber warum sollte ich was gegen Leute haben, die Volksmusik machen? Ich kann mit Heino dufte quatschen, und im Gegenzug gibt es Rockmusiker, mit denen ich überhaupt nicht klarkomme. Für mich ist erst einmal der Mensch entscheidend, egal, welchen Beruf er macht. Wenn eben einer richtig scheiße singt, dann soll er das so machen. Nur weil ich einen Menschen gut leiden kann, muss ich ja nicht auch seine Musik gut finden.

Aber du lässt ja beispielsweise die* Wildecker Herzbuben *nicht nur ihre Musik machen, sondern steuerst ihnen auch Musik bei.

Ja, es bleibt auch mein eigener Stil. Wenn du das hörst, wirst du merken, dass es nicht die plumpe Volksmusik ist. Auch am Text merkst du das. Da bin ich sehr empfindlich, ich könnte nie sinnlose Scheißtexte machen ... Irgendwelche geheuchelten Sehnsuchtsdinger, das geht nicht. Texte können auch mal lustig sein oder gern auch ein bisschen sinnlos, aber immer noch so, dass ich zugeben kann, dass das von mir ist. Anfangs hatten wir bei den *Herzbuben* auch ein Pseudonym, aber die Leute sind meist gar nicht so verbissen, wie man denkt. Wenn wir jetzt nur noch Volksmusik machen würden, das wäre natürlich etwas komisch ...

Aber so muss ich sagen, dass das Eintauchen in andere Musikrichtungen einem auch was bringen kann. Es gibt keine gute und keine schlechte Musik. Es gibt nur gute und schlechte Musiker.

Es gibt auch* Puhdys-Songs, *die von euch gespielt werden, aber in erster Linie anderen gewidmet sind. Ich meine die Hymnen für die Eisbären, für den FC Rostock und für den 1. FC Union. Das wäre zu viel und damit unglaubwürdig, meint das Berliner Stadtmagazin* Tip *und wählte euch unter »Die hundert peinlichsten Berliner 2000«. Wurmt euch so etwas?

Das wusste ich gar nicht. Aber wurmen tut mich das nicht. So oft, wie wir schon verrissen wurden, da ist man nicht mehr so empfindlich. Und was der *Tip* uns vorwirft, sehe ich überhaupt nicht verbissen. Ganz im Gegenteil, es ist für uns eine Ehre, für Union eine Nummer gemacht zu haben. Man kann auch für zwei Clubs einen Song machen. Es wurde uns ja schon vorgeworfen, dass wir für die Eisbären einen Song geschrieben haben. Aber damit muss man leben, die Zeitungen müssen ja auch irgendwas schreiben.

Gab es noch weitere Anfragen aus dem Sportbereich?

Klar. Ein sehr berühmter West-Fußballverein fragte uns, ob wir die Eisbären-Hymne zur Verfügung stellen. Das haben wir natürlich nicht gemacht, denn dann wären wir wirklich unglaubwürdig. Aber wenn wir für zwei Vereine jeweils ein Lied schreiben, was ist dabei? Ein Filmkomponist schreibt auch nicht nur für einen Film die Musik.

Ihr habt auch immer mal wieder Sponsoren- beziehungsweise Werbeverträge. Wie geht ihr bei der Auswahl vor? Habt ihr Bereiche, die ihr von vornherein als Sponsoren ausschließt, oder seid ihr grundsätzlich erst einmal offen für alles?

Die Frage stellt sich so nicht. Die Firmen, die auf uns zukommen, überlegen sich ja auch, ob wir zu ihnen passen. Also sind es eben mehr Autohersteller sowie Brauereien und weniger Kernseifen- und Haferflockenunternehmen. Aber wirkliche Gedanken, was ich alles ablehnen würde, habe ich mir noch nicht gemacht. Werbung für Klopapier würde ich vermutlich ablehnen, Zigaretten wiederum kann ich mir vorstellen, da ich selbst Raucher bin.

Nie Schwierigkeiten gehabt, als Musiker für irgendwelche Produkte herhalten zu müssen?

Ich denke, das hat sich heutzutage einfach relativiert. Es ist nichts Anstößiges mehr, für irgendetwas Werbung zu machen. In Amerika ist es schon lange gang und gäbe. Selbst Udo Lindenberg macht Werbung. Natürlich überlegten wir und hatten Angst, dass die Leute vielleicht sauer sind, als »Berliner Pilsner« auf uns zukam. Aber ganz im Gegenteil. Wir waren ja in der Situation, nur wenig, und wenn, nur bei den Ostsendern, im Radio gespielt zu werden. Also nutzte unser »Berliner Pilsner«-Song »Was gut ist, setzt sich durch« nicht nur dem Bier, sondern auch uns. Wir erreichten damit junge Leute im Westen, die von uns noch nie gehört hatten. Es war einfach für uns selber Werbung.

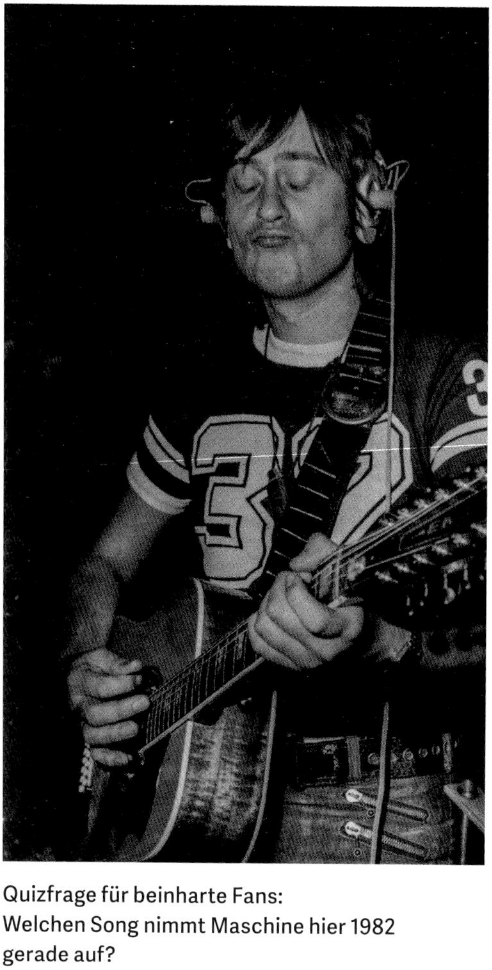

Quizfrage für beinharte Fans:
Welchen Song nimmt Maschine hier 1982 gerade auf?

Radio ist ein gutes Stichwort, bis Ende 2001 hattest du auf Radio Rockland in Sachsen-Anhalt deine eigene Radiosendung gemacht. Was veranlasste dich dazu?

Die Idee dazu kam gar nicht von mir, sondern von Rik De Lisle. Rik De Lisle war ja der Kultmoderator in Berlin bei rs2, früher Rias, zwischendurch war er wohl auch bei RTL. Und mit ihm hatte ich mal eine gemeinsame Radiosendung gemacht. Das war in Zusammenhang mit einem Nachwuchsfestival, welches wir vor einigen Jahren zusammen mit »Berliner Pilsner«

organisiert hatten. Newcomerbands konnten sich bei uns bewerben, und der Sieger durfte bei einem Berliner Konzert von uns das Vorprogramm bestreiten. Und rs2 wiederum hatte sich als Präsentator eingeklinkt. So kam es schließlich zur einstündigen Sendung mit Rik und mir. Die lief sehr gut, wir hatten auch sofort einen guten Draht zueinander. Und nach der Sendung meinte er, wir müssten unbedingt mal wieder eine gemeinsame Sendung machen. Im Frühsommer 2000 kam dann eine Anfrage von Rik über unsere Agentur. Ich dachte, es ging darum, dass wir beide mal wieder eine gemeinsame Sendung machen, aber so war es gar nicht. Ich traf mich mit ihm zum Essen und erfuhr dort von ihm, dass ich die Sendung allein machen soll ...

Warst du sofort begeistert?
Mir war das zunächst nichts. Ich fand's ein bisschen komisch, so mit Formatradio und ähnlich gelagerten Spielregeln. Denn wenn ich Radio mache, wollte ich schon eine Sendung, in der Musik läuft, die mir gefällt, in der ich festlegen kann, was gespielt wird. Rik stellte dann den Kontakt zum Sender her, dort erklärte man mir noch mal alles, und ich sagte zu.

War dir denn konkret klar, was du machen solltest?
Überhaupt nicht. Es hieß irgendwann: »Dienstag kommst du vorbei und machst deine erste Sendung.« Ich wurde weder getestet, noch sagten die mir, was ich wirklich machen soll. Der einzige Kommentar war, dass ich irgendwie ein paar Geschichten erzählen soll ... Ich konnte vor Aufregung eine Woche nicht schlafen, weil ich mich ja nicht blamieren wollte und keinerlei Radioerfahrungen hatte. Rik gab mir noch den Tipp, dass ich so sein soll, wie ich bin. »Stell dir vor, du erzählst die Storys deiner Frau oder einem Kumpel«, meinte er.

Der Rest ist Geschichte: »Maschines Rockfabrik« lief jeden Samstag sechs Stunden lang und hatte innerhalb von Rockland die höchsten Einschaltquoten ...
Schon vier Wochen nach Sendebeginn wurde ich zum neuntbeliebtesten Radiomoderator in ganz Sachsen-Anhalt gekürt, so etwas freut mich natürlich sehr. Und von Radio Rockland war kein anderer unter den ersten Zehn. Ob sich das mittlerweile geändert hat, kann ich jetzt allerdings nicht sagen.

Fast anderthalb Jahre jeden Samstag sechs Stunden – gingen dir die Storys nicht aus?
Ich hatte ja auch oft Gäste dabei. Du warst ja auch zweimal mit mir im Magdeburger Rockland-Studio, und wir sprachen über deine Bücher und Musikmagazine. Aber natürlich lag es auf der Hand, dass es zunehmend schwieriger wurde. Über die *Puhdys* war alsbald alles erzählt – die Erfolge, die Pannen … Doch ich berichtete auch von meinen Eindrücken von früheren Konzerten internationaler Bands. Ich hatte das Glück, schon in den 1980ern Konzerte von *Led Zeppelin*, *Pink Floyd* oder den *Rolling Stones* im Westen erleben zu können …

Hattest du damals ein schlechtes Gewissen? – Du als Zuschauer bei* Led Zeppelin *oder den* Rolling Stones *in Westberlin beziehungsweise in der BRD, während deine einheimischen Fans – zumindest die meisten – dort niemals hinkamen …
Ja, klar. Die Überlegung ist sehr nahe, warum stehe ich hier und andere nicht. Nach den ersten drei, vier Westaufenthalten, bei denen wir uns sicher an den Schaufenstern die Nasen plattdrückten, wurde es irgendwie zur Normalität. Es blieb aber dennoch extrem ärgerlich, zum Beispiel auch, dass meine Frau nicht mitdurfte, wenn ich in den Westen fuhr. Für uns selbst war das wirklich normal, auch wenn uns immer klar war, dass es für viele andere nicht so ist.

Und wie war es beispielsweise bei* Led Zeppelin*?
Es war am 7. Juli 1980 in der Westberliner Eissporthalle. Das weiß ich deshalb so genau, weil es das letzte *Led Zeppelin*-Konzert war. Zweieinhalb Monate später verstarb der Schlagzeuger John Bonham mit nur zweiunddreißig Jahren. Die Band war zu diesem Zeitpunkt nicht mehr ganz so angesagt, was man auch daran erkennt, dass das Konzert in der Eissporthalle war. In den Jahren zuvor spielten sie stets in größeren Locations. Ich erinnere mich, dass »Stairway To Heaven« in einer extrem langen Version gespielt wurde …

Es soll die angeblich längste Version überhaupt gewesen sein, habe ich gelesen: vierzehn Minuten und fünfundfünfzig Sekunden.
Das wusste ich gar nicht, aber es kann natürlich gut sein …

Und wann hast du zum ersten Mal die Stones gesehen?

Das war 1982. Zunächst war es überhaupt ein großes Glück, dabei sein zu können. Die Möglichkeit, im Westen ein internationales Konzert zu erleben, ging ja nur, wenn man dort selbst gerade auf Tournee war und einen Tag frei hatte oder bei einer sogenannten Studienreise. Doch 1982 zu den *Stones* in Hannover durften wir nicht fahren. Also bettelte ich bei Peter Schimmelpfennig, dass er uns unbedingt ein BRD-Konzert in diesem Zeitraum besorgen müsse. Egal, wo. Egal, welche Gage. Alles egal, Hauptsache, wir können zu den *Stones*. Letztlich landeten wir in einem kleinen Club in einer Stadt, die 400 Kilometer von Hannover entfernt und keine *Puhdys*-Hochburg war. Vielleicht war es auch einfach zu kurzfristig, noch ordentlich Werbung zu machen. Es waren vielleicht nur zwanzig, dreißig Leute da, aber – und darum ging es ja – wir konnten weiter nach Hannover, um die *Rolling Stones* zu erleben.

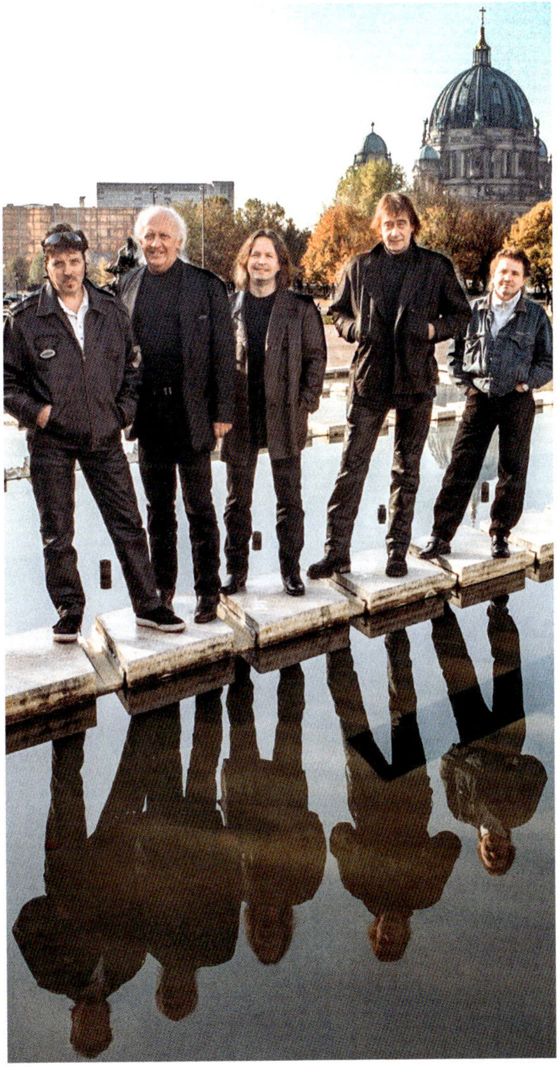

Die *Puhdys* mit Spiegelbild im Brunnenwasser am Berliner Fernsehturm im November 1999, nachdem sie das neue Album *Wilder Frieden* bei einer Pressekonferenz vorgestellt hatten. Vierzehn Tage später wurde 30 Jahre *Puhdys* gefeiert.

Und wie war's?

Es war ein gemeinsames Konzert mit Peter Maffay sowie der *J. Geils Band*. Ich fand den Sound bei denen sehr dünn und dachte noch, das haben die *Stones* doch gar nicht nötig, ihren Vorbands nur so einen schlechten Sound zu geben. Aber es wurde auch bei den *Stones* nicht besser. Offenbar reichte die Anlage für das riesige Gelände nicht aus ... Es war dann sogar so, dass bei den *Rolling Stones* die Anlage plötzlich ausfiel. Ich dachte bis dahin, das passiert nur Ostbands ... *(lacht)*.

Hast du Jagger, Richards & Co dennoch gefeiert?

Na klar. Es war ein großartiges Erlebnis, allerdings gab es auch einen Wermutstropfen. Wir sind nach dem Maffay-Auftritt zu einer Imbissbude, und als wir zurückkamen, stellten wir fest, dass wir den Anfang verpasst haben. Die *Stones* hatten einfach eine halbe Stunde früher angefangen.

Hast du sie später noch mal gesehen? Und, wenn ja, welches ist dein Lieblingskonzert?

Natürlich. Ich kann mich zum Beispiel noch erinnern, als die *Stones* im August 1990 in Ostberlin, in Weißensee, spielten. Es regnete, und es war vergleichsweise gar nicht voll. Was bestimmt daran lag, dass die Währungsunion erst einige Wochen zuvor war. Die D-Mark neu in der Tasche ließ einen ganz genau überlegen, wofür man sie ausgibt. Ansonsten hoffe ich, dass mein Lieblingskonzert der *Stones* noch kommt. Bis jetzt war es bei der *Voodoo Lounge*-Tour, 1995 im Berliner Olympiastadion. Mick Jagger ging auf die Leute zu, wie ich es vorher noch nie gesehen hatte. Überhaupt war die ganze Band gutgelaunt, und es war herrliches Wetter. Die Stimmung war fantastisch, der Sound richtig gut. Es war ein sehr beeindruckendes Konzert.

ROCKERRENTE

Maschine mit den *Puhdys* in den 1980ern und sein erstes Soloalbum

Maschine erinnert sich, dass Keyboarder Peter Meyer und er es gar nicht wollten. Klar, die Überlegung stand im Raum und die Pros und Contras wurden abgewogen, aber eine Entscheidung war noch nicht wirklich gefallen. Allerdings hatte Harry, der Manager, schon längst die Plakate drucken lassen: »*Puhdys* – Goodbye-Tour!« Wie auch immer, ist ja lange her, und wie wir heute wissen, war es nur von kurzer Dauer, aber am Ende der zweiten Banddekade lösten sich die *Puhdys* auf.

Zwanzig Jahre, in denen die *Puhdys* vieles erreicht haben. Beispielsweise tauchen sie in den Jahreshitparaden (die gab es seit 1975) mit siebenundvierzig Liedern auf. Achtunddreißig davon sind unter den ersten zwanzig Plätzen, sechsmal gelingt ihnen der »Hit des Jahres«. Der Vollständigkeit halber: Auch drei Solonummern von Maschine sind in den jährlichen Auswertungen der einschlägigen DDR-Radio-Wertungssendungen zu finden. Und es hagelt viele weitere Preise: Jahrelang bekommen sie den Interpretenpreis des Jugendmagazins *neues leben*, belegen überaus erfolgreiche Platzierungen in der NBI-Beatparade, erhalten den Kunstpreis, Silber- und Goldmedaillen bei Leistungsschauen und Interpretenwettbewerben und so weiter. 1977 gibt es gar eine eigene Samstagabendshow im DDR-Fernsehen: »*Puhdys* – Made in GDR«. Natürlich sind einige Bands, beispielsweise *City* und *Karat*, den *Puhdys* in Sachen Popularität dicht auf den Fersen, doch die Musiker um Maschine kennt irgendwie jeder, also generationsübergreifend. Freilich ist nicht jeder ein Fan von ihnen, aber man kennt die Band halt. Ich erinnere mich an meine Großeltern, die nicht sonderlich glücklich darüber waren, dass sie auf der Ostseite Berlins wohnten, und somit alles verpönten, was aus der DDR kam – selbst Kultur und Kunst. Aber auch sie kannten die *Puhdys*. Maschine hat mir das in einem Interview einmal bestätigt. Er wurde zwar stets und ständig erkannt, aber dennoch war nicht jede Begegnung freundlich. Der Zorn gegenüber der DDR landete eben auch bei den Musikern und Schauspielern. Doch zurück an den Anfang des 1980er-Jahrzehnts.

Zunächst werden die *Puhdys*-LPs der 1970er noch einmal veröffentlicht. Schön der Reihe nach, alle zwischen 1980 und 1982. Warum hier selbst die

Nachauflagen erwähnt sind? Weil sie anders aussehen als die ursprüngliche Version und heute auf Plattenbörsen für Verwirrung sorgen. Die Reissues, wie man neudeutsch zu sagen pflegt, haben auf den ersten Blick alle das gleiche Cover. Im Grunde sieht man nichts als Glühlampen und einen großen *Puhdys*-Schriftzug. Aber jede Plattenhülle hat eine andere Farbe und – logisch – eine andere Nummer. Auf dem Debüt leuchten die Glühbirnen in Form einer riesigen 1 und auf dem zweiten Album in Form einer riesigen 2 und so weiter, die Nummer 7 ist schon das Live-Doppelalbum von 1979. Nichtsdestotrotz wird schon 1980 mit *Heiß wie Schnee* ein neues Studioalbum veröffentlicht, dicht gefolgt von *Far From Home* (1981, mit bekannten *Puhdys*-Liedern in englischer Sprache – dazu kommen wir in einem anderen Kapitel), *Schattenreiter* (1982), *Computer-Karriere* (1983) und *Das Buch* (1984).

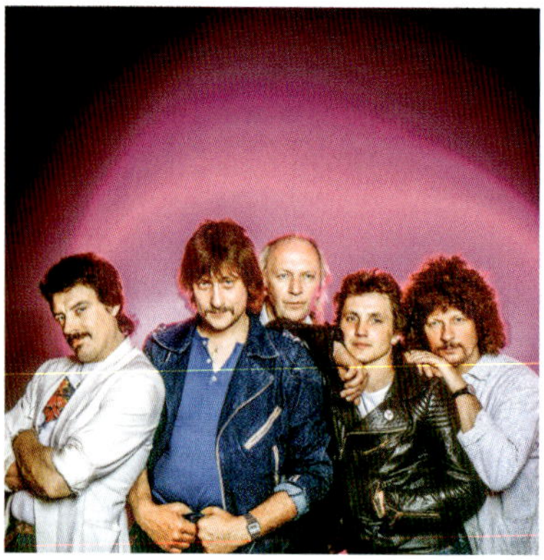

Hochoffizielles *Puhdys*-Pressefoto des Westberliner Labels Pool aus dem Jahr 1981

Heiß wie Schnee markiert zwei Punkte der *Puhdys*-Geschichte. Zum einen ist es das erste Album mit dem neuen Schlagzeuger Klaus Scharfschwerdt, zum anderen steuert Maschine erstmals zwei Songtexte bei: »Nie wieder werde ich weinen um dich« und »Die ganze Nacht«. Auf dem Albumcover ist ein junges Mädchen zu sehen, auf der Rückseite der Platte gibt es gar ein Foto, das es mit der kompletten Band zeigt. In Fankreisen wurde immer wieder gerätselt, in welchem Zusammenhang die etwa Siebzehnjährige mit den *Puhdys* stehen könnte. Nun: in keinem. Bernd Scheubert, langjähriger Fotograf und Grafiker der Band, hatte die junge Frau in einem Jugendclub angesprochen. Übrigens tauchte das Covermodel vor noch gar nicht allzu langer Zeit mal in einer Talkshow von Maschine auf. Da lag das Shooting vierzig Jahre zurück. Aber sie hatte sich nur unwesentlich verändert ...

Die nächsten zwei regulären, deutschsprachigen LPs sind *Schattenreiter* (1982) und *Computer-Karriere* (1983). *Schattenreiter* ist die bereits zehnte *Puhdys*-Platte. Zum Beispiel finden sich hier »He, John«, ein Song für beziehungsweise über den 1980 ermordeten John Lennon, »An den Ufern der Nacht«, den keine zehn Jahre später die Schlagersängerin Dunja Rajter für eine LP aufnimmt, sowie »Wasser und Wein«, ein Lied von *Lift*, der sächsischen Rockband. Zumindest damals ist es ein Novum, dass eine ostdeutsche Band eine andere DDR-Gruppe covert. *Computer-Karriere* avanciert dagegen zur umstrittensten Platte der *Puhdys*. Mit »Jahreszeiten« und »TV-Show« hat sie zwei von Schlagzeuger Klaus gesungene Songs in feinster NDW-Manier. NDW, die Neue Deutsche Welle, ist die deutsche Antwort auf New Wave und Punk. Ein Phänomen, das nicht an den Grenzen der DDR haltmacht. Zwar wird hier schon länger deutsch gesungen, doch der NDW-Einzug macht sich in Wortwahl und in den Sounds bemerkbar. Warum sollte eine gestandene Band, die schon immer einen ganz eigenen Stil mit aktuellen Pop- und Rockströmungen kreuzte, das nicht auch ausprobieren dürfen? Viele Fans können diesen Schritt ihrer *Puhdys* nicht nachvollziehen und wenden sich empört ab. Doch gleichzeitig punkten Maschine & Co damit in Kreisen, die bisher mit der Band nicht so viel anfangen konnten. Bis heute teilt dieses Werk die Fans in zwei Lager. Es ist aber auch das meistverkaufte *Puhdys*-Album (abgesehen von der *Rock 'n' Roll Music*-LP mit den Coverversionen). Der Vollständigkeit halber muss noch erwähnt werden, dass *Computer-Karriere* keineswegs ein Kind der Neuen Deutschen Welle ist. Dazu war die Band zu breit aufgestellt. So finden sich auf dieser LP auch Songs wie »Sehnsucht« und »Hiroshima«. »Hiroshima« ist übrigens ein Cover. Das englischsprachige Original stammt von *Wishful Thinking*, die sich bereits 1980 auflösten (fünfundzwanzig Jahre später traten sie mit ihrem einzigen Hit aber noch mal in einer deutschen Fernsehshow auf). Sowohl »Sehnsucht« als auch »Hiroshima« hat Maschine gerade eben noch einmal aufgenommen, die neuen Versionen sind auf dem Album *Mein Weg* zu hören.

1984 steht – wenn man so will: schon wieder – eine Jubiläumsfeier an. Die *Puhdys* werden fünfzehn Jahre jung. Wie wir heute wissen, ist nicht einmal das erste Drittel der kompletten Bandhistorie herum, doch damals sind fünfzehn Jahre eine Ewigkeit. Der Song »Rockerrente«, zu finden auf der 1984er LP *Das Buch*, ist das entsprechende Feedback der *Puhdys* auf die immer gleiche Frage: Wie lange sie denn noch machen wollen? Zweifelsohne gilt auch dieses Album in der *Puhdys*-Geschichte als Meilenstein. Der Titelsong »Das Buch« mausert sich zum Klassiker, bis heute hat Maschine die Nummer im Programm. Selbst in der Duovariante mit Uwe Hassbecker wird auf »Das Buch« nicht verzichtet. Und nicht zuletzt ist

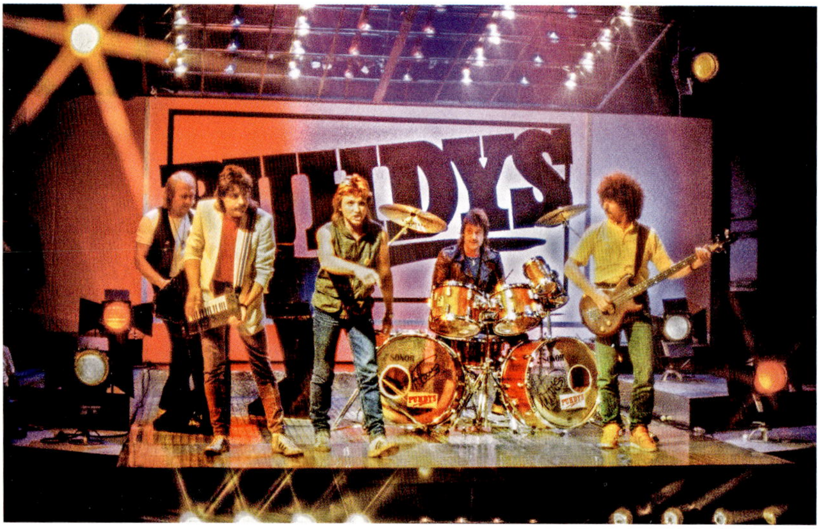

1983 versucht sich Klaus Scharfschwerdt, *Puhdys*-Drummer seit 1979, als Sänger. Maschine muss ans Schlagzeug.

das Lied auf dem neuen Album *Mein Weg* in einer aktuellen Version dabei. In der Jahreshitparade landet »Das Buch« auf Platz 2. Der 1. Platz geht nicht mehr, dort ist schon die »Rockerrente«. Außerdem wird das Album zur »Platte des Jahres« gewählt. Zum Album gehören auch Lieder wie »Die Boote der Jugend«, »Schlaf mit mir« und »Ich will nicht vergessen«. Letztgenanntes soll eigentlich wie die erste Textzeile »Denke ich an Deutschland« heißen. Aber das geht nicht, obwohl es ja ein Heinrich-Heine-Zitat ist. Immerhin darf der Song produziert und auf Platte veröffentlicht werden, das ist ja schon mal was. Ins Fernsehen oder ins Radio schafft es das Lied aber nicht (wer allerdings Westfernsehen schaute, hatte die Chance, den Song im ZDF in der »tele-illustrierten« zu erleben).

Und es gibt wieder – wie bereits zum zehnten Bandgeburtstag – ein Live-Doppelalbum: *Live in Sachsen*. Aufgenommen im März 1984 in der Stadthalle Karl-Marx-Stadt. Vielleicht zählen die Jubiläumsabende im heutigen Chemnitz zu den schönsten Konzerten des Jahrgangs, das wohl spannendste findet jedoch schon im Januar statt. *BAP*, die Band um Wolfgang Niedecken, ist zum Festival »Rock für den Frieden« eingeladen, doch zwischen den Kölner Musikern und den Kulturfunktionären kommt es zum Eklat. *BAP* reisen unverrichteter Dinge ab, und die *Puhdys* übernehmen. Ein Drahtseilakt, der schließlich

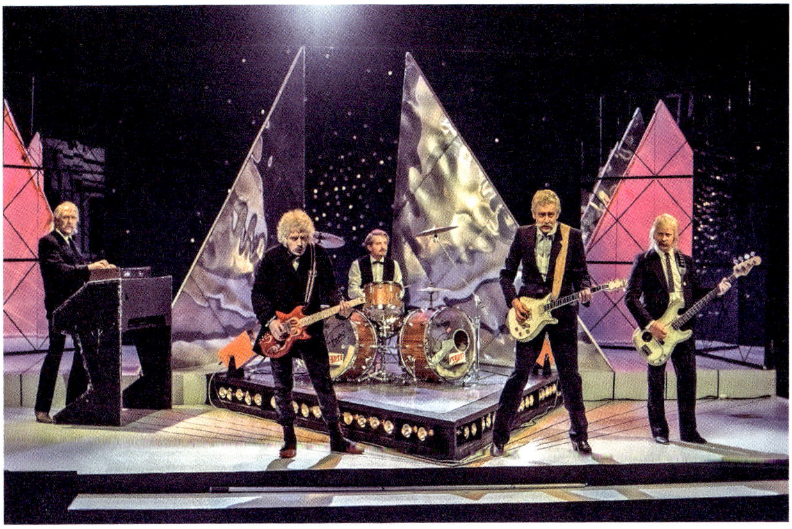

Die *Puhdys* drohen 1984 bis zur »Rockerrente« zu spielen und zeigen schon mal, wie sie später aussehen werden. So alt ist Maschine bis heute nicht.

gelingt. Dreißig Jahre später verarbeiten Niedecken und Maschine dieses Erlebnis in einem gemeinsamen Song: »Was wussten wir denn schon«. Maschine hat das Stück komponiert und der *BAP*-Kopf den Text geliefert. Auf dem 2014er *Maschine*-Album ist die Nummer enthalten.

Die zweite Hälfte der 1980er umfasst die *Puhdys*-Studioalben *Ohne Schminke* (1986) und *Neue Helden* (1989). Dazwischen: Maschines erstes Soloalbum. Es heißt *Intim* und wird 1986 veröffentlicht. Dass Sängerinnen und Sänger einer Band auch solistisch aktiv sind, wird spätestens Mitte der 1980er international ein bisschen Mode. Obwohl beispielsweise Phil Collins bei *Genesis* und Stevie Nicks bei *Fleetwood Mac* weiterhin am Frontmikro stehen, veröffentlichen sie jeweils schon zu Beginn der 1980er Soloplatten. Auch *Queen*-Sänger Freddie Mercury und *Rolling Stones*-Frontmann Mick Jagger gönnen sich 1985 mit *Mr. Bad Guy* beziehungsweise *She's The Boss* jeweils den ersten Soloausflug. Auch in der DDR wird diese Variante praktikabel, IC Falkenberg, der Sänger von *Stern Meißen*, ist ein erfolgreiches Beispiel. Bei den *Puhdys* wagen sich gleich drei Mitglieder in den solistischen Bereich. Bassist Harry Jeske veröffentlicht eine Quartettsingle – so heißen in Ostdeutschland Singles mit jeweils zwei

Liedern auf jeder Seite – mit instrumentalen Discotracks unter dem Kürzel P. S. J., das für »Pop Studio Jeske« steht. Dieter Hertrampf, also Quaster, bringt 1987 die LP *Liebe Pur* heraus. Schon ein Jahr zuvor gibt es Maschines allerersten Alleingang. *Intim* fällt bereits mit dem Artwork auf. Auf der Vorderseite sieht man Maschine nackt in einer Badewanne sitzen – dank des Badusans, des beliebtesten Schaumbads in der DDR, ist das aber nur an den Knien und Schultern zu erkennen. Sein Blick streift einer Frau hinterher, von der nur noch ein Bein und eine Hand zu sehen sind. Auf der Rückseite des Album-Covers verschwindet auch Maschine aus dem Bild, lediglich sein Fuß ist noch zu sehen. Offenbar ist er der Frau gefolgt. Es ist übrigens seine eigene Frau. Sylvia Birr, die mit Maschine seit fünfundvierzig Jahren verheiratet ist, ist zudem auf dem Album zu hören. »So ist das Leben« heißt ihr Duett. Die Fotos entstehen im Ostberliner *Palasthotel*. Weil hier kaum DDR-Bürger übernachten (können), weiß fast niemand, wo sich das edle Bad mit den orange-braunen Fliesen befindet. Um das 1979 eröffnete Hotel ranken sich viele Legenden, die Stasi soll hier 1981 einen Terroristen versteckt haben, und der österreichische Büroleiter des DDR-Devisenbeschaffers Schalck-Golodkowski stirbt hier im März 1989 unter mysteriösen Umständen. Und als das Hotel 2001 abgerissen wird (obwohl es erst fünf Jahre zuvor für 60 Millionen D-Mark saniert wurde), findet man darunter eine amerikanische 250-Kilogramm-Bombe aus dem Zweiten Weltkrieg.

Doch zurück in die 1980er. Ins vermeintlich letzte Jahr der *Puhdys* – 1989. Die Band verabschiedet sich auf einer ausgedehnten Tournee. Mit dabei sind *The Lords* aus Westberlin. Die feiern ihre ersten Achtungserfolge schon 1964. Der *Beatles*-Film *Yeah! Yeah! Yeah!* startet in den westdeutschen Kinos, und um ihn zu promoten, sucht man »die deutschen Beatles«. Die *Lords* gewinnen erst den Regionalausscheid in Westberlin und dann das Finale in Hamburg. Kurze Zeit später hat das Quintett um Lord Ulli einen Plattenvertrag. Die erste Single ist noch eine deutschsprachige Nummer, die zweite eine Coverversion von *Johnny Kidd & The Pirates* und die dritte schon ihr nach wie vor größter Hit »Poor Boy«. Diesen Gassenhauer spielen damals auch alle ostdeutschen Beatbands nach, allerdings nicht die *Puhdys*. Dass sie es dennoch können, zeigen sie auf der gemeinsamen Tournee: Maschine und Ulli singen den Evergreen im Duett – beide werden auch enge Freunde, bis Ulli Günther 1999 viel zu früh verstirbt. Die *Puhdys* haben »Poor Boy« 1989 auch aufgenommen – für das Geburtstagsalbum

20 Jahre Puhdys. Es ist eine Doppel-LP, auf der einen Platte covern sich die Jubilare durch die Musikgeschichte und verneigen sich vor den Bands, die sie einst prägten: *Deep Purple, The Who, The Rolling Stones, The Doors, Procol Harum* … Auf der zweiten Platte interpretieren Kollegen *Puhdys*-Songs, etwa *Berluc*, IC Falkenberg, Helga Hahnemann sowie *Amor & die Kids* mit dem Thomaner Tobias Künzel, der wenige Jahre später bei den *Prinzen* landet. Und nicht zuletzt die *Lords*. Sie bringen »Doch die Gitter schweigen« in einer englischsprachigen Fassung: »1992«. Den größten Auftritt der ja dann doch nicht letzten Runde erlebt Maschine mit den Kollegen auf dem Ostberliner Bebelplatz. Achtzigtausend Menschen lassen sich das vermeintliche Finale nicht entgehen.

Zu diesem Zeitpunkt ist längst die neue LP *Neue Helden* draußen, die letzte, reguläre Studioproduktion der *Puhdys* zu DDR-Zeiten. Das Cover ist wohl das bis dato schlichteste in der Banddiskografie. Es ist lediglich blau und grün. Oben ist es noch kraftvoll blau und weiter unten schimmert es grün. Könnte es eine Notlösung sein? So ist es! Denn wie das Album eigentlich aussehen soll, zeigt die BRD-Veröffentlichung. Auf dieser Variante sieht man zwei Babys, die sich offenbar bestens verstehen und friedvoll miteinander umgehen. Das eine Kleinkind trägt eine Windel mit Motiven der amerikanischen Flagge, die Windel des anderen Säuglings ist rot und mit goldenem Hammer und Sichel versehen – die Fahne der Sowjetunion. Auch wenn es schon das Jahr 1989 ist und die Zeichen der Zeit deutlich sind, dieses Artwork ist in der DDR nicht möglich. Dabei ist *Neue Helden* sogar eine Koproduktion zwischen Ost und West. War es bisher so, dass AMIGA beziehungsweise der VEB Deutsche Schallplatten die *Puhdys*-Aufnahmen in die BRD lizenzierte, ist es diesmal und erstmalig eine gemeinsame Produktion zwischen dem staatlichen DDR-Label und dem BRD-Partner Koch Records International in München. Im Westen gibt es *Neue Helden* auch auf CD. Das ist nicht mehr neu, schon zwei Jahre zuvor erscheint ein *Puhdys*-Werk, nämlich *Das Buch* aus dem Jahr 1984, auf diesem neumodischen Silberling.

Am 19. November – genau, der Gründungstag der *Puhdys* – sind sie wieder im Freiberger Tivoli, wo einst alles begann. In den Tourplänen der nächsten siebenundzwanzig Jahre wird die Kultstätte immer wieder auftauchen. Und auch nach dem tatsächlichen Ende der *Puhdys* weilt Maschine weiterhin zu Gastspielen in der mittelsächsischen Vierzigtausend-Einwohner-Stadt. Selbst dieses Buch hier hat(te) seine Premiere im Tivoli. Damals zum zwanzigsten

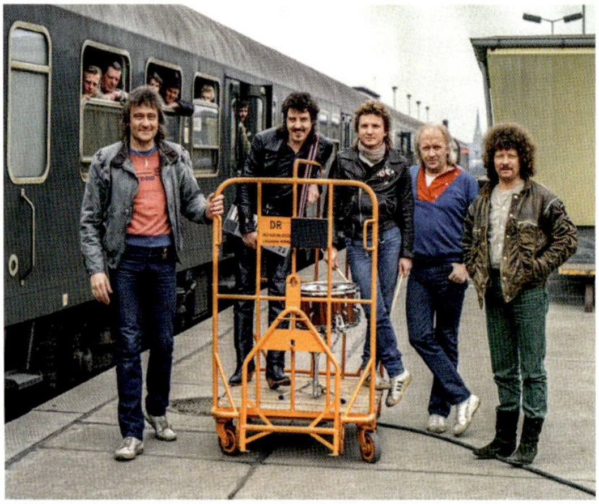

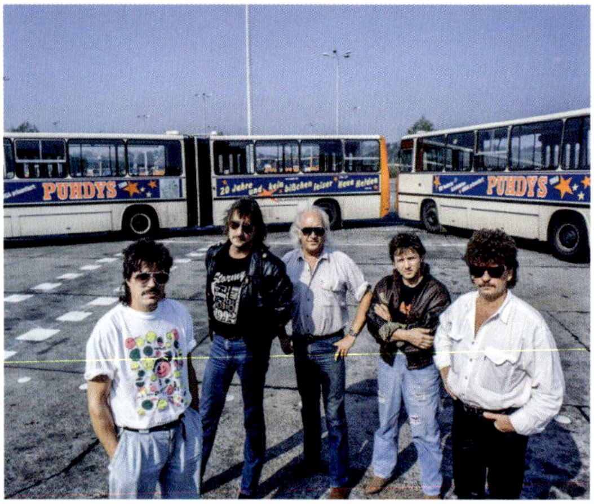

Die *Puhdys* und die öffentlichen Verkehrsmittel: 1983 am D-Zug und 1989 vor den BVB-Bussen mit *Puhdys*-Werbung

Geburtstag berichtet sogar die DDR-TV-Nachrichtensendung »Aktuelle Kamera« über das Bandjubiläum am 19. November 1989. Warum sollten die es nicht tun, denkt man vielleicht, da hat doch jede Kartoffelernte ihren Sendeplatz bekommen. Stimmt zwar, aber eben nicht mehr zu diesem Zeitpunkt. Denn die politischen Nachrichten überschlugen sich – genau zehn Tage zuvor war die Mauer gefallen. Die DDR (für immer) und die *Puhdys* (vorübergehend) sind praktisch zeitgleich verschwunden. Was für ein perfektes Timing. Denn mit Währungsunion und Wiedervereinigung muss sich das Stammpublikum mit Alben eindecken, die man für Ostgeld nicht kaufen konnte, und Konzerte besuchen, zu denen man vor dem Mauerfall nicht kam. Die komplette Ostmusikbranche ist davon betroffen. Außer die *Puhdys*. Sie haben sich aufgelöst.

ICH STEHE NICHT AUF OLDIEBANDS

Maschine im Interview – 2005

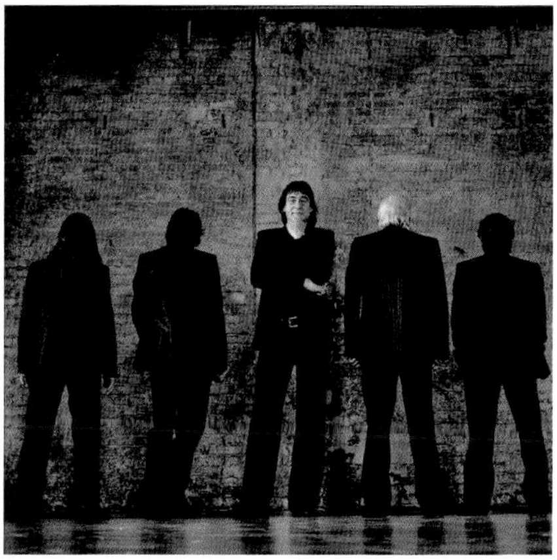

Maschine von vorn, die Bandkollegen von hinten. Zu sehen auf dem Cover und auf Fotos zu *Alles hat seine Zeit* (2005). Die Boulevardmedien nehmen die fingierte Story allen Ernstes ab.

Auf dem Cover des 2005er Albums *Alles hat seine Zeit* sieht man zwar alle fünf *Puhdys*, aber nur Maschine – mittig stehend – ist zu erkennen. Die anderen vier hatten dem Fotografen den Rücken gekehrt. Die *Puhdys* sind nicht die Ersten und nicht die Letzten, die ein Bandfoto bringen, auf dem nicht alle Musiker zu erkennen sind. Kaum zu glauben, aber die Boulevardpresse springt dennoch an. Eine Berliner Tageszeitung fragt sich besorgt auf dem Titelblatt »Puhdys! Alles aus?« und träumt dabei von steigender Auflage. Vielleicht hatte sich die Boulevardpresse auch nur so sehr an Maschine gewöhnt, denn im Vorjahr war er an Borreliose erkrankt. Ein gefundenes Fressen für die Blätter mit den Halbwahrheiten. Immer wieder überschlugen sich diese Medien beim Berichten über den vermeintlich aktuellsten Stand seiner Erkrankung. Wäre es nicht so bitter gewesen, könnte man direkt darüber lachen.

Auf dem Cover des neuen Albums* Alles hat seine Zeit *sieht man deine Kollegen nur von hinten, während du mittig stehend in die Kamera guckst. Soll uns das sagen, dass du Dreh- und Angelpunkt der Band bist, dass mit dir alles steht oder fällt – oder ist das nur eine charmante Idee der Fotografen?

Selbst wenn es so wäre, das würden sich meine Bandkollegen kaum bieten lassen. Aber so ist es ja nicht. Wir haben eine sehr umfangreiche Fotosession gemacht, die Fotografen haben dabei alles Mögliche ausprobiert. Und das Coverfoto ist eines, das uns allen gefiel. Da steckt keine tiefere Bedeutung drin. Und sobald du die CD aufmachst, siehst du auch die anderen von vorn. Es gibt auch ein Foto, auf dem die Kollegen hinter einem leeren Stuhl stehen und ich fehle, mein Platz ist sozusagen leer.

Ein neues Album war ja bereits fürs letzte Jahr, dem 35. Jubiläumsjahr der Puhdys, angekündigt, außerdem sollte eine zweite Weihnachts-CD erscheinen. Eine länger andauernde Krankheit, die Folgen eines Zeckenbisses, hat das aber alles verhindert. Ärgerst du dich darüber sehr?

Nein, das hatte mich nicht sonderlich geärgert. Ich bekam von meinem Arzt absolute Ruhe verordnet, sollte meine Nerven schonen und auch nicht kreativ sein, denn das bedeutet ja auch Stress. Am neuen Album habe ich jetzt schließlich ein halbes Jahr gearbeitet, das geht natürlich nicht spurlos vorbei. Insofern hatte ich es genossen, mal eine Weile nichts zu machen. Ich bekam auch volle Unterstützung von meinen Kollegen und vom Management, ich wurde so ziemlich aus allem herausgehalten. Mittlerweile führe ich auch ein anderes Leben.

Der Song »Mein zweites Leben« erzählt davon. Inwiefern unterscheidet sich das neue Leben vom ersten?

Ich glaube, man nimmt das Leben bewusster wahr. Ich beobachte mich jetzt viel mehr, achte auf meinen Körper, nehme irgendwelche Alarmsignale viel eher wahr, die man früher nicht wahrnehmen wollte. Ich hatte zu viel geraucht, zu wenig geschlafen, hab nächtelang im Studio gesessen und keinen Sport gemacht. Und nun rauche ich eben nicht mehr und treibe – zumindest ein bisschen – Sport.

Was ist für euch überhaupt der Antrieb, eine neue Platte zu machen? Theoretisch könnten euch doch Konzerte mit den alten Hits ausreichen.

Ich stehe nicht so sehr auf Oldiebands, ich meine die, die nichts Neues mehr machen. Da sind mir nach wie vor die *Stones* Vorbild, die trotz ihres hohen Alters neue Platten und Tourneen machen, die sich immer wieder etwas einfallen lassen. Es kommt ja nicht von ungefähr, dass zu ihnen die Leute in Scharen hinströmen …

Das ist der Antrieb?

Das lässt sich nicht genauer sagen. Der Antrieb ist einfach da. Ich möchte einfach gut sein, und dass alles halbwegs perfekt ist. Ich meine damit natürlich nicht, dass sich keiner verspielen darf. Aber ich finde, man muss eine Kraft spüren. Und das ist keine Frage des Alters. Diese Kraft entsteht, wenn du überzeugend bist, das spüren die Leute auch.

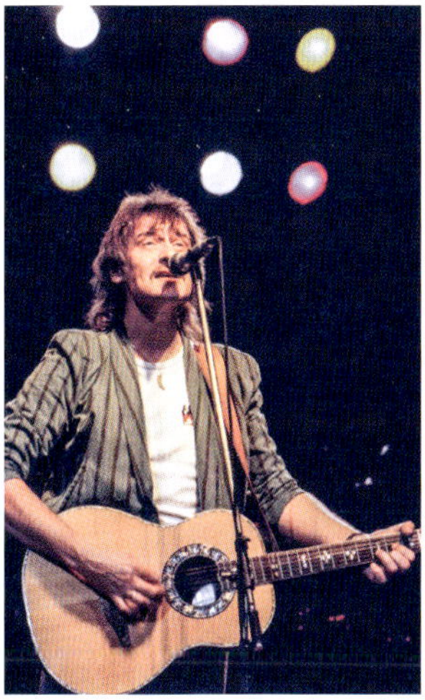 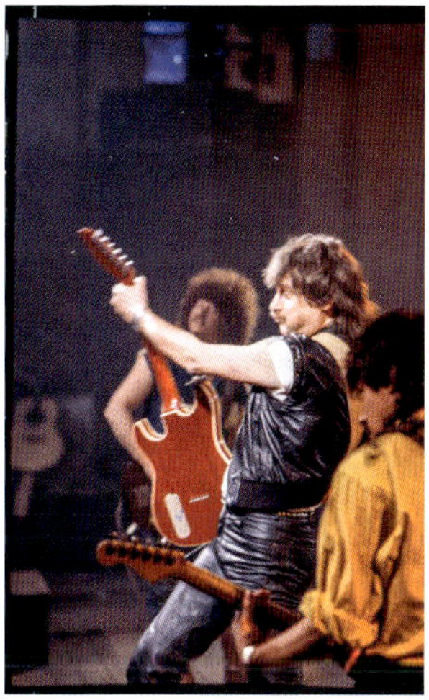 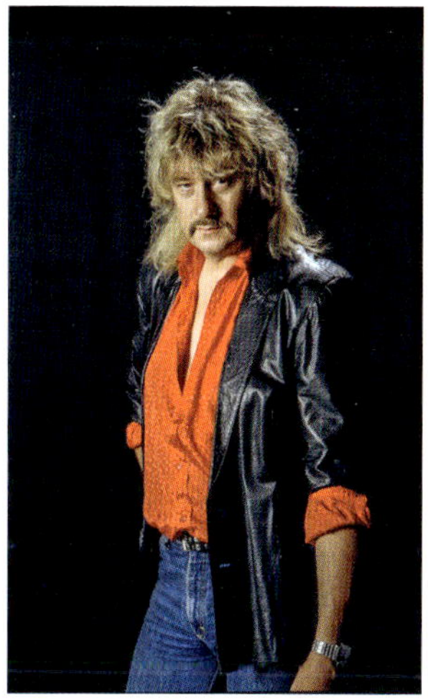

Noch mal mit Maschine in die 1980er. Das rechte Foto stammt aus dem Shooting zu seinem ersten Soloalbum *Intim* aus dem Jahr 1986.

Andererseits denke ich, ist es normal, wenn es Bands gibt, die nur ihr altes Zeug spielen. Oftmals verhält sich das Publikum neuem Material gegenüber ignorant und will nur die alten Hits. Passiert euch das auch manchmal?
Zum Teil sind diese Leute ja zu verstehen. Wenn ich zu einer von mir geschätzten Band gehe, möchte ich ja auch das hören, was ich am besten kenne beziehungsweise gut finde. Aber gut, ich möchte auch Neues hören. Wir spielen zum Beispiel »Alt wie ein Baum« jetzt seit dreißig Jahren, und die Leute rasten da völlig aus. Also spielen wir das, obwohl das aus unserer Sicht gar nicht so ein Highlight ist.

Wie gehst du bei der Arbeit an einem neuen Album heran? Sagst du dem Management: »Bitte ein Vierteljahr keine Konzerte, ich brauche die Zeit für eine neue Platte«?
Nein, das ist nicht nötig. Die meisten Konzerte sind ja am Wochenende, so dass in der Woche genügend Zeit bleibt. Bei mir ist es auch so, dass ich lange Autofahrten nutze – hier kann ich sowohl über Texte als auch über die Musik nachdenken. Oder ich höre mir viele CDs an, Musik inspiriert mich auch sehr zum Schreiben.

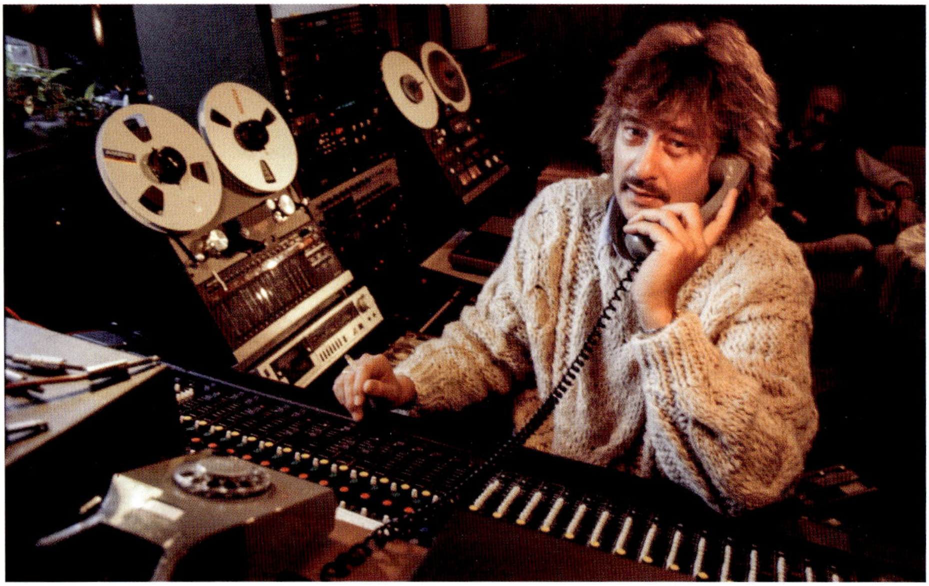

Maschine in den 1980ern im eigenen Studio. Für Spätgeborene: Hinten links sieht man Tonbandgeräte, ganz vorn ein Telefon mit Wählscheibe (ja, Festnetz).

Du schreibst auch für andere Künstler unterschiedlichster Couleur und steuerst Songs für ihre Alben bei. Kannst du dir vorstellen, dass andere auch für euch schreiben?

Klar, ist ja immer wieder vorgekommen. Vielleicht in letzter Zeit nicht mehr so oft, irgendwie geht es mit den eigenen Liedern auch am besten. Aber natürlich würde ich auch andere Lieder singen, wenn sie meinem Geschmack entsprechen. Früher haben wir ja nur nachgesungen. Zuletzt hatten wir eine Tom-Petty-Nummer auf Deutsch gemacht, die wir auch live spielten.

Wie muss man sich die Entstehung der Songs vorstellen, zum Beispiel die Texte, wie überlegst du dir, worum es thematisch gehen soll?

Ich kann mir heute schon gar nicht mehr vorstellen, wie die Texte entstanden sind. Texte schreiben ist immer sehr schwierig, viel schwieriger als die Musik – für mich zumindest. Aber wenn erst einmal ein Grundgerüst an Ideen steht, geht es gut voran.

Frühere* Puhdys*-Texte hatten immer was Optimistisches, eine Art Lösungsvorschlag für Probleme. Wenn ich mir aber »Segelboot« oder »Alles hat seine Zeit« anhöre, macht das wenig Mut. Sinngemäß sagst du in »Segelboot«, dass jeder selbst auf dem tosenden Meer zurechtkommen muss, und bei »Alles hat seine Zeit« bleibt unterm Strich: Was vorbei ist, ist vorbei, kann man halt nicht ändern. Verstehe ich die Texte falsch? Ansonsten denke ich: So pessimistisch waren die* Puhdys *noch nie. Resignierst du?

(Schmunzelt.) Um Gottes willen, ich resigniere doch nicht. Segeln ist ja grundsätzlich etwas Schönes, genau wie das Leben etwas Schönes ist. So sage ich den Song in den Konzerten auch immer an. Aber sicher geht es auch darum, dass man auf sein Leben achten sollte, aufpassen muss, im Leben klarzukommen. Und bei »Alles hat seine Zeit« geht es darum, dass sich die Welt permanent verändert. Wenn ich zum Beispiel bedenke, dass ich mal in Jugoslawien am Strand lag, wo nur kurze Zeit später Krieg war ... Ich finde, man sollte mit dem Leben klarer umgehen, auch für Dinge dankbar sein, die einem selbstverständlich erscheinen.

Ab welchem Stadium im Entstehungsprozess eines Albums holst du dir die Bandkollegen dazu?

Sobald ich denke, in die und die Richtung könnten die Songs gehen. Das ist jedoch nicht immer einfach, denn manchmal hat nicht jeder die nötige Fantasie dazu. Was aber auch ganz normal ist. Wenn ich dir jetzt sage: »Denk dir mal da und da eine Gitarre dazu«, dann kannst du zwar sagen: »Jaja«, aber wirklich hören tu nur ich sie. Aber so nach und nach werden die Kollegen ins Studio gerufen und das Album eingespielt.

Das Ergebnis ist eine sehr rockige Platte ...

Ja, das war mein Anliegen gewesen. Bisher habe ich schon gute Reaktionen bekommen. Ich bin sehr gespannt, was die Leute dazu sagen. In den Konzerten spielten wir ja bereits fünf neue Songs, und es ist schön, im Internet zu lesen, was die Fans dazu meinen. Wir haben die fünf Neuen am Stück gespielt, und wenn die Leute dabei nicht einschlafen, ist es doch ein gutes Zeichen, oder? *(Lacht.)*

Und wie ist es mit euch? Ich kenne viele Musiker, die an ihren Alben, die schon fertig sind, gern was ändern würden, die theoretisch nie fertig werden und mit dem Ergebnis nie zufrieden sind. Seid ihr zufrieden?
Ich hatte ja wirklich genug Zeit, um an die Songs noch einmal heranzugehen. Speziell beim ersten Song haben wir sehr lange rumgebastelt, die Übergänge und so weiter. Und bis gestern beim Mastering konnte man noch Dinge verändern. Jetzt ist aber alles okay. Und wir sind zufrieden.

Welche Wünsche habt ihr mit* Alles hat seine Zeit*?
(Lacht.) Na auf jeden Fall die Nummer eins. Die Wünsche müssen immer höher sein als nachher die Realität. Im Ernst, ich bin von dem Album hundertprozentig überzeugt und wünsche mir, dass es die Leute auch so sehen. Und sie müssen von der Platte erst einmal erfahren. Die Promotion muss also stimmen, und natürlich brauchen wir ein bisschen Glück.

Ich finde es erstaunlich, dass du nach so vielen und davon etlichen erfolgreichen Jahren für ein Album so mitfieberst, dass du nicht ein kleines bisschen abgeklärt bist …
Ein neues Album gibt sehr viel Kraft. Du bist doch auch so ein Verrückter und willst immer die beste Zeitschrift oder das beste Buch machen … Ich denke mal, den meisten Musikern geht es so. Die, die gern Musik machen, fiebern auch mit, sie sind wie Kinder.

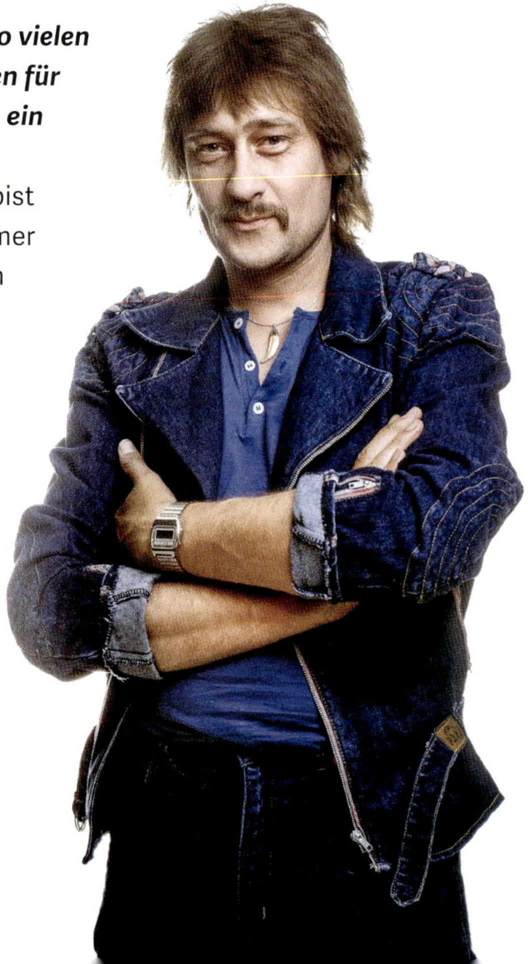

Jürgen Pittack, Westberliner Szene-Urgestein (*The Allies*), fotografiert Maschine 1982 für Pool.

FERN VON ZUHAUS

Maschine im Ausland

Auch wenn es in einigen Medien und Büchern geschrieben steht, Maschine ist mit den *Puhdys* nie in Ungarn gewesen. Es hat zwar in den 1970ern und 1980ern ein paar Angebote gegeben, aber letztlich ist daraus nie etwas geworden. Erst als die ungarische Kultband *Omega* im Dezember 2017 ihren fünfundfünfzigsten Geburtstag feiert, steht Maschine mit ihnen auf einer Budapester Bühne. Und auf was für einer. Fünfundzwanzigtausend Fans stehen davor.

Maschines allererstes Auslandsgastspiel ist eines in der Sowjetunion. Die *Puhdys*, die inzwischen jede Steckdose zwischen Rostock und Suhl bespielt haben, erkennen schnell, dass sie sich ein bisschen rarmachen müssen, dass sie in einer Stadt eben nur zwei- statt dreimal in einem Jahr auftreten sollten. Noch besser: nur einmal im Jahr oder nur alle zwei Jahre. Eine Erkenntnis, die sich übrigens auch heute noch Livemusiker zu Herzen nehmen sollten. Ein Gedanke wie: »Ich geh nicht ins Konzert, ich gucke mir die Band in zwei Monaten an«, ist der natürliche Feind des Ticketvorverkaufs. Die *Puhdys* haben das schon in ihren Anfangsjahren erkannt. Aber wo soll man sonst noch auftreten? Klar, in der riesigen UdSSR.

Harry, der Manager, spricht in der entsprechenden Abteilung der Künstleragentur vor, aber niemand möchte die unbekannten *Puhdys* haben. Der Wadenbeißer Harry kommt dennoch nicht mit leeren Händen zur nächsten Bandprobe. Es geht sehr wohl in die entlegensten Ecken des großen Landes, und zwar als Begleitband von Siegfried Walendy. Der ist eigentlich Schlagersänger, aber mit den *Puhdys* im Rücken klingt er ein Stück weit modern. Und Maschine darf mit »Zeiten und Weiten« auch eine Nummer singen. Allerdings soll er am Ende des Songs das Tremelo, den Vibratohebel oder umgangssprachlich den Jammerhebel, weglassen. Denn wenn sie so amerikanisches Zeug haben möchten, dann kaufen sie sich das ein, sagt der Kulturnik aus Moskau, da brauchen sie keine DDR-Kapelle dazu.

Walendy ist übrigens ein Phänomen: Während seine Erfolge in der Heimat, also in der DDR, überschaubar sind, ist er bei den Sowjetbürgern ein echter Star. AMIGA veröffentlicht mit ihm drei Singles, als die erste herauskommt, hat er in der Sowjetunion schon über dreizehn Millionen Schallplatten verkauft.

Der Prophet gilt nichts im eigenen Lande, sagt ein altes Sprichwort. Auf Siegfried Walendy, der sich zu Beginn der 1990er mit etwa fünfzig Jahren aus dem Showbusiness zurückzieht, trifft das wohl zu. Warum er beim sowjetischen Publikum so gut ankommt, lässt sich nicht erklären. Es ist auch egal, die *Puhdys* sind froh, dabei sein zu können. Doch die große Erkenntnis dieser gemeinsamen Tournee folgt auf dem Fuße: Ein Vierteljahr ist zu lang. Sechs Wochen wären auch genug gewesen. Eine Idee, die die *Puhdys* auf ihren kommenden Sowjetuniontourneen befolgen. Mit Walendy werden die ewig langen zwölf Wochen jedoch optimal genutzt. Es geht ins Melodija-Studio. Dort nehmen sie ein neues Walendy-Album auf. Melodija ist das staatliche Label der Sowjetunion. Wieder ist es Harry Jeske, der den schmalen Spalt in der Tür nutzt, um in Sachen *Puhdys* vorzusprechen.

Und tatsächlich, bald erscheint das erste *Puhdys*-Album in der Sowjetunion. Obwohl es fast alles Lieder sind, die bereits bei AMIGA in der DDR veröffentlicht worden sind, muss neu aufgenommen werden. Rechtliche Gründe, erklären die Kollegen von Melodija. In einer alten Kirche mitten in Moskau wird aufgenommen. Aber technisch klappt nicht alles, wie es funktionieren soll. Und Zeit ist ebenso wenig. Also muss einiges dann doch von den DDR-Aufnahmen übernommen werden. Weiß ja keiner, und merkt ja niemand. Fortan gastieren die *Puhdys* regelmäßig in der Sowjetunion. Moskau und Leningrad sowieso, aber auch Alma-Ata, Tbilissi, Taschkent, Eriwan, Nowosibirsk – meist sind die einzelnen Tourstädte so weit auseinander, dass innerhalb des Landes geflogen werden muss. In vielen Städten sind die *Puhdys* offenbar die allererste Rockband. Dementsprechend euphorisch ist das Publikum, das aus mehreren Generationen besteht. Einmal haben Fans beinahe den mit den *Puhdys* besetzten Bus umgeworfen. In den Konzerten selbst – fünfzehn Auftritte in zehn Tagen vor jeweils zwölftausend Zuschauern sind keine Seltenheit – müssen sich die Zuschauer aber mäßigen. Sie sitzen auf Stühlen, und links und rechts stehen an jeder Reihe Ordner, die darauf aufpassen, dass der Sound die Leute nicht von den Sitzplätzen reißt.

1974 geht es auch erstmals ins westliche Ausland. Nach Belgien zu einem Brauereifest. In Visé, eine nicht einmal zwanzigtausend Einwohner umfassende Stadt, etwa 40 Kilometer hinter Aachen und dennoch unweit von Brüssel. Das Konzert? Ja, auch, aber darum geht es nur am Rande. Es ist eh kein richtiges

Konzert, sondern ein Auftritt bei einer Art von Betriebsvergnügen. Doch das ist alles egal, viel mehr dreht es sich um einen Hauch von weiter Welt. Die Lichter, die Gerüche ... Maschine erinnert sich an seine Besuche in Westberlin, vor 1961 – als die Mauer noch nicht endgültig dicht gemacht war. Unvergessen: die vielen Kneipen in Visé. Waren es dreißig oder fünfzig? Egal, jedenfalls sehr viele und das in einem Ort, der eher dörflich wirkte. Auch wenn Maschine nur in zwei Kneipen war, der Gedanke, spontan in mindestens achtundzwanzig weitere gehen zu können, bleibt ein schöner.

Im Jahr darauf geht es nach Holland. Das alles haben die *Puhdys* einem holländischen Musikmanager zu verdanken, der diverse Westbands ins DDR-Fernsehen schleppt, in die TV-Sendung »rund«. Das muss ja keine Einbahnstraße sein, denken sich die *Puhdys*. In Holland spielen sie zuerst in Diskotheken, die jedoch nicht immer gut besucht sind beziehungsweise noch nicht. Ein Phänomen, das bis heute besteht: Das Tanzvolk kommt erst später. Mit der Zeit wird es besser, die *Puhdys* haben sich einen kleinen Namen gemacht. Es werden auch ein paar Gulden verdient. Die sind auch notwendig – Jeans, Schallplatten, im besten Fall mal ein Musikinstrument. Mit der Westkohle muss allerdings gut gehaushaltet werden. Deshalb befinden sich Halberstädter Würstchen und ähnliche Konserven im Reisegepäck. Außerdem Benzin in Kanistern, um nicht die seltene Währung im Portemonnaie an der Tankstelle ausgeben zu müssen. Die Nummer mit den Benzinkanistern ist zwar hochgefährlich und genau aus diesem Grund verboten, doch die *Puhdys* sind jung und brauchen das Geld! Einen Luxus leisten sich Maschine und Kollege Quaster allerdings: Gleich neben ihrer Unterkunft, einer Einzimmerwohnung direkt über einem Musikgeschäft, gibt es eine Lokalität, eine Art Studentenclub. »Hippiekneipe«, sagen sie dazu, denn hier werden die *Stones* und ähnliche Bands gespielt, und für wenige Gulden gibt es Kaffee und Toast mit Krümelkäse.

Auch der sogenannte Ostblock wird fleißig bespielt. Schon 1974 geht es nach Rumänien und Polen, ein Jahr später in die Tschechoslowakei, nach Bulgarien und Jugoslawien. Maschine sammelt fleißig Anekdoten. In Bulgarien darf man nicht mit kurzen Hosen auftreten, und in der ČSSR sind TV-Auftritte mit Ohrring untersagt. In der Tschechoslowakei ist einmal eine Bühne eingebrochen. Der *Puhdys*-Fan weiß das aber. Immer wenn die Band nach besonderen Konzerten in Interviews befragt wird, erzählen sie davon. Klingt ja auch lustig. War es aber gar nicht. Dass alle glimpflich davongekommen sind, grenzt an ein Wunder. Die Konzerte in Bulgarien erinnern ein bisschen an die in der Sowjetunion. Auch hier darf sich das Publikum nicht von den Sitzen erheben. Stand dennoch jemand auf, fand er sich im Lichtkegel eines Scheinwerfers wieder. Nichts gegen Rock 'n' Roll, aber bitte schön im Sitzen. Jugoslawien zählt zwar zum Ostblock, aber der hier praktizierte Sozialismus ist irgendwie anders. So anders, dass man zum Balkan nicht ohne weiteres hinreisen darf, jedenfalls nicht privat. Es wirkt ein bisschen wie Westeuropa. Die *Puhdys* spielen hier die Tour mit *Bijelo Dugme*, der bekanntesten Band des Landes. Als die 1989 aufgelöste Gruppe um den heute international bekannten Filmkomponisten und Weltmusiker Goran Bregović 2005 drei Reunionkonzerte spielt, kommen fünfundsechzigtausend (Sarajevo), zweiundsiebzigtausend (Zagreb) und zweihundertfünfzigtausend (Belgrad) Zuschauer. Natürlich nicht so groß, aber dennoch schon eine Spur von Gigantismus haben die *Puhdys*-Konzerte in Polen. Die sind oft in Stadien, und als Opener fährt ein schnelles Auto showmäßig hin und her. Hier trifft Maschine auch auf Kollegen von *Generál* und *Skorpió* aus Ungarn (Letztere schwärmen gerade von ihrer Amerikatournee und ihrer Begegnung mit *Deep Purple*) oder auf den polnischen Superstar Czesław Niemen.

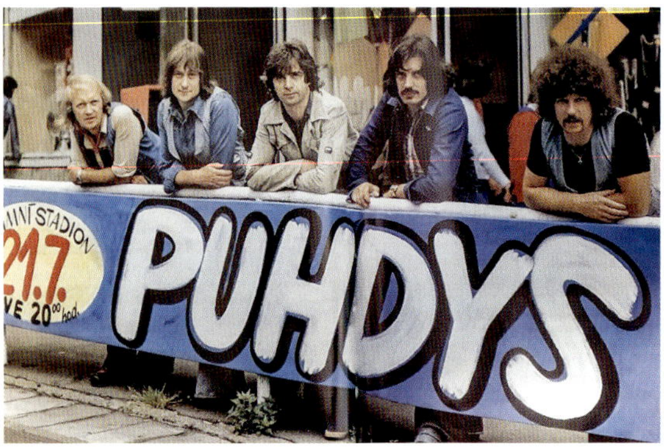

Die *Puhdys* 1978 in der ČSSR

Kann man das toppen? Vielleicht. 1976 begegnen die *Puhdys* im finnischen Turku Chuck Berry. Peter Meyer, der Keyboarder, nutzt die Chance und fragt den Meister, der trotz Superstarbonus seine Koffer alleine trägt, nach dem Songtext von »Brown Eyed Handsome Man«. Der soll noch mit auf die *Rock 'n' Roll*-Platte der *Puhdys* kommen. Berry, der nicht nur die Beatmusik auf den Weg brachte, sondern auch den Entengang, also den Duckwalk, als Showelement etablierte, will zwar helfen, aber kann nicht so richtig. Vielleicht hat er den Meyer auch einfach nicht verstanden.

Trotz Legendenbonus ist Chuck Berrys Auftritt nur so mittel, denn der Mann reist ohne Band durch die Weltgeschichte und greift auf Begleitmusiker des jeweiligen Landes zurück. Die in Finnland haben sich gut vorbereitet, aber es nützt nicht viel, der Meister legt allein fest, wann er einsetzt. Maschine ist dennoch begeistert und weint auch ein bisschen darüber, einem seiner frühen Heroes so nah zu sein. Später geht es auch in die Schweiz, nach Österreich, Luxemburg, Portugal und widerwillig nach Kuba. Widerwillen deshalb, weil es heißt, dass die komplette DDR-Künstlerdelegation zu den Weltfestspielen 1978 in Havanna in einem großen Siebzig- oder Achtzig-Betten-Saal in einer Schule nächtigen soll. Zwar ist der Saal durch das Aufstellen von Schränken in kleine Abteile abgetrennt, aber trotzdem, das Schlagerduo *Hauff & Henkler* darf im Hotel schlafen. Das möchten die *Puhdys* auch, aber es bleibt für sie bei der Gemeinschaftsunterkunft. Dafür dürfen sie als einzige Band einen Techniker mitnehmen. Immerhin! Die Entschädigung folgt 1985 in Portugal. Bei einem Festival in Lissabon lauschen über hundertzwanzigtausend Menschen den Klängen der *Puhdys*.

Und natürlich geht es auch in die BRD. Im April 1976 zum ersten Mal. Die Sozialistische Deutsche Arbeiterjugend, SDAJ, hat zum »Fest der Jugend« nach Dortmund eingeladen. Mit dabei sind auch *Randy Pie*, deren Gründungsmitglieder bei den *Petards* und den *Rattles* spielten, sowie *Frumpy*. Die Kultband um Rockröhre Inga Rumpf hatte sich eigentlich wenige Jahre zuvor aufgelöst, ob Maschines erstes Westdeutschlandgastspiel für die Reunion sorgte, ist spekulativ … Wenig später spielen die *Puhdys* in Westberlin. Zuerst im Juni 1976 beim Atze-Fest im Tiergarten, an der Taverne am Lützowplatz (zusammen mit *Lokomotive Kreuzberg*, dem Vorläufer der *Nina Hagen Band* und *Spliff*) und im November im Reinickendorfer Jugendclub »Sloopy«. An die Konzerte in Westberlin muss man sich erst einmal gewöhnen. Nur wenige Kilometer von zu Hause weg und dennoch in einer anderen Welt. Und es geht nach Hamburg. Auf den Tag genau dreizehn Jahre vor dem Mauerfall, am 9. November 1976. »Die Pilzköpfe vom Alexanderplatz«, kündigt die *Hamburger Morgenpost* das Konzert in der »Fabrik« an. Der Veranstalter kann es nicht glauben, dass in seinem Club tatsächlich Ossis auf der Bühne stehen werden, heimlich engagiert er für den Fall der Fälle eine Ersatzband. Doch die *Puhdys* kommen wirklich in die Hansestadt, sie sind gerade auf dem Rückweg einer Hollandtournee. Die »Fabrik« brennt übrigens ein Jahr später bis auf die Grundmauern ab, doch der Club wird neu gebaut und 1979 wieder eröffnet. Unter den Besuchern sind auch Udo Lindenberg und Ulla Meinecke. Udo lädt die Ostberliner am nächsten Tag zu sich ein und schenkt jedem seine aktuelle Langspielplatte *Sister King Kong*. Überhaupt sind viele Journalisten und Fotografen da. Selbst ein TV-Team schaut vorbei. Rockmusik aus Ostdeutschland? Zweifelsohne hat das Exotenbonus. Doch so sehr das mediale Interesse da ist, es verpufft. Schuld haben Wolf Biermann und die Betonköpfe in der DDR-Führungsriege. Der Liedermacher kritisiert während eines Konzerts am 13. November 1976 in Köln die Zustände in seiner ostdeutschen Heimat und wird aus seinem Land ausgebürgert. Das ist für die Medien noch einmal spannender. Zwar werden die *Puhdys* immer wieder gefragt, ob sie nicht auch etwas Negatives über die DDR zu verkünden haben und ob sie nicht besser in der BRD bleiben wollen. Aber was will man sagen, wenn man im Osten Familie hat und dennoch im Westen spielen will?

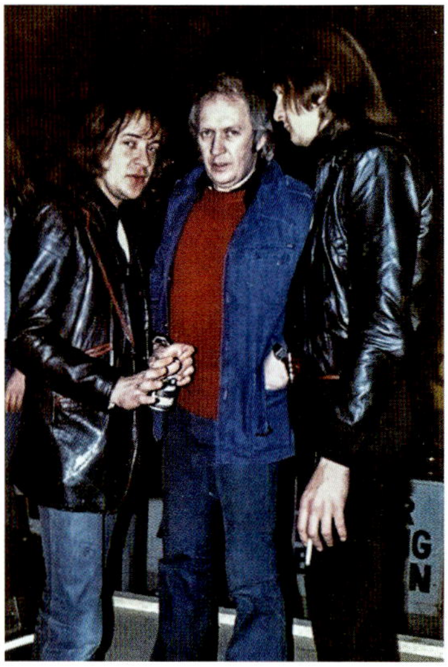

Plausch hinter der Bühne, 1976: Maschine mit Bandkollege Meyer und Udo Lindenberg

Wenn Maschine in Manchester geboren wäre, wäre er heute vielleicht bekannt wie Mick Jagger. Der das in einem Interview sagt, ist der Musikmanager Peter Schimmelpfennig, gebürtiger Hamburger, aber die längste Zeit seines Lebens (West-)Berliner. Er arbeitet für das Majorlabel Phonogram, die ihren Sitz am Rödingsmarkt in der Hamburger Altstadt haben. Als er wieder einmal von Hamburg nach Westberlin durch die »Zone« fahren muss, hört er im DDR-Radio die *Puhdys* mit »Geh zu ihr«. Schimmelpfennig mag diesen Song und kommt auf eine vermeintlich grandiose Idee. »Die Bundesrepublik war Niemandsland für Ostmusik. Ich sah also eine echte Marktlücke«, erklärt mir der umtriebige Macher einige Jahrzehnte später und ergänzt: »Allerdings war ich da erst mal der Einzige.« Nun kommt Wolfgang Martin ins Spiel, damals in der Jugendredaktion des Radiosenders Stimme der DDR tätig (später wird er Musikredaktionsleiter

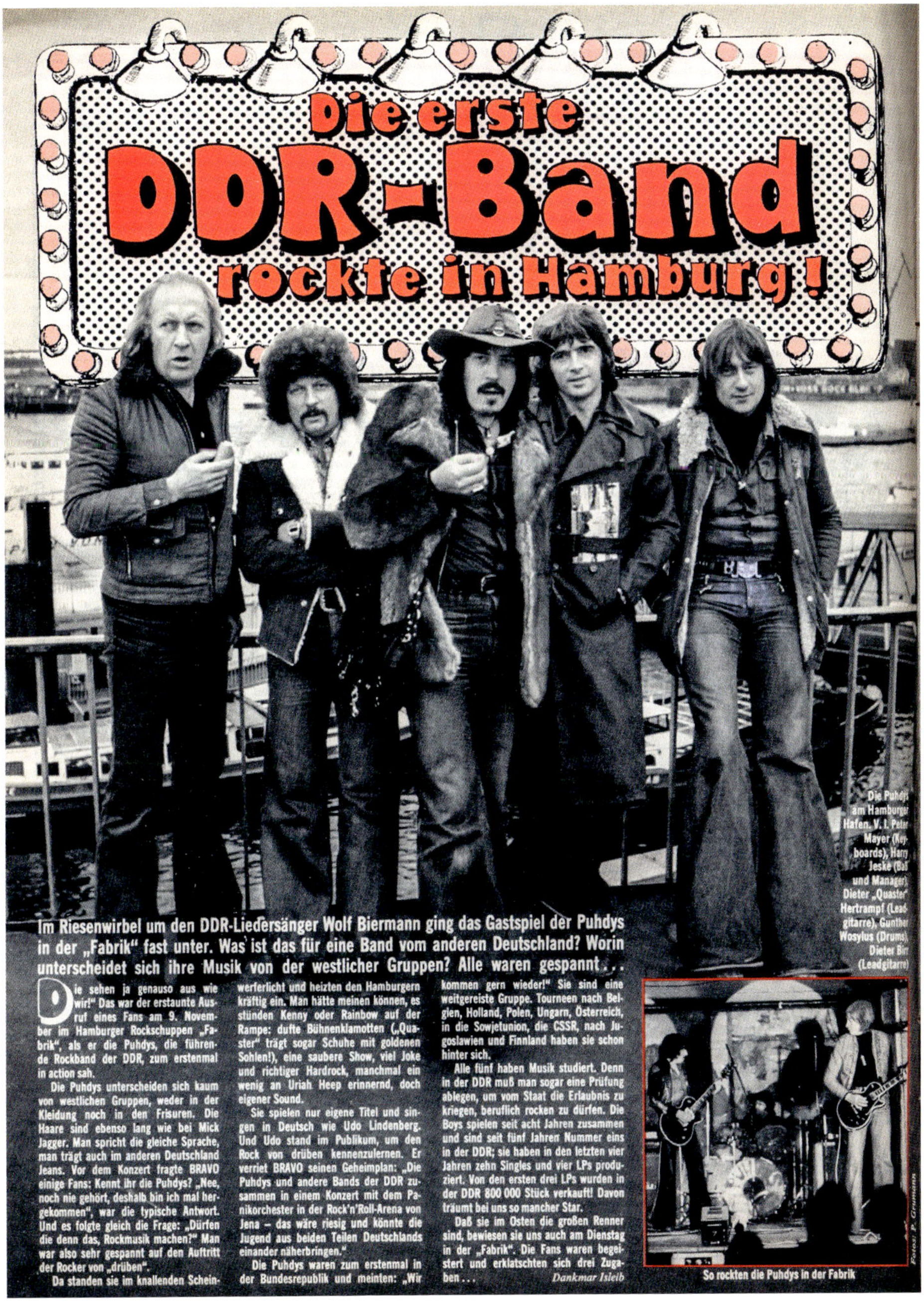

Die erste DDR-Band rockte in Hamburg!

Im Riesenwirbel um den DDR-Liedersänger Wolf Biermann ging das Gastspiel der Puhdys in der „Fabrik" fast unter. Was ist das für eine Band vom anderen Deutschland? Worin unterscheidet sich ihre Musik von der westlicher Gruppen? Alle waren gespannt . . .

Die sehen ja genauso aus wie wir!" Das war der erstaunte Ausruf eines Fans am 9. November im Hamburger Rockschuppen „Fabrik", als er die Puhdys, die führende Rockband der DDR, zum erstenmal in action sah.

Die Puhdys unterscheiden sich kaum von westlichen Gruppen, weder in der Kleidung noch in den Frisuren. Die Haare sind ebenso lang wie bei Mick Jagger. Man spricht die gleiche Sprache, man trägt auch im anderen Deutschland Jeans. Vor dem Konzert fragte BRAVO einige Fans: Kennt ihr die Puhdys? „Nee, noch nie gehört, deshalb bin ich mal hergekommen", war die typische Antwort. Und es folgte gleich die Frage: „Dürfen die denn das, Rockmusik machen?" Man war also sehr gespannt auf den Auftritt der Rocker von „drüben".

Da standen sie im knallenden Scheinwerferlicht und heizten den Hamburgern kräftig ein. Man hätte meinen können, es stünden Kenny oder Rainbow auf der Rampe: dufte Bühnenklamotten („Quaster" trägt sogar Schuhe mit goldenen Sohlen!), eine saubere Show, viel Joke und richtiger Hardrock, manchmal ein wenig an Uriah Heep erinnernd, doch eigener Sound.

Sie spielen nur eigene Titel und singen in Deutsch wie Udo Lindenberg. Und Udo stand im Publikum, um den Rock von drüben kennenzulernen. Er verriet BRAVO seinen Geheimplan: „Die Puhdys und andere Bands der DDR zusammen in einem Konzert mit dem Panikorchester in der Rock'n'Roll-Arena von Jena – das wäre riesig und könnte die Jugend aus beiden Teilen Deutschlands einander näherbringen."

Die Puhdys waren zum erstenmal in der Bundesrepublik und meinten: „Wir kommen gern wieder!" Sie sind eine weitgereiste Gruppe. Tourneen nach Belgien, Holland, Polen, Ungarn, Österreich, in die Sowjetunion, die CSSR, nach Jugoslawien und Finnland haben sie schon hinter sich.

Alle fünf haben Musik studiert. Denn in der DDR muß man sogar eine Prüfung ablegen, um vom Staat die Erlaubnis zu kriegen, beruflich rocken zu dürfen. Die Boys spielen seit acht Jahren zusammen und sind seit fünf Jahren Nummer eins in der DDR; sie haben in den letzten vier Jahren zehn Singles und vier LPs produziert. Von den ersten drei LPs wurden in der DDR 800 000 Stück verkauft! Davon träumt bei uns so mancher Star.

Daß sie im Osten die großen Renner sind, bewiesen sie uns auch am Dienstag in der „Fabrik". Die Fans waren begeistert und erklatschten sich drei Zugaben . . .

Dankmar Isleib

Die Puhdys am Hamburger Hafen. V. l. Peter Mayer (Keyboards), Harry Jeske (Baß und Manager), Dieter „Quaster" Hertrampf (Leadgitarre), Gunther Wosylus (Drums), Dieter Birr (Leadgitarre)

So rockten die Puhdys in der Fabrik

Fotos: P. Grumann

Die *Puhdys* spielen 1976 in Hamburg und die *BRAVO* berichtet.

bei DT64 sowie Musikchef bei Antenne Brandenburg und ist heute Buchautor in der Verlagsgruppe, in der auch dieses Buch hier erschienen ist). Zufällig sieht er im *Hotel Stadt Berlin* am Alexanderplatz den Sänger Mike Krüger, der gerade mit Songs wie »Mein Gott, Walther«, »Sinn der Bundeswehr« und »Ein Junge namens Susi« die Mischung aus Ulkbarde und Liedermacher etabliert hat, und fragt spontan nach einem Interview. Das klappt jedoch erst nach vielen Jahren, aber Krügers Begleitung – genau: Peter Schimmelpfennig – fragt den Radiomann, ob er nicht die *Puhdys* kenne und vielleicht einen Kontakt habe. Wolfgang Martin kennt Maschine und seine Kollegen gut. Und hat natürlich auch die Kontaktadresse. Bald trifft sich Schimmelpfennig mit den *Puhdys* und kurz darauf mit AMIGA-Chef H. P. Hofmann. Auf der Chefetage des VEB Deutsche Schallplatten ist man misstrauisch. Der Argwohn legt sich, als der Phonogram-Promoter mit 25.000 Westmark – die er sich zusammengeborgt hatte – als Lizenzgebühr winkt. Wieder in Westdeutschland, klappert Peter Schimmelpfennig die großen Schallplattenfirmen ab. Doch niemand scheint Interesse an ostdeutschem Rock zu haben. Zuerst probiert es der Musikmanager bei seinem Arbeitgeber Phonogram. Dort kennt man die *Puhdys* bereits. Das Label arbeitet nämlich mit der ostdeutschen Plattenfirma im klassischen Bereich zusammen. In diesem Zuge werden den Hamburgern auch die *Puhdys* angeboten, doch man lehnt dankend ab. Wie gesagt, auch die anderen Riesen der Musikindustrie bleiben zögerlich. Denn deutschsprachige Musik, die nicht Schlager ist, steckt noch in den Kinderschuhen, lediglich Udo Lindenberg hält mehr oder weniger allein die Fahne hoch. Peter Schimmelpfennig hat eine plausible Erklärung, wieso es zu keinem Deal kommt. Die *Puhdys* müssten mal live im Westen spielen. Er interveniert bei der Künstleragentur der DDR, Maschine und seine Kollegen können den bereits erwähnten Gig (so heißen die Muggen im Westen) in Hamburg-Altona wahrnehmen. 1.000 D-Mark sind als Festgage vereinbart. Schließlich sind auch mehrere Labels interessiert, Hansa, eine Plattenfirma in Westberlin, die auch *Boney M.* und Gunter Gabriel unter Vertrag hat, erhält den Zuschlag. Gleich drei *Puhdys*-LPs werden noch 1977 in der BRD veröffentlicht. Die erste ist eine Zusammenstellung der ersten und zweiten AMIGA-LP, die zweite eine Eins-zu-eins-Übernahme der *Rock 'n' Roll Music* und die dritte ist schon wieder gemischt. Später erscheinen die Alben in Ost und West identisch, meist zur selben Zeit. Die Verwirrung ist dennoch irgendwann perfekt. Denn Anfang der 1980er gründet Peter Schimmelpfennig ein eigenes Label und bringt nun selbst *Puhdys*-Platten in der BRD heraus. Teilweise die, die es schon bei Hansa gab, manchmal aber mit anderem Cover.

Wenngleich es in diesem Jahr – wir reden nach wie vor von 1977 – (meist erneut) in die UdSSR, ČSSR, nach Polen, Bulgarien sowie Luxemburg geht und auch die einheimischen Fans nicht vernachlässigt werden (auch weil es gleich zwei neue LPs und im DDR-Fernsehen mit »*Puhdys* – Made in GDR« eine ganze Abendsendung gibt), wird zu diesem Zeitpunkt die Basis für den späteren – besser: baldigen – Erfolg im Westen Deutschlands beziehungsweise Berlins gelegt. Das Jahr beginnt und endet mit jeweils zwei Konzerten im Quartier Latin, zwischendurch spielen die *Puhdys* auch in der Philharmonie sowie in der Dachluke (seit 1988 findet man hier das Kreuzberger BKA-Theater). Für den Chronisten: Die legendären Konzerte im Westberliner Kant-Kino sind erst 1978. Und die *Puhdys* starten eine vierwöchige BRD-Tournee. Was zunächst auffällt: Während die *Puhdys* in der DDR flächendeckend die gleiche Popularität genießen, gibt es in der BRD ein leichtes Nordsüdgefälle. Aber es soll nicht allzu lange dauern, bis auch der Süden des Westens erobert ist.

Eines dieser Konzerte ist bis heute in besonderer Erinnerung. Weil es ohne Publikum ist, und am Ende ist es doch das, was die meisten Leute gesehen haben. Genau: ein TV-Mitschnitt. Und zwar nicht irgendwo. Sondern in Bremen beim »Musikladen«. Der ist der amtliche Nachfolger des »Beat-Clubs«. Mehr Kult im westdeutschen Musikfernsehen geht nicht. Regisseur ist Mike Leckebusch. Peter Schimmelpfennig hatte ihn zuvor mal nach Ostberlin »entführt«, in ein *Puhdys*-Konzert. Nun in diesem TV-Studio zu stehen, ist ein Ritterschlag. Maschine erinnert sich, dass die Aufnahmebedingungen ganz anders als beim Ostfernsehen waren. Dort gab es zunächst mehrere Proben: Kameraprobe, Durchlaufprobe, Generalprobe und so weiter. Und dann erst wurde die Sendung aufgezeichnet. In Bremen gibt es erst Kaffee und Schnittchen, dann Soundcheck, und los geht's. Und so wie es läuft, ist es dann auch im Fernsehen zu sehen. Beispielsweise verliert Schlagzeuger Gunther Wosylus einen seiner Stöcker, alles im Bild festgehalten. Viele Jahre später gibt es diese Sendung auf VHS-Kassette und noch mal später auf DVD. Und zwei Songs dieser Aufnahme landen im regulären »Musikladen«. Gleich nach den *Kursaal Flyers* und noch vor Amanda Lear.

Spätestens mit Beginn der 1980er sind die *Puhdys* auch im Westen populär. Zeitweilig haben sie dort mehr als in der DDR zu tun. Ich erinnere mich an die *Puhdys*-Unplugged-Tour durch Niedersachsen, Ende der 2000er Jahre. Ich konnte die Band begleiten, um in der freien Zeit die Musiker für ein Buch zum 40-jährigen *Puhdys*-Jubiläum zu interviewen. Jeden Abend kam ich mit Leuten aus dem Publikum ins Gespräch, die mir stolz erzählten, dass sie die *Puhdys* bereits in den 1970ern und 1980ern – teilweise in derselben Location – erlebt haben. Sollte man einzelne Konzerte aus dieser Zeit hervorheben? Vielleicht Paderborn, weil sich dort der erste *Puhdys*-Fanclub in der BRD gründete? Vielleicht Villingen-Schwenningen, weil man da fast zwei Dekaden lang jedes Jahr engagiert wurde? Auf jeden Fall müssen die Konzerte in der Westberliner Waldbühne erwähnt werden. Das war 1981 und in den zwei darauffolgenden Jahren. Später – im vereinten Deutschland – stand die Waldbühne auch immer mal wieder im Tourneeplan der *Puhdys*, mal ein »Rockpalast«, mal ein gemeinsames Konzert mit Joe Cocker, aber auch die schon im Vorfeld ausverkaufte Jubiläumsshow zum 30., bei der auch Mario Adorf dabei war, sowie mit *City* und *Karat* als »Rock Legenden« im letzten *Puhdys*-Jahr, 2016. Doch die ersten drei Waldbühne-Gastspiele in den 1980ern sind schon deshalb besonders, weil es voll war – ganz ohne die vielen Fans aus dem Osten.

Einmal haben die *Puhdys* auch in Großbritannien und in den USA zu tun. 1980 geht es in die Ridge Farm Studios in der südenglischen Grafschaft Surrey, etwa 50 Kilometer von London entfernt. Maschine staunt nicht schlecht, als Peter Schimmelpfennig ihm und seinen Bandkollegen erklärt – nachdem er schon den BRD-Deal ans Land gezogen hatte –, dass nun der Rest der Welt dran ist. Das ist schwer zu glauben, denn deutsche Bands – auch die westdeutschen – sind international eher weniger gefragt. Und auch wenn es heute ein paar mehr sind, die beispielsweise in den USA oder im Vereinigten Königreich Fuß fassen, es bleibt nach wie vor die Ausnahme. Andererseits: Die Hoffnung stirbt zuletzt. Maschine freut sich auf das Experiment. Die Idee ist es, eine Art Best-of bisheriger *Puhdys*-Stücke in englischer Sprache zu produzieren. So wird beispielsweise aus »Doch die Gitter schweigen« »Prison Walls Are Silent« sowie aus »Nie wieder werde ich weinen um dich« »The Times I've Cried Over You« und aus »Von der Liebe ein Lied« »Lovedreams«. Als Produzent wird der Brite Colin Richardson verpflichtet, der zwar schon mit berüchtigten Bands wie etwa *Colosseum* zusammengearbeitet hat, aber ansonsten noch am Anfang seiner Karriere steht. Und was schnell klar wird: Überall wird nur mit Wasser gekocht. Da kann das britische Studioequipment zehnmal besser sein als das in der DDR – die Arbeit ist am Ende die gleiche und wird vor den Geräten gemacht. Richardson, der Produzent, avancierte übrigens in den 1990ern und 2000ern zu einem gefragten Rock- und Heavy-Metal-Produzenten – sowohl *Fear Factory* und *Bullet for My Valentine* als auch *Kreator, Slipknot* und *Machine Head* verpflichteten den Mann. Die 1975 gegründeten Ridge Farm Studios gab es übrigens noch bis 2003. Vor den *Puhdys* nahmen hier schon *Queen, Roxy Music* sowie *Bad Company* auf und nach ihnen Peter Gabriel, *Oasis* und *Pearl Jam*. Der letzte Künstler, der hier produzierte, war übrigens Joe Jackson. Heute kann man auf dem riesigen Gelände (das Studio war ja nur die ehemalige Scheune, in der immer noch ein paar Goldene Schallplatten hängen) Tagungen abhalten und Hochzeiten feiern. Über jene Zeit erzählt Peter Schimmelpfennig: »Maschine ist einmal nachts nach einem Umtrunk aus dem benachbarten Hotelzimmer ins Studio gekommen, nur um zu gucken, ob noch alles in Ordnung ist. Er wollte es einfach genießen.« Und wo wurde die LP *Far From Home* – so heißt die englische *Puhdys*-Platte – besonders erfolgreich? Genau: in der DDR – auf AMIGA!

Schon ein Jahr später, also 1981, geht es in die USA. Hansa, das Westberliner Label, schickt die *Puhdys* zu Promotionszwecken ins Land der unbegrenzten Möglichkeiten. Wer nun behauptet, die Plattenfirmenleute wollten ihren ostdeutschen Musikern mal etwas Gutes tun und die *Puhdys* in den amerikanischen Bandurlaub schicken, sagt nur bedingt etwas Falsches. Zunächst werden tatsächlich Kollegen eines New Yorker Tonträgervertriebs besucht. Die hatten sich auf Schallplatten spezialisiert, die sonst niemand im Angebot hat. Böhmische Blasmusik, argentinische Folklore, japanische Chöre und ein bisschen was von den *Puhdys*. Es ist Dezember und arschkalt in New York. Und es sieht räudig aus, die Müllabfuhr streikt. Dennoch ist es ein großer Augenblick. Das erste Mal in New York! Von da aus geht es mit dem Flieger weiter nach Los Angeles, dort ist – trotz baldigem Weihnachtsfest – Sommer. Die Palmen tun ihr Übriges, was für eine Kulisse ... Jetzt am Pool liegen und ein paar Drinks schlürfen – der Tagtraum wird Wirklichkeit. Mit dem Auto geht es weiter nach San Francisco. Dort ist Frühling. Dennoch sieht man Weihnachtsbäume. Nicht das Einzige, was anders als zu Hause ist.

Maschines Auslandsaktivitäten reichen auch über das Ende der *Puhdys* hinaus. Und zwar nicht nur der eingangs erwähnte Part auf dem Jubiläumskonzert von *Omega* in Budapest. So geht es 2023 mit dem Schiff nach Norwegen. Gemeinsam mit Uwe Hassbecker zählt Maschine zu den musikalischen Gästen, die für die Passagiere direkt auf dem Schiff ein Konzert spielen. Für 2024 – Maschine ist dann achtzig und dieses Buch hier veröffentlicht – steht erneut so eine Schiffstour ins Haus. Es soll wieder nach Norwegen gehen, im Juni ist es so weit.

Hätte das Schicksal nicht so grässlich zugeschlagen, wäre Maschine 2022 auch wieder in Budapest gewesen. Sechzig Jahre *Omega* sollten gefeiert werden. Längst liefen die Vorbereitungen auf Hochtouren, die Einladung an Maschine war schon ausgesprochen. Doch nachdem die *Omega*-Musiker Lászlo Benkő und Tamás Mihály innerhalb von drei Tagen im November 2020 verstarben, wurde János Kóbor, Herz und Motor der Band und von allen »Mecky« genannt, am 6. Dezember 2021 durch eine Corona-Erkrankung aus dem Leben gerissen. Maschine hat ihm auf seinem Album *Große Herzen* den Song »Legende aus Budapest« gewidmet.

10 Fragen an KAI SUTTNER

Früherer *Puhdys*-Tourmanager; nun Booker und Tourmanager von Maschine

Wer in der Booking-Agentur von Maschine anruft, hat meist Kai Suttner am Apparat. Der Chemnitzer ist seit seinem zwölften Lebensjahr bekennender *Puhdys*-Fan. Keine zehn Jahre später beginnt er, für die *Puhdys* CDs und T-Shirts auf den Konzerten zu verkaufen. Von da aus ist es ein kleiner Schritt bis zum Tourmanager. Heute bucht Kai für Maschine Tourneen und ist gleichzeitig auch der Moderator der Live-Talkshows.

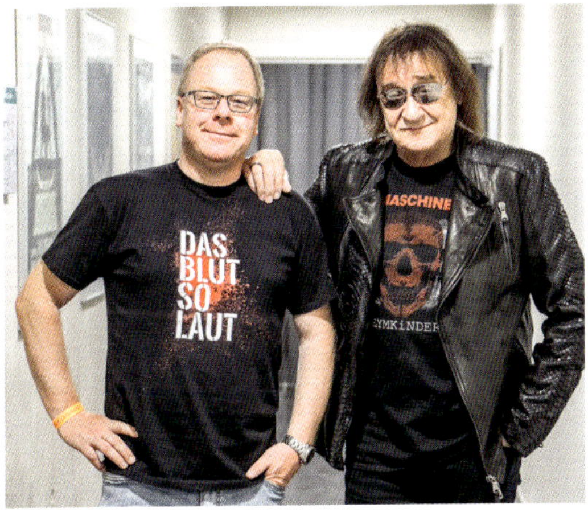

Kai Suttner und Maschine

1 ***Du buchst sowohl die Konzerte mit Uwe Hassbecker und Maschine als auch die Talkshows mit ihm, die du ja auch selbst moderierst. Welche Variante gefällt dir persönlich besser?***

Ich mag beide Formate sehr. In den Talkshows spreche ich mit Maschine über sein Leben, seine Karriere und natürlich über die sehr prägende und intensive Zeit mit den *Puhdys*. Und obwohl man meinen sollte, die Zuschauer wissen alles über ihn und die *Puhdys*, hängen sie fasziniert an seinen Lippen, um es noch mal aus seinem eigenen Mund zu hören. Die Konzerte unter dem Motto »Lieder für Generationen« sind für mich wiederum etwas Besonderes, weil es dort bekannte Songs der *Puhdys*, von Maschine und *Silly* in reduzierten, akustischen Versionen zu hören gibt. Die Lieder klingen ganz anders, als man sie von Bandkonzerten kennt, sind aber deshalb nicht weniger intensiv. Ich finde die Umsetzung in der Konstellation Uwe Hassbecker und Maschine absolut spannend.

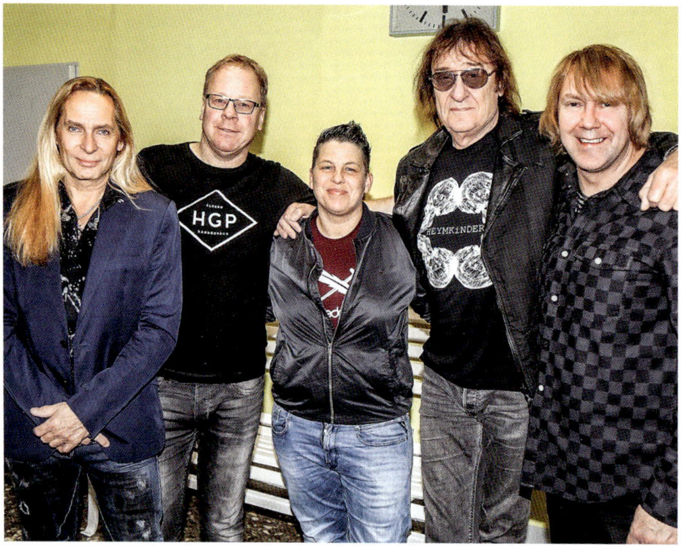

Kai im Winter 2019 mit Uwe Hassbecker, Kerstin Ott, Maschine und Tobias Künzel

2

Du warst früher auch der Tourmanager der* Puhdys*, und zwar schon in den 1990ern. Da waren wir noch ziemlich jung. Wie kommt man denn als junger Mensch zu einer Band, die schon um die fünfundzwanzig Jahre Bestehen auf dem Buckel hat?

Ich war bereits als Kind *Puhdys*-Fan, mit »TV-Show« und »Rockerrente« hat alles begonnen, meine erste LP war *Das Buch*. Ich habe damals jeden TV-Auftritt verfolgt und war auch auf dem einen oder anderen Konzert. Nach der Wende und dem Comeback der *Puhdys* besuchte ich aus Neugier einige Konzerte, und das *Puhdys*-Fieber war wieder entfacht. Aus meinen »alten Helden« waren »neue Helden« geworden. Auf den Konzerten lernte ich ein älteres Ehepaar aus Chemnitz kennen, das damals die CDs und T-Shirts der *Puhdys* verkaufte. Durch sie entstand der Kontakt zu Harry Jeske, der sich damals um das Merchandising der Band kümmerte. Er fragte mich, ob ich Lust hätte, bei den Konzerten ebenfalls T-Shirts und CDs zu verkaufen. Nach dem Ausstieg von Harry habe ich die Herstellung und den Vertrieb selbst übernommen. Kurze Zeit später kündigte der Tourmanager der *Puhdys*, um zukünftig für *Bell Book & Candle* zu arbeiten. Das war meine Chance, und ich habe sie genutzt! Ich bin Traudl und Helmut Enge sowie Harry Jeske bis heute sehr dankbar. Ohne sie würde ich all das, was ich heute mache, nicht tun …

3 ***Interessant ist auch, dass die* Puhdys *in Berlin wohnten, du aber in Chemnitz. War es nicht schwierig, den Kontakt zu halten?***
Das war kein Problem. Es gab ja bereits Telefon, und die ersten Handys waren auch schon auf dem Markt. Außerdem haben wir uns jedes Wochenende bei den Konzerten gesehen …

4 ***Wie waren deine Gefühle, als sich die* Puhdys *auflösten?***
Natürlich war ich traurig. Mit dem letzten Konzert endete nicht nur eine sehr erfolgreiche Bandgeschichte, sondern auch eine Ära, denn die *Puhdys* haben mit ihren Liedern Generationen von Menschen begleitet. Sie waren für mich und viele andere ein wichtiger Bestandteil des Lebens. Aber alles hat seine Zeit, und die *Puhdys* leben in unseren Herzen weiter …

5 ***Und ab wann wurde dir klar, dass es für dich zumindest mit Maschine weitergeht?***
Ich habe mit Maschine schon seit 2014 zusammengearbeitet. Damals gab es die *Puhdys* noch. Das lief anfangs also parallel, und nach dem Ende der *Puhdys* ging es nahtlos weiter. Dass im Laufe der Zeit so viele interessante Projekte entstehen werden, konnte ich damals natürlich noch nicht ahnen …

6 ***Hat sich die Zusammenarbeit verändert? Oder anders: War der* Puhdys*-Kopf anders als der heutige Maschine?***
In jedem Fall ist die Zusammenarbeit nach dem *Puhdys*-Ende intensiver geworden. Abgesehen davon, dass er nun eigenverantwortlich handelt und alle Entscheidungen über seinen Tisch laufen, ist er der kreative Macher geblieben …

7 ***Inzwischen gibt es einige Soloalben von Maschine, gibt es eines, das dir besonders gefällt?***
Das ist schwer zu sagen. Es gibt auf jedem Album tolle Songs und auch welche, die mir weniger gefallen. Aber wenn ich mich für ein Album entscheiden müsste, ist es *Maschine* aus dem Jahr 2014, nicht zuletzt, weil das auch für mich eine sehr spannende und prägende Zeit war …

8 ***Hast du eigentlich die Möglichkeit, dich bei Maschine kreativ einzubringen, und darfst du ihn auch mal kritisieren?***

Sobald ich Maschine kritisiere, weht ein eiskalter Wind durch meinen Arbeitsvertrag ... *(lacht)*. Nein, Spaß beiseite: In kreative Prozesse möchte ich mich gar nicht einmischen. Aber wir tauschen uns natürlich über viele Dinge aus, und da ist durchaus auch Kritik erlaubt. Wir sehen das beide als konstruktive Gespräche, oft ist es wichtig, bestimmte Dinge mal aus einer anderen Perspektive zu betrachten.

9 ***Dein kleines, aber feines Musikunternehmen heißt »Hassel-Music«. Klingt ungewöhnlich, oder?***

Peter Meyer war bei den *Puhdys* der Spezialist für Spitznamen, und so stammt meiner auch von ihm. Im Westdeutschland der 1950er bis 1970er Jahre gab es einen Politiker namens Kai-Uwe von Hassel. Da ich auch Kai heiße, wurde ich zu »Hassel«. Was lag also näher, als meine Firma »Hassel-Music« zu nennen. Kleine Anekdote am Rande: Regelmäßig rufen im Büro Leute an, weil sie ganz dringend Herrn Hassel persönlich sprechen müssten ...

10 ***Hast du noch einen Wunsch, den dir Maschine erfüllen könnte?***

Ich hatte mir mal gewünscht, dass wir meinen fünfzigsten Geburtstag auf Tour feiern. Nun ist es so weit, Maschine wird achtzig, und ich werde fünfzig, und wir sind immer noch zusammen unterwegs. Ich wünsche ihm von Herzen alles Gute, vor allem aber viel Gesundheit. Und natürlich habe ich noch einen Wunsch. Nämlich, dass wir meinen sechzigsten auch noch gemeinsam auf Tournee feiern können ...

WILDER FRIEDEN

Maschine, die Eisbären und die 1990er

Der 22. März 1999 ist ein Montag. Ein ziemlich trüber Tag. In Berlin, Hamburg oder Leipzig regnet es ein bisschen. Immer noch besser als in Dresden oder München, dort gibt es zeitweilige Schneeregenschauer. In der Türkei werden neun Bundesbürger aus der Untersuchungshaft entlassen, die am Vortag an einem kurdischen Neujahrsfest teilgenommen hatten. Und vor dem Landgericht Ulm werden die Erpresser des Drogerieunternehmers Schlecker verurteilt, zwölf Jahre zuvor hatten sie seine jugendlichen Kinder entführt und für deren Freilassung fast 10 Millionen D-Mark kassiert. In Berlin klirren dagegen die Sektgläser, die *Puhdys* sind in den Charts. Ihr Album *20 Hits aus 30 Jahren* erreicht Platz 36 der offiziellen Albumcharts. Definitiv eine Sensation, und es fühlt sich wie ein erstes Mal an. Das stimmt aber nur fast, denn bereits 1983 erreichte die LP *Computer-Karriere* Platz 64. Doch diesmal sind es acht Wochen – statt einer –, in denen sich ein *Puhdys*-Werk in den notariell geprüften Verkaufshitparaden wacker schlägt. Weil es so schön ist, wird die ganze Chose im November wiederholt. Das neue Studioalbum *Wilder Frieden* klettert bis auf Platz 29 in den Charts.

Am letzten Tag des Jahrgangs 1999 stehen die *Puhdys* vor dem Roten Rathaus in Berlin auf der Bühne und achtzigtausend Menschen davor. Eine Silvesterparty ohnegleichen. Immerhin geht es in ein neues Jahrtausend. Die *Puhdys* blicken aber auch auf ein fulminantes Jahrzehnt zurück, mit dem so zunächst nicht zu rechnen war. Vor allem deshalb nicht, weil die *Puhdys* sich nach zwanzig Jahren aufgelöst hatten. Allerdings hat es Maschine nicht lange ohne sein Publikum ausgehalten. Sofort nach dem Ende der Kultband meldet er sich mit eigener Formation zurück: *Maschine & Männer*. Am Schlagzeug sitzt Klaus Scharfschwerdt, bekanntermaßen *Puhdys*-Musiker seit 1979. Die Gitarre spielt (neben Maschine) Michael Lehrmann, der zuvor bei *Meridian*, *Reform* und *Stern Meißen* war. Von den Letztgenannten kommt auch der Bassist Axel Schäfer. Der Mann hat gar *Puhdys*-Erfahrung, sporadisch half er aus, wenn Harry Jeske verhindert war. Die Keyboards spielt André Kuntze – einige Jahre später wird er *Puhdys*-Produzent. In dieser Zeit entstehen auch neue Songs. »Du braver Soldat« zum Beispiel, der in der DT64-Hitliste 1990 auf Platz 7 landet (die typische Jahreshitparade gab es 1990 nicht mehr, im Übrigen gab es auch keine DDR mehr), oder »Unsichtbare Augen«, der Motive des späteren »Eisbärn«-Hits beinhaltet. Maschine und »seine« Männer nehmen auch kleinere Engagements wahr. Es mag vielleicht ungewöhnlich sein, nunmehr nicht mindestens vor tausend Leuten zu spielen, aber die Qualität ist die gleiche. Der erfahrene Musiker hat kein Problem damit, nur ein paar Handvoll Fans glücklich zu machen. Maschine gibt immer hundert Prozent. Also mindestens. Über seinen jahrzehntelangen Erfolg haben er und andere schon oft nachgedacht. Der hat sicher viele Gründe, aber einer davon ist zweifelsohne die Leidenschaft, mit der er sein Musikerleben betreibt.

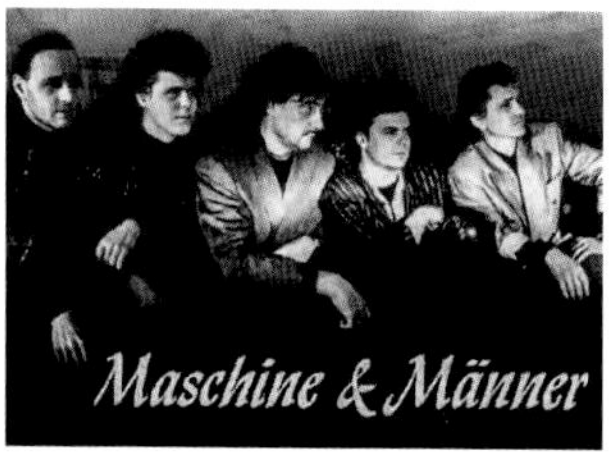

Nach dem vorläufigen *Puhdys*-Ende tourte Maschine 1990/91 mit »seinen« Männern. Auf der Autogrammkarte von links: Michael Lehrmann, Axel Schäfer, Maschine, André Kuntze und Klaus Scharfschwerdt.

Längst scharren auch die *Puhdys* wieder mit den Hufen. Denn obwohl sie sich aufgelöst hatten, geben sie sporadisch ein Konzert. Es sind eher kleinere Geschichten und zudem maximal eine Handvoll. Und im tiefsten Westen. Etwa in Villingen-Schwenningen. Dort sind die *Puhdys* in jedem Jahr. Das muss gefälligst auch dann klappen, wenn die Band überhaupt nicht existent ist. Der Gedanke, dass es mit den *Puhdys* weitergehen könnte, beschäftigt Maschine schon 1991. So tauchen die *Puhdys* bei einem Konzert mit anderen Bands am Brandenburger Tor in Berlin auf. Und in einem Interview mit der TV-Zeitschrift *FF dabei* erklärt Maschine, dass es im Folgejahr durchaus ein neues *Puhdys*-Album geben könnte. Tatsächlich gilt 1992 als das Jahr der Rückkehr der *Puhdys*. Ob bei einem ersten Auftritt im März in Berlin-Schönefeld oder wenig später in Dresden bei einem Volksfest – stets kommen mehr Leute als gedacht.

Und tatsächlich melden sich die *Puhdys* 1992 mit einem neuen Album zurück. Hierzu haben sie einen neuen Plattenvertrag unterschrieben. Das Label heißt DSB, was für Deutsche Schallplatten Berlin steht. Im Grunde sind es alte Bekannte: Es sind die Nachfolger des VEB Deutsche Schallplatten, zu denen auch AMIGA gehört. Maschine und Peter Meyer, der *Puhdys*-Keyboarder, die ein gemeinsames Studio betreiben, bieten hier immer mal wieder Songs für andere Interpreten an. Und natürlich könnte man eben auch mal eine *Puhdys*-Single machen, heißt es von den Labelmachern. Wird sich zwar nicht verkaufen, ergänzen diese, aber warum denn nicht? Maschine bringt die neuen Demos ins sagenumwobene Gebäude am Reichstagsufer. Am Ende wird es ein ganzes Album. *Wie ein Engel* heißt es. Das gefällt Maschine zwar weniger, aber gut, ein Song auf dem Album heißt ja auch so und letztlich sollen auch die Leute vom Label mitreden können. Das sind die Spielregeln. Einen Großteil der Texte schreibt übrigens der 1998 mit nur neunundvierzig Jahren verstorbene Gerulf Pannach, der mit seinen Nummern für *Renft* bekannt wurde, bevor er nach neunmonatiger Stasihaft 1977 in die BRD abgeschoben wurde. Einer der Songs mausert sich zum Klassiker und hat bis heute nicht an Gültigkeit verloren: »Was bleibt (was uns bleibt, sind Freunde im Leben)«.

Mit *Zeiten ändern sich* kommt zwei Jahre später ein weiteres Album heraus. Da ist das Label DSB längst schon Geschichte. Vielleicht ging es ja doch nur um die Immobilie am Reichstagsufer. Jedenfalls wird der gesamte AMIGA-Katalog (und damit das bisherige *Puhdys*-Schaffen) an die BMG Ariola verkauft. Doch die *Puhdys* sind – wenn man so will – jetzt erst mal Indie. *Zeiten ändern sich* sowie *Live – In flagranti* (1996) und *Frei wie die Geier* (1997) erscheinen unter dem Dach von Dakoda, einer Firma eines Paderborner Unternehmers, der in den 1980ern in der BRD einen *Puhdys*-Fanclub gründete. *Zeiten ändern sich* ist ein Stück weit auch eine Jubiläumsplatte, denn die Band feiert 1994 ihr 25-jähriges (inklusive dreier ausverkaufter Geburtstagskonzerte im Berlin-Neuköllner Huxleys). Ansonsten ist Maschine mit der Platte weniger glücklich. Die Musikerkollegen wollen gerecht zueinander sein, und so wird beschlossen, dass sich jeder mit dem etwa gleichen prozentualen Anteil an den Kompositionen beteiligen darf. Klingt fair, und ist es vermutlich auch, aber es ist dennoch keine zündende Idee. Wie wäre es denn damit, wenn man einfach die besten neuen Songs zu einem Album bündelt? Glücklicherweise wird in Zukunft genau nach dieser Maxime gearbeitet.

Das nächste Album ist eine Liveplatte. *In flagranti* ist ein Mitschnitt aus dem Freiberger Tivoli. Manchmal wird kolportiert, es wäre das Fünfundzwanzig-Jahre-*Puhdys*-Konzert. Es ist zwar richtig, dass es das auch gab (die Kollegen von *Karat* zeichneten die Band als »Helden der Musik« aus, und vor dem Tivoli wurde eine fünfundzwanzig Jahre alte Eiche gepflanzt), aber die Liveaufnahme, die sich auf dem Album befindet, ist von 1995. Übrigens kommt 1998, also zwei Jahre nach der regulären Veröffentlichung, das Album in einer limitierten Version heraus. Und zwar in einer kleinen Auflage für die Firma Eschebach Küchen, mit der die *Puhdys* einen Sponsorendeal haben. Auf dem Cover sieht man die *Puhdys* in einer Küche werkeln – mit am Kochen der neue Bassist Peter Rasym, der auf dem Album noch gar nicht zu hören ist. Die zweite Hälfte der 1990er ist überhaupt die Zeit, in der sich immer mehr Sponsoren für die *Puhdys* interessieren. In bester Erinnerung ist vermutlich noch die Kooperation mit Berliner Pilsner, aber auch Strom- und Mobilfunkanbieter finden sich in der Liste der *Puhdys*-Unterstützer.

1996 steht – wie schon in den 1980ern – auch die Berliner Waldbühne wieder im Tourplan. Es ist ein »Rockpalast« – gemeinsam mit *Selig*, *Extrabreit*, *City* und vielen anderen. Die *Puhdys* und die *Prinzen* sind die Headliner. Dass die Leipziger nach Maschine und seinen Kollegen spielen, ist dabei keine gute Idee. Es handelt sich schließlich um einen »Rockpalast«. Aber es ist ja auch nicht die

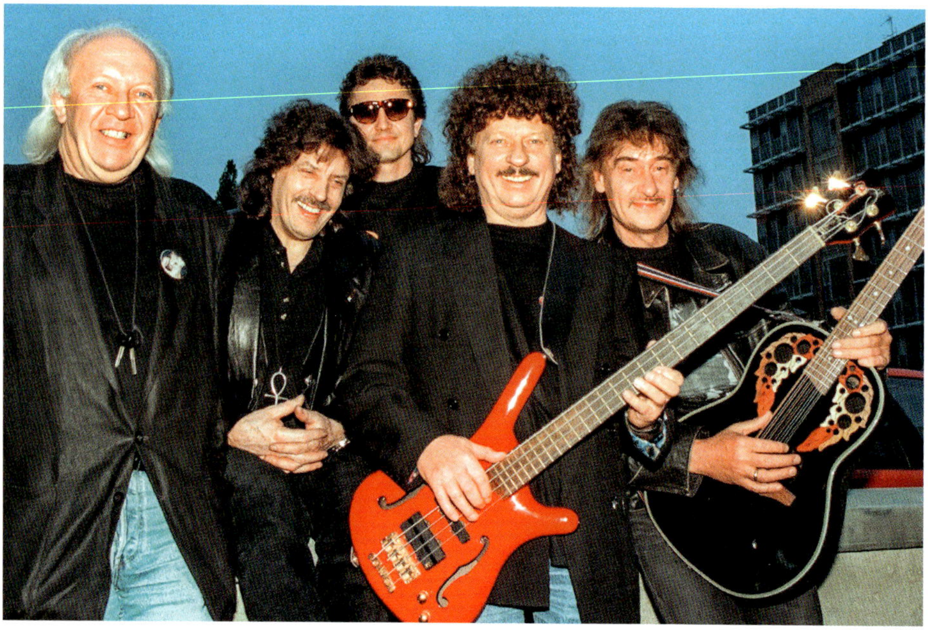

Die *Puhdys* 1996 in Berlin-Adlershof

Idee der *Puhdys*. Dass sie die Waldbühne immer noch auch allein ausverkauft kriegen, beweisen sie im Juni 1999. Die *Puhdys* spielen ihr dreitausendstes Konzert. Mit dabei eine echte Kuh, ein falscher Mick Jagger sowie der Schauspieler Mario Adorf.

Kannte Michael Jackson eigentlich die *Puhdys*? Es wäre theoretisch möglich gewesen. Als Maschine mit seinen Kollegen 1997 in den Dierks Studios in der Nähe von Köln weilt, um das Album *Frei wie die Geier* zu produzieren, nimmt eine Tür weiter auch Michael Jackson auf. Den Weltstar sieht Maschine allerdings nicht, nur seine sympathischen Bodyguards sind im Aufenthaltsraum anzutreffen. Obwohl ebenfalls 1997 veröffentlicht, findet sich der größte *Puhdys*-Hit der 1990er nicht auf *Frei wie die Geier*. Denn es ist ein Auftragswerk für einen Sportclub. Nicht der erste (schon 1995 gab es mit »FC Hansa, wir lieben dich total« eine Hymne für einen Fußballclub) und nicht der letzte (2000 folgte »Eisern Union« für die Berlin-Köpenicker). Maschine wird von seinem Nachbarn Rudi Simon angesprochen. Der ist Aufsichtsratsvorsitzender des EHC Eisbären Berlin und fragt: »Wollen wir nicht mal was probieren?« Das will Maschine. Zuerst besucht er ein Spiel des Eishockeyteams im Wellblechpalast in Berlin-Hohenschönhausen. Und ist begeistert. Nicht zuletzt von der Atmosphäre, der Stimmung, von den Fans. Im heute sechzig Jahre alten Wellblechpalast, der erst seit 2001 offiziell so heißt (jedoch wurde die Halle 1 des Kunsteisstadions im Sportforum von den Leuten schon länger so genannt), werden auch die Fangesänge mitgeschnitten. Bei einem öffentlichen Training sind vierhundert Fans zugegen, die spontan den *Puhdys*-Chor bilden. Nach nur einem Testdurchlauf zeigt sich der Chor textsicher. Dass die Vereinsnummer irgendwas Besonderes hat, ist spätestens jetzt klar. Mittlerweile wird der Song unzählige Male gecovert und in etwa zwanzig Sprachen übersetzt. Viele andere Vereine wollen die Hymne ebenso für sich nutzen und fragen an. Darunter zwei weitere Eishockey-, zwei Basketball- und zwei Handballclubs. Auch die Fußballer wollen den Song kaufen: Schalke und Borussia Dortmund sowie eine Mannschaft aus London. Klingt alles verlockend, doch Maschine ist sich sicher: Dieses Lied soll in Berlin bleiben. Doch es gibt Sportclubs, die sich die Nummer einfach klauen, beispielsweise Dynamo Moskau. Theoretisch könnte man daraus einen Fulltimejob machen: vormittags fahnden, wer das Stück sich nun schon wieder eingeheimst hat, und nachmittags bei der GEMA melden. Zum Glück hat Maschine Besseres zu tun. In Tirol und anderen Wintersportgegenden wird die Nummer in den Après-Ski-Hütten mitgegrölt und auf Malle bei den Schlagerpartys. Nicht jeder, der hier lauthals mitsingt, schnallt, dass es die Hymne eines Eishockeyteams ist. Selbst Jürgen Drews, der die »Eisbärn« 2011 im Duett mit den *Puhdys* bei Polydor veröffentlicht, zeigt sich auf einer Pressekonferenz überrascht, dass es nicht um Tierschutz geht.

Auf einem regulären *Puhdys*-Album wird »Hey, wir woll'n die Eisbärn sehn« erst 1999 veröffentlicht. Auf *1969–1999. 20 Hits aus 30 Jahren*, der *Puhdys*-Premiere bei BMG Ariola. Wir erinnern uns: Das war der Musikindustrieriese, der wenige Jahre zuvor bis auf die Klassik den VEB Deutsche Schallplatten-Katalog erwarb und damit das Kultlabel AMIGA reaktivierte. Jetzt wächst zusammen, was zusammengehört, könnte man meinen. Allerdings hält diese Liaison nur vier Studioalben lang. Die eingangs erwähnte CD *Wilder Frieden* ist die zweite AMIGA-Neuveröffentlichung und das letzte *Puhdys*-Album der 1990er. Wer die Erstauflage hat, besitzt ein echtes Sammlerstück. *Rammstein*-Sänger Till Lindemann singt beim Track »Wut will nicht sterben« mit. Die Zusammenarbeit hatten die Musiker auf kurzem Dienstweg geklärt. Was in dieser Liga oftmals nicht möglich ist, wie auch diese Kollaboration zeigt. Kurze Zeit später gibt es das Album nämlich nur noch mit einer Version, die von Maschine allein gesungen wird, und auch die Single mit dem Duett verschwindet vom Markt. Die Plattenfirmen konnten sich nicht einigen. In einer Wiederauflage des Buches *Mike Oldfield im Schaukelstuhl. Notizen eines Vaters* von Werner Lindemann über das Zusammenleben mit seinem neunzehnjährigen Sohn Till gibt es im Anhang ein Interview mit dem *Rammstein*-Sänger. Darin outet er sich als *Puhdys*-Fan.

EIN LEBEN LANG MUSIKER

Maschine im Interview – 2008

Blickt man jetzt in die *Puhdys*-Biografie zurück, wirkt 2008 wie ein unscheinbares Jahr in der Erfolgslaufbahn der Band. Das kommt nicht von ungefähr, denn in der Tat scheint vieles im Zeichen des kommenden Jahres zu stehen. Denn 2009 wird vierzig Jahre *Puhdys* gefeiert. Was man damals noch nicht wusste: Die Null hinter der Vier ist die letzte in der Bandbiografie. Und es überschlagen sich die Ereignisse: Gleich am 1. Januar 2009 beginnen die Feierlichkeiten mit einem fetten Konzert in der Mercedes-Benz Arena, die vor dem Sommer 2015 noch O_2 World hieß. Einen Tag später erscheint das neue Studioalbum *Abenteuer*. Dann geht es Schlag auf Schlag – von der 30-CD-Box bis zum bandeigenen Museum ist alles dabei. Doch 2008 ist keineswegs nur die Ruhe vor dem Sturm. Die 2007 initiierte Ost-Rock-Klassik-Tournee erfährt ihre erste Nachauflage, und erstmals in ihrer langjährigen Karriere starten die *Puhdys* eine Unplugged-Tour. Die führt nach Niedersachsen, und währenddessen entsteht auch dieses Interview. Nichtsdestotrotz gilt der Großteil unseres Gesprächs ebenso dem Jubiläum. Vierzig Jahre sind aber auch eine Ansage.

Vierzig Jahre* **Puhdys** *stehen ins Haus. Fühlt man sich zum 40-jährigen eigentlich anders als meinetwegen zum 35. oder 30. Jubiläum?

Nein, überhaupt nicht. Wir haben gar nicht gemerkt, dass wir älter geworden sind. Das ist kein Spruch. Wenn man bedenkt, wie schnell die Zeit vergeht. Wenn ich an unser Jubiläumskonzert zum 30. in der Waldbühne denke, das sind gefühlte zwei Jahre her und nicht zehn. Vermutlich empfindet man das so im Alter, dass die Zeit schnell rast. Aber natürlich ist es spannender, umso mehr Jahre man schafft. Nicht zuletzt, weil wir nach zwanzig Jahren schon einmal kurz aufgehört hatten. Wer denkt denn da schon an die doppelte Zeit? So alt werden ja nicht allzu viele Bands.

Hättest du gedacht, dass es einmal vierzig Jahre werden?

Nie im Leben hätten wir das gedacht. Wenn du jung bist, überlegst du ja nicht mal, dass du noch vierzig Jahre lebst. Früher dachte ich immer, wenn man so um die fünfzig ist, dann hat man keine Lust mehr, Musik zu machen. Ich war gern jung, insofern war es schwer vorstellbar, immer weiterzumachen. Älter werden ist ja ein schleichender Prozess. Plötzlich wird man fünfzig und hat das gar nicht so richtig mitgekriegt. Das geht sicher jedem so. Wir haben uns aber immer gewünscht, ein Leben lang Musiker zu sein.

Also sitzen wir beide zum 45. wieder hier?
Na klar. Wir wollen es jetzt wissen …

Das Jubiläumsjahr beginnt mit einem Paukenschlag: Am 1. Januar findet das Jubiläumskonzert in der Berliner O_2 World statt. Gibt es für das Jubiläum eine ganz spezielle Setlist?
Jein. Wir werden sicherlich einige Songs spielen, die sonst nicht stattfinden. Aber wir haben jetzt nicht extra eine Jubiläumssetlist. Wir werden auch viele neue Songs spielen. Vielleicht ist das ein Risiko, aber es macht uns persönlich sehr viel Spaß, Neues zu probieren. Und viele Fans freut es bestimmt auch. Nichtsdestotrotz spielen wir auch unsere Hits. Im Grunde haben wir es schon immer so gemacht. Wir wissen natürlich, dass nicht nur Fans, die sich über jedes neue Lied freuen, da sind, sondern auch Leute, die meinetwegen »nur« Sympathisanten sind und lieber die Hits hören wollen. Da ist man manchmal in der Zwickmühle, denn wir würden oftmals auch eher die neuen Sachen spielen. Unterm Strich soll es ein gesundes Verhältnis sein.

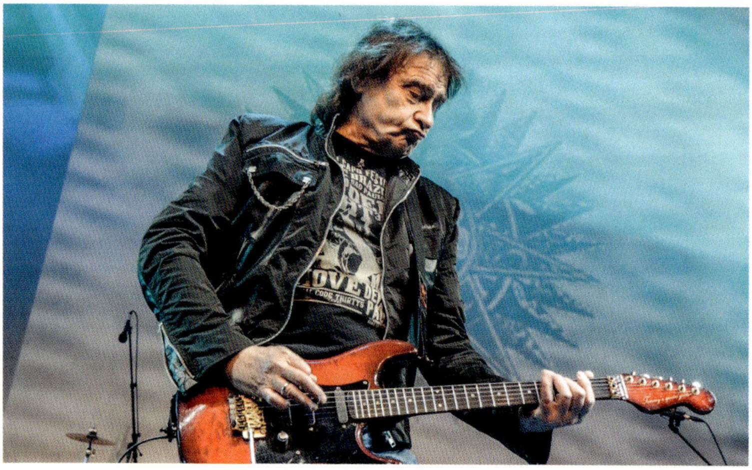

Maschine zum vierzigsten Bandgeburtstag in der O_2 World (heute: Mercedes-Benz Arena)

Beim Westernhagen-Konzert zum 60. konnten die Fans bestimmen, welche Songs er spielt. Hätte das auch für euch eine Option sein können? Und meinst du, dann wäre die Songauswahl eine völlig andere?
Keine Ahnung, wie die Songauswahl wäre. Aber ich würde hoffen, dass sie unserer sehr ähnlich ist. Wir haben über dreihundert Songs. Das könnte theoretisch bedeuten, dass wir ein ganz anderes Konzert proben müssten. Wie soll das zu schaffen sein? Vielleicht hat Westernhagen nicht so viele Songs, oder sie sind von der Struktur her nicht so kompliziert. Wir haben fast jeden unserer Songs schon mal live gespielt, da ließ sich schnell erkennen, welcher für die Konzerte geeignet ist und welcher nicht.

Es soll auch ein* Puhdys-Museum *geben.
Ja, in Storkow. Im Mai wird es eröffnet. Darum kümmert sich hauptsächlich Quaster. Er trägt zusammen, bastelt, organisiert ... Wir freuen uns darüber sehr.

Pünktlich zum Jubiläumskonzert muss auch das neue, reguläre Album fertig sein. War es diesmal ein besonderer Druck, oder war es einfach nur stressig wie immer?
Zunächst war überhaupt kein Druck, denn wir fingen Anfang des Jahres 2008 ganz entspannt an. Da denkt man sich, wir haben ja Zeit, und ehe man sich versieht, wird es eben doch knapper. Es ist bestimmt bei jeder Band so, dass zum Schluss ein gewisser Druck entsteht. Wir wollten unbedingt den Termin halten, da war der Druck schlussendlich schon immens.

Als die Arbeit zu* Abenteuer *begann, wart ihr gerade auf Unplugged-Tour beziehungsweise mit deren Vorbereitungen beschäftigt. Hat dich das beim Komponieren beeinflusst?
Das kann ich gar nicht sagen. Ich vermute, dass ich wie immer komponiert habe. Doch es kann natürlich sein, dass unbewusst neue Impulse kommen, da wir ja auch mit anderen Musikern zusammengearbeitet haben. Bei der Unplugged-Tour waren ja die Söhne von Klaus und unserem Produzenten Rainer Oleak sowie meiner dabei. Das sind ganz hervorragende Musiker. Da groovte vieles ganz anders, das war eine absolute Bereicherung. Und das haben wir schon versucht,

auch auf dem neuen Album zu integrieren. Im Studio arbeiteten wir mit handgemachten Zusätzen wie ein Tamburin, diverses Geklapper, Percussion, eine Triangel. Nicht immer ist alles einzeln zu hören, aber insgesamt trägt es sehr zum Groove bei.

Einige eurer neuen Lieder auf* Abenteuer *beschäftigen sich mit dem Jubiläum, etwa der Titelsong, »Lust auf Abenteuer«, und »Im Tivoli«. War es dir wichtig, dich zum Jubiläum musikalisch zu äußern?

Das hat sich so ergeben. Natürlich denkt man darüber nach, wenn die eigene Band vierzig Jahre wird. Man macht sich so seine Gedanken, und das inspiriert dann im besten Fall. Aber es war nicht so, dass ich dachte, ich muss unbedingt noch Texte zum Bandgeburtstag schreiben. Wogegen »Tivoli« eher zufällig entstand. Die Melodie war schon lange fertig, sie ist sehr schnell entstanden, und es gab auch schon Textansätze. Zunächst wollte ich »Panoptikum« singen, eine andere Idee ist mir schon wieder entfallen. Doch das gefiel mir alles nicht.

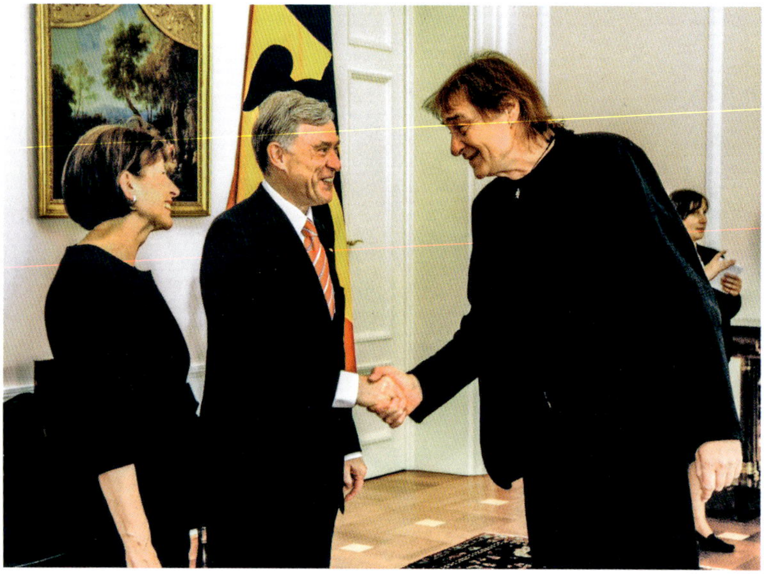

Horst Köhler war von 2004 bis 2010 der neunte Bundespräsident der Bundesrepublik Deutschland. Einer seiner angenehmeren Jobs: Maschine empfangen. Das Foto zeigt Maschine mit dem Bundespräsidenten und dessen Frau Eva Luise Köhler im Jahr 2008.

»Lust auf Abenteuer« beschreibt die Leidenschaft, die Droge Musik. Kannst du dir vorstellen, dass diese Magie irgendwann erlischt?
Darüber haben wir uns ja schon öfter unterhalten. Ich hoffe, irgendwann keine Lust mehr zu haben, denn dann kannst du beruhigt abtreten. Wie ein Kind, das plötzlich nicht mehr im Buddelkasten spielen will und eben andere Sachen macht. Aber wenn du aufhören musst, obwohl du noch gar nicht willst, das wäre verdammt hart. Der Zeitpunkt des Aufhörens wird kommen, das kann ich nicht verhindern. Hoffentlich habe ich dann keinen Bock mehr auf Musik und auf die Bühne.

Und wie würdest du reagieren, wenn nicht du, sondern meinetwegen zwei deiner Kollegen nicht mehr weitermachen wollen? Wäre das für dich der Schicksalswink, ebenfalls aufzuhören, oder würdest du nach neuen Musikern suchen?
Das wird nicht passieren, da sind wir uns einig. Klar, wer weiß, wie es kommt, ob einem nicht Steine in den Weg gelegt werden. Als es 1989 hieß, wir lösen uns auf, war mir sofort klar, dass ich gleich weiterspielen würde. Das war dann *Maschine & Männer*. Und aus der heutigen Sicht würde ich auch weitermachen. Vielleicht wären das nicht die *Puhdys*. Irgendetwas muss ich ja tun, ich kann ja nicht zu Hause rumsitzen. Selbst wenn es nur eine Aktion zum Spaß wäre …

GIGOLO

Maschine im Kino und Fernsehen

Der Filmregisseur Matti Geschonneck, der 1974 eine kleinere Rolle in Konrad Wolfs Kinostreifen *Der nackte Mann auf dem Sportplatz* spielt und 1978 in die BRD übersiedelt, macht sich in den 1990er Jahren einen veritablen Namen in der TV-Branche. Schon seine ersten Spielfilme überraschen mit ungewöhnlichen Plots: In *Fraktur* rächt sich ein Mann nach einer misslungenen Operation beim verantwortlichen Chirurgen, in *Moebius* verschwindet in Berlin eine komplette U-Bahn. Außerdem ist der Sohn der Schauspiellegende Erwin Geschonneck ein gefragter Mann für feinste Krimiunterhaltung. Allein in den 1990ern wird er für fünf »Tatort«- und drei »Polizeiruf 110«-Folgen verpflichtet. Der Vollständigkeit halber: Auch *Die Nachrichten*, *Boxhagener Platz* und *Unterleuten* sind seine Filme. Ende der 1990er wagt sich Geschonneck an eine Musikkomödie. *Comeback für Freddy Baker* heißt sie und läuft 1999 in der ARD zur besten Sendezeit. Im Mittelpunkt steht der alternde, frühere Schlagerstar Freddy Baker, der – nachdem er sein Glück in den USA versuchte – in seine deutsche Heimat zurückkehrt und von einem Comeback träumt. Hier trifft er auf seinen bereits erwachsenen Sohn, von dem er zuvor nichts wusste, und spannt ihm seine Freundin aus. Eine Paraderolle für Mario Adorf. Und weil Geschonneck der Ansicht ist, dass es immer komisch wirkt, wenn Schauspieler Musiker mimen, will er eine echte Band dabeihaben. So werden Dieter Hertrampf, Peter Meyer und eben Maschine verpflichtet. Sie sagen auch sofort zu, ohne überhaupt das Drehbuch gelesen zu haben. Die Information, dass Adorf die Hauptrolle spielt, reicht als Motivation. An die Gage erinnert sich Maschine nicht mehr, wohl aber daran, dass es bei den Dreharbeiten ständig Zigaretten gibt. Das Klischee der rauchenden Musiker wird im Film bedient, und weil die Zigaretten immer die jeweils gleiche Länge haben müssen, wenn eine Szene noch einmal gedreht wird, entpuppt sich der Dreh mit dem Tabak auf Produktionskosten als kleines Raucherparadies. Maschine bietet dem Geschonneck auch einen Song an, der thematisch gut passt: »Gigolo«. Doch damit ist Maschine eigentlich viel zu spät, der Regisseur hat bereits einen anderen Song eingekauft. Doch kurzerhand entscheidet sich Matti Geschonneck noch einmal um und lässt den Maschine-Song im Film von Mario Adorf singen. Beim dreitausendsten Konzert der *Puhdys*, 1999 in der Waldbühne, singen sie das Lied im Duett, das auch auf dem Album *Wilder Frieden* zu finden ist. Den international gefragten Schauspielerstar sieht man dabei übrigens in legerer Freizeitkleidung, sein Koffer verschwindet auf dem Flug von Mailand nach Berlin. Mario Adorf sagt später in einem Interview, dass er gleich wusste, dass er sich mit Maschine gut verstehen würde, dass es herrliche Gespräche in den Drehpausen gab, dass sie viel gelacht hätten. Und dass er sich gewünscht hätte, dass der Film *Gigolo* heißt. Als Mario Adorf mit dem »Goldene Henne«-Preis geehrt wird, ist Maschine der Laudator. Im Buch zum 40-jährigen *Puhdys*-Jubiläum liefert der gebürtige Schweizer, der in der Eifel aufwuchs und lange Zeit auch in Rom lebte, das Vorwort. Richtig, in der Carmen-Nebel-Show haben sie sich 2009 ebenfalls getroffen.

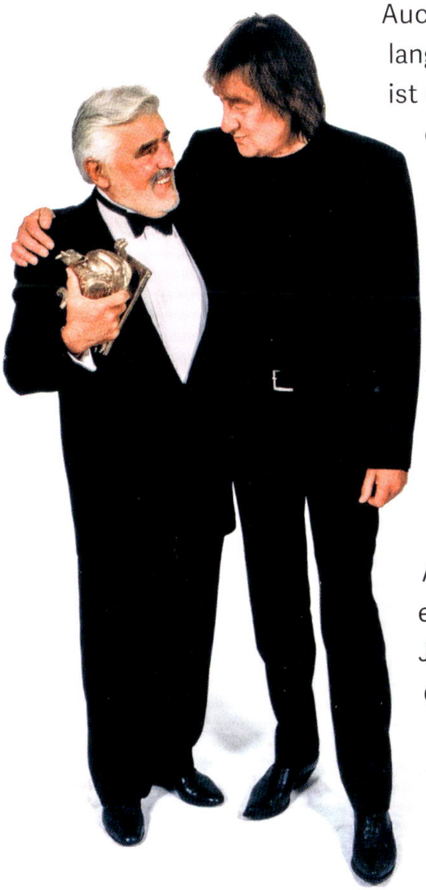

Auch wenn Maschine zu diesem Zeitpunkt schon lange nicht mehr vor einer (Spielfilm-)Kamera stand, ist *Comeback für Freddy Baker* längst nicht seine erste Filmerfahrung. In *Wahlverwandtschaften*, einem DEFA-Film aus dem Jahr 1974, ist er in der Rolle eines Maurergesellen zu sehen. Der Regisseur Siegfried Kühn stellte sich für seine Verfilmung des Goethe-Klassikers genau so einen schlaksigen Kerl vor. Die Handlung ist hochdramatisch. Ein Liebespaar zieht sich zurück und will die Zweisamkeit genießen, doch das ist dem Mann mit der Zeit zu langweilig. Also überzeugt er seine Frau, einen guten Freund von ihm sowie ihre Pflegetochter ins Haus zu holen. Alsbald beginnt das Drama, und später stirbt ein Kind. Goethe hat sich das 1809 ausgedacht. Jedenfalls fühlt sich Maschine geehrt und nimmt die Nebenrolle an. Er ist entsprechend aufgeregt,

Mario Adorf und Maschine sind Gesangspartner und Schauspielkollegen. Ganz klar, dass Maschine die Laudatio hält, als Adorf 2004 die »Goldene Henne« bekommt.

zumal er seinen kleinen Text erst einen Abend vorher bekommt. Hauptdarsteller Gerry Wolff, der übrigens 1969 mit *Porträt in Noten* als Sänger ein hochinteressantes Album veröffentlichte, verspricht ihm, zu soufflieren. Maschine schlägt sich wacker. Am Ende ist seine Stimme allerdings synchronisiert. Es ist nicht das erste und auch nicht das letzte Mal, dass man das so handhabt. Für Maschine bleibt es auf jeden Fall eine schöne Erinnerung. Im Grunde ist *Wahlverwandtschaften* schon die zweite Zusammenarbeit zwischen dem Regisseur Siegfried Kühn und Maschine. Kühn dreht 1973 den Spielfilm *Das zweite Leben des Friedrich Wilhelm Georg Platow*. Gut, der Titel ist vielleicht ein wenig sperrig, aber der Film ist es keineswegs. Es geht um einen Schrankenwärter, dessen Arbeitsstelle vakant wird. Schließlich mogelt sich der Eisenbahner in einen Lehrgang, den eigentlich sein Sohn besuchen soll, weshalb er sich auf jung trimmt. In einer Szene geht Platow mit einigen anderen in die Disco. In der spielen gerade die *Puhdys* zum Tanz. Im Film sind die Songs »Als wir gestern schieden«, »Himmelhoch lodern Feuer« sowie »Kranich und Schwan« zu hören. Aufgenommen werden die Lieder im Rundfunk der DDR, in Berlin, in der Nalepastraße. Doch »Kranich und Schwan« wird – aus welchen Gründen auch immer – wieder gelöscht. Die Nummer wird auch nie wieder aufgenommen. Lediglich der kleine Liedausschnitt im Spielfilm ist noch erhalten. *Das zweite Leben des Friedrich Wilhelm Georg Platow* wird kein großer Erfolg. Und das nicht, weil der Film schlecht ist, sondern weil er nur ein paar Tage in den Kinos läuft, es gibt keine Premierenfeier, und es dürfen keine Kritiken veröffentlicht werden. Reichsbahner, die um ihren Job bangen müssen, gibt es offiziell wohl nicht in der DDR, und so ist Verschwindenlassen das neue Verbieten. Kühn, der Regisseur, hat übrigens öfter Pech mit der Zensur: Seine Doku *Das rote Plakat* (1967) wird nicht in den Verleih genommen, und die Dreharbeiten zu *Schwarzweiß und Farbe* (1981) werden aus politischen Gründen abgebrochen. Gut, dass man heute sowohl *Das zweite Leben des Friedrich Wilhelm Georg Platow* als auch *Wahlverwandtschaften* auf DVD kaufen kann.

Angeblich hat es auch *Die Legende von Paul und Paula* nur knapp auf die Leinwand geschafft. Erich Honecker, der DDR-Staatschef, soll das Go persönlich gegeben haben. Er soll den Film am Vormittag des Premierentags gesehen und sich gut amüsiert haben, heißt es. Wie auch immer, der Spielfilm von Heiner Carow wird ein Kassenschlager. Die Menschen lieben ihn, weil der Film eben keine Heldin hat, die ihr Glück in der sozialistischen Arbeit sieht, sagt der 1997 verstorbene

Regisseur Carow in einem Interview. Bekanntermaßen ist der Lieblingsfilm von Ex-Kanzlerin Angela Merkel (sie hört auch gern die *Puhdys* – neben Springsteen, den *Beatles* und *Karat* –, wie sie einmal in einem Radiogespräch bestätigt hat) eng mit der Popularität der *Puhdys* beziehungsweise mit der Band selbst verknüpft. Zwar kennen zu diesem Zeitpunkt die *Puhdys* schon sehr viele, und mit »Türen öffnen sich zur Stadt« sowie »Geh dem Wind nicht aus dem Wege« werden die ersten Hits gefeiert, doch mit dem Kinofilm gelingt der Band der endgültige Durchbruch. »Diese Verbindung von Naivität und jugendlicher Frische hatte ich die ganze Zeit gesucht«, erklärt mir Peter Gotthardt einmal, als ich den Filmkomponisten in Berlin-Mahlsdorf besuche. Und er sagt auch: »Mich provozierte die hohe, männliche, im besten Sinne unkultivierte Stimme von Maschine.« Der Komponist geht zum Rundfunk und lässt sich dort die frühen Produktionen vorspielen. Darunter das Lied »Manchmal im Schlaf«, das ihm so gut gefällt, dass er den Song für den Film nimmt. Damit sind Maschine und die anderen *Puhdys* auch im Film zu sehen, bei einer Szene in einer Tanzbar. *Paul und Paula* – bekanntermaßen von Winfried Glatzeder und Angelica Domröse gespielt – schauen sich tief in die Augen, obwohl sie gerade noch mit anderen Partnern tanzen. Die *Puhdys* stehen auf einer Bühne und spielen dazu. Die anderen Songs (außer das *Puhdys*-Lied »Zeiten und Weiten« von Gunther Wosylus, das auch drin vorkommt) komponiert Peter Gotthardt. »Wenn ein Mensch lebt« bekommt zunächst einen Text von Wolfgang Tilgner, der zu dieser Zeit die meisten *Puhdys*-Texte schreibt. Doch »Sieger, wo bleibt dein Sieg« gefällt Gotthardt nicht, er bringt es weniger diplomatisch auf den Punkt: »Pardon, so eine Scheiße nehme ich nicht.« Also wird Ulrich Plenzdorf, der Drehbuchautor, weichgeklopft. Er ziert sich zunächst, weil er auch nicht weiß, wie das gehen soll, doch dann kommt es zu zwei legendären Schnellschüssen: das bereits erwähnte »Wenn ein Mensch lebt« und »Geh zu ihr«. So avanciert der Film zum DEFA-Streifen mit dem besten Soundtrack, und für die *Puhdys* entstehen zwei Klassiker für die Ewigkeit. Zweieinhalb Jahre später, im Herbst 1975, wird *Paul und Paula* erstmals im Fernsehen gezeigt, erst im Ersten Programm des DDR-Fernsehens, vier Wochen später in der ARD. Es gibt im Laufe der Jahre noch ein paar Wiederholungen im Ostfernsehen, allerdings nicht in den 1980ern: Angelica Domröse und Winfried Glatzeder haben die DDR 1980 beziehungsweise 1982 verlassen. Aber 1993 – zum 20. Jubiläum – kommt der Streifen wieder in die Kinos. Diesmal sind auch Maschine und seine Kollegen bei der

Premiere dabei, bei der eigentlichen 1973 waren sie verhindert, sie standen auf einer Konzertbühne. 2010 bringt Peter Gotthardt die Doppel-CD *Hommage an Paul und Paula* heraus, der Großteil darauf besteht aus verschiedenen Versionen von »Wenn ein Mensch lebt« und »Geh zu ihr«: die Originalsongs mit den *Puhdys*, Coverversionen von Punk bis a cappella, eine Variante in tschechischer Sprache sowie eine Klavierimprovisation. Außerdem gibt es zwei Raritäten aus dem Film: die von Gotthardt komponierten und von den *Puhdys* interpretierten Lieder »Die Vögel werden singen« und »Geh durch das Tor hinaus«.

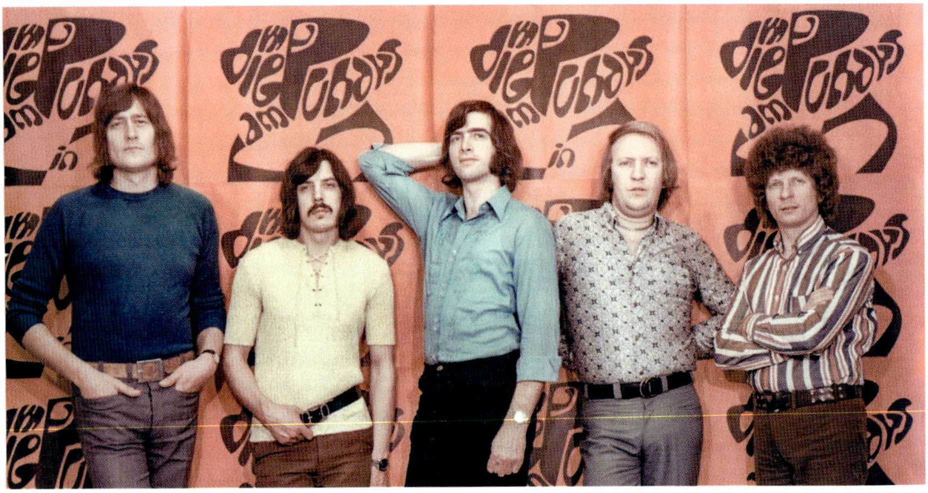

Die *Puhdys* in den frühen 1970ern. Die meisten Menschen zwischen Rostock und Suhl kennen sie bereits, alle anderen ab 1973 durch *Die Legende von Paul und Paula*.

Die Musiker und der Filmkomponist planen schließlich eine Fortsetzung ihrer Arbeit. Selbst Ulrich Plenzdorf ist begeistert und liefert erneut einen Text: »Verkauf die Wahrheit«. Doch der unvollendete Song findet keine Verwendung, er ist bis heute unveröffentlicht. Dafür aber kollaborieren die *Puhdys* und Peter Gotthardt 1974 beim Fernsehfilm *Der Tod des Professors*, eine Folge der »Polizeiruf 110«-Reihe. Nicht der einzige Einsatz der Band in der Krimiserie. Beispielsweise hören in *Per Anhalter* (1974) ein paar Jugendliche mit krimineller Energie »Geh zu ihr« im Radio, für *Die letzte Chance* (1978) entsteht der *Puhdys*-Hit »Doch die Gitter schweigen«, in *Mit List und Tücke* (1986) läuft »Alt wie ein Baum« in einem Kaufhaus, und in *Alles Lüge* (2009) ist »Hey, wir woll'n die Eisbärn sehn« dabei.

Und so weiter. Von »Der Staatsanwalt hat das Wort« bis zu jüngeren Folgen von »SOKO Leipzig«, »Tatort« und »Aktenzeichen XY … Ungelöst«. Selbst in der 1979er Kinderserie »Spuk unterm Riesenrad« ist »Alt wie ein Baum« zu hören. Und auch das Kino verzichtet nicht auf die Songs der *Puhdys*, man hört sie in *Sabine Wulff* (1978), *Der Strass* (1991), *Sonnenallee* (1999), *Heidi M.* (2001) oder *Alle reden übers Wetter* (2022) – um nur einige zu nennen.

Wiederholt werden auch Dokumentationen mit und/oder über die *Puhdys* gedreht. Der Dokumentarfilm *Die Puhdys kommen* von Frank Ebert ist ein gelungenes Beispiel. Der 30-Minüter sollte endlich mal einem breiteren Publikum zugänglich gemacht werden, denn der kam bisher nur wenig zum Einsatz. Ebert und der Kameramann Uwe Spiller begleiten die Band im Dezember 1988 in die BRD. Es geht nach München zur Plattenfirma der *Neue Helden*-LP und weiter nach Villingen-Schwenningen, wo sie zum achten Mal auftreten. Da ist zu sehen, dass die *Puhdys* im Westen tatsächlich abräumen (es lässt sich ja viel erzählen). Es kommen gar zwei Fanbusse aus der Schweiz und ein Fanclub aus Paderborn. Der vom Konzert noch völlig euphorisierte Veranstalter sagt, dass die Jugendlichen als andere Menschen nach Hause gehen würden. Im Januar 2023 wird die Doku innerhalb eines Filmabends in der Berliner Brotfabrik gezeigt. Ganz bestimmt eine gute Idee für weitere Filmaufführende. Ebenfalls gelungen: die TV-Doku *Puhdys – Ein Leben für die Rockmusik* aus dem Jahr 2016 des gebürtigen Stuttgarter Filmemachers Thomas Balzer. Temporeich kombiniert er interessante Interviewpassagen mit spannendem Archivmaterial. Und Schlagzeuger Klaus Scharfschwerdt, 2022 viel zu früh mit nur achtundsechzig Jahren verstorben, macht darin Maschine ein großes Kompliment. Er sagt: »Maschine war immer der Macher. Da kann man sagen, was man will. Er hat in den sechsundvierzig Jahren etwa dreihundertfünfzig Songs für die *Puhdys* geschrieben. Er war immer der Fleißige, der Motor in der Band. Wenn du nicht so einen Motor hast, funktioniert die ganze Band nicht. Da muss einer sein, der das Zepter in der Hand hält und sagt, wo es langgeht. Da haben wir Maschine eine Menge zu verdanken.«

Mit Sicherheit wird noch einiges kommen, so plant der RBB aktuell eine größere Sendung zu Maschines rundem Geburtstag. Eigentlich könnte man aus seinem Leben auch einen Spielfilm machen. Die Stationen seiner Musiklaufbahn geben das locker her. Warum nur Lindenberg und Gundermann oder jetzt *Milli Vanilli*?

HALBWEGS FRISCH

Maschine im Interview – 2015

Als ich mich mit Maschine zu diesem Interview traf, war schon länger bekannt (genau seit Februar 2014), dass sich die *Puhdys* auflösen werden. Es ließ sich daran nichts mehr rütteln, das letzte Konzert am 2. Januar 2016 in der Berliner Mercedes-Benz Arena war längst ausverkauft. Ein paar Monate später gab es den ECHO fürs Lebenswerk (absolut verdient, oder?, zu unserem Interviewtermin wussten wir aber noch nichts davon). Und wenn irgendwo steht, dass der allerletzte *Puhdys*-Auftritt am 24. Juni 2016 in Schwarzenberg war, ist das auch korrekt. Es war der letzte Gig der »Rock **L**egenden«-Tour, also eben kein komplettes *Puhdys*-Konzert mehr, sondern eine Teil-Mitwirkung, wenn man das mal so sagen kann. Wir sprachen darüber, wie man sich kurz vor der Auflösung fühlt, und ließen noch mal einige Fakten aus der Bandbiografie Revue passieren.

Das Ende der* Puhdys *naht, was denkst du darüber?
Die *Puhdys* sind ein großer Lebensabschnitt von mir, insofern denkt man auch traurig darüber. Ich tröste mich damit, dass ich ja weitermachen werde. Ich denke, der Zeitpunkt ist gut gewählt. Wir sind noch halbwegs frisch, um andere Dinge zu probieren. Und wir hören zu einem Zeitpunkt auf, an dem die Leute sagen, dass es schade ist, dass es vorbei ist. Besser so, als wenn die Leute sagen: »Wie lange wollen die denn noch machen?« Jeder kennt ja das Sprichwort: »Man soll aufhören, wenn es am schönsten ist.«

Kannst du dir den jahrzehntelangen Erfolg der* Puhdys *erklären?
Ein Erfolgsrezept, das man sich ausdenkt, gibt es jedenfalls nicht. Sonst könnte man ja genau nach diesem Muster eine Band gründen. Ich vermute, der Erfolg hat damit zu tun, dass wir immer genau das gemacht haben, woran man selber glaubt. Denn das ist das Einzige, was man überzeugend machen kann, und das spüren die Leute. Wenn man etwas macht, wovon man nicht selbst begeistert ist, merken es die Leute sofort. Ansonsten sind es viele Faktoren, wir haben auch viel Glück gehabt. Du musst ebenso mit den richtigen Musikern auf der Bühne stehen. Es müssen nicht die besten sein, sondern die, mit denen man menschlich klarkommt. Ich hatte neulich eine Reportage über die *Toten Hosen* gesehen,

in der meinte Campino, wenn du die Wahl zwischen einem guten Musiker und einem guten Freund hast, entscheide dich immer für den Freund. Das würde ich auch unterschreiben.

Meinst du, Vertrauen ist die Basis einer funktionierenden Zusammenarbeit?
Auf jeden Fall. Ich denke, es geht jedem Kreativen so. Egal, ob Architekt, Komponist oder sonst was. Du hast dir etwas ausgedacht, bist aber noch unsicher mit dem Ergebnis. Wenn man Lieder schreibt und sie den Kollegen vorspielt, dann aber das Gefühl hat, sie nehmen es nicht ernst, dann würde es jede weitere Kreativität absolut hemmen. Wenn aber Vertrauen da ist, weiß man, wie die Kollegen reagieren, und man kann damit umgehen.

Heißt das, dass jede Komposition in der Band so lange diskutiert wird, bis jeder vollends zufrieden ist?
Nein, manchmal muss man auch diktatorisch sein. Im Laufe der Jahre hat man einen Fundus an Erfahrungen, die nicht von der Hand zu weisen sind. Und wenn dann ein Song auf Ablehnung stößt, sollte man sich nicht gleich verrückt machen lassen. Beispielsweise gefiel »Hey, wir woll'n die Eisbärn sehn« nicht sofort jedem in der Band, zum Glück haben wir den Song dennoch gemacht.

Wenn du auf die Diskografie der* Puhdys *zurückblickst, gibt es da Platten, die dir besonders gefallen?
Das ist schwer zu beantworten. Im Grunde hängt man an jeder Platte. Es sind unsere Kinder. Jedes Werk steht für eine bestimmte Zeit, eine bestimmte Erfahrung, ich möchte keine missen. Wenn du mich trotzdem auffordern würdest, unbedingt welche zu nennen, dann *Das Buch*, *Alles hat seine Zeit*, *Dezembertage* ... Oder auch *Wilder Frieden*. Ich denke, wir haben ein paar gute Platten gemacht.

Du hast mir mal erzählt, dass dir zum Beispiel die LP* Ohne Schminke *nicht so gefällt.
Nicht so gefällt, kann man nicht sagen, auch hier gibt es ein paar gute Songs, wie ich finde. Aber natürlich gibt es LPs, die man im Nachhinein nicht als so bedeutend empfindet. Bei der *Ohne Schminke* arbeiteten wir mit einem neuen

Drumcomputer. Wir waren derart angetan, dass wir ihn ständig eingesetzt hatten. Heute wissen wir, dass das etwas steril klingt, aber damals im Eifer des Gefechts hatten wir noch nicht den Blick dafür. Die Platte wurde damals von der Kritik auch runtergemacht.

Noch mehr schieden sich die Geister beim Album* Computer-Karriere *von 1983, oder?
Das stimmt. Die LP teilte die Leute in zwei Lager. Die einen waren begeistert, die anderen beklagten sich furchtbar, dass wir unseren eigenen Stil verleugnen und auf Neue Deutsche Welle machen würden. Doch wir stehen dazu, das Album entsprach unseren damaligen Vorstellungen. Und es war weder das erste noch das letzte Mal, dass wir uns vom aktuellen Musikgeschehen inspirieren ließen. Den einzigen Vorwurf, den man gelten lassen könnte, ist der, dass die Platte nicht zeitiger erschien. Zwischen Komposition und Veröffentlichung lagen Ewigkeiten, aber das ist mitunter auch heute noch so.

Machen dir negative Kritiken etwas aus?
Na klar. Wenn man für so eine Platte sein Bestes gegeben hat, dann wünscht man sich natürlich, dass es dementsprechend gewürdigt wird. Aber es ist ja klar, dass es nicht jedem gefallen kann. Ich stehe zum Beispiel auf die *Rolling Stones*, doch ich kenne viele, die die Band überhaupt nicht mögen. Wenn das also der größten Rockband der Welt so geht, dann kann es auch bei uns so sein. Heute gehe ich mit Kritik gelassener um. Früher dachte ich bei einer schlechten Kritik, dass jetzt die ganze Welt erfährt, dass wir eine schlechte Platte gemacht haben. Ich habe das furchtbar ernst genommen und war regelrecht deprimiert, dachte, kann gar nicht sein, wir haben uns solche Mühe gegeben. Mittlerweile kann ich das gut einordnen. Es schreiben zwei, drei Zeitungen schlecht über die Platte, doch wer liest es und wer lässt sich davon beeinflussen? Zum Glück haben sich ja alle Alben gut verkauft.

Seit dem 2012er Album* Es war schön *seid ihr beim Branchenriesen Universal Music unter Vertrag. Dort werden zum Beispiel auch die Tonträger von den* Rolling Stones *oder Lady Gaga veröffentlicht. Ist die Arbeitsweise dort anders als bei den Vorgängerlabels?
Ja. Bisher war es so, dass der jeweilige Produzent die Aufnahmen kontrolliert und sich mit seinen Ideen eingebracht hat. Diesen kreativen Umgang schätze ich sehr, das ist ein gegenseitiges Geben und Nehmen. Im Falle von *Es war schön* kam der Einfluss der Plattenfirma schon in einem frühen Stadium zum Tragen. »Mach mal die Melodie nach oben statt nach unten«, und so weiter. Das war ganz schön krass. Es kommt auch darauf an, wie man Kritik anbringt. Ich empfand das oftmals als reichlich unsensibel und respektlos.

Gefällt dir das Album* Es war schön *dennoch?
Ja, das gefällt mir sehr gut. Letztlich haben wir nur Dinge gemacht, die wir auch vertreten konnten. Und es ist ja auch nicht so, dass wir grundsätzlich jede Idee von außen abwiegeln. Wir hören uns das sehr wohl an und denken darüber nach. Zum Beispiel kam von der Plattenfirma die Idee, nach »Wenn ein Mensch lebt« nun »Wenn ein Mensch stirbt« zu machen. Oder »Ein Lied, das nicht vergisst«, das sich mit Demenz auseinandersetzt. Das waren gute Vorschläge, die wir auch umgesetzt haben.

Die* Puhdys *konnte ich in verschiedenen Variationen erleben: Unplugged, mit Orchester, weihnachtlich, »Rock Legenden« … Hast du eine Lieblingsvariante?
Das ist wie mit einem Lieblingsessen. Das isst du dreimal, und dann denkst du, wäre ja schön, wenn es mal wieder etwas anderes gibt. Jede Art von Konzert macht mir Spaß. Man freut sich auf die Open Airs im Sommer, die immer schön laut sind. Bei den Unplugged-Konzerten gefällt mir, neben den Kollegen mit drei jungen Musikern zusammenzuspielen. Die Herangehensweise an das Songmaterial hat hier eine ganz eigene Faszination, es ist ein Gefühl, wie zu Hause mit der Familie zu musizieren. Die Weihnachtskonzerte gefielen mir wegen der ganz besonderen Atmosphäre. Wir versuchen hier, ohne Kitsch und Pathos weihnachtliche Stimmungen zu zelebrieren. Wenn das gelingt, macht es uns sehr glücklich. Die Konzerte mit einem Orchester haben ebenso wieder etwas Einzigartiges. Ich denke, alle Konzertvarianten hatten ihre Gleichberechtigung. Ich mag sie alle.

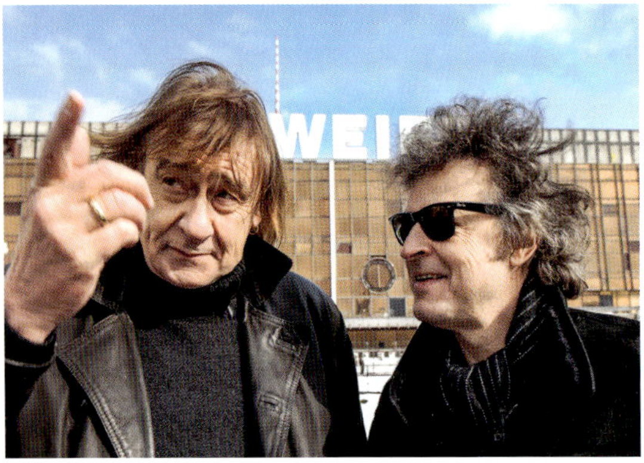

Maschine und Wolfgang Niedecken haben eine gemeinsame Geschichte; 2014 haben sie diese musikalisch aufgearbeitet.

Gibt es noch eine weitere Möglichkeit, die du gern mal ausprobiert hättest?

Seit neuestem spiele ich auch mal einen Song allein zur Gitarre, das hatte ich vierundvierzig Jahre lang nicht mehr gemacht. Ich hatte eine Einladung ins Theater Rudolstadt, dort gibt es eine »Heiteres Beruferaten«-Show. Sie fragten mich, ob ich auch etwas spielen könnte, was ich zunächst abgelehnt hatte. Doch die Theaterleute meinten, Toni Krahl von *City* hätte das auch gemacht. Also hab ich Toni angerufen, der mir versicherte, dass es großen Spaß macht. Ich hab's schließlich probiert, und die Zuschauer haben es echt gefeiert. Das war für mich eine neue Erfahrung. Mittlerweile spiele ich einige Songs bei den Talkshows, die ich mit Kai Suttner von Hassel-Music mache. Die Leute mögen das sehr.

Und gibt es schon Pläne für ein weiteres Soloalbum?

Es gibt bereits ein paar Songfragmente. Im Dezember wollen wir schon mal ins Studio, um einige Sachen auszuprobieren. Heinz Rudolf Kunze hat mir wunderbare Texte gegeben.

Ich befürchte, dass du dich nach den* Puhdys *zwangsläufig rarmachen wirst, weil die Musiker deiner Band in vielen anderen Projekten verpflichtet sind. Uwe Hassbecker zum Beispiel hat vielleicht viel mit* Silly *zu tun.

Ich hoffe dennoch, dass sie genügend Freiräume haben werden, um mit mir auf Tournee gehen zu können. Alle Musiker wissen auch Bescheid, aber wir müssen noch ein bisschen warten, um für 2016 zu planen. Und was Uwe betrifft, da denke ich, dass durch die Dreharbeiten von Anna Loos auch immer wieder Zeitfenster für unsere Zusammenarbeit entstehen.

Meine Schlussfrage gilt deinen musikalischen Anfängen. Du sollst einmal von der Musikschule geflogen sein?

Das ist richtig. Das war aber noch vor meiner *Puhdys*-Zeit. Ich war an der Schule für Tanzmusik in Berlin-Friedrichshain. Man brauchte von dort einen Abschluss, wenn man einen Berufsausweis als Musiker haben wollte. Hin und wieder hatte ich aber gefehlt. Mal hatte ich eine Mugge, mal war ich einfach zu faul. Das war nichts Besonderes, viele haben manchmal gefehlt. Doch plötzlich war es ein großes Drama, und sie hatten mich rausgeworfen. Meine Mutter ist daraufhin zur Schule, hat gebettelt und gefleht. Schließlich haben sie mich wieder angenommen. Im Grunde verdanke ich es ihr, dass ich heute Profimusiker bin.

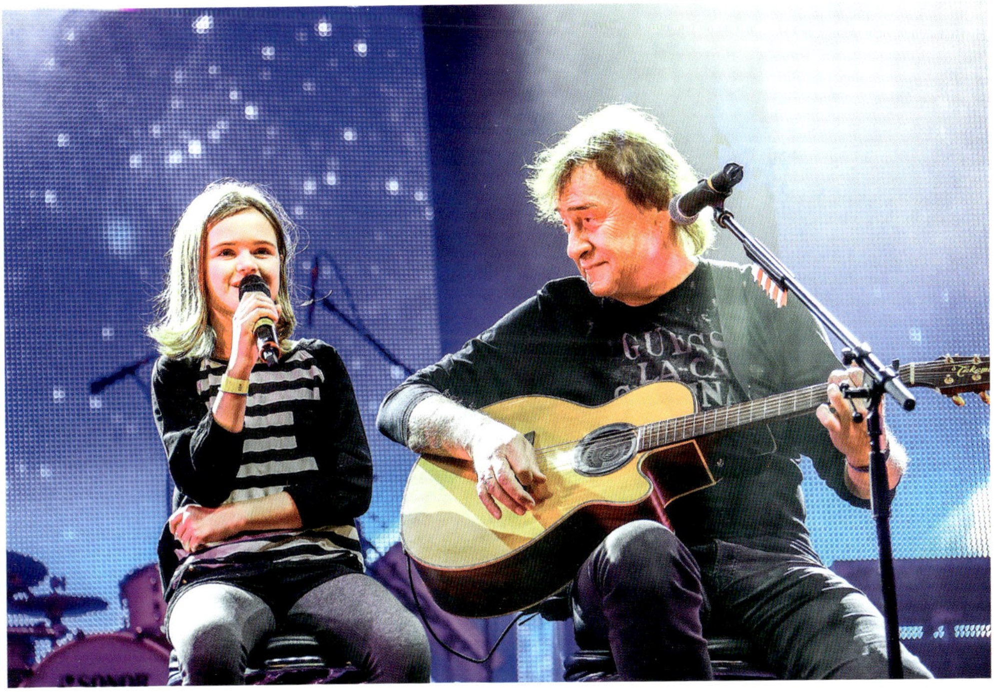

Maschine hatte unzählige Duette bisher, locker in der Top Ten: das mit Enkelin Annabell im Jahr 2013.

INTIM

Maschine privat

Menschenaufläufe in der DDR sind nichts Außergewöhnliches. Abgesehen von einer Handvoll staatlich verordneter Demonstrationen, beispielsweise zum Tag der Republik, oder einigen Staatsbesuchen, für die Schulkinder und Werktätige an die Straßenränder zum Spalierstehen und Winken herangekarrt werden, ist es ein Zeichen, dass es irgendwo in der Nähe etwas Besonderes geben muss. Vielleicht Jeans in der Jugendmode. Oder Lizenzschallplatten. Oder – noch besser – Bananen. Auch am 1. August 1979 sind die Straßen in Neubrandenburg rund um das Standesamt rappelvoll. Bananen trägt allerdings niemand in seinem Einkaufsnetz. Und es sind auch viele Kindergartengruppen da. Müssen jetzt schon die Jüngsten die Juwelen unter den Waren des täglichen Bedarfs am Vormittag ergattern? Ganz sicher nicht. Das wird ja wohl nichts mit meiner Hochzeit zu tun haben, denkt sich die neunzehnjährige Sylvia. Sie heiratet nämlich an diesem Tag im Neubrandenburger Standesamt, und weil ihr zukünftiger Mann ein mindestens landesweit bekannter Rockmusiker ist, hat man den Termin nicht an die große Glocke gehangen. Selbst die Boulevardpresse kann nicht querschlagen, die gibt es wie so vieles im Osten nicht. Woran Sylvia und ihr Zukünftiger, der Musiker Dieter »Maschine« Birr, nicht gedacht haben: an das vom Standesamt ausgehangene Aufgebot. Früher (Was heißt »früher«? Noch bis 1998!) sprach man bei der Anmeldung zur Eheschließung von der Bestellung des Aufgebots. Und das sogenannte Aufgebot wird mindestens vierzehn Tage lang öffentlich ausgehangen. So kann sich jeder informieren und gegebenenfalls beim Standesamt sein Veto, à la »Ich bin schon mit der/mit dem verheiratet«, einlegen. Im Falle der zukünftigen Eheleute Birr dient der Aushang an der Pinnwand des Standesamts eher zur Information, die wie ein Lauffeuer die Runde macht. Das kann man sich ja mal ansehen, wenn ein populärer Musiker, der mit seiner Band gerade zehn wilde Jahre feiert, eine schöne, junge Frau heiratet, denken nicht wenige. Und schon sind die Straßen voll, ganz ohne Bananen.

Kennengelernt haben sich Sylvia und Maschine nicht einmal vier Monate zuvor in Neubrandenburg. Sylvie, wie nicht nur Maschine sie nennt, wohnt dort. Doch bald will sie nach Leipzig zum Ökonomiestudium. Noch aber ist sie in ihrer Heimatstadt und macht ein Praktikum in der Gastronomie, im Hotel *Vier Tore*.

Dort ist Maschine gerade zu Gast. Die TV-Sendung »Schlagerstudio« wird in Neubrandenburg aufgezeichnet. Die *Puhdys* sind mit »Kein Paradies« dabei. Im Restaurant des Hotels sitzt Maschine mit den Kollegen Andreas Holm und Thomas Lück, und sie werden von Sylvie bedient. Er ist sofort von ihr angetan. Glücklicherweise kennen die Schlagersänger Sylvie schon ein bisschen, so lässt es sich etwas einfacher rumflachsen, und es wirkt nicht ganz so plump, als Maschine fragt, ob sie sich mal treffen können. Doch keine Chance, die junge Frau trifft sich nicht mit Gästen. So schade, denkt Maschine, und insgeheim denkt es Sylvie auch. Frei nach dem Oscar-Wilde-Zitat: »Am Ende wird alles gut, und wenn es nicht gut ist, ist es noch nicht das Ende«, finden die zwei an diesem Abend doch noch zueinander. Es ist schon mitten in der Nacht, auf jeden Fall nach eins, weil Sylvie noch die Abrechnung machen musste, und zum Glück gibt es direkt gegenüber dem *Vier Tore*-Hotel noch eine geöffnete Bar. Als sie sich verabschieden, gibt ihr Maschine zaghaft einen Kuss auf die Wange. Und sie verabreden sich am nächsten Morgen bei ihr zum Frühstück. Sie wollen sich die Wiederholung vom »Schlagerstudio« ansehen, Maschine hat Brötchen dabei. Doch dann muss er los. Die *Puhdys* spielen in Rostock. Aber nun telefonieren sie jeden Tag, und bald besucht sie ihn in Berlin.

Warum Sylvie und Maschine genau hundertneunzehn Tage nach der ersten Begegnung heiraten? Weil es nicht eher geht, die Trautermine sind rar. Zuerst wollte Maschine nicht mehr heiraten, seine Scheidung von seiner ersten Frau und der Mutter seiner Kinder Andy (geboren 1968) und Anja (geboren 1975) liegt noch nicht lange zurück. Doch ganz schnell wird ihm klar: die oder keine! Für Sylvie ist es nicht nur ein Umzug in die Hauptstadt. Sie verändert auch ihre beruflichen Pläne, sie wird nicht in Leipzig studieren. Mehr noch: Sylvie wird über Nacht Mutter eines elfjährigen Jungen. Maschine und seine Ex-Frau haben sich geeinigt, dass Anja zu ihrer Mutter kommt und Andy bei ihm bleibt. Das geht aber nur, wenn jemand da ist, der sich kümmert, wenn Maschine nicht kann, weil er auf Tour ist. Und das ist er oft. Gleich nachdem Sylvia nach Berlin gezogen ist, tourt Maschine ein paar Wochen durch Russland. Andy und Sylvia verstehen sich bestens. So ist es immer noch. Und was ist mit dem Klischee bezüglich der Tourneen und Musiker, die ihre Frauen wie die Hemden wechseln? »Warum sollte ich Trabi fahren, wenn ich einen Rolls-Royce haben kann …«, lenkt Maschine schmunzelnd ein. Ob Sylvie sich das alles richtig überlegt hat? Offensichtlich. Denn 2024 ist nicht nur Maschines achtzigster Geburtstag, sondern auch der fünfundvierzigste Hochzeitstag der beiden. Seit vielen Jahren ist es auch so, dass sich Sylvia Birr um die beruflichen Dinge ihres Mannes kümmert. Administrative und organisatorische Dinge liegen auf ihrem Tisch. Ebenso ist sie für dieses Buch hier eine große Hilfe. Und auch wenn sie sich vermutlich nie so nennen würde, Sie können es mir glauben: Sylvie ist die Managerin von Maschine.

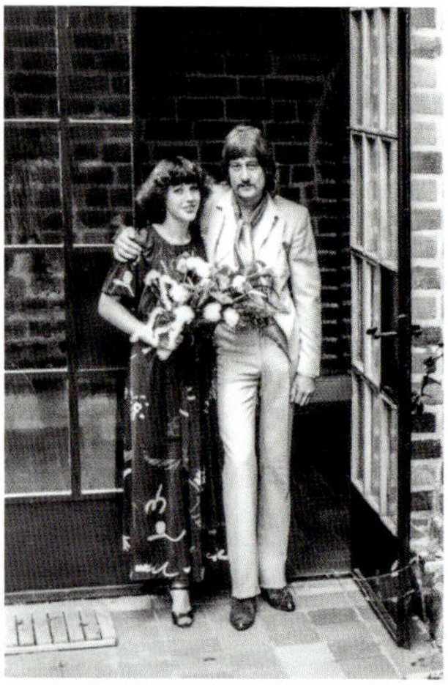

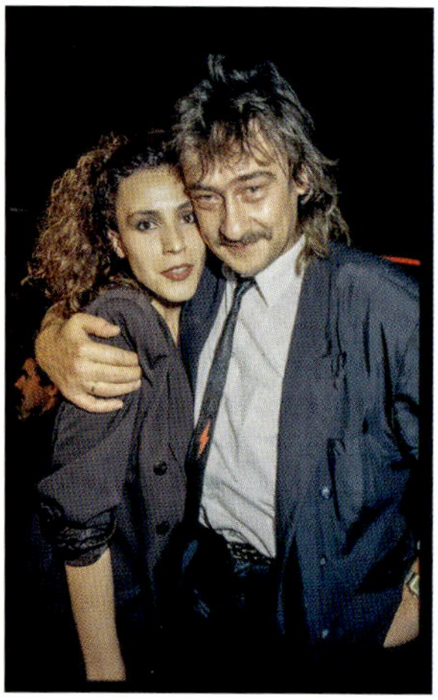

Sylvie und Maschine 1979 bei ihrer Trauung in Neubrandenburg sowie in den 1980ern bei einer Party in Berlin

Auf dem *Puhdys*-Album *Heiß wie Schnee* von 1980 gibt es an dritter Stelle einen Song, der – wie so viele andere von Maschine auch – ins Mark trifft. Ein Song, der emotional berührt. »Lied für Anja« heißt das Stück. Es geht darum, dass sich die Eltern trennen und es dem Kind erklären, aber das kann es noch gar nicht begreifen. Wer Kinder hat und auch schon so eine Trennung erlebte, spürt ein Ziehen in der Herzregion. Burkhard Lasch hat diesen wunderbaren Text geschrieben, aber er hat zuvor Maschine genau zugehört. Denn es ist seine Geschichte und die von Anja, seiner Tochter. Anja und ihr großer Bruder Andy sind Wunschkinder. Obwohl Maschine eine glückliche Kindheit hatte, will er bei seinen Kindern einiges anders machen, mehr Verständnis zeigen, ihre Ansichten respektieren. Ob das gelungen ist, müssen wir sie mal – beide sind inzwischen um die fünfzig – fragen. Und er wollte ihnen Toleranz vermitteln. Wie man das am besten macht? Selbst tolerant sein. Was Anja und Andy ebenso mit der Muttermilch aufsaugen: Musikalität. Anja spielt Klavier. Unterricht bekommt sie bei Liese Reznicek, bekannt als Sängerin von *Mona Lise* und inzwischen nicht zuletzt aus der 2022er Staffel von Heidi Klums »Germany's Next Topmodel«. Andy spielt Gitarre und Schlagzeug. Schon als

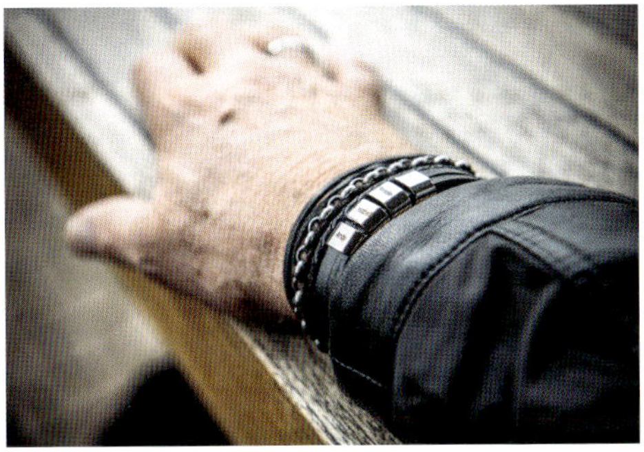

Maschine trägt seine Kinder und Enkel im Herzen und neuerdings namentlich am Handgelenk: Anja, Amelie, Annabell und Andy.

Steppke steht er hochkonzentriert am Drumset von *Puhdys*-Trommler Gunther. Dessen Nachfolger Klaus baut Andy heimlich das Schlagzeug auf, während er und seine Familie zur Feierstunde sind: Andy bekommt das Instrument zur Jugendweihe. Während sich Anja später für eine außermusikalische Berufskarriere entscheidet und Filialleiterin in einer großen Kaufhauskette wird, entscheidet sich Andy für den Beruf des Musikers. Er trommelt bei *Rosalili*, *Lucilectric* und Nina Hagen, den größten Erfolg feiert er aber als Gitarrist von *Bell Book & Candle*, mit denen er bis heute unterwegs ist. An seiner Wand hängen Platinalben aus Deutschland und Österreich sowie Goldene Schallplatten aus Spanien und Schweden. Sowohl Anja als auch Andy haben ihren Vater auch schon zum Opa gemacht. Annabell, die Tochter von Andy, ist 2005 geboren und Anjas Tochter Amelie 2006. Wenn Maschine von ihnen spricht, gerät er ins Schwärmen. Auch auf Anja und Andy ist er unglaublich stolz. Was könnten ihm Amelie, Annabell, Anja und Andy zum achtzigsten Geburtstag schenken? Vielleicht ein edles Silberarmband mit den Initialen von ihnen? Ach nein, das gab es ja schon zum neunundsiebzigsten.

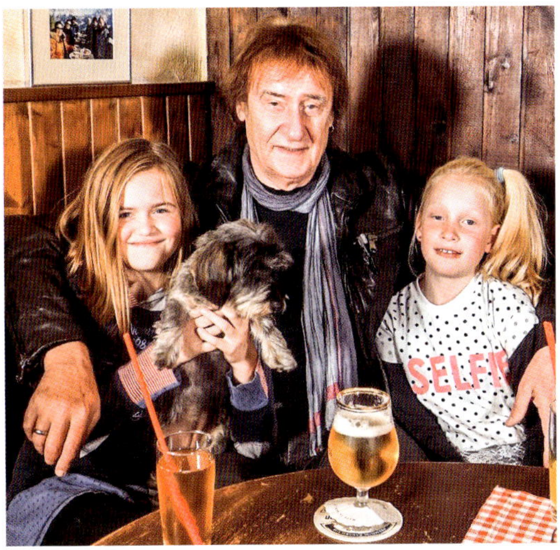

Maschine mit seinen Enkeltöchtern Annabell (geboren 2005) und Amelie (geboren 2006). Mittlerweile sind beide schon volljährig.

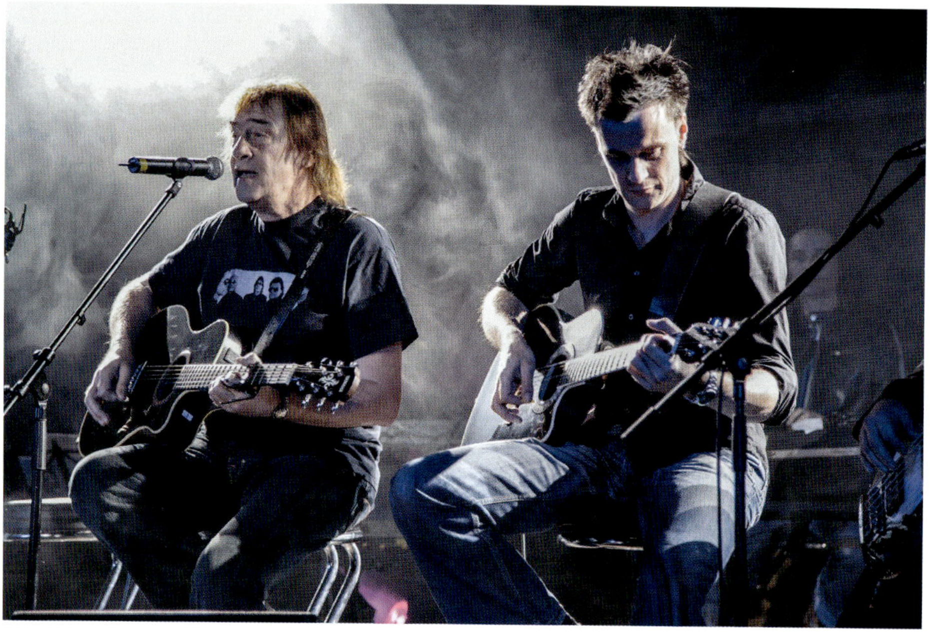

November 2006: Maschine und sein Sohn Andy bei der Präsentation vom Winter-/Weihnachtsalbum *Dezembernächte* im Berliner Adagio-Club am Potsdamer Platz

Das letzte Kind trägt Fell, heißt eine etwas bekloppte, aber durchaus drollige Redewendung. Es gibt sogar Bücher und Kabarettprogramme, die so heißen. Vielleicht ist ja da auch was dran. Allerdings passt der Spruch zu Sylvie und Maschine nur bedingt, denn schon immer gehört auch ein Hund zur Familie. Unvergessen der Schäferhund Heiko, der sich ein Loch in den Zaun biss, um im Umkreis von mindestens zwei Kilometern der Hundedamenwelt Avancen zu machen. Oder die frechen Westie-Hündinnen Diva und Moritz (ja, trotz Jungenname weiblich) oder die süßen Dackelmädchen Yette und Lilly. Seit geraumer Zeit ist Chily die Teamchefin auf vier Beinen im Hause Birr. Vermutlich denkt sie (wenn sie es denn könnte), dass sich das Dasein als Hund darauf begründet, verwöhnt zu werden. Kürzlich mutierte Chily allerdings zum Sorgenkind, sie war sehr krank und musste mit einer Infusion versorgt werden. Der süße Fratz, übrigens eine Havapoo-Hündin, hat sich aber gut erholt und bellt wieder gut gelaunt, wenn ich an der Tür klingele.

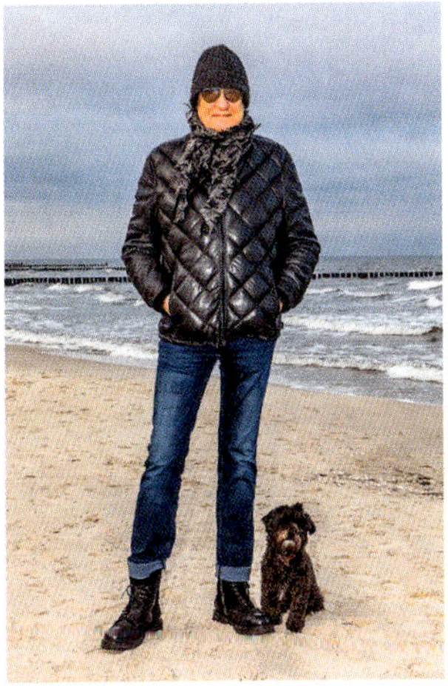
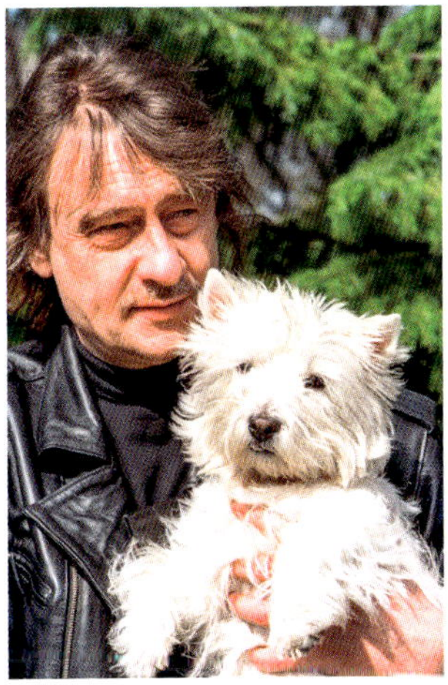
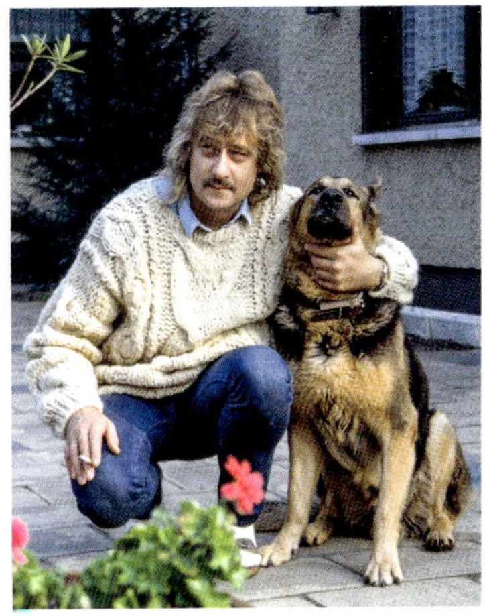

Maschine mit den Hunden Chily, Diva und Heiko

Als Kind hat Maschine keinen Hund. Es gibt zwar so eine »Ich will einen Hund«-Phase in seinem Leben, wie sie wohl jedes Kind einmal hat, und seine Eltern vermitteln ihm die Achtung vor den Tieren und dass man sich kümmern muss, wenn man ein Haustier hat, doch den festen Willen, einen Hund zu haben, entwickelt Maschine erst als Erwachsener. Vielleicht hat ja seine Frau Sylvie damit zu tun (wer jetzt wettet, hat gute Chancen, zu gewinnen). Hätten denn Hildegard und Karl Birr ihrem Jungen einen Hund gekauft? Bestimmt, warum denn nicht, wenn er sich gut gekümmert hätte. Zumindest kann sich Maschine glücklich schätzen, ein entspanntes und zugewandtes Elternhaus erlebt zu haben. Natürlich gibt es auch mal generationsbedingte Auseinandersetzungen und Meinungsverschiedenheiten im Jugendalter, etwa wegen der langen Haare oder einer zerschlissenen Jeans. Aber es sind letztlich keine wirklichen Dramen. Ansonsten ist er ein eher ruhiges Kind. Er meidet körperliche Konflikte und lässt sich eine Menge bieten. Zwar drängt ihn sein Vater, sich nicht alles gefallen

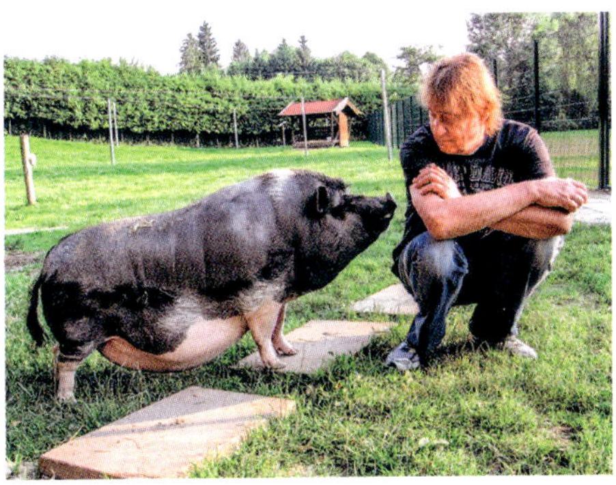

Wenn kein Hund in der Nähe ist, zeigt sich Maschine flexibel.

zu lassen, aber es soll ein paar Jahre dauern. Ist Maschine ein besonderes Kind? Na klar, er hat immerhin drei Geburtstage. Natürlich nicht wirklich, es bleibt beim 18. März 1944. Auch wenn auf der ersten Geburtsurkunde noch der 17. März steht. Da er ein paar Minuten nach Mitternacht geboren wird, nimmt die Hebamme versehentlich noch den Vortag als Geburtsdatum. Für Maschines Mutter hatte ihr Sohn aber definitiv zwei Geburtstage, neben dem 18. März einen im Februar 1945. Maschine wird in Köslin in Westpommern, heute Koszalin in Polen, geboren. Zwar sind seine Eltern Berliner, doch Vater Karl schickt seine schwangere Frau auf den Bauernhof seiner Eltern. Er vermutet, dass sie dort im Kriegsjahr 1944 sicherer ist als in Berlin. Als die Rote Armee 1945 in den Kriegswirren vordringt, setzt sich ein riesiger Flüchtlingstreck in Bewegung. Über fünfundsechzigtausend Menschen manövrieren sich bei Eis und Kälte in Richtung Stettin. Mit dabei: die junge Hildegard mit ihrem elf Monate alten Sohn Dieter. Als sie von russischen Soldaten aus der Menge gezogen wird, gibt sie ihr Kind in den Arm einer anderen Frau. Es waren die schrecklichsten Momente ihres Lebens. Doch sie findet zum Glück die Frau mit ihrem Sohn wieder. Als Maschine von diesem katastrophalen Ereignis erfährt, ist er schon weit über fünfzig. Aber ihm wird klar, warum seine Mutter immer so ängstlich war, warum sie in Panik geriet, wenn er sich als Kind mal verletzte oder als Jugendlicher eine halbe Stunde zu spät nach Hause kam. Hildegard Birr hatte einfach Angst, ihren Sohn erneut zu verlieren.

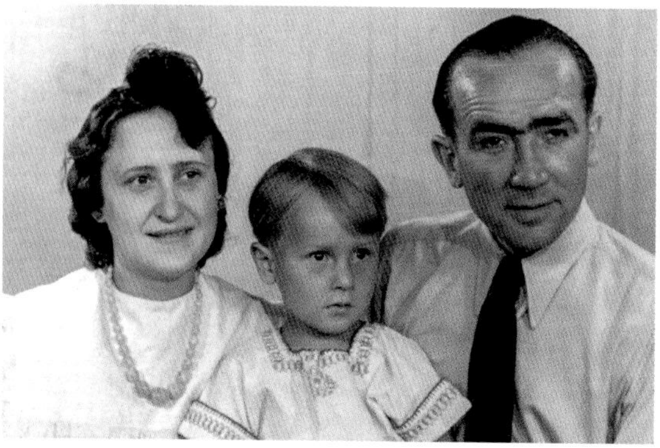

Die Birrs in den 1940ern: Maschine mit seinen Eltern Hildegard und Karl

Glaubt man den frei zugänglichen Nachnamenforschungsseiten im Internet, gibt es in Deutschland über tausend Menschen, die den Namen Birr tragen. In den USA sind es gar noch einige mehr, in China, in der Türkei und in Äthiopien ist es immerhin noch jeweils einer. Der Äthiopier mit Nachnamen Birr wird vermutlich gehänselt, denn Birr heißt auch die Landeswährung. Aktuell kriegt man für 1 Euro 60 Birr. Es gibt auch mindestens zwei Orte, die so heißen. Und zwar eine Schweizer Gemeinde sowie eine Kleinstadt in Irland. Das Viertausendfünfhundert-Einwohner-Dorf im Kanton Aargau ist ein bisschen bekannt, weil dort der Philanthrop und Reformpädagoge Johann Heinrich Pestalozzi lebte, und das irische Städtchen mit etwa genauso viel Einwohnern erlangte traurige Berühmtheit, weil hier der allererste Unfall mit Todesfolge in der Geschichte des Kraftfahrzeugverkehrs passierte – die Naturwissenschaftlerin Mary Ward verunglückte im August 1869. Mit den anderen Birrs, die man vielleicht kennen könnte, beispielsweise den DDR-Fußballer Günter Birr, den Chemiker Emil-Joachim Birr oder den hessischen Kabarettisten Tilman Birr, ist Maschine nicht verwandt. Jedenfalls nicht, dass er wüsste.

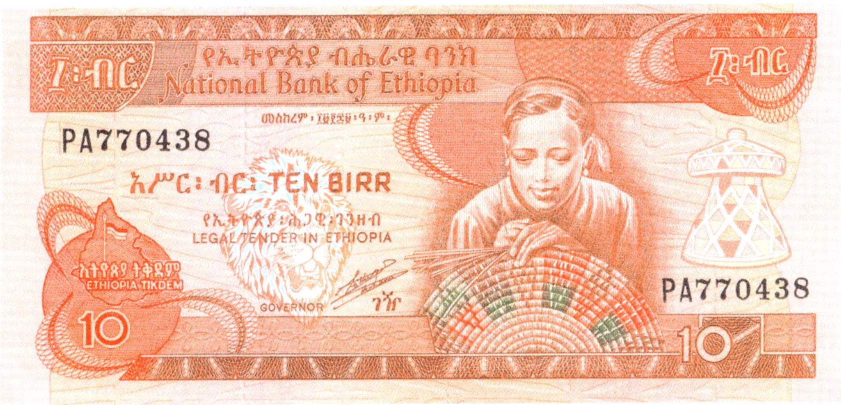

In Äthiopien zahlt man mit Birr und das schon seit genau hundertdreißig Jahren.

10 Fragen an JULIA NEIGEL

Sängerin, Musikerin, Duettpartnerin von Maschine bei »Regen«

Udo Lindenberg nannte Julia Neigel einmal eine »außerirdische Erscheinung«, zu ergänzen wäre, dass sie mit ihrer betörenden Drei-Oktaven-Stimme eine der besten Sängerinnen des Landes ist, mindestens. Ende der 1980er landete sie als Zweiundzwanzigjährige ihre ersten Hits, seitdem gilt sie als Institution in der deutschen Rock- und Popmusik. Ihr aktuelles Album *Ehrensache* (2020) kletterte in den offiziellen Albumcharts bis auf Platz 13, seit 2019 ist sie auch Sängerin bei *Silly*. Maschine lernte sie 2014 kennen, als sie das Duett »Regen« aufnahmen. Seitdem kreuzen sich ihre Wege immer wieder.

1 ***Ich habe mir gerade noch mal das Video zu eurem Duett »Regen« angeschaut. Dich sieht man mit einem ansteckenden Lächeln. War der Dreh lustig, oder hast du dich einfach gefreut, dabei zu sein?***

Eigentlich beides. Wir haben uns auf Anhieb richtig gut verstanden, und ich fühlte mich mit ihm sofort wohl. Dieter ist ein bescheidener, anständiger, höflicher, herzlicher, gütiger und kluger Mensch, versehen mit diesem trockenen Humor. Er strahlt zugleich Ruhe, Kompetenz und Gelassenheit aus, und mit ihm lacht man gerne. Die Abende auf Tournee, an denen er stundenlang am Stück richtig spannende Witze aus dem Hut zaubert und die gesamte Truppe zum Lachen bringt, sind ganz typisch für ihn. Auch Uwe Hassbecker habe ich durch ihn kennengelernt und ebenso seine zauberhafte Frau Sylvia. Ich möchte diese wunderbaren Menschen in meinem Leben nicht missen. Dieter ist nicht nur ein unglaublich fleißiger Macher, sondern auch ein Vorbild für Kollegen, er führt Menschen im Guten zusammen. Von ihm kann man immer lernen. Ich fühle mich, was meine Werte im Leben betrifft, mit ihm unter meinesgleichen, weil er grundehrlich ist. Ihm habe ich praktisch auch zu verdanken, dass Uwe und ich uns trafen und ich letztendlich bei der Band *Silly* gelandet bin.

2 ***Wie kam es eigentlich zur Zusammenarbeit?***
Ich bekam einen Anruf von Stephan Gorol, einem Freund von mir, der schon lange in der Branche arbeitet. Dieser wurde angerufen von dem Produzenten Ingo Politz, der mit Dieter an seinem Soloalbum arbeitete. Ich kannte beide nicht persönlich, nur vom Hörensagen. Ingo schien meine Arbeit als Sängerin zu schätzen, und die beiden überlegten, welche Gesangsduettpartner zu seinen Liedern passen, und da kamen sie wohl auch auf mich. So haben wir also miteinander telefoniert, sofort miteinander gelacht und stellten fest, dass wir viele Gemeinsamkeiten haben. Ich mochte ihn sofort und dachte: Mein Gott, was für ein netter Mann. Ich ließ mir daraufhin das Lied »Regen« schicken, war betört davon, und so sagte ich zu. Ich weiß noch, wie ich in Berlin im Studio ankam und sehr gespannt auf ihn war. Er kam extra von der Ostsee und unterbrach seinen Urlaub, um mich zu treffen und dabei zu sein, wenn ich das Lied einsinge. Das ist nicht selbstverständlich. Er weiß musikalisch genau, was er will, und lässt einem zugleich die eigene Freiheit. Unser erstes Treffen war so: Da stand plötzlich ein lächelnder knapp Zwei-Meter-Mann vor mir, der mit seiner warmen Aura den ganzen Raum füllte, und nahm mich herzlich in seine großen Arme. Es fühlte sich an, als ob wir uns schon hundert Jahre kennen, irgendwie war es ein Ankommen.

3 ***Musstest du eigentlich lange überlegen, ob du zusagst?***
Nein, solche Entscheidungen geschehen eher intuitiv und völlig natürlich. Was miteinander funktioniert, spürt man. Mir geht es dabei auch ums Menschliche, denn unser aller Lebenszeit ist kostbar, die will man mit Menschen, die man mag, verbringen. Für mich ist wichtig, dass ich mich mit dem Kollegen verstehe, nicht nur, dass ich das Songmaterial mag. Dieses Gefühl der Zusammengehörigkeit und des Wohlbefindens hatte ich bei ihm sofort. Es passte einfach.

4 ***Und war von Anfang an klar, dass es der Song »Regen« wird?***
Ja, das war von Anfang an klar. Ein traumhaft schönes Lied, ich kannte es zuvor nicht. Er hatte es schon eingesungen, und es klang toll. Es lieferte mir die Basis für die Anmut und Stimmung. Ich wusste zuvor wenig über seinen Werdegang und seine Musik. Und so entdeckte ich dabei einen Kollegen für mich, der ein großes Lebenswerk erarbeitet hat. Er ist eine Bereicherung.

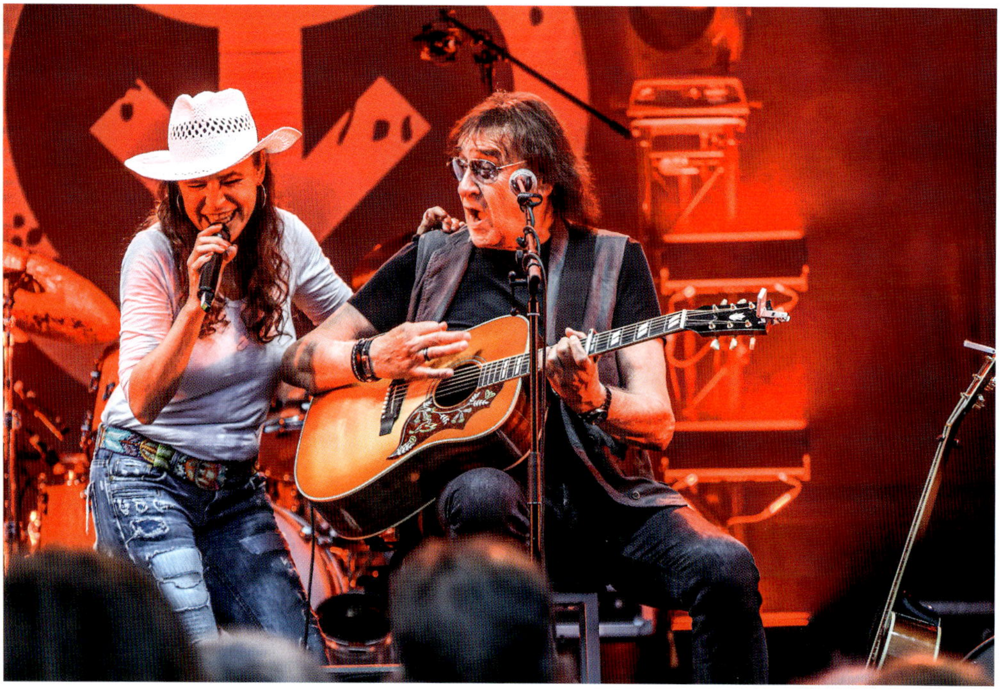

Julia Neigel und Maschine bei einem Open Air in Birkenwerder im Sommer 2023

5 ***Was wusstest du denn zu diesem Zeitpunkt schon über Maschine beziehungsweise die* Puhdys?**

Praktisch nur das, was man über ihn und die *Puhdys* hat lesen und hören können. Ich hatte ihn zuvor auch noch nie live erlebt. Als wir dann zusammen zum ersten Mal auf der Bühne standen, wurde mir klar, dass er ein Rock 'n' Roller beziehungsweise ein Rockmusiker erster Güte ist und eine Power hat, die jeden mitreißt. Das zeichnet ihn aus. Ich wusste zwar schon zuvor, dass er eine Legende war und in der DDR mit den *Puhdys* alles abgeräumt hat, was geht, aber als ich ihn kennenlernte, wurde mir klar, dass es an ihm liegt und sein Erfolg kein Zufall ist. Da ich in der BRD aufgewachsen bin, obwohl ich im Osten, in Sibirien geboren wurde, gab es durch diese DDR-Mauer für mich als Kollegin auch hier eine Kommunikationstrennwand und so auch keinen wirklich kulturellen Austausch. Erst als ich ihn kennenlernte, habe ich mich auch mit seinem Lebenswerk befasst, begriffen, was er geleistet hat, und habe großen Respekt vor seinem schöpferischen Schaffen. Als ich mit ihm auf Tour war, fuhr ich oft mit einem Freund stundenlang Auto zum Konzert, der mir auf jeder Reise ein neues Album der *Puhdys* vorspielte. Er ist damit aufgewachsen. Ich konnte deutlich Dieters Handschrift hören, und er überraschte mich immer wieder. Er scheint unendliches Potential zu besitzen und ist ein genialer Songschreiber und Arrangeur. Außerdem ist er ein toller Rocksänger.

6 ***Euer Duett »Regen« konnte ich mir auch einige Male live anhören. Kürzlich im November 2023 im Admiralspalast, aber auch auf der*** **Neubeginner-*Tour* 2017 *und bei den »Rock Legenden« 2022. Gab und gibt es denn weitere Möglichkeiten, euch gemeinsam zu erleben?***

Da bin ich mir sicher. Uns verbindet eine wunderbare Freundschaft, und wir treffen uns auch musikalisch immer wieder. In den letzten Jahren standen wir mit den »Rock Legenden« gemeinsam auf der Bühne, eine gemeinsame Schiffsreise mit ihm, der Band *Silly* – zusammen mit mir und Toni Krahl – ist auch geplant. Auch diese entstand durch seinen Vorschlag. Da kommt noch einiges Großes auf uns zu.

7 ***Vor wenigen Jahren hatte ich dich beim »Lieder auf Banz«-Festival gesehen. Du hattest uns und dir einige Gäste mitgebracht, darunter Maschine.*** **Ehrensache *(um mal den Titel deines aktuellen Albums zu zitieren)?***

Natürlich ist das Ehrensache. Wir halten nicht nur zusammen, er gehört tatsächlich auch zu meinen Freunden und am meisten geschätzten Kollegen. Mit ihm zu musizieren, ist mir eine Ehre.

8 ***Ich weiß, dass du dich mit Maschine und seiner Frau Sylvia auch privat gut verstehst. Seht ihr euch regelmäßig?***

Wir telefonieren regelmäßig und versuchen, uns auch immer wieder zu treffen. Seit ich bei *Silly* singe, bin ich viel öfter in Brandenburg, und so gelingt uns das dann häufiger. Dann melde ich mich bei beiden, und wir gehen zum Beispiel gemeinsam essen. Sylvia ist die beste Frau an seiner Seite, die er sich wünschen könnte, und mir auch eine gute Freundin. Ich schätze sie sehr. Die zwei sind ein tolles Paar und sehr harmonisch. Außerdem sind wir allesamt Hundefreunde.

9 ***Maschine spielte in seinen ersten Bands, als wir beide geboren wurden, und ist nun achtzigjährig immer noch als Musiker aktiv. Was denkst du?***

Rock 'n' Roll never dies. Er ist der lebende Beweis, seine Kreativität hält ihn jung. Er wirkt zeitlos, niemand käme darauf, dass er bald achtzig wird. Wenn ich in seinem Alter auch nur ansatzweise solch eine vitale Energie ausstrahle, dann kann ich mich glücklich schätzen. Er ist ein musikalisches Phänomen, hat einen wirklich eisernen Willen und immense Disziplin. Ich kenne kaum einen Kollegen, der schöpferisch so produktiv und vor allem so schnell dabei ist wie er – na ja, vielleicht noch Peter Maffay. Er arbeitet und arbeitet, und die Hits sprudeln nur so aus ihm raus. Wenn andere gerade mal am nächsten Album arbeiten, dann hat er schon wieder zwei fertig. Bei ihm ist Quantität auch Qualität. Was dieser Mann leistet, ist großes Kino.

10 ***Was meinst du, sollte er dich mal wieder fragen, ob ihr noch mal einen weiteren gemeinsamen Song macht?***

Aber klar. In jedem Fall. Mit ihm immer.

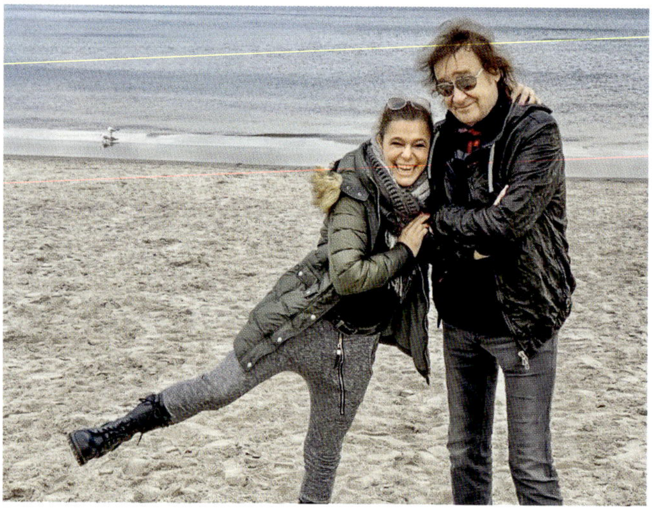

Konzerte an der Ostsee sind bei Musikern immer hoch im Kurs.
Denn man kann die Zeit bis zum Soundcheck am Meer verbringen.

MEIN ZWEITES LEBEN

Maschine in den 2000ern

Ich weiß nicht mehr genau, wie wir darauf kamen, aber bei einem unserer ersten Interviews sprachen wir auch über Krankheiten. Nein, das stimmt so nicht, wir sprachen darüber, gesund zu bleiben. Maschines Maxime ist nämlich: »Ich werde nicht krank!« Das imponierte mir, und fortan war das auch mein Credo. Denn als Freiberufler ist man ja selbst und ständig unterwegs, man hat schlichtweg keine Zeit. Und sowieso keinen Nerv. Merke ich erste Symptome einer Erkältung, versuche ich das mit dem mantraartigen »Ich werde nicht krank« in den Griff zu kriegen. Und nicht selten funktioniert es. Zumindest bildet man sich das ein. Das reicht ja oftmals. Das habe ich von Maschine. Vielen Dank!

Doch manchmal ist das Schicksal ein mieser Verräter, wie es in einem gleichnamigen Buch krass und treffend heißt. Maschine ist Ende fünfzig, als ihn überraschend merkwürdige Symptome ereilen. Mal wird ihm schwindelig, mal ist er antriebslos, mal geht es ihm schlecht. Es passiert gar, dass er mit dem Auto rechts ranfahren und sich übergeben muss. Das ist freilich ungewöhnlich. Aber eine Erklärung hat er nicht. Tja, bald sechzig, denkt man da, Älterwerden ist nichts für Feiglinge. So schön das Leben eines Musikers auch ist, es ist auch oft einfach Stress. Maschine denkt sich: Okay, vielleicht mal wieder besser und mehr schlafen. Vielleicht mal die eine oder andere Zigarette weniger rauchen. Man kennt das ja, man geht zum Arzt, trägt sein Anliegen vor, und der Arzt fragt als Erstes: »Haben Sie Stress?« Kann ja sein. Doch dass irgendwas ist, merkt Maschine immer öfter. Er ist in München mit seiner Frau Sylvia und einem befreundeten Paar zum Shoppen unterwegs und spürt plötzlich, dass er kaum noch stehen kann. Sylvia und Maschine kehren in ein Restaurant ein, um sich ein wenig auszuruhen. Zum Frühstück gab es hartgekochte Eier, vielleicht liegen die quer im Magen? Maschine bestellt sich einen Salat und einen Tee. Alarmstufe Rot! Wenn Maschine sich Salat und Tee statt Schnitzel und Bier bestellt, dann ist bestimmt Gefahr im Verzug. Nichtsdestotrotz geht er weiterhin davon aus, dass die letzten Monate einfach zu viel waren, dass man bloß endlich mal wieder richtig schlafen müsste. Das denkt er auch im Urlaub in Mexiko. Zwar ist ihm schwindelig, und er fühlt sich so, als wenn er jeden Moment umkippt, aber natürlich, krank werden wir nicht. Maschine liegt am mexikanischen Strand, er will nicht ins Wasser, er will nichts lesen, er will einfach seine Ruhe haben. Auch wieder zu Hause – längst zurück im *Puhdys*-Alltag – hören die Erschöpfungszustände (wir nennen das jetzt mal so) nicht auf. Während es Tradition ist, dass jeder Puhdy allein zu den Konzerten fährt, wird Maschine der Beifahrer von Schlagzeuger Klaus. Sicher ist sicher, denkt Maschine, eventuell kann er gar ein bisschen schlafen. Doch die Konzerte mutieren innerlich zur Katastrophe. Maschine gibt wie immer alles, zwei Stunden powert er ohne Ende. Doch er quält sich dabei, nur mit Gewalt gegen sich selbst hält er es durch. Das Bein, der Rücken und der Kopf schmerzen. Längst sucht Maschine auch verschiedene Ärzte auf, unterschiedlichste Ansätze werden verfolgt. Doch es lassen sich zunächst keine Ursachen finden. Haben Sie Stress?

Dann wird es richtig gruselig. Beim Zähneputzen fällt ihm auf, dass eine Gesichtshälfte gelähmt ist. Es ist ihm nicht einmal möglich, den Mund richtig auszuspülen. Da kann man schon mal Schiss kriegen. Andy, der Sohn und *Bell Book & Candle*-Musiker, kümmert sich und fährt seinen Vater in das Unfallkrankenhaus Biesdorf. Dort wird Maschine schon erwartet. *Puhdys*-Schlagzeuger Klaus hatte ihn angekündigt. Den Draht zum Personal hatte er, weil er kurz zuvor wegen Nierensteinen dort selbst in Behandlung war. Maschine wird auf den Kopf gestellt, wie man so schön sagt, wenn man von den Ärzten komplett durchgecheckt wird. Aber so schnell lässt sich nichts finden. Schließlich soll eine Lumbalpunktion Aufklärung schaffen. Das Entnehmen von Nervenwasser aus dem Lendenbereich – etwas verknappt und laienhaft gesagt – bringt Gewissheit. Dieter Birr hat Borreliose. Diese schwer aussprechbare Erkrankung ist nicht nur vom Namen her blöd, es handelt sich um eine Infektionskrankheit, die durch Bakterien der Gattung Borrelia ausgelöst wird. Borrelia beziehungsweise umgangssprachlich Borrelien heißen die Bakterien wiederum in Anlehnung an den Namen des französischen Mediziners Amédée Borrel. Meist wird Borreliose von einem Zeckenbiss übertragen, aber ob und wann Maschine von so einem Vieh gebissen wurde, kann er nicht sagen. Auch an eine Bissstelle mit geröteter Haut kann er sich nicht erinnern.

Drei Wochen lang muss Maschine im Krankenhaus bleiben. Er wird mit Antibiotika behandelt. Die Schmerzen sind ziemlich schnell weg. Dafür ist nun das komplette Gesicht gelähmt. Ob das jemals wieder weggeht, verraten ihm die Ärzte nicht. Nicht, weil sie es nicht wollen, sondern weil sie es nicht können.

Das war 2003. Bekanntermaßen hat sich alles zum Guten gewendet. Wenn Maschine von dieser Zeit erzählt, spürt man, wie dankbar er ist. Glücklich berichtet er von Sylvia, die ihn täglich besucht, von seinen (längst erwachsenen) Kindern, von Freunden und Kollegen. Wie sie ihn mit allem versorgen. Musik-DVDs, den Player dazu – und so weiter. Carmen Hatschi, die Frau des zeitweiligen *Puhdys*-Produzenten Rainer Oleak, bringt Fotos von sich mit, auf denen sie Grimassen schneidet. Die soll Maschine trainieren – als Kampfansage gegen die Lähmung. Maschine lobt auch das Krankenhauspersonal und die Ärzte. Nicht nur der Behandlung wegen, sondern auch, weil sie ihn gut abgeschirmt haben. Denn es müssen einige Konzerte abgesagt werden, was erklärt sein will. Ein gefundenes Fressen für die Boulevardpresse. Dass es dem Kopf der *Puhdys* lebensbedrohlich schlecht geht, so behaupten sie es, bringt Auflage. Freilich wissen die Medien immer mehr als die Betroffenen selbst. Jetzt noch ein Foto vom kranken Birr – der Job eines Boulevardjournalisten kann so schön sein. Tatsächlich probieren nicht wenige Reporter und Fotografen, zu Maschine vorzudringen. Einer ist sogar so dreist und zieht sich zur Tarnung einen Ärztekittel über. Diese Attacken sind jedoch nicht von Erfolg gekrönt. Glücklicherweise.

Die Rückkehr in das alte – oder besser: in ein neues – Leben entpuppt sich als langwierige Angelegenheit. Absolute Ruhe und viel Schlaf sind verordnet. Außerdem ist Geduld angesagt, es geht nur peu à peu voran. Maschine hat sich einen Hometrainer und ein richtiges Fahrrad gekauft. Er geht spazieren, schwimmt, macht Gymnastik. Der Weg in den umfangreichen Konzertalltag ist steinig. Die Kollegen fühlen sich auf eine Geduldsprobe gestellt. Die *Puhdys* leben mehr oder weniger in erster Linie von ihren Tourneeeinnahmen. Sitzen sie zu Hause, bleiben die Honorare aus. Maschine fühlt sich zwischen Baum und Borke. Was soll er tun? Dem Rat der Mediziner folgen und wirklich erst in aller Ruhe zu Kräften kommen? Oder schnellstmöglich wieder auf die Bühne? Die Vernunft meint Ersteres, doch darf er das den Kollegen antun? Zumal im Jahr 2004 auch das 35-jährige Jubiläum der Band gefeiert werden soll … Als Maschine auf die Bühnen zurückkehrt, spürt er, dass es noch keine gute Idee ist. Doch er zieht durch. Es ist einfach eine Scheißzeit. Und die fünfunddreißig Jahre *Puhdys* werden nicht wirklich gefeiert. Allerdings gibt es in Berlin-Treptow relativ spontan ein kostenloses Geburtstagskonzert – über zwölftausend Zuschauer nehmen die Einladung an.

Auch wenn Maschine im Song »Mein zweites Leben« davon singt, dass er sich im nächsten Leben vor den Zecken besser verstecken wird, steht der Song nicht wirklich für die Borreliose-Phase, denn die Idee und das Grundgerüst des Liedes entstanden schon vor der Diagnose. Der Song findet sich an dritter Stelle auf dem Album *Alles hat seine Zeit*, das im September 2005 in die Charts geht und auf Platz 21 landet. Neben einigen Kopplungen, die an dieser Stelle nicht mitgezählt werden, ist *Alles hat seine Zeit* die bereits vierte Neuproduktion in Albumlänge im neuen Jahrzehnt. Auf dem Cover sieht man die *Puhdys* stehen, aber nur Maschine sieht den Fotografen an, alle anderen sind von hinten zu sehen. Angeblich wussten das die Kollegen nicht, und so freut sich die Boulevardpresse nach Maschines Krankheitsarie auf eine neue Sensation: »Puhdys! Alles aus?«, fragt beispielsweise der *Berliner Kurier* auf seiner Titelseite. Der Band kann das nur recht sein, denn so erfährt jeder von dem neuen Album. Und selbstverständlich ist diese Story absurd, denn die Entscheidung, welches Cover es werden soll, war eine gemeinsame. Schon beim Album *Zufrieden?* (2001), dem ersten der 2000er Jahre, wurden die sensationslüsternen Printmedien gut eingebunden. Die Leser der *BILD*-Zeitung durften aus fünf Covervorschlägen auswählen, wie die kommende CD aussehen soll. Am Ende wird es ein Artwork mit einer leicht bekleideten Frau an einem Waschbecken stehend. 2003 folgt das Album *Undercover*. Hier ist der Name Programm: Die *Puhdys* covern sich durch das Repertoire ihrer ostdeutschen Kollegen. *Renft*, *Silly*, *Lift*, *City*, *Karat* und so weiter. In einem Medley, das unter anderem Ute Freudenbergs »Jugendliebe« und »Kling Klang« von Keimzeit vereint, werden auch drei *Puhdys*-Songs angespielt, nämlich »Sehnsucht«, »TV-Show« und »Melanie«. Mit »Der Teddybär« und »August 2002« sind als Bonus zwei neue Lieder dabei. Maschine äußert sich darin zur Hochwasserkatastrophe, die im Vorjahr vor allem Sachsen ereilte. Darüber hinaus steht die 2000er-Dekade für die ersten zwei Weihnachts- beziehungsweise Winteralben der *Puhdys*. Nämlich *Dezembertage* (2001) sowie *Dezembernächte* (2006). Klar, Ritchie Blackmore, Tori Amos und Sting haben neben vielen weiteren auch ganze Alben der kalten Jahreszeit gewidmet, aber zunächst ist es ein Wagnis. Denn lässt sich winterliche Besinnlichkeit mit lautem Rock koppeln? Kann man gefühlvoll agieren und gleichzeitig auf Pathos verzichten? Maschine und seinen Bandkollegen gelingt das.

Vor allem live. Die jährlichen Wintertourneen im Dezember werden ein großer Erfolg. Auf einer DVD kann man sich das ansehen. *Dezembertage live* heißt sie und enthält einen Mitschnitt aus dem Berliner Tempodrom. Als die DVD im Jahr 2004 auf den Markt kommt, ist es bereits die dritte der *Puhdys*. 2001 gibt es die allererste mit einem Konzert der TV-Reihe »Musikladen Extra« aus Hamburg im Jahr 1977. Die zweite DVD beinhaltet das dreitausendste Konzert aus der Berliner Waldbühne, 1999 kam das schon als VHS-Kassette.

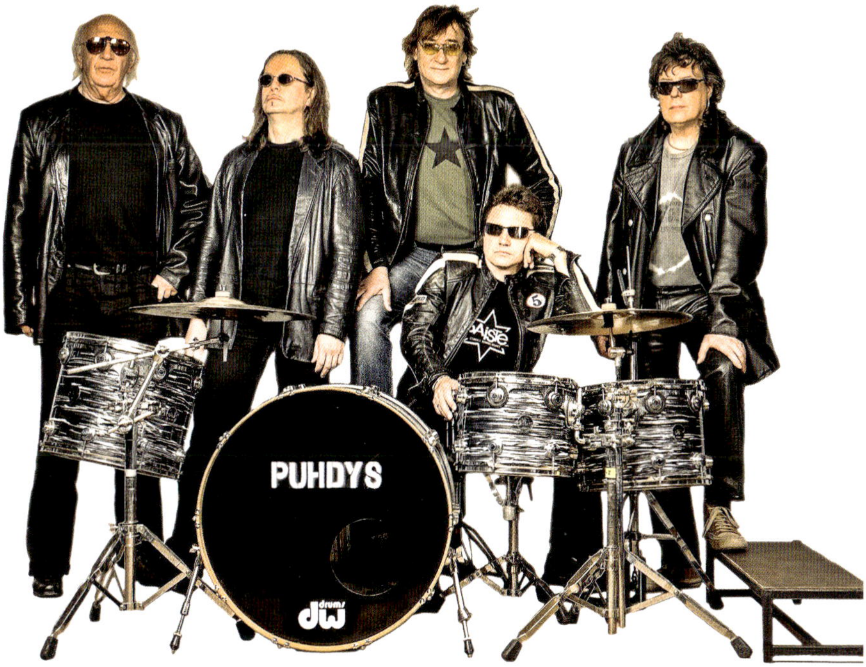

Erstes Pressefoto im neuen Millennium: die *Puhdys* im Jahr 2000

Überhaupt ist diese Dekade das Jahrzehnt mit den verschiedensten Livevarianten. So sind die *Puhdys* maßgeblich an dem Projekt »Ost-Rock Klassik« beteiligt. Die Idee im Ansatz geht das erste Mal im Sommer 2006 über die Bühne. Mitten auf dem Gendarmenmarkt in Berlin-Mitte tragen neben den *Puhdys* (die übrigens schon mal 1989 mit Sinfonikern arbeiteten) einige weitere ostdeutsche Künstler ihre Hits gemeinsam mit einem Orchester vor. Schließlich

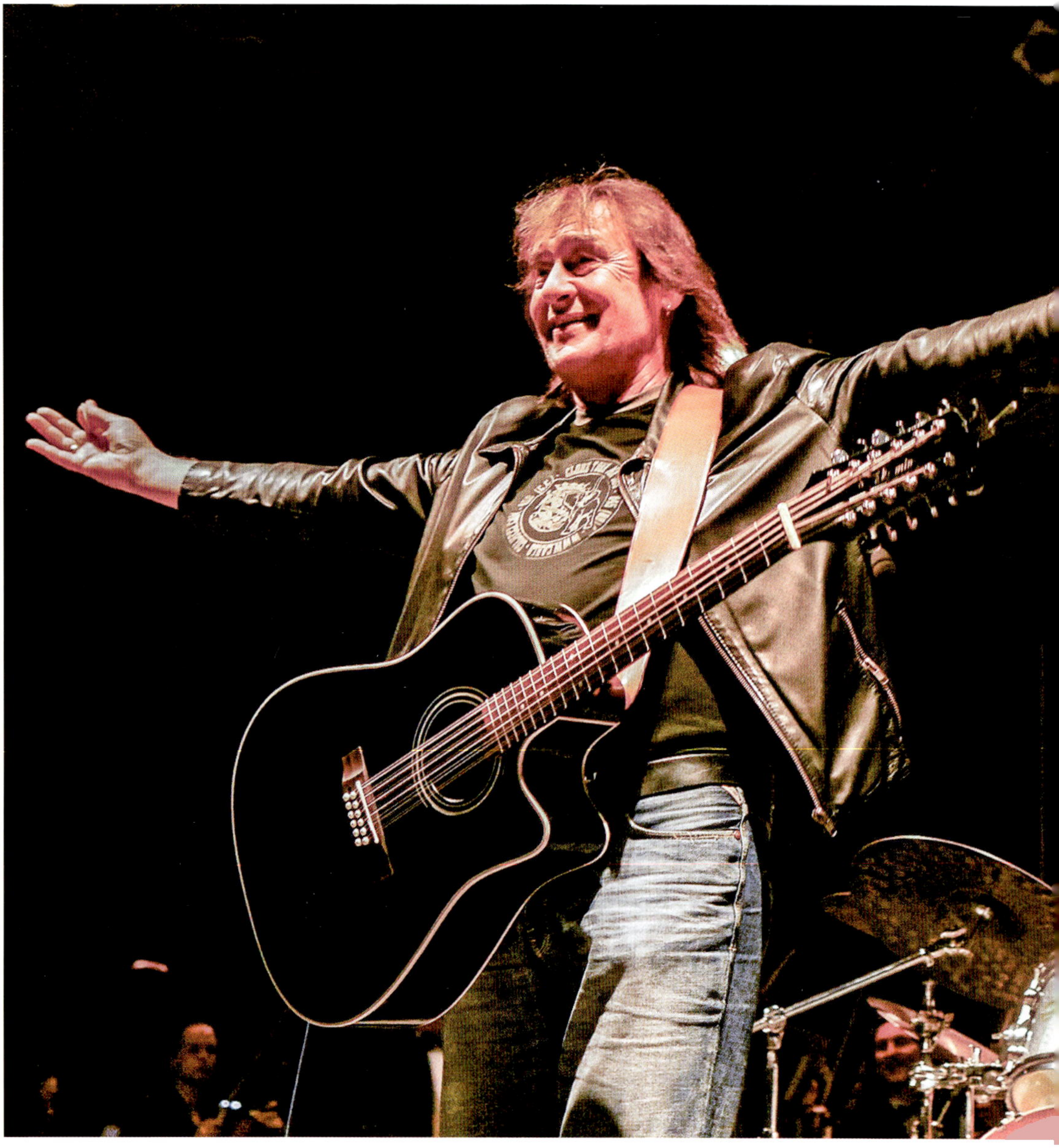

Noch mal ein Schnappschuss vom 40. *Puhdys*-Jubiläumskonzert

wird daraus ein Tourneeprojekt. Im Sommer 2007 und in den drei darauffolgenden Jahren sind die *Puhdys*, das Filmorchester Babelsberg sowie weitere Sängerinnen und Sänger unter der Klammer »Ost-Rock Klassik« zu erleben. Wem das zu fett ist, der hat ab 2008 die Chance auf eine abgespeckte Variante: »*Puhdys* Unplugged«. Oft sind es Häuser, etwa Theater, in denen nicht zwangsläufig Rockkonzerte stattfinden. Der Rahmen ist intimer, das Publikum ist dichter dran. Und es sind ein paar Gäste dabei. Beispielsweise Maschines Sohn Andy. Die erste Unplugged-Tour führt nach Niedersachsen. Zwar gibt es in den letzten Jahren immer auch Konzertangebote aus den alten Bundesländern, doch die *Puhdys*-Shows sind in Sachen Bühne und Anlage mittlerweile so gigantisch, dass es ein Minus in der Bandkasse gibt, wenn einmal nur tausend Leute kommen. Die Niedersachsen-Tour wird auch für mich ein persönliches Highlight. Denn ich darf mit, ich nutze tagsüber die konzertfreie Zeit, um Interviews für ein anstehendes *Puhdys*-Buch zu führen.

Das soll 2009 kommen, dem großen Jubiläumsjahr der *Puhdys*. Die Musiker blicken auf vierzig Jahre zurück. Was man damals noch nicht weiß, es ist die letzte Runde unter den Bandgeburtstagen. Das vierzigste *Puhdys*-Jahr beginnt mit einer echten Ansage. Gleich am 1. Januar – sozusagen ein Termin, an dem es keine oder nur wenige Konzerte gibt, weil sich alle erst einmal von Silvester erholen müssen – laden die *Puhdys* in die O2 World, der heutigen Mercedes-Benz Arena in Berlin-Friedrichshain. Über dreizehntausend Zuschauer kommen und sorgen für den ersten Gänsehautmoment des Abends: Lauthals singen sie »Happy Birthday«. Über Einspieler gratuliert die Prominenz: Helene Fischer und *Die Fantastischen Vier*, Inka Bause und Frank Elstner, Peter Maffay und die *Wildecker Herzbuben*, Gregor Gysi und Klaus Wowereit – neben weiteren. Mit auf der Bühne: *City*, *Karat*, das Filmorchester Babelsberg sowie Jan Josef Liefers. Außerdem ist das Jubiläumsjahr randvoll gespickt mit neuen Tonträgern. Ein neues Album namens *Abenteuer*, eine CD-Box mit dreiunddreißig Scheiben, eine DVD sowie ein Unplugged-Album. Und in Storkow und Glauchau gibt es *Puhdys*-Ausstellungen.

Am 19. November geht es auch wieder ins Freiberger Tivoli – diesmal wird zu Ehren der Musiker gar ein Gedenkstein eingeweiht.

UNTER NEUER FLAGGE

Maschine im Interview – 2016

Am 30. September 2016 erscheint Maschines Album *Neubeginner* (das übrigens in den offiziellen Albumcharts auf die 12 geht). Zwar ist es schon seine dritte Soloplatte, doch markiert sie einen besonderen Punkt in seiner langjährigen Karriere. Es ist sein erstes Album nach den *Puhdys*. Waren die beiden Vorgänger praktisch nebenbei zum Bandgeschehen entstanden, ist dieses Album hier das Werk eines Solokünstlers. Insofern ist der Albumname *Neubeginner* schlau gewählt. Und weil das Ende der *Puhdys* bei unserem Interview erst wenige Wochen zurückliegt, gilt meine erste Frage eben noch jener Kultband.

***Hallo, Maschine, wie geht's dir nach dem Ende der* Puhdys?**
Das sind sehr ambivalente Gefühle. Auf der einen Seite fühlt man sich frei und spürt neuen Elan, aber auf der anderen Seite sind die *Puhdys* mein Leben. Ich habe in der Band siebenundvierzig Jahre gespielt. Also siebenundvierzig Jahre Betriebszugehörigkeit ... *(lacht)*. Ich denke, da geht es jedem komisch, der es so lange in einer Firma ausgehalten hat. Aber der Blick ist nach vorn gerichtet, ich freue mich auf meine neuen Aufgaben und sehe freudig in die Zukunft.

Dein neues Album nennst du* Neubeginner. *Ist es denn wirklich ein Neubeginn, es ist schließlich deine dritte Soloplatte ...
Auf jeden Fall. Vorher waren es meine Soloalben, jetzt ist es nur noch mein Album. Die *Puhdys* gibt es nicht mehr, ich bin jetzt unter neuer Flagge unterwegs. Neues Management, neue Konzertagentur. Es sind definitiv neue Vorzeichen. Und insofern ist es auch ein Neubeginn.

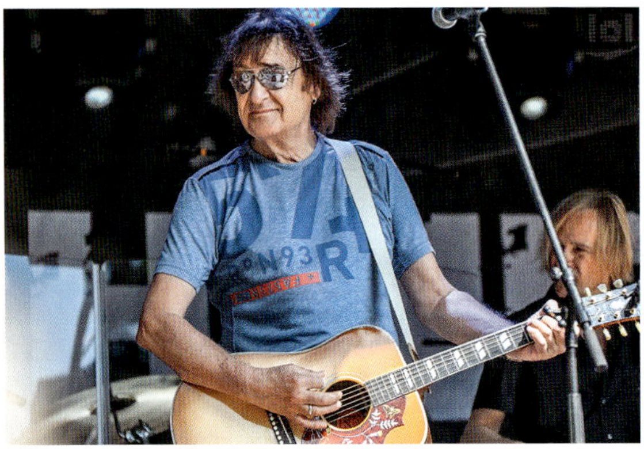

Maschine, 2017: Die *Puhdys* haben sich im Vorjahr aufgelöst. Nun ist Maschine ein *Neubeginner*. So heißen dann auch Album und Tour.

Während du auf deinem 2014er Album in erster Linie alte* Puhdys-Songs *in neuen Versionen aufgenommen hattest, gibt es auf* Neubeginner *durchweg neue Lieder.

Ja, das war die Herausforderung. Während es bei der letzten überwiegend um Arrangement-Fragen ging, entstand jetzt alles neu. Es war ein wesentlich kreativerer Prozess. Allerdings haben wir auch eine Coverversion dabei ...

***… »So wie du bist« von Heinz Rudolf Kunze, vom Album* Tiefenschärfe *seines Projekts* Räuberzivil.**

Heinz Rudolf hatte mir dieses Album mal geschenkt, und die Nummer hat es mir besonders angetan. Ich fand sie sehr passend für mein Album. Heinz Rudolf meint übrigens auch, dass sie besser zu mir passt. Er war sehr berührt von unserer Version. Wir hatten sie ihm geschickt, ohne ihm zu sagen, dass gleich sein Lied kommt.

Kunze ist auch der Texter von sechs Liedern auf* Neubeginner*, und ihr singt ein Duett im Song »Irgendwie begabt«. Wie kommt es eigentlich dazu, dass der Mann Texte für dich schreibt?

Wir kennen uns schon länger, wiederholt sind wir uns auf gemeinsamen Veranstaltungen begegnet. Der Kontakt war immer sehr offen und herzlich. Und nach einem gemeinsamen Auftritt bei einem Sachsen-Anhalt-Tag kamen wir darauf, mal etwas zusammen zu machen. Zuerst dachte ich, vielleicht wird es ein Song, doch es kamen immer mehr großartige Texte.

In »Irgendwie begabt« hört man eine verstimmte Gitarre, oder?

Ja, das stimmt. Wir hatten anfangs eine Vorproduktion gemacht, und das meiste davon landete schließlich auf dem Album. Jetzt klingt die verstimmte Saite ein bisschen derbe, eben Rock 'n' Roll ... Aber es passt gut.

Dass ihr so viel von der Vorproduktion genutzt habt, erklärt vielleicht auch den sehr lebendigen Sound des Albums ...

Bestimmt. Die Idee war, dass ich mit Marcus Gorstein, der in meiner Band auch die Keyboards spielt, eine Vorproduktion machen wollte. Wir sind sehr unverkrampft ans Werk gegangen, weil man im Hinterkopf hatte, dass man es eh noch einmal aufnimmt. Aber es ist anders gekommen, die frühen Versionen sind alle auf dem Album. Sowohl mein Produzent Ingo Politz als auch beteiligte Kollegen wie Uwe Hassbecker meinten, dass die frühen Versionen unbedingt bleiben müssen.

Weitere Texte stammen von Gisela Steineckert. Mindestens seit den 1970ern textet sie auch für Rock- und Popbands. Eigentlich ist es erstaunlich, dass sie und die* Puhdys *nie zusammengearbeitet haben.
Es hatte sich damals einfach nicht ergeben. Dass wir jetzt zusammenarbeiten, kam durch Dirk Michaelis. Dirk ist beim gleichen Label wie ich, außerdem hat er sein Büro im Haus des Studios von Ingo Politz. Schon beim letzten Album wollte er mitmachen, kam aber zu spät auf mich zu, so dass er nur als Zweitstimme bei einem Song dabei war. Von da an war aber klar, dass wir mal ein Duett machen wollen. Ich hatte eine Demoversion von »Zwei Hände mehr«, die ich Dirk in der Hoffnung gab, dass er gegebenenfalls eine Textidee hat. Doch er ist damit zu Gisela Steineckert [sie ist auch Autorin des Michaelis-Hits »Als ich fortging«, Anm. d. A.], die mich dann anrief, von der Komposition schwärmte und anbot, dafür einen Text zu schreiben. Ich bin sehr glücklich darüber, dass sie dabei ist. Gisela Steineckert ist sehr flexibel, es ist sehr angenehm, mit ihr zu arbeiten.

Einen sehr schönen Song hat dir auch Ela Steinmetz, der Kopf des Trios* Elaiza, *geschrieben, sie hat auch gleich die Komposition dazu mitgebracht. Der Song heißt »So viel erlebt«, ihr singt ihn auch zusammen.
Mal abgesehen von der einen oder anderen Coverversion nehme ich lieber Eigenkompositionen, aber in diesem Fall war ich sehr angetan. Die Nummer ist sehr stimmig. Und auch der Text, der davon handelt, was ich schon erlebt hab und sie noch erleben wird, hat mich überzeugt.

In »Helden meiner Generation« singst du über Künstler, die dich als Kind und Jugendlichen musikalisch sozialisiert haben. Ich weiß, dass du ein großer* Stones*-Fan bist. Wer hat dich noch geprägt?
Das waren nicht nur einzelne Bands, das war die komplette Zeit. Chuck Berry, Little Richard, Jerry Lee Lewis, *The Shadows* … Natürlich auch die *Beatles* und die *Stones*. *The Who*, *Led Zeppelin*, *Deep Purple* und so weiter, eben die komplette

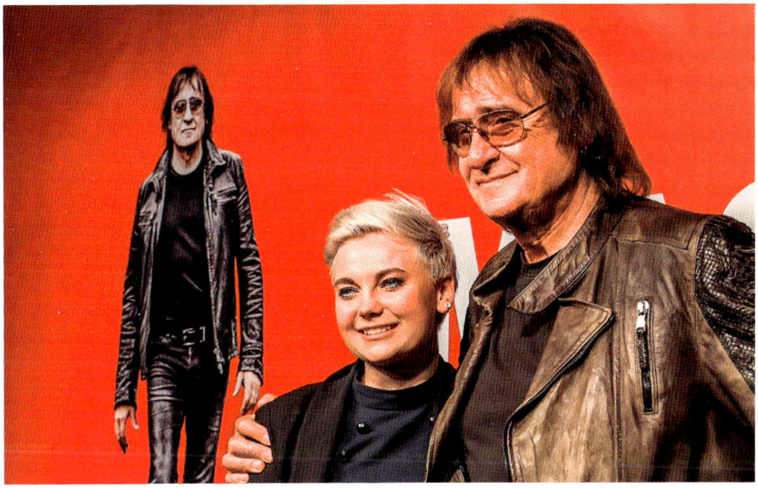

Auf *Neubeginner* finden sich auch einige Duette, zum Beispiel »So viel erlebt«, den Maschine mit Ela Steinmetz singt. Ela war damals Sängerin des Trios *Elaiza*, inzwischen hat die in der Ukraine geborene Künstlerin zwei deutschsprachige Soloalben veröffentlicht.

Szene. Das sind Bands für mich, die Bestand haben, und bestimmt habe ich einige, mir wichtige, gerade vergessen. Geht schon los: Peter Gabriel, *Genesis*, *Jethro Tull*. Und ich lasse mich bis heute begeistern.

Von wem denn zum Beispiel?
Immer noch viele. *U2*, *Rammstein*, *Foo Fighters*, *Arcade Fire*, *Mumford & Sons* … Ich bin ständig auf der Suche und freue mich über jede Entdeckung, auch unter den jungen Bands.

AnnenMayKantereit *vielleicht? Die Kölner Band hat der letzten* Puhdys*-Veröffentlichung die Nummer 1 verhindert, weil dort ihr Debüt landete. Der Mitschnitt des letzten* Puhdys*-Konzerts ging damit nur auf 2 in den offiziellen Albumcharts.*
Es waren einige *Puhdys*-Platten in den Top 20, und auch mein 2014er Soloalbum ging auf die 13. Da kann man sicher auch mal auf Platz 1 hoffen, aber wenn es nicht so ist, hat das nichts mit anderen Erstplatzierten zu tun. Ich gönne jedem Sänger, jeder Band den Erfolg.

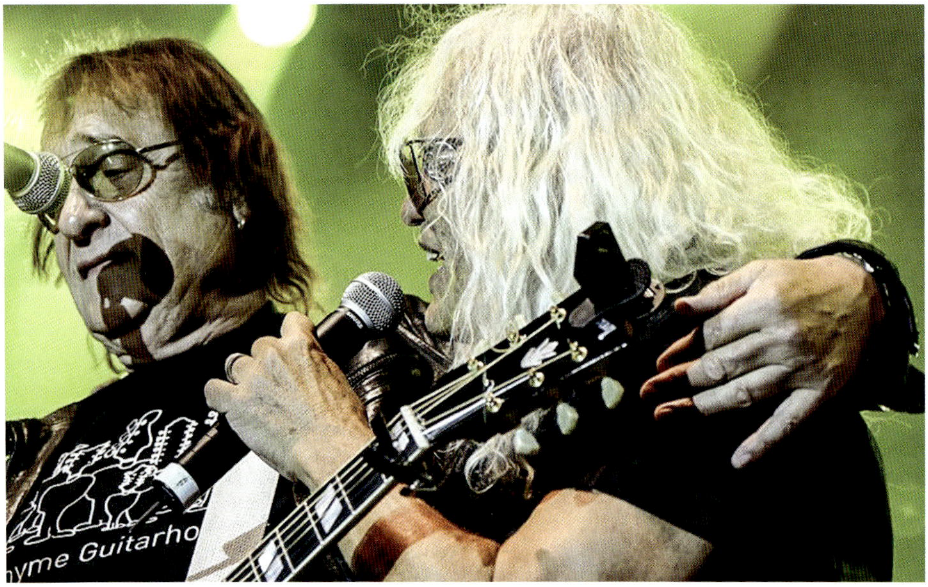

Mit dem *Omega*-Sänger Mecky singt Maschine »Der große Magnet« auf dem *Neubeginner*-Album. Der Text stammt übrigens von Heinz Rudolf Kunze.

»Helden meiner Generation«* wäre vielleicht ein guter Song für das Duett mit dem ungarischen Sänger János *»Mecky«* Kóbor von Omega *gewesen, der auch auf dem Album zu hören ist.

Ja, das war sogar die anfängliche Idee. Jetzt ist er mein Gesangspartner in »Der große Magnet«, der Song ist mystischer und opulenter, das passt sicher besser zu ihm.

Mit »Unterm Himmel von Berlin« gibt es eine Hymne auf deine Heimatstadt, darin erwähnst du sowohl David Bowie als auch den City-Sänger Toni Krahl. Wie wichtig war diese Stadt für deine Karriere?

Ich denke schon, dass meine Karriere einen anderen Verlauf genommen hätte, wenn ich in einer Kleinstadt aufgewachsen wäre. In Berlin gab es früher mehr Möglichkeiten, und ich hatte auch das Glück, Westberlin schon vor dem Mauerfall kennenzulernen. Schon allein die ganzen Radiosender, die man in Berlin hören konnte, die einen inspiriert haben. Viele Musiker hat man in der Stadt getroffen. Andererseits: Udo Lindenberg habe ich in Hamburg kennengelernt.

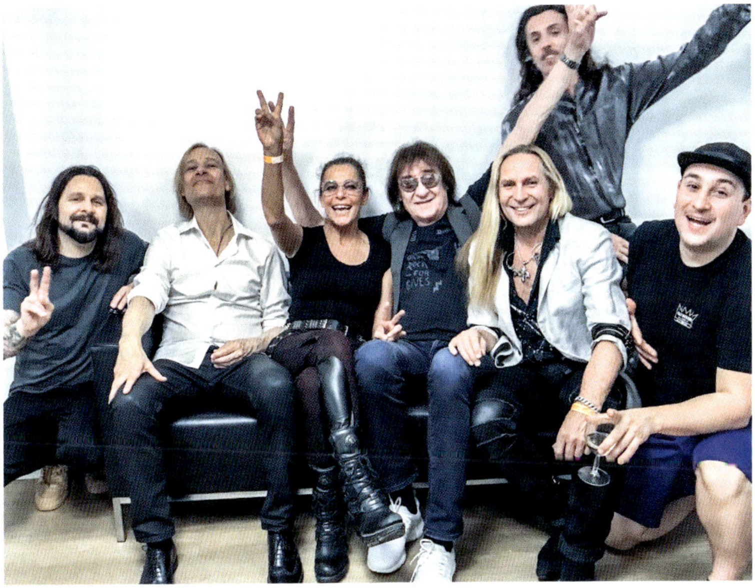

Maschine und seine Band 2017. Von links: Jörg Weißelberg, Simon Pauli, Julia Neigel, Uwe Hassbecker, Marcus Gorstein und Felix Lehrmann

Für die Media- und Saturnmärkte gibt es eine Version deines Albums mit zwei Bonustracks. Das ist üblich in der Branche, aber deine zusätzlichen Songs kommen nicht am Ende, sondern sind mittendrin. Das ist sehr ungewöhnlich.
Ja, vielleicht. Aber es war uns wichtig, dass das Album mit »Auf das Leben« endet. Es ist für mich eine sehr stimmige Reihenfolge, sowohl auf dem regulären Album als auch der MediaMarkt- und Saturn-Edition. Der Bonustrack »Silberstreifen« war übrigens die erste Nummer, die wir fürs Album aufgenommen hatten.

ES WAR SCHÖN

Maschine und das Ende der *Puhdys*

Was macht eine Band, die im letzten Jahr schon ihr allererstes Konzert am 1. Januar spielte? Genau, sie macht es noch einmal. Am 1. Januar 2010 stehen die *Puhdys* erneut auf der Bühne. Endlich können auch die Berliner Maschine und seine Kollegen in der akustischen Version erleben. Und weil das Konzert im Berliner Friedrichstadt-Palast in Windeseile ausverkauft ist, gibt es vierzehn Tage später eine Wiederholungsshow. Doch die Tickets reichen wieder nicht für alle. Aber was macht eine Band, die sowohl am 1. Januar 2009 als auch am ersten Tag des Folgejahrs auf der Bühne steht? Richtig, sie spielen auch am 1. Januar 2011 ein Konzert. Vielleicht war die Aktion, die Konzertsaison jeweils schon am ersten Januartag zu beginnen, ein dezenter Hinweis des Managements, dass die Kalender wieder voll sind. Wer also dachte, dass es nach dem imposanten Jubiläumsjahr, dem 40., ruhiger werden könnte, lag daneben. Dabei hätte es wohl kein Fan den *Puhdys* übelgenommen, wenn sie ein bisschen kürzergetreten wären.

2011 ist auch das Jahr, in dem ein neuer Plattenvertrag unterschrieben wird. Das neue Label der *Puhdys* ist nun Universal Music. Als Erstes wird noch mal »Hey, wir woll'n die Eisbärn sehn« als CD-Single veröffentlicht, aber in einer neuen Version, nämlich in einem Duett mit Jürgen Drews, dem Schlagerbarden, der 1976 mit »Ein Bett im Kornfeld« seinen ersten großen Hit hatte, später der »König von Mallorca« wurde und 2022 seine bis zum Schluss erfolgreiche Karriere beendete. Und gegen Ende 2012 kommt das erste Universal Music-Album der *Puhdys* auf den Markt. *Es war schön* heißt es. Universal ist ein echter Riese der Musikbranche. Natürlich ist es zunächst was Gutes, bei einem Giganten der Musikindustrie einen Deal zu haben, denn jede und jeder, der schon einmal was veröffentlicht hat – ganz egal jetzt, ob ein Buch, eine CD oder einen Film – weiß, dass nur gut sein (oder im Idealfall besser als viele andere) gerade mal die halbe Miete ist. Man braucht ein schlagkräftiges Netzwerk. Was nützt ein sensationelles Album – um bei einem Musikbeispiel zu bleiben –, wenn dazu keine Promotionsmaßnahmen ergriffen werden oder auch sonst irgendwie keine Werbung stattfindet? Oder aber, es stimmt das Produkt und auch das Marketing, aber der Vertrieb bekommt das Album nicht im Handel unter. Irgendwas ist immer.

Speziell kleinere Labels können ein Lied davon singen, wenn der Zufall des Glücks ausbleibt. Umso größer und mächtiger eine Plattenfirma also ist, umso besser die Chance, mit seinem Album durchzustarten. Das sieht man ja an den *Rolling Stones*, *U2* und Lady Gaga, an Herbert Grönemeyer, Helene Fischer und *Rammstein* – alles Acts von Universal Music. Doch hinter jedem Erfolg stehen auch ein paar Flops. Die manchmal auch deshalb floppen, weil den Newcomern das letzte Quäntchen Authentizität am Reißbrett der Labelstrategen abhandenkommt. Ein mir bekannter Musiker mit Majorlabel-Erfahrung hat es einmal so gesagt: »Da werden zehn Acts an die Wand geworfen und nur zwei bleiben kleben.« So ist es halt. Doof nur, wenn man zu den acht gehört. Die *Puhdys* können sich jetzt auch gar nicht wirklich beschweren, Universal hat bei ihnen viel richtig gemacht. Doch die Stimmung ist dennoch nicht die beste. Es weht mitunter ein eisiger Wind in den Büros der Plattenfirmenchefetage. Das äußert sich zum Beispiel darin, dass Maschine zwei eher rockige Songs komponiert, die nicht auf das Album dürfen. Der Kompromiss ist dann der, dass »Sei still« und »Jeder Ton« nur auf die Digitalversion können, also für die Hörer, die streamen oder downloaden. Aber das sind 2012 bei den *Puhdys* noch nicht so viele. Die beiden Songs werden einige Jahre später auf die Kopplung *Puhdys in Rock* gepackt. Natürlich ist es richtig und wichtig, dass sich eine Plattenfirma einbringt. Sie muss ja am Ende das Album verkauft bekommen. Aber wie heißt es so schön? Der Ton macht die Musik. Doch hier ist die Kommunikation der Labelmanager etwas unsensibel. Natürlich geht es in Ordnung, wenn die Kollegen von Universal keinen Kniefall machen, und sie müssen auch nicht alles gut finden, was Maschine anbietet. Aber es geht um Würde und Respekt. Um den Umgang miteinander. Normale Dinge eben, die selbst Newcomer erfahren sollten.

Na ja, lange her. Und am Ende ist *Es war schön* ein Meilenstein in der *Puhdys*-Diskografie geworden. Der Großteil der Kompositionen und Texte kommt traditionell von Maschine, bei einigen Texten macht Lukas Hainer – übrigens auch ein echt guter Kinderbuchautor – mit. Den Opener »Unser Schiff« schreibt Maschine gemeinsam mit Hardy Krech und Mark Nissen, die beiden firmieren als Elephant Music und sind zum Beispiel für den Erfolg von *Santiano* zuständig. Von ihnen kommt auch der Titelsong: »Es war schön«. Den Text liefert Frank Ramond, der auch schon für Udo Lindenberg und Ina Müller schrieb. *Es war schön* klingt ein bisschen nach Abschied, zumindest reagieren die Medien dementsprechend.

Das ist nicht schlimm, denn Presse ist immer gut. *Es war schön* wird das erste Top-20-Album der *Puhdys*. Nichtsdestotrotz fühlt sich Maschine nach der Produktion des Albums ganz schön ausgelaugt. Deshalb lehnt er es auch ab, gleich nach der Produktion erneut ins Studio zu rennen, um ein weiteres Weihnachtsalbum aufzunehmen. Er versteht zwar das Ansinnen des *Puhdys*-Managements, dass es klug ist, für die Weihnachtstournee 2013 auch ein neues Album zu haben und dass man den guten Lauf beim Universal-Label nutzen sollte, aber Maschine geht es nie nur um Quantität, sondern auch um Qualität. Was strategisch und marketingtechnisch richtig erscheint, muss noch lange nicht künstlerisch Sinn ergeben und umsetzbar sein. Weshalb er sich – ganz bestimmt schweren Herzens – nicht imstande sieht, mal schnell ein paar neue Songs aus dem Ärmel zu schütteln. Klar, man kann sich alles komponieren und texten lassen, und man kann sich auch alles von anderen Musikern einspielen lassen. Das Musikbusiness ist nicht erst seit *Boney M.* und *Milli Vanilli* mitunter eine große Fakeshow. Speziell im Pop- und Schlagersegment wird sich mitunter ein Konstrukt ausgedacht, mit dem die Sängerin oder der Sänger nicht mehr viel zu tun hat. Sollte das auch eine Rockband machen, der es stets wichtig war, eigenes Material – zumindest überwiegend – zu präsentieren, deren jahrzehntelanger Erfolg sich auch in deren Authentizität begründet? Natürlich nicht! Maschine möchte es bei der angedachten Pause belassen. Wobei es das Wort »Pause« überhaupt nicht trifft. Denn die *Puhdys* sind mehr oder weniger das ganze Jahr auf Tournee (was natürlich gut und richtig ist, der Mann liebt die Bühne und seine Fans). Und nichtsdestotrotz lenkt Maschine ein und schraubt an ersten neuen Weihnachtssongdemos. Doch die Arbeit hätte er sich sparen können ...

Tatsächlich steht im November 2013 ein neues *Puhdys*-Album in den Läden. Das dritte Weihnachtsalbum der Band. In Maschines Diskografie hat es dennoch nur bedingt etwas zu suchen. Es sind zwar sechs Tracks auf *Heilige Nächte*, die aus seiner Feder sind und die er auch eingesungen hat, aber es sind Songs, die schon auf den winterlichen Vorgängern *Dezembertage* beziehungsweise *Dezembernächte* verewigt sind. Nun hat man seine alten Gesangsspuren genommen und den Rest neu gemacht. Maschine hat damit aber nichts zu tun, und nebenbei, die Lieder sind nicht besser geworden. Mehr noch: Als er erfährt, dass es dieses Album geben wird, ist es längst fertig. Freilich sind die *Puhdys* nicht nur Maschine. Natürlich nicht. Es muss sich dennoch beschissen anfühlen.

Nehmen wir mal die *Rolling Stones*: »Hey, Mick Jagger, hey, Keith Richards, wir haben jemanden, der eure Lieder schreibt. Ronnie Wood und Charlie Watts sind auch einverstanden.« Was würde Campino tun, wenn er erfahren würde, dass die nächste *Tote Hosen*-Platte ohne seine Mitarbeit entstanden ist? Oder Wolfgang Niedecken erfährt vom kommenden *BAP*-Werk, auf dem auf den Meister verzichtet wird. Schwamm drüber, denkt sich Maschine, bloß professionell bleiben. Eine Plattenfirma will, nein, muss nun mal Platten verkaufen. Und dass sich eine Tournee, die an einen neuen Tonträger gekoppelt ist, medial besser platzieren lässt, liegt auch ganz klar auf der Hand. Nichts anderes schwebt dem Management vor. Das geht also in Ordnung, also muss … Maschine spürt dennoch einen Riss in seinem Herzen. Er fühlt sich hintergangen. Dass die Kollegen ein Album ohne ihren eigentlichen Sänger und Komponisten aufnehmen, ist dabei die eine Sache. Die andere, aus meiner Sicht schlimmere: Maschine wusste nichts davon. Umso länger er darüber nachdenkt, umso unerträglicher wird es für ihn. Wie kann es sein, dass die Musiker, mit denen man zu diesem Zeitpunkt schon seit über zweiundvierzig Jahren in einer Band spielt, nichts davon erzählen, die Produktion praktisch hinter seinem Rücken voranschreiten lassen? Man könne mit Maschine nicht reden, erklären ihm später die anderen *Puhdys*. Das kann und möchte ich überhaupt nicht beurteilen, aber wenn ich mir vorstelle, dass eines meiner Herzensprojekte ohne mich und vor allem ohne mein Wissen darüber weitergeführt wird, wäre ich sicherlich auch etwas ungehalten. Mindestens! Glücklicherweise verlässt Maschine die *Puhdys* nicht. Er ist klug genug, die etwa viereinhalb Dekaden nicht einfach über Bord zu schmeißen. Ein Glück.

Vielleicht tröstet sich Maschine ein Stück weit damit, dass *Heilige Nächte* kein großer Wurf geworden ist. Die meisten neuen Lieder darauf komponiert Rainer Oleak, der zu diesem Zeitpunkt seit einigen Jahren schon die *Puhdys* als Produzent betreut – etwa bei *Abenteuer*, dem Jubiläumsalbum zum 40. Freilich hat Ole, wie Oleak genannt wird, die Fähigkeit, professionell Lieder zu schreiben, und es ist ebenso okay, dass die Bandkollegen Dieter Hertrampf öfter als bisher und Klaus Scharfschwerdt nach langer Zeit mal wieder ans Gesangsmikro treten und dass über fünfzehn Gastmusiker in die Produktion involviert sind. Ganz sicher gefällt diese CD auch vielen Menschen, aber wie viel von den *Puhdys* steckt hier eigentlich noch drin? Zumal von Maschines Bandkollegen nicht ein einziger Ton komponiert und nicht eine einzige Zeile getextet wurde.

Live sind die *Puhdys* aber nach wie vor noch eine Bank. Es müssten etliche Konzerte aus den letzten sechs Bandjahren erwähnt werden. Zum Beispiel die Tradition mit der Waldbühne. 2011 sind sie dort Gäste von Joe Cocker, aber das ist auch schon an anderer Stelle in diesem Buch erwähnt. Unvergessen sind auch die »Rock Legenden«-Tourneen mit *Karat* und *City*. Ein Konzert, bei dem mindestens drei Bands hintereinander spielen, ist selbstverständlich keine Neuerfindung, doch die Faszination der »Rock Legenden« besteht darin, dass die Musiker der Bands miteinander agieren und eine Kollaboration nach der anderen abfeiern. Obendrein covern sich die Bands gegenseitig. 2014 stehen die *Puhdys* wieder auf der Bühne der Berliner O2 World. Es ist das Konzert zum fünfundvierzigsten Bandgeburtstag. Was die Gästeanzahl betrifft (also die auf der Bühne, der Saal ist wieder ausverkauft), ist es vergleichsweise zum 30. oder 40. Jubiläum ein bescheidenes Konzert. Die Singer/Songwriterin Alexa Feser (sie hatte damals gerade mal ihr Debüt draußen) und Ela Steinmetz (zusammen mit ihrer Band *Elaiza*) sind die Support Acts und gesellen sich während des *Puhdys*-Auftritts zu Duetten dazu. Ansonsten konzentriert sich diese Jubiläumsshow ausschließlich auf die *Puhdys*. Warum? Weil sie es können. Im Ernst: Theoretisch können die *Puhdys* einen Abend lang ausschließlich ihre eigenen Hits spielen. Vielleicht sind die musikalischen Gratulanten auch deshalb überschaubar, weil die Band einen Abend später wieder auf dieser Bühne vor ausverkauftem Hause steht. Die »Rock Legenden« haben sich angesagt.

Die Stimmung an beiden Abenden ist prächtig, aber es schwingt auch Wehmut mit, denn längst ist bekannt, dass die Bandgeschichte zu Ende geht. Im Februar 2014 geben die *Puhdys* eine offizielle Presseerklärung heraus, dass die Konzertsaison 2015/16 ihre letzte sein wird. Ich hatte damals den Auftrag, diese Meldung zu verfassen. So wie ich zuvor schon viele Infotexte zu ihren Alben und Tourneen schrieb. Aber diesmal war das Feeling ein anderes. War ich sonst eher euphorisiert, weil ich mich schon lange vor Veröffentlichung zu den neuen Liedern äußern konnte, weil ich die eine oder andere Tournee anzupreisen hatte, war ich diesmal traurig. Ich erinnerte mich an mein allererstes Rockkonzert überhaupt, wie ich als Zwölfjähriger zur Freilichtbühne in Berlin-Biesdorf fuhr, um die *Puhdys* zu sehen, an meine erste *Puhdys*-LP (die *Computer-Karriere* war's), an all die vielen anderen Konzerte und später dann die ersten Interviews sowie an die Unplugged-Tournee in Niedersachsen (auf der ich die Interviews zu einem

Kleine Auswahl von Zeitschriftencovern mit Maschine, darunter sieben mit den *Puhdys*

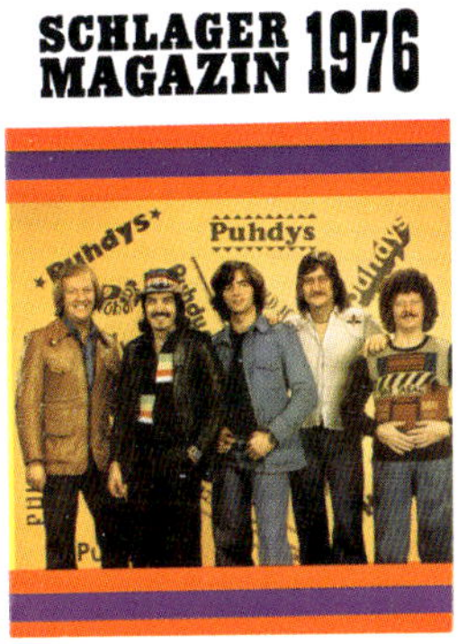

Schlagermagazin 1976

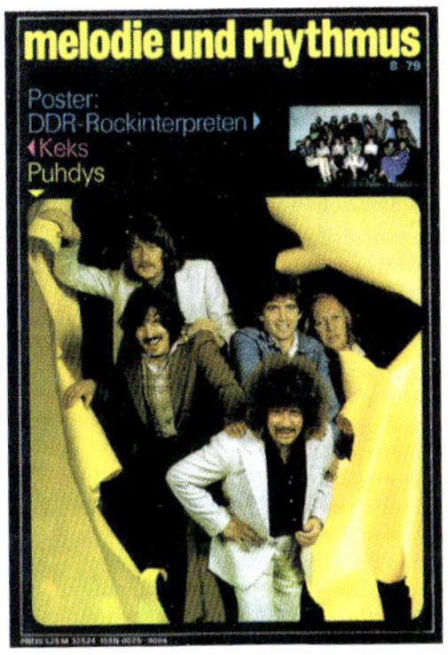

Melodie & Rhythmus 1979

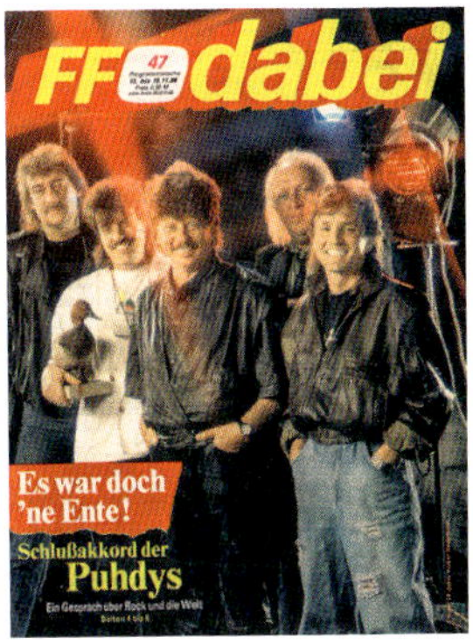

FF dabei 1989

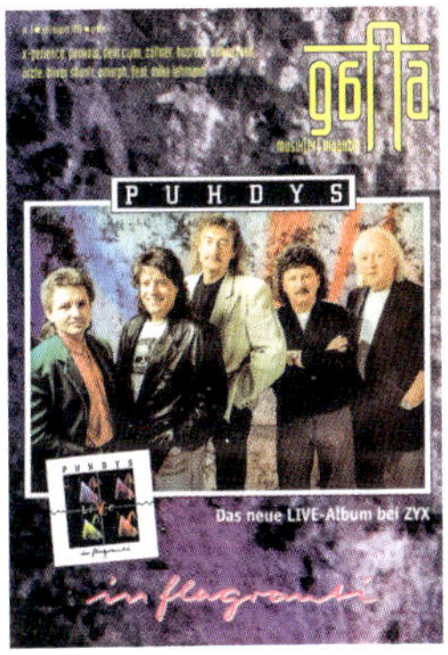

gaffa 1996

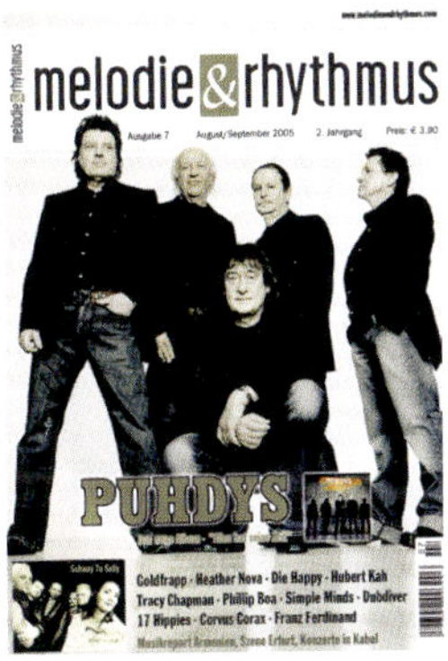

Melodie & Rhythmus 2005

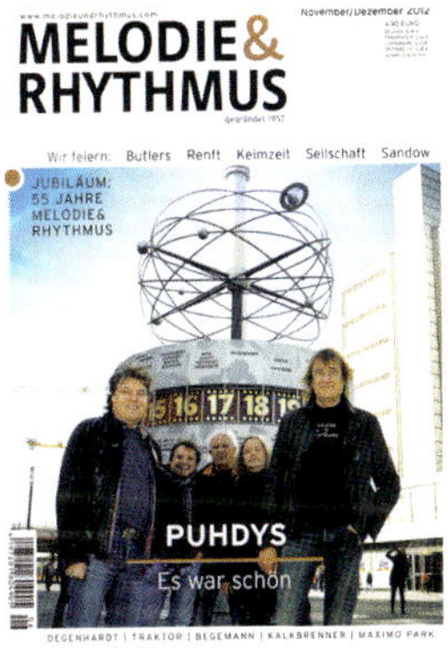

Melodie & Rhythmus 2012

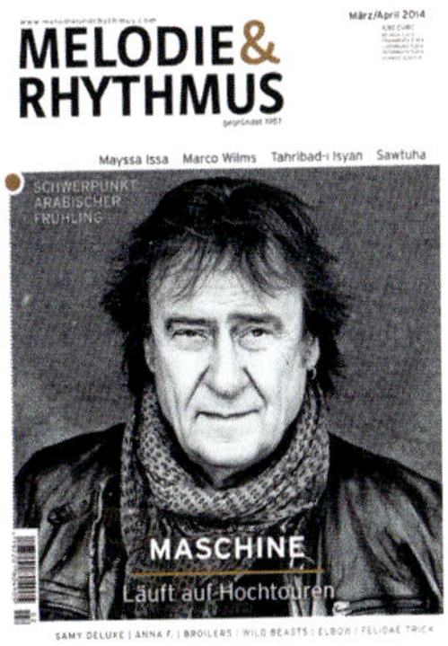

Melodie & Rhythmus 2014

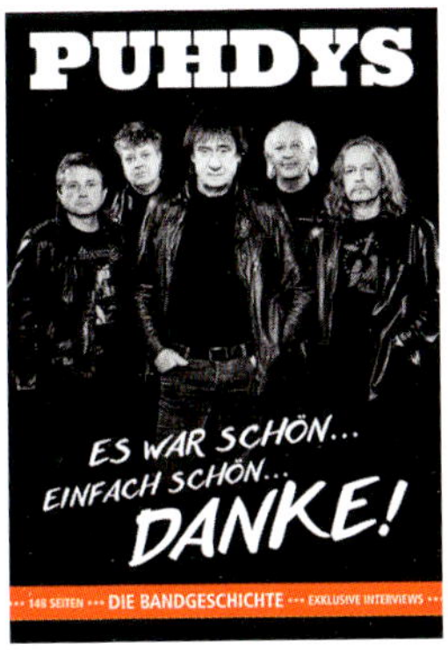

Puhdys-Magazin 2015

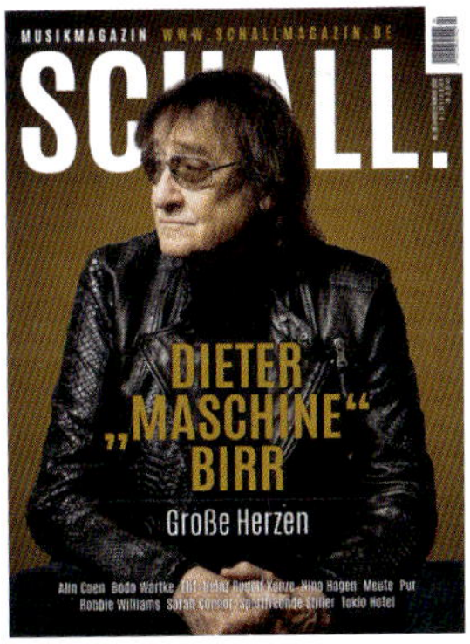

Schall 2022

Puhdys-Buch machte). Kurioserweise bin ich in meinen Kindheitstagen durch Zufall den *Puhdys* mit Kind und Kegel auf dem Rummel im Berliner Plänterwald begegnet. Sie waren inkognito da, ein Autogramm bekam ich trotzdem, und Harry Jeske, Bassist und Manager, schenkte mir ein Poster. Vermutlich hat jeder seine ganz persönliche Anekdote mit den *Puhdys* und/oder ihren Songs. Meine Mutter liebte beispielsweise den Film *Die Legende von Paul und Paula* wegen des Soundtracks, und mein Vater dudelte seine *Rock 'n' Roll Music*-Kassette so lange, bis sie leierte. Wie viele Bands gibt es schon, die siebenundvierzig Jahre schaffen und die gleich mehrere Generationen begeistern? Die *Puhdys* gehörten immer irgendwie dazu. Da darf man auch mal traurig sein …

Wo ist eigentlich eine Band an ihrem letzten gemeinsamen 1. Januar, wenn sie sich den unmöglichen Termin immer mal wieder als Konzerttag auserkoren hat? Na klar, in der O_2 World, die seit Sommer 2015 Mercedes-Benz Arena heißt. Und weil nicht alle Fans in die gigantische Mehrzweckhalle in der Nähe des Berliner Ostbahnhofs hereingepasst haben, folgt am 2. Januar ein weiteres Abschiedskonzert. Es ist in der Tat das allerletzte, komplette Konzert. Zwar nehmen Maschine und seine Kollegen wenige Monate später an der »Rock Legenden«-Tournee teil, doch das ist ja vergleichsweise ein »kurzer Einsatz«. Am 24. Juni 2016 stehen Dieter »Maschine« Birr, Dieter »Quaster« Hertrampf, Peter Meyer, Peter Rasym und Klaus Scharfschwerdt zum allerletzten Mal gemeinsam auf einer Bühne. Und zwar auf der Waldbühne in Schwarzenberg, der Perle des Erzgebirges, wie es so schön heißt.

Drei Monate zuvor feiern die *Puhdys* ihre bisher beste Chartplatzierung. Die CD *Das letzte Konzert* – ein Livemitschnitt aus der Mercedes-Benz Arena – katapultiert die Band aus dem Stand heraus auf Platz 2 in den offiziellen Albumcharts. Kann man das toppen? Fast. Selbst wenn man sich fragt, warum denn jetzt erst und nicht schon zum 30., 35. oder 40. Jubiläum, ist die Freude bei Maschine und den Bandkollegen groß: Am 7. April 2016 werden die *Puhdys* mit dem ECHO für ihr Lebenswerk ausgezeichnet. Die Verleihung erfolgt auf dem Gelände der Messe Berlin. Weil es die 25. Vergabe des Preises der Deutschen Phono-Akademie ist, beginnt der Abend mit einem Medley – sowohl die *Scorpions* und Lena als auch die *Prinzen* und Peter Maffay sind dabei. Außerdem treten *Bosse*, Enya und Udo Lindenberg an diesem Abend auf. Zwischendurch wird es auch traurig,

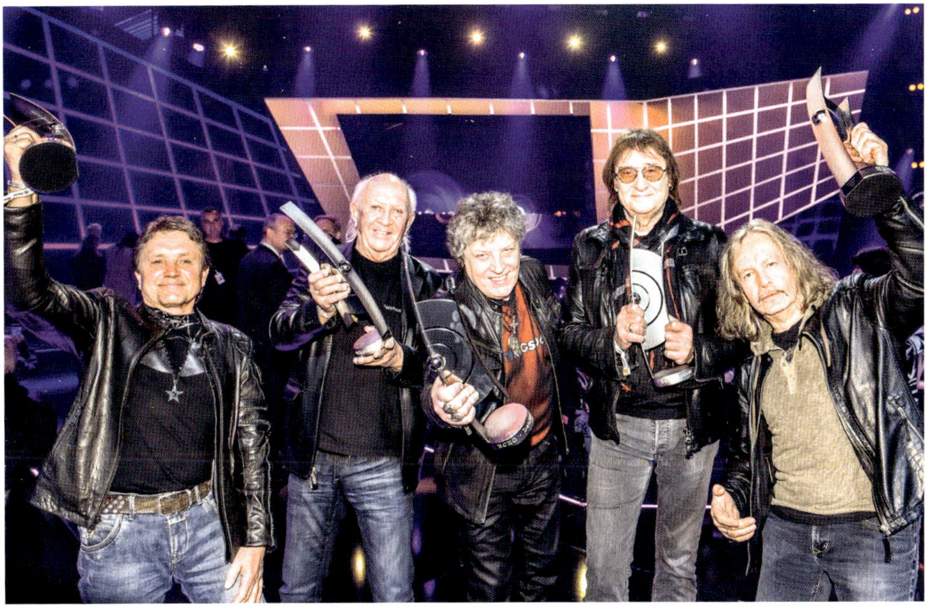

Der ECHO war einst der wichtigste Musikpreis Deutschlands. Im April 2016 geht er fürs Lebenswerk an die *Puhdys*. Zwei Jahre später wird der ECHO zum letzten Mal vergeben.

man gedenkt Roger Cicero und David Bowie, die Anfang 2016 verstorben waren. Schließlich folgt die Preisvergabe: Ed Sheeran, Sarah Connor, *Coldplay* und Helene Fischer können sich ebenso über einen ECHO freuen. Was noch niemand weiß: Es handelt sich um den vorvorletzten ECHO überhaupt, doch das ist eine andere Geschichte. Es bleibt dennoch cool, dass man die *Puhdys* bedacht hat (Peter Maffay hält übrigens die Laudatio). Lieber spät als nie.

10 Fragen an FELIX LEHRMANN

Schlagzeuger; spielt(e) in der Band von Maschine

Felix Lehrmann wird als Sohn eines Musikers geboren. Er wird aber nicht Gitarrist wie sein Vater, den man von *Stern Meißen*, Veronika Fischer sowie *Maschine & Männer* kennt, sondern Schlagzeuger. Als Fünfjähriger darf der in Halberstadt geborene, spätere Schlagzeuger den Proben von *Maschine & Männer* beiwohnen – eine Initialzündung. Fünfundzwanzig Jahre später kreuzen seine beruflichen Wege erstmals die von Maschine. Der Beginn einer wunderbaren Zusammenarbeit. Felix Lehrmann berichtet …

1 ***Du bist mir zuerst mit* Rivo Drei *aufgefallen, mittlerweile kenne ich dich auch als Schlagzeuger der schwedischen* Flower Kings *sowie aus der Band von Sarah Connor. Was sollte man noch von dir wissen?***

Ich habe eine eigene sagenhafte Band namens *Marriage Material*. Es handelt sich um ein Quartett mit Bass, Gitarre, Vibrafon und Drums. Wir haben im Sommer 2023 unser zweites Album herausgebracht und waren im Herbst damit auf einer kleinen Tour. Wir machen eine Mischung aus Cinematic Jazz, World Music und Progressive Rock. Ansonsten spiele ich seit zwei Jahren mit Till Brönner und seit sechs Jahren mit der *Martin Miller Session Band*, mit der wir millionenfach geklickten Erfolg auf *YouTube* feiern. Ich habe ein eigenes kleines Studio in Berlin, recorde dort meine Drums und verschicke sie in die Welt. Wenn es meine Zeit zulässt, arbeite ich auch mit Torsten Goods, Stephanie Lottermoser und Rebekka Bakken. Und ich bin seit über einem Jahr verheiratet.

2 ***Dein Vater, der Gitarrist Michael Lehrmann, zählte Anfang der 1990er zum Line-up von* Maschine & Männer*, 2014 trommeltest du das erste Mal bei Maschine. Schließt sich hier ein familiärer Kreis?***

Irgendwie schon. Mein Vater hat mit mir zusammen auf Maschines *Alle Winter wieder*-Tour gespielt. Es gibt nichts Schöneres, als mit meinem Vater auf Tour zu sein …

3 ***Kannst du dich an die Zeit von* Maschine & Männer *erinnern, konntest du zum Beispiel als Steppke deinen Vater zur Probe begleiten?***
Maschine & Männer haben damals in einem Schulgebäude bei uns hinterm Haus geprobt. Ich habe fasziniert neben Klaus Scharfschwerdts Schlagzeug gesessen – mein erster Drumhero! [Der *Puhdys*-Drummer gehörte 1990/91 auch zu Maschines Band, Anm. d. A.] Ich war damals fünf Jahre alt, diese Erfahrung hat mich enorm geprägt.

4 ***2024 ist das Jahr der Jubiläen: Maschine wird achtzig, du vierzig und eure erste Zusammenarbeit – das Album* Maschine *– liegt zehn Jahre zurück. Welche Gedanken schießen dir durch den Kopf?***
Wahnsinn, wie schnell doch die Zeit vergeht. In den letzten zehn Jahren ist so enorm viel passiert. Ich habe ausschließlich schöne Erinnerungen an die Zusammenarbeit mit Maschine, ich bereue nichts …

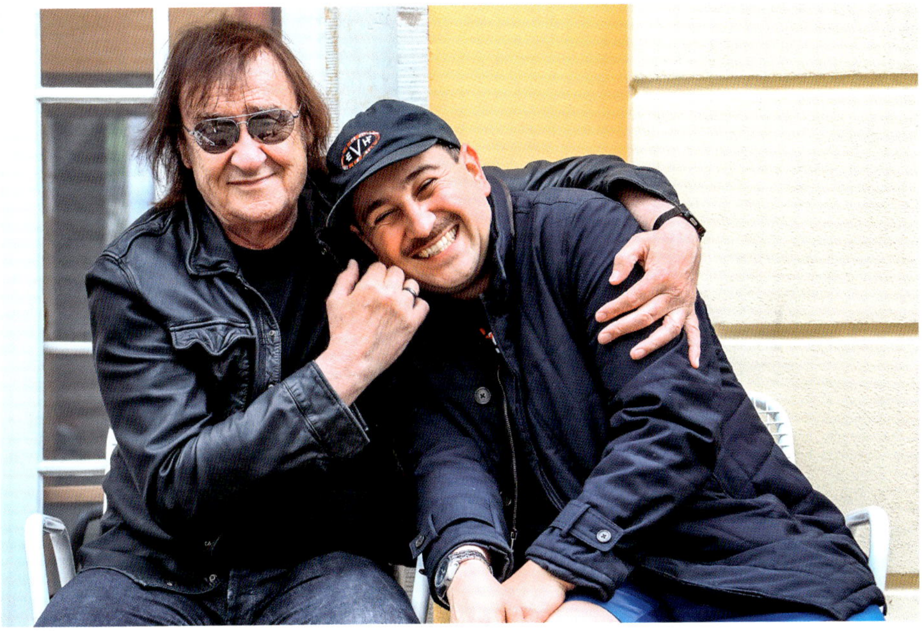

Maschine und Felix Lehrmann

5 ***Auf dem Album* Maschine *hattet ihr viele* Puhdys-Klassiker *neu eingespielt. Wie viele kanntest du schon davon?***

Ich kannte fast alle Songs, was es nicht unbedingt leichter gemacht hat, mit neuen Interpretationen oder Grooves um die Ecke zu kommen. Es ist wirklich klassisches Material. Ich war aber auch ein bisschen enttäuscht, dass »Das Buch« nicht neu aufgenommen wurde …

6 ***Du bist inzwischen an vier Maschine-Alben beteiligt:* Maschine *(2014),* Neubeginner *(2016),* Alle Winter wieder *(2018) und* Große Herzen *(2022). Welche Produktion gefällt dir am besten?***

Mein persönlicher Favorit ist *Neubeginner.* Es ist ein tolles, sehr abwechslungsreiches Album im typischen Maschine-Rocksound. Ausschließlich sehr gute Songs und eine hörenswerte Produktion.

7 ***Wie ist die Zusammenarbeit mit Maschine, und hat sie sich im Laufe der Jahre verändert?***

Maschine hatte von Anfang an großes Vertrauen in mich. Es fühlt sich keine Sekunde nach Arbeit an. Maschine schafft innerhalb seiner Band eine sehr familiäre und von Spaß geprägte Atmosphäre. Alle sind sehr respektvoll, und ich habe in all den Jahren keine einzige Reibung oder Auseinandersetzung innerhalb der Band mitbekommen.

8 ***Kannst du dich eigentlich mit eigenen Ideen einbringen, oder führst du »nur« aus, was der Chef verlangt?***

Maschine lässt mich mein Ding machen, und das ist das größte Geschenk, das ich von einem Bandleader bekommen kann. So etwas ist nicht selbstverständlich, und ich weiß das enorm zu schätzen. Maschine hat zwar immer eine klare Vorstellung von seiner Musik, aber ich darf mich voll und ganz einbringen. Er steht auf meine Art, Drums zu spielen, und gerade beim Livespielen lässt er mich von der Leine. Mein Input findet immer ein offenes Ohr bei ihm.

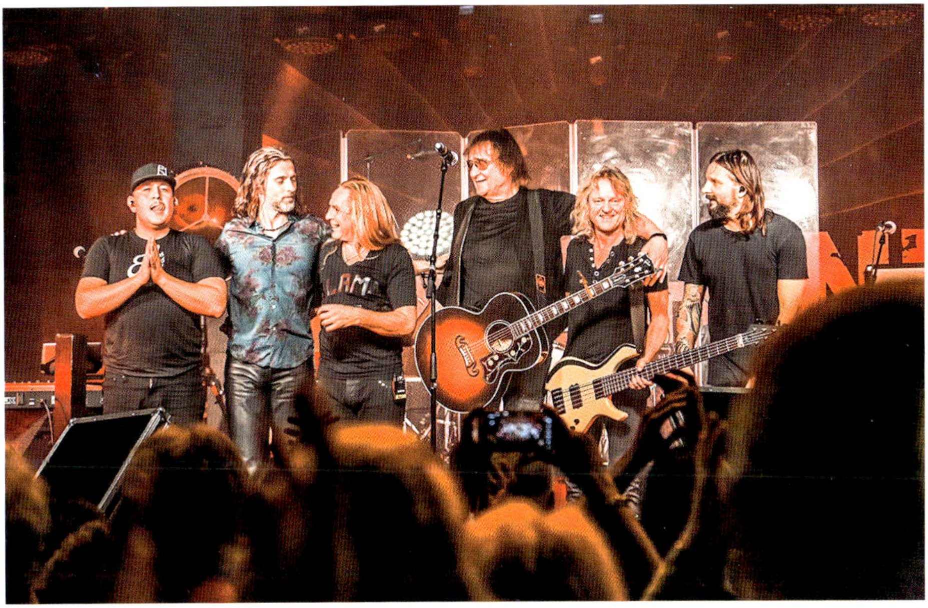

Maschine mit Band, 2017. Links im Bild: Schlagzeuger Felix

9 ***Als du geboren wurdest, feierten die* Puhdys *gerade ihren fünfzehnten Bandgeburtstag – gibt es irgendetwas, das du dir als Musiker von so einem alten Hasen wie Maschine abgucken konntest?***

Es ist ein Geschenk, mit einem so erfahrenen Bandleader arbeiten zu dürfen. Ich bewundere seine Relaxtheit, seine Ausgeglichenheit. Maschine ist sich über all die Jahre treu geblieben. Er gibt immer hundert Prozent und ist ein elender Superprofi. Es gibt viel zu lernen ...

10 ***Du hattest auch in der Liveband von Maschine gespielt. Jetzt ist er aber eher zu zweit mit Uwe Hassbecker unterwegs – wie traurig bist du?***

Ich freue mich, dass die Gigs mit Uwe so gut ankommen und die Häuser voll sind. Aber natürlich bin ich traurig, dass wir nicht mehr regelmäßig zusammen unterwegs sind. Doch am wichtigsten ist, dass Maschine weiterhin auf der Bühne steht und den Leuten gibt, wonach sie verlangen. Alles andere wäre egoistisch von mir. Wer bin ich denn?

KEINE TRICKS

Maschine im Interview – 2018

Als wir uns 2018 zum Interview verabreden, steht Maschine mit seinem neuen Album *Alle Winter wieder* in den Startlöchern. Wenn sich Musiker thematisch der Weihnachts- und Winterzeit nähern, wird es oftmals schnell pathetisch. Im Grunde gibt es nur einen ganz schmalen Grat zwischen Glaubwürdigkeit und Nahbarkeit auf der einen Seite sowie Kitsch auf der anderen. Die Gefahr, dass es banal wird, lauert praktisch bei jedem Song, hinter jeder Textidee. Doch ich bin erstaunt, wie Maschine dabei die Kurve kriegt. Besonders deshalb, weil *Alle Winter wieder* nicht seine erste Arbeit ist, die sich thematisch der Jahresendstimmung nähert. Schon mit den *Puhdys* widmete er sich wiederholt der Weihnachtszeit. Es wäre irgendwie verständlich gewesen, wenn Maschine bei *Alle Winter wieder* geschwächelt hätte, aber er geht erneut in die Vollen. In Liedern über Geschenkewahn und Neujahrsfrühstück nach siebzehn Uhr geht es echt witzig zu, doch der großartigste Song des Albums ist zweifelsohne »Der alte Wolf«. Ein bewegendes Lied von Aufbegehren und rastloser Sinnsuche, ein Lied über Maschine selbst: »Der alte Wolf hat manchen Kampf erlebt, doch niemand nahm ihm seinen Stolz.« Während unseres Interviews zu *Alle Winter wieder* ist es draußen noch Herbst, aber gedanklich pendeln wir Weihnachten entgegen.

Ein klassisches Winter- beziehungsweise Weihnachtsalbum spart musikalisch und textlich viele Themen aus. Fühlt man sich da nicht in seiner Kreativität beschränkt?

Das ist eine gute Frage. Aber ich denke nein. Es muss ja nicht in jedem Song Winter oder Weihnachten vorkommen. Nimm Songs wie »Wegbegleiter« oder »Bilder, die man nie vergisst«, die sehr nachdenklich sind und damit gut passen. Aber sie haben nicht explizit eine Winterthematik. Insofern ist das Korsett gar nicht so eng, wie man vielleicht vermuten würde.

Und hast du schon mal daran gedacht, dass eine Winterplatte sich wenig in den anderen Jahreszeiten verkaufen wird?

Das stimmt. So wie es aussieht, ist sie im Januar wieder aus den Tonträgerläden raus. Aber das ist kein Drama. Ich produziere Alben ja nicht nur des Verkaufs wegen. Ich denke, die Haltbarkeit eines Albums ist heute eh ganz anders als früher.

Du hast bereits Weihnachtsplatten mit den* Puhdys *eingespielt. Hattest du keine Sorge, dass sich diese Thematik längst erschöpft hat? Immerhin sind sämtliche Lieder von dir komponiert, die meisten Texte von dir geschrieben.

Bei der Musik mache ich mir weniger Sorgen. Doch bei den Texten denke ich bei jeder Platte, dass mir nichts mehr einfallen wird. Aber natürlich weiß ich auch, dass ich es schaffe. Ich habe in meinem Leben immer erreicht, was ich wollte. Das ist eine starke Motivation für mich. Sicher gibt es immer wieder Bedenken, auch bei Konzerten oder so. Man denkt: zu viele neue Lieder, zu wenig geprobt und so weiter. Aber letztlich kriege ich es hin. Dieses Wissen ist mein Antrieb, mein Motor.

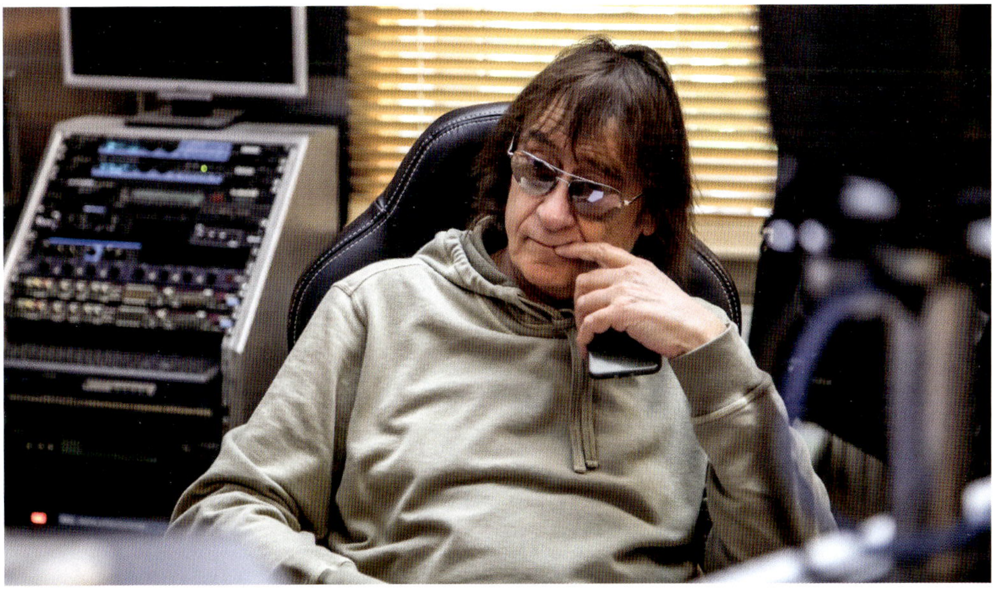

Ob Maschine schon an das nächste Weihnachtsalbum denkt?

Damit die Winterplatte auch eben zum Winter da ist, stehst du im Sommer im Studio. Hast du Tricks, wie du eine winterliche Grundstimmung bei dreißig Grad und Sonnenschein haben kannst?

Das braucht keine Tricks. Ich kann mich erinnern, als wir 2001 mit den *Puhdys* unsere erste Winterplatte aufnahmen, dachte ich verstärkt an die Weihnachtszeiten meiner Kindheit. Welche Gefühle, welche Wünsche, welche Gedanken ... Plötzlich waren die ganzen Erinnerungen präsent, wie unsere Nachbarin den Weihnachtsmann spielte und in unserem Kohlensack die Geschenke trug. Das war sehr hilfreich, um mich im Sommer in die Weihnachtszeit zu katapultieren. Solche Denkübungen sind heute aber nicht mehr nötig. Ein Schauspieler, der einen Mörder spielt, muss vorher auch niemanden umbringen ... *(lacht)*. Es muss nicht zwangsläufig warm sein, um einen Sommerhit zu schreiben. Und so muss es auch nicht Winter sein, um über Weihnachten schreiben zu können.

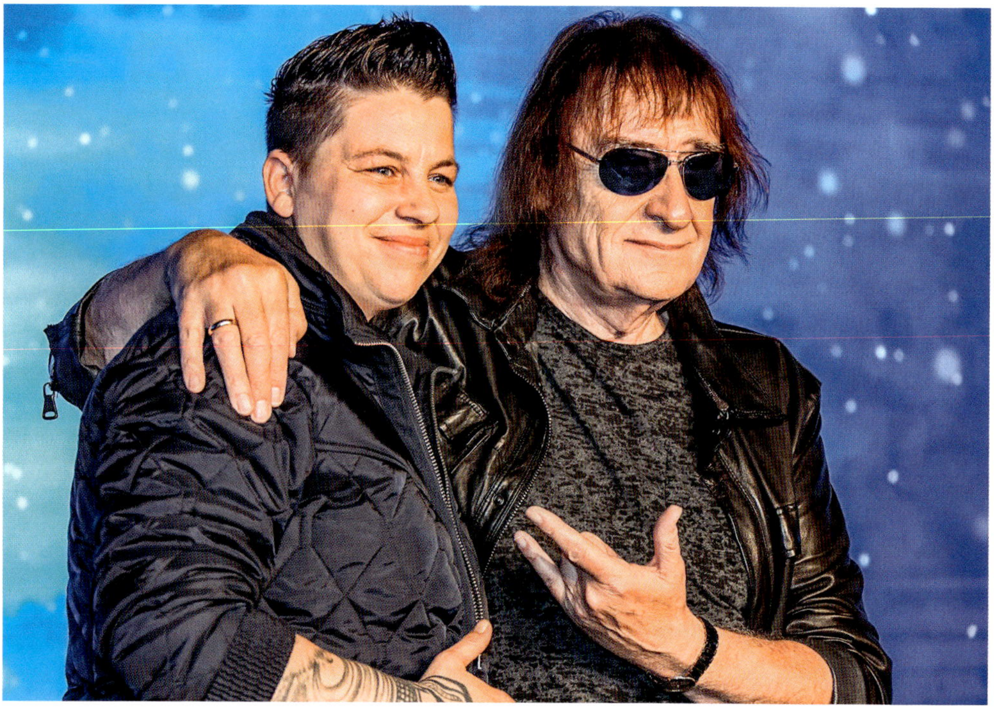

Kerstin Ott und Maschine – unterschiedliche Generationen, unterschiedliche Lebenswege, eine Gemeinsamkeit: Authentizität

Ich kann mich an unser Interview zum ersten* Puhdys-Album *bei Universal Music erinnern. Damals hattest du geäußert, dass die Art und Weise der Einmischung der Labelmacher – sagen wir es mal so – gewöhnungsbedürftig war. Wie läuft es inzwischen?

Inzwischen lässt man mich machen. Wir haben bei Electrola/Universal einen guten Mann sitzen. Aber damals war das schon befremdlich. Entweder ist man Künstler oder keiner. Es war ein bisschen so, als wenn man einem Maler sagt, mach mal deine grünen Striche alle gelb. Ich finde, ein Produzent hat immer das Recht, sich einzubringen und den Künstler in eine bestimmte Richtung zu lenken. Eben das Bestmögliche herauszukitzeln. Aber wenn es vom Label kommt mit so einer Ansage: »Wie soll ich das hier denn durchkriegen?«, dann ist die Stimmung nicht die beste. Vielleicht hat der Kollege ja recht gehabt, aber der Ton war definitiv der falsche.

Mit der zehnjährigen Gina-Sophie Gaebelein, die in diesem Song auch Geige spielt, hast du »Ein Fenster in der Stadt« aufgenommen. Ist es nicht ein Klischee, ausgerechnet immer auf einer Weihnachtsplatte ein Duett mit einem Kind zu singen?

Ja, den Vorwurf muss ich mir gefallen lassen. Ich mache das aber nicht um jeden Preis. Ich hatte ja auch mal mit meiner Enkelin Annabel einen Song aufgenommen. Das hätte ich nicht gemacht, wenn sie nicht singen könnte. Doch klar, ich weiß, was du meinst, Kinder und Tiere auf der Bühne wirken immer. Oder auch ein Puhdy, wie Toni Krahl von *City* einmal sagte, als sie mich zu einem ihrer Konzerte auf die Bühne einluden. Die Idee, mit Gina ein Stück zu machen, kam von meinem Manager Rolf Henning. Wir kannten die Familie bereits, Ginas große Schwester spielte Geige auf der *Puhdys*-Tour *Heilige Nächte*. Die beiden sind wirklich Wunderkinder. Gina hatte mich im Studio stark beeindruckt. Ansonsten, was ist denn nicht Klischee? Ich denke, die einzige, die kein Klischee ist, ist Kerstin Ott. Sie erfüllt nicht ein Merkmal einer Popsängerin, aber genau das finde ich an ihr gut.

Weshalb auf* Alle Winter wieder *auch ein Duett mit ihr zu finden ist …

Ja, ich freue mich sehr darüber, dass sie dabei ist. Als wir sie anfragten, entwickelte sich ihr »Die immer lacht« gerade zum Hit. Mittlerweile sind auf *YouTube* noch mal ein paar Millionen Klicks dazugekommen. Wer weiß, ob sie kurze Zeit später überhaupt noch zugesagt hätte. Kerstin wird auch bei der kompletten Tour dabei sein. So wie alle anderen Gäste des Albums auch.

Gemeinsam singt ihr »Matrosenweihnacht«, den Song hättest du auch für* Santiano *komponieren können.

Meinst du? Ich denke, die kommen auch ohne meine Hilfe ganz gut zurecht ... *(lacht)*. Die Musik habe ich auf einen Text von Monika Ehrhardt-Lakomy geschrieben. Und Kerstin Ott zeigte sich von dieser Nummer sehr beeindruckt, so dass sich schnell herauskristallisierte, dass wir »Matrosenweihnacht« gemeinsam singen.

Von der* Traumzauberbaum*-Autorin stammen auch noch zwei weitere Texte. Es ist eure erste Zusammenarbeit, oder?

Ja, ich hatte sie gefragt. Mir war aufgefallen, dass die Lieder von Monika Ehrhardt-Lakomy immer sehr emotional sind, etwas sehr Humanes haben. Ich dachte mir, dass das zu meinem Album gut passen könnte.

Das passt. »Der alte Wolf« hat mich sehr berührt. Zweifelsohne ein Song, der ganzjährig funktioniert.

Ja, so geht es mir auch. Es war ihr erster Text für mich. Sie sagte auch, dass sie an mich dachte, als sie ihn geschrieben hatte. Es ist auf jeden Fall ein Song, den ich auch im Sommer spielen werde.

Ähnlich emotional sind »Bilder, die man nie vergisst«, »Wegbegleiter« und »Alles, was ich will«. Würdest du unterschreiben, dass dein neues Album dein bisher melancholischstes ist?

Nein. Sicher haben die von dir genannten Songs einen sehr melancholischen Charakter. Aber das haben andere Songs von mir auf anderen Alben auch. Mir geht es darum, dass die Leute, die meine Lieder hören, sich damit identifizieren können. Es gab vor wenigen Tagen ein Vorspiel des Albums für die engsten Fans. Da hatten einige bei »Wegbegleiter« Tränen in den Augen, weil sie dabei an verstorbene Freunde oder Familienmitglieder dachten. Das ist mir schon wichtig, den Hörer zu berühren. Aber auf *Alle Winter wieder* gibt es auch ganz andere Facetten, etwa wenn ich in »Das neue Jahr ist da« meinen Silvesterkater thematisiere oder in »Geschenke« den weihnachtlichen Schenkwahn auf die Schippe nehme.

Zu deinen Gästen zählt auch Tobias Künzel von **den Prinzen.** ***Eure Wege hatten sich bereits öfter gekreuzt …***
Allerdings, wir kennen uns schon länger. Zum 20. Jubiläum der *Puhdys*, das war 1989, erschien ein Album mit Coverversionen unserer Hits. Tobias spielte mit seiner damaligen Band *Amor & die Kids* »Geh zu ihr«. Und acht Jahre später kam es auf dem *Puhdys*-Album *Frei wie die Geier* zu unserem ersten Duett.

Und es schließt sich ein Kreis. André Kuntze, Produzent der **Puhdys-Alben Wilder Frieden, Zufrieden?, Dezembertage** ***und*** **Alles hat seine Zeit*****, hat dein Album gemischt.***
Ich wollte André unbedingt für den Mix gewinnen. Er hat einen ganz eigenen Sound, den ich für dieses Album haben wollte. André hat mich immer wieder überrascht und einen richtig guten Job gemacht. Genauso hatte ich es mir vorgestellt. Es war allerdings für ihn eine absolute Herausforderung. Früher hatten wir auch gemeinsam aufgenommen, so wusste er, wo und wie welches Detail steckt. Diesmal bekam er die Sachen, die ich gemeinsam mit Marcus Gorstein aufgenommen hatte, und musste sich erst einmal reinarbeiten. Aber André hat es grandios hingekriegt.

NEUBEGINNER

Maschine und seine (Solo-)Alben

Maschines Alben außerhalb der *Puhdys* lassen sich in Soloalben und in Alben unterscheiden. So sagt er es auch selbst. Doch worin besteht der Unterschied? Natürlich, es sind zuallererst alles Maschine-Werke. Doch ein Teil davon, nämlich die ersten zwei, sind entstanden und erschienen, als er noch der Kopf der *Puhdys* war. Also spricht man von Soloalben. Es sind praktisch Platten, die außerhalb der üblichen Konstellation das Licht über den Verkaufsregalen erblicken. So sind die Alleingänge von Mick Jagger wie unter anderem *She's The Boss* (1985) oder *Goddess In The Doorway* (2001) klassische Soloalben, weil der Mann eben auch bei einer Band (und was für einer) beschäftigt ist. Bei Sting wiederum, dem früheren *The Police*-Sänger, spricht von seinen Ergüssen niemand von einem Soloalbum, denn die sind alle erst erschienen, als sich das Kulttrio bereits aufgelöst hatte. So erklärt es sich auch bei Maschine. Die ersten zwei Platten sind sozusagen in der knappen Freizeit während der *Puhdys*-Ära fabriziert worden, alle anderen erst nach dem Ende der Band. Deshalb heißt Maschines 2016er Album folgerichtig *Neubeginner*, weil es in der Tat ein Neubeginn ist. Und das, obwohl es schon sein dritter Alleingang war.

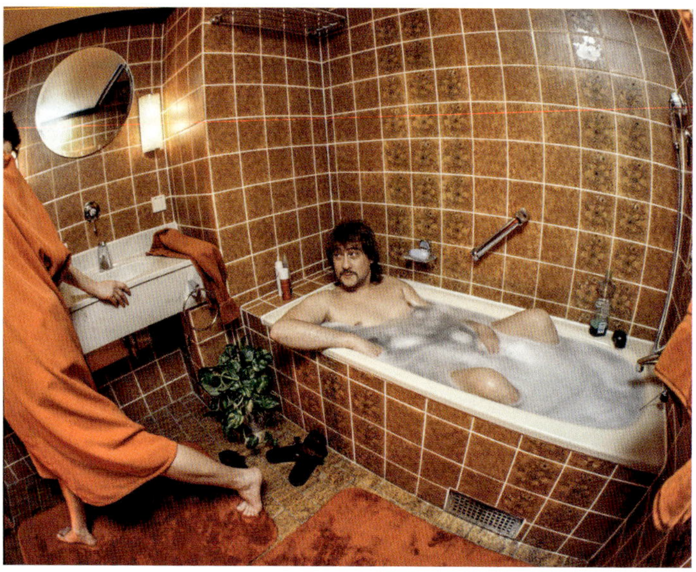

Maschine macht sich frisch für die Solokarriere. Das Badewannenfoto von Bernd Lammel wurde Albumcover des ersten Maschine-Alleingangs *Intim* im Jahr 1986.

Verwirrung perfekt? Dann mal schön der Reihe nach. Zwischen Maschines Solodebüt *Intim* und dem Nachfolger liegen genau achtundzwanzig Jahre. Die AMIGA-Scheibe von 1986 entspringt dem Phänomen, dass damals zahlreiche Bandleader und Bandsänger – vor allem international – das 1980er-Jahrzehnt mit Solowerken aufmischten. Die Geschichte von dieser LP ist im Kapitel »Rockerrente« erzählt. 2014 folgt schließlich der zweite Wurf im eigenen Namen. Das Album heißt so wie sein Macher: *Maschine*. Viele der Songs kennt man aus *Puhdys*-Tagen, doch Maschine interpretiert sie so, wie er sie nun – inzwischen auch schon zehn Jahre her – empfindet. Es ist verblüffend, wie originell er sich den größtenteils bekannten Liedern nähert. Hier eine Violine, dort eine Tuba, mal eine Slide-Gitarre, dann ein an Keith Richards erinnerndes Riff oder ein perlendes Piano – das Album macht bis heute Spaß. Beispiel gefällig? »Geh zu ihr« fasziniert etwa mit Maultrommel und Bläsern, »Wenn ein Mensch lebt« brilliert mit einer luftig-fröhlichen Leichtigkeit und ausufernden Chorussen. Ebenso aus den 1970ern stammen das hier von Piano und Streichern getragene »Lied für Generationen« sowie »Lebenszeit« mit dem *City*-Sänger Toni Krahl als Duettpartner. Krahl ist nicht der einzige illustre Gast auf dieser Platte. Hier ist auch das in diesem Buch bereits erwähnte Duett »Regen« mit Julia Neigel zu finden. Und Wolfgang Niedecken ist dabei. Gleich der erste Song ist ein Duett mit dem *BAP*-Sänger: »Leben ist kurz«. Die kölsche Strophe hat sich Niedecken selbst reingeschrieben. Gemeinsam singen sie auch »Was wussten wir denn schon«, eines der neuen Lieder. Darin erzählen sie ihre gemeinsame Geschichte. Wir erinnern uns: 1984 lassen *BAP* einen Auftritt im Ostberliner Palast der Republik beim »Rock für den Frieden«-Festival platzen, und die *Puhdys* übernehmen mit zitternden Knien. Der Song wird aus Ost- und Westsicht erzählt, doch die zwei Perspektiven haben erfreulicherweise viele Parallelen. Ein weiteres Duett darf nicht unerwähnt bleiben. Nämlich das mit seiner damals achtjährigen Enkelin Annabell, der Tochter von Andy. »Wirst du für mich da sein« singen sie beide. Ingo Politz hat dieses Album produziert, und unter den musikalischen Gästen sind auch Uwe Hassbecker und Felix Lehrmann zu entdecken.

Zwei Jahre später, 2016, überrascht Maschine mit *Neubeginner*. »Neubeginn im neuen Leben / neue Meere überqueren / endlos viele neue Ziele / alle für mein zweites Leben«, singt er im ersten Track. »Neubeginn« heißt das Stück, und das ist es ja auch. Irgendwie fühlt sich die Platte für Maschine wie ein Debüt an. Sein Leben nach den *Puhdys* hat begonnen. Den Zusatz »Solo« braucht es nicht mehr, es ist sein Album. Eben kein Sideproject, kein Nebenschauplatz – sondern hundert Prozent Maschine. Und es sind durchweg neue Lieder. Bis auf zwei (nämlich »So viel erlebt«, das Ela Steinmetz geschrieben hat und das er mit ihr im Duett singt, und das Heinz Rudolf Kunze-Cover »So wie du bist«) hat Maschine alle Songs komponiert. Die Texte stammen von ihm, von Heinz Rudolf Kunze und Gisela Steineckert. Auch wenn das vertraute Namen sind, es kommt unerwartet. Denn die Lyrikerin textete zwar schon in den 1970ern und 1980ern viele große Songs, doch eine Zusammenarbeit mit Maschine beziehungsweise den *Puhdys* gab es nie zuvor. Dass es nun doch noch dazu kommt, ist Dirk Michaelis zu verdanken. Für ihn hatte die inzwischen Zweiundneunzigjährige einst »Als ich fortging« geschrieben, nun geht er mit einem Maschine-Demo zu ihr. Schließlich schreibt Gisela Steineckert für das Album »Mein Zug ist abgefahren«, »Ehe der Krieg beginnt« und »Zwei Hände mehr«. Das Letztgenannte singt Maschine mit Dirk Michaelis, der schon auf dem Vorgängeralbum *Maschine* Maultrommel spielte und im Background sang, im Duett. Neben Ela, übrigens die frühere Sängerin des Trios *Elaiza*, und Dirk sind auch János Kóbor sowie Heinz Rudolf Kunze als Gesangskollaborateure dabei. János Kóbor, den alle »Mecky« nennen, ist sozusagen die Maschine von Budapest. Der Sänger Mecky gehört der ungarischen, 1962 gegründeten Kultband *Omega* an, die auch in Deutschland – Ost wie West – reichlich Spuren hinterlassen hat. »Der große Magnet« heißt die gemeinsame Nummer. In einem Interview in diesem Buch hier äußert sich Maschine über die Begegnungen mit dem großen, viel zu früh verstorbenen Musiker. Heinz Rudolf Kunze wiederum mischt sich stimmlich beim grenzwertig sarkastischen »Irgendwie begabt« ein. Wie es kommt, dass Kunze zum Album Texte beisteuert? Maschine hat ihn einfach gefragt. Produziert hat erneut Ingo Politz, als Koproduzenten sind Maschine und Marcus Gorstein genannt. Mit Marcus, übrigens Sohn des Musikers Arnold Fritzsch (zum Beispiel *Kreis*), hat Maschine eine sogenannte Vorproduktion gemacht, von der vieles auf dem Album landet. Nicht weil es perfekt, sondern weil es echt und unverfälscht ist. Und unter den Credits taucht erstmals der Name Lukas Schaaf auf, er ist der Assistent von Ingo Politz. Dass Lukas zusammen mit Maschine die bisher letzten zwei Alben verantwortet, ahnt aber noch niemand.

O mein Gott, er hat es schon wieder getan. Machen wir uns doch nichts vor: So schön es auch ist, wenn Künstlerinnen und Künstler ein Weihnachtsalbum veröffentlichen, ein höheres Qualitätslevel ist darauf oftmals nicht durchgängig zu halten. Erst recht nicht, wenn man versucht, auf Klischees und Pathos weitestgehend zu verzichten. Denn: Wenn all die geschmückten Tannen, der Schnee, den wir meistens nur noch von früher kennen, und meinetwegen auch der Geschenkewahn besungen sind, wird es dünn mit den großen Ideen. Das Thema hat sich schnell erschöpft. Deshalb konnte man aufatmen, als die *Puhdys* 2001 mit *Dezembertage* ihr erstes Album mit Weihnachts- und/oder Winterthematik veröffentlichten und darauf ohne Peinlichkeiten zurechtkamen. Abgesehen von einer eingedeutschten Version von »Winter Wonderland«, einer Volksweise mit Martin-Luther-Text und einem von Dieter Hertrampf und Carsten Mohren vertonten Theodor-Storm-Gedicht, sind sämtliche Songs von Maschine komponiert und getextet. 2006 gelingt es Maschine ein weiteres Mal, sich ohne Ausfälle dem Nischenthema zu nähern. Alle Lieder sind von ihm auf dem *Puhdys*-Album *Dezembernächte* geschrieben. Wir reden in Summe also von sechsundzwanzig Wintersongs aus der Feder von Maschine. Sollte man es ein weiteres Mal wagen? Ganz bestimmt nicht, sagt der Verstand. Warum denn nicht, sagt Maschine. Und so kommt 2018 (und noch mal 2019 eine um drei Lieder erweiterte »Second Edition«) ein weiteres Weihnachtsalbum, auf dem er alle Songs (außer dem instrumentalen Klassiker »Adeste Fideles«) komponiert und über die Hälfte der Texte geschrieben hat. Auf *Alle Winter wieder*, so heißt diese Platte von Maschine, ist der Bogen weit gespannt – von Wegbegleitern (»Bilder, die man nie vergisst«) über Menschen, die unterwegs sind (»Matrosenweihnacht«), bis zu den Nachwehen der Silvesterfeier (»Das neue Jahr ist da«). Traditionell gibt es auch wieder eine Reihe von Duetten. Diesmal mit am Gesangsmikro: Kerstin Ott, Tobias Künzel von den *Prinzen*, Alexander Knappe und die damals zehnjährige Violinistin Gina. Eine Premiere ist die Zusammenarbeit mit der *Traumzauberbaum*-Autorin Monika Ehrhardt-Lakomy, die einige der Texte schreibt. Darunter jenes Lied, das vielleicht nicht nur mein Lieblingsstück der Platte ist: »Der alte Wolf«. Ein bewegender Song von Aufbegehren, rastloser Sinnsuche und Ankommen. Eine, seine Lebensbilanz: »Der alte Wolf hat manchen Kampf erlebt, doch niemand nahm ihm seinen Stolz.« Maschines lebenskluges Fazit: »Heimwärts führt die Spur: Ohne Liebe frei zu sein, das hält keiner aus.« Vielleicht das eigentliche Motto der Weihnachtszeit.

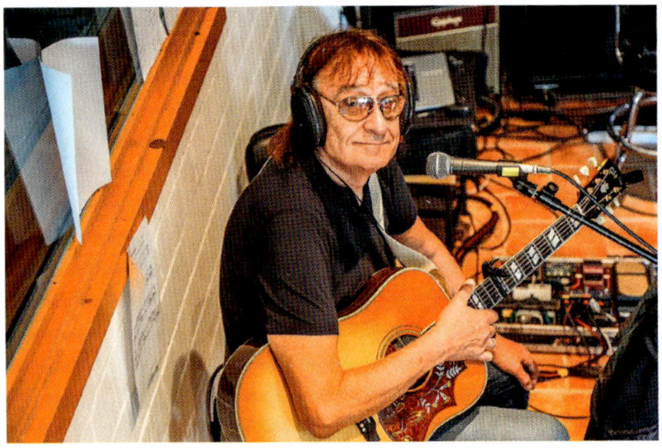

Maschine bei einer Probe, 2018

Der Bandname *Goitzsche Front* klingt, wenn man ihn zum ersten Mal hört, ein bisschen martialisch. Aber wirklich nur beim ersten Mal. Mit »Front« meinen nämlich die vier jungen Herren aus Bitterfeld den Zusammenhalt untereinander, und »Goitzsche«, das »Gottsche« gesprochen wird, heißt ein ehemaliger Braunkohletagebau in der Region beziehungsweise der See, der daraus entstanden ist. Die Band ist ein leuchtendes Beispiel dafür, dass man auch aus der ostdeutschen Provinz heraus und ohne größere mediale Aufmerksamkeit den Rock 'n' Roll-Traum leben kann: Ihre Konzerte sind stets ausverkauft, und ihre letzten beiden Alben landen auf Platz 1 beziehungsweise Platz 2 der offiziellen Charts. Unter dem Motto »Der Osten rockt« inszenieren die Sachsen-Anhaltiner 2019 fünf große Open Airs und laden dazu Maschine ein. Der Beginn einer wunderbaren Freundschaft. Weshalb Maschine auf dem *Goitzsche Front*-Album *Ostgold* gleich zweimal vertreten ist. Er singt mit Bocki, dem Frontmann, »Der Osten rockt« sowie »Was bleibt« – genau, den *Puhdys*-Song. Der Vollständigkeit halber: *Goitzsche Front* spielen »Was bleibt« in ihren Konzerten auch ohne Maschine. Wie dabei das Publikum tobt, kann man sich zum Beispiel auf *YouTube* ansehen. Doch das alles nur am Rande, es geht vielmehr darum, dass die *Goitzsche*-Jungs von ihrem Hamburger Vertrieb, dem über hundert Labels angeschlossen sind, grüßen sollen. Die Kurzversion: Es wäre ihnen eine Ehre, auch Maschine zu veröffentlichen. Sie haben ein Label namens Premium Records, auf dem sich ebenso *Extrabreit*, *Klee*, *Staubkind* und Julia Neigel wohlfühlen. Maschine freut sich über die Anfrage. Allerdings kann er kaum etwas anbieten. Die aktuelle Corona-Situation lähmt nicht nur ihn. Einen Text könne er schon zeigen, sagt Maschine. Jochen Richert, einer der Labelchefs, ist von »Bessere Tage« (das die Tragik der Pandemie thematisiert) begeistert und meint: »Dann müssen wir das aber aus Aktualitätsgründen sofort herausbringen.« Maschine ist motiviert und komponiert Musik dazu. Und der Zufall will es, dass Lukas Schaaf, den Maschine als Assistenten von Ingo Politz kennt, im Hause Valicon – sozusagen direkt eine Etage über Ingo – gerade ein eigenes, kleines Studio aufgemacht hat. So können sie »Bessere Tage« aufnehmen. Von hier aus sind es lauter Katzensprünge: von der ersten Single *Bessere Tage* (dicht gefolgt von *Gloria* und *Halte durch*) zum kommenden Album *Große Herzen* sowie Lukas vom Spontanhelfer zum Koproduzenten der Platte.

Insgesamt sind es dreizehn Songs geworden, die sich auf *Große Herzen* finden. Sämtliche Kompositionen und Texte stammen von Maschine. Oft erzählt er in den Songs aus seinem eigenen Leben, etwa in »Meine erste Liebe«, »Mein Freund aus alten Zeiten«, »Das alles ist« oder »Wenn ich noch einmal leben könnte«. Sehr berührend sind »Legende aus Budapest«, das er seinem verstorbenen Freund und Kollegen Mecky von *Omega* widmet, und »Sternenkinder«, ein Lied über Kinder, die vor, während oder kurz nach ihrer Geburt sterben. Unverkennbar blitzt aber auch Maschines Humor durch. Besonders in »Roadies«. Eine Liebeserklärung an die Heinzelmännchen des Rock 'n' Rolls, die immer fast, aber nie im Rampenlicht stehen und dennoch unersetzlich sind. Und »Große Herzen«, der Titeltrack, verneigt sich vor denen, die nicht nur an sich selbst denken, die sich nicht zu fein sind, auch für andere die Karre aus dem Dreck zu ziehen ... Beinharte Fans, die immer alles von Maschine brauchen, müssen diesmal vielleicht ein bisschen sparen. Denn *Große Herzen* gibt es in den verschiedensten Ausführungen, darunter Doppelvinyl in unterschiedlichen Farben sowie eine limitierte Fanbox mit Poster und Diabetrachter. Die CD kommt als Doppelalbum

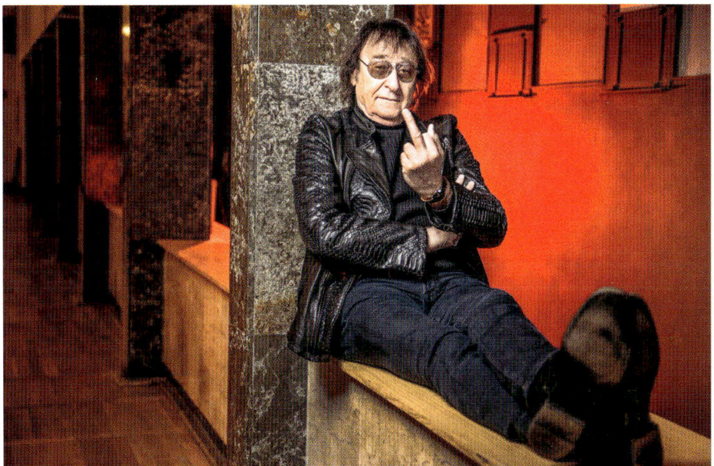

Maschine während eines Fotoshootings mit dem Musikmagazin *Schall* in Berlin-Karlshorst, 2022

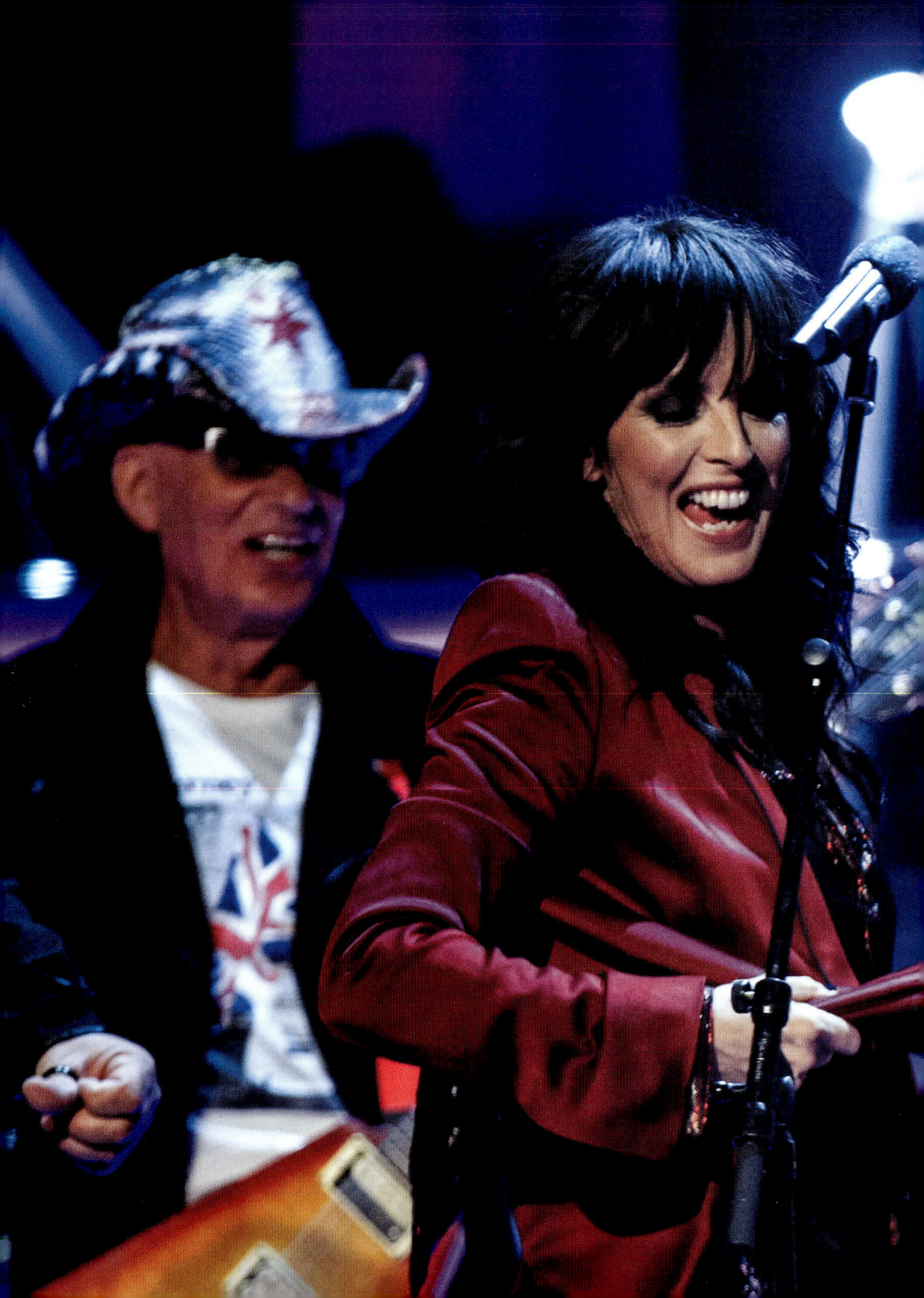

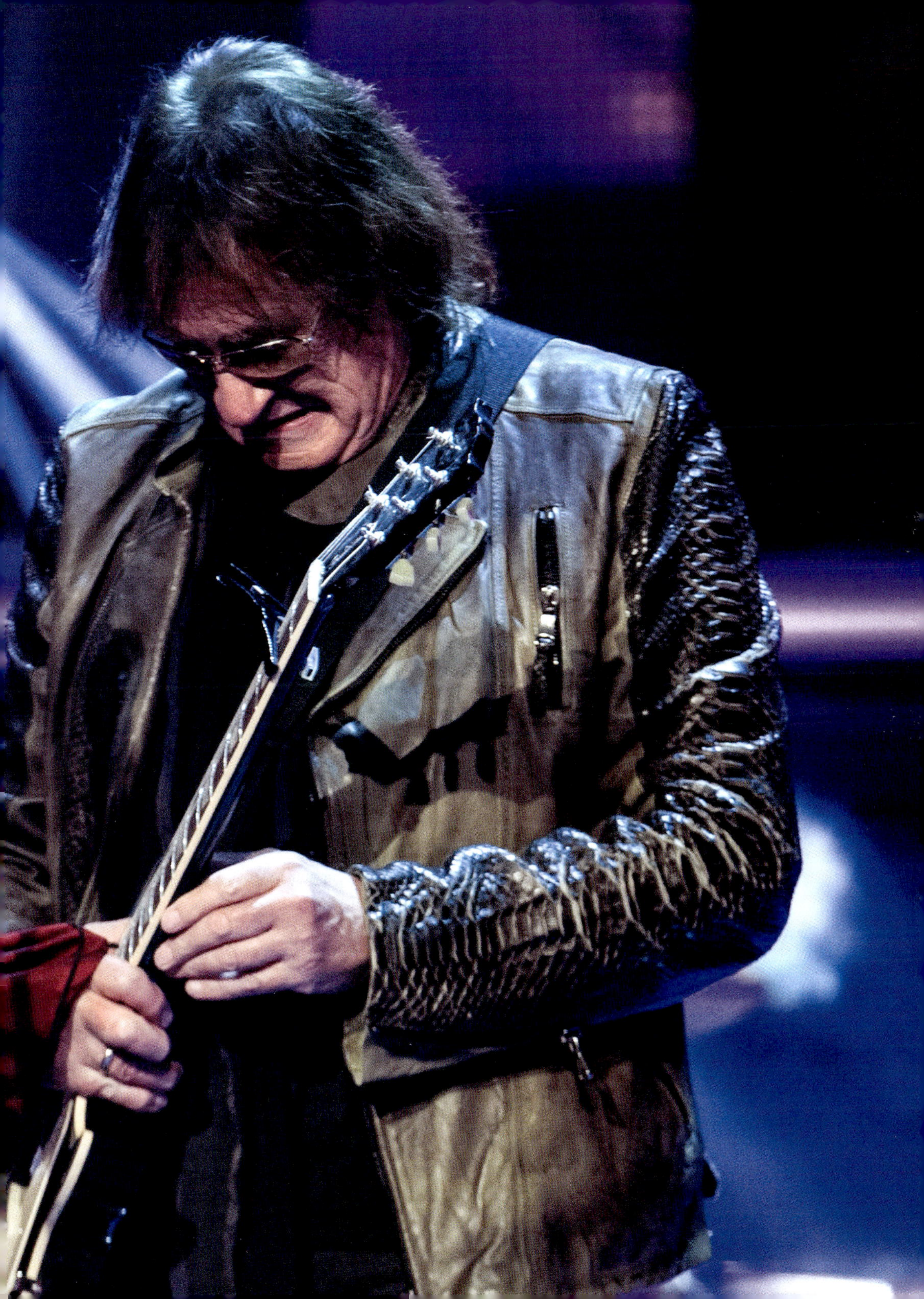

← Nena im Duett mit Maschine im September 2017 in der Carmen-Nebel-Show. Nenas Jacke kommt im wahrsten Sinne des Wortes nicht von Maschines Gitarre los. Links im Hintergrund: *City*-Gründer Fritz Puppel.

daher, auf dem zusätzlichen Tonträger sind zum Beispiel Tracks von *Maschine & Männer* aus der Wendezeit sowie das bereits erwähnte Duett »Was bleibt« mit *Goitzsche Front*.

»Den müssen wir unbedingt auf der ›Rock Legenden‹-Tour spielen.« Der das sagt, ist Livecompagnon Uwe Hassbecker. Er meint den alten *Puhdys*-Song »Ikarus«, zuerst 1974 auf dem Debüt der Band erschienen. Maschine wäre da selbst nicht draufgekommen, sagt er. So wie er schon damals staunte, dass Produzent Ingo Politz unbedingt »Türen öffnen sich zur Stadt« für das 1999er *Puhdys*-Album *20 Hits aus 30 Jahren* neu machen wollte. Maschine hat zwar gar nichts gegen die alten Nummern, er steht dazu und findet sie auch gut, doch sie landen (also bis jetzt) nicht sofort auf seinem Wunschzettel, wenn es darum geht, Songs aus dem bisherigen Repertoire zusammenzutragen, denen man Neues abgewinnen kann. Ins »Rock Legenden«-Programm hat es »Ikarus« auch gar nicht geschafft, in dem kurzen 25-Minuten-Liveset war kein Platz dafür. Aber Uwes Vorschlag inspiriert Maschine dazu, den frühen Hit für das 2024er Album *Mein Weg* neu aufzunehmen – mit einem grandiosen Ergebnis. Eigentlich sollte die neue Scheibe ein Best-of werden. Die Highlights der Maschine-Platten und vielleicht zwei, drei neue Songs. Eben ein klassischer Greatest-Hits-Sampler, wie man ihn auch von anderen Musikerinnen und Musikern kennt. »Es wäre aber schön, wenn du die Songs neu aufnimmst«, tönt es vom Hamburger Label Premium Records. Maschine denkt darüber nach, findet jedoch kaum neue Ansätze für seine Lieder, die ja in den meisten Fällen erst wenige Jahre alt sind. Und neu, aber nicht besser, machen ja schon so viele andere Bands. Andererseits gibt es schon einiges aus den vergangenen Jahrzehnten, wo es sich lohnen kann, den Blickwinkel zu verändern. Die alten *Puhdys*-Songs gehören schließlich ganz genauso zu Maschines Karriere. Gesagt, getan. »Melanie«, das er im Duett mit Dirk Michaelis singt, und »Sehnsucht« sind zum Beispiel dabei, aber auch »Hiroshima« und »Das Buch«. Die Neufassung des Klassikers »Das Buch« von 1984, der auf keinem *Puhdys*-Konzert fehlte und auch im Programm mit Uwe Hassbecker gespielt wird, hat Maschine mit Nessi aufgenommen. Vanessa Ulmer, wie Nessi im wirklichen Leben heißt, wird in Hamburg geboren, im Jahr, als sich die *Puhdys* das erste Mal auflösen – 1989.

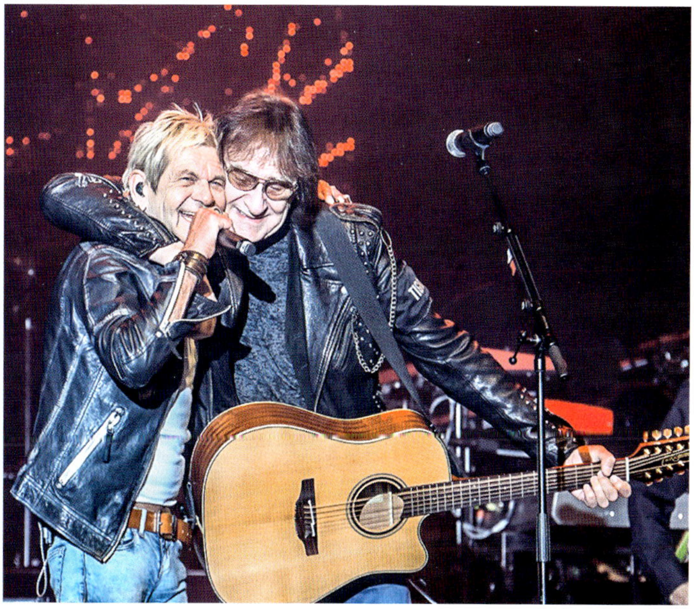

Schon 2013 covert Matthias Reim die *Puhdys*. Später teilen sich der »Verdammt ich lieb dich«-Sänger und Maschine auch die Bühnen, wie hier 2018 bei den »Rock Legenden«.

2012 veröffentlicht sie ihre erste, von Moses Schneider (*Beatsteaks*, *Tocotronic*, *Keimzeit*) produzierte EP. Sie singt im Vorprogramm von *Take That*, übernimmt in einigen *Scooter*-Songs die Gesangsparts und hat zwei Features beim Rapper Kool Savas. Besonders spannend: Nessi ist auch die Komponistin der *Scooter*- und Kool-Savas-Kollaborationen. Eigentlich ist es Zeit für einen eigenen Hit, doch jetzt hat sie erst mal einen mit Maschine. Außerdem sind fünf neue Titel entstanden: »Lange her«, »Hunderttausend Laienrichter«, »Weitergehen«, »Lebe wohl« und »Sonnenseite«. In einem Exklusivinterview für dieses Buch habe ich ihn dazu befragt. Und dann sind doch noch zwei Lieder aus Maschines Solo-Ära dabei. Lukas hat einfach mal was ausprobiert, und Maschine ist begeistert. In der Tat sind die neuen Versionen von »Auf das Leben« und »Mein Weg« alles andere als nur ein bisschen aufgehübscht. *Mein Weg* heißt das Album dann auch, und das trifft den Nagel auf den Kopf. Denn Maschine ist immer auf dem Weg. Stillstand kennt der Mann nicht. Und die Songs auf dem Album zeichnen seinen musikalischen Weg nach – mit neuen Stücken und vielen Lieblingsliedern, seine und unsere. Wäre *Mein Weg* Maschines letztes Album, dann wäre es ein absolut fulminantes Finale. Ist es aber hoffentlich nicht. Tut mir leid, Maschine, du musst noch ein paarmal ran.

DIE MOTIVATION MUSS STIMMEN

Maschine im Interview – 2020

Kennen Sie den Begriff »Tohuwabohu«? Der stammt aus dem Hebräischen, im Alten Testament der Bibel tauchte er zunächst auf. Martin Luther übersetzte »Tohuwabohu« mit »wüst und leer«, und im Laufe der Zeit wurde dieses ungewöhnliche Wort immer dann (und bis heute) verwendet, wenn es um ein Durcheinander oder Wirrwarr, also um ein Chaos geht. »Tohuwabohu« beschreibt auch gut Maschines Zeit um den Wechsel in die dritte Dekade des jetzigen Jahrhunderts. Im Frühling 2019 muss sich Maschine einer Operation unterziehen. Weil er durch seine Borreliose-Erkrankung 2003 noch gut in Erinnerung hat, zu welchen Spekulationen es in der Boulevardpresse kommt, wendet er sich direkt an seine Fans über die sozialen Medien. Nichtsdestotrotz ist der Musiker voller Pläne (es hat auch niemand etwas anderes erwartet) und schraubt gemeinsam mit dem *Silly*-Gitarristen Uwe Hassbecker an einem Konzertprogramm in Duobesetzung. Doch dann legt ein Virus namens Covid-19 die Branche und das komplette Leben lahm ... Zu allem Überdruss denunzieren einige Medien Maschine, als es um die Klärung von GEMA-Rechten geht. Der Streit mit den Ex-Kollegen ist vom Tisch, die *Puhdys* haben sich geeinigt. Es wurde auch vereinbart, dass sich die Musiker nicht mehr dazu äußern. Maschine hält sich auch daran. Schon zuvor sprach er kaum darüber, nur der *Berliner Zeitung* und mir gab er ein Interview dazu. Weil sich die Schlammschlacht des Boulevards nach wie vor googeln lässt, ist es mir ein persönliches Anliegen, auf dieses Interview, in dem Maschine auch etwas zu den Vorwürfen sagt, in diesem Buch nicht zu verzichten.

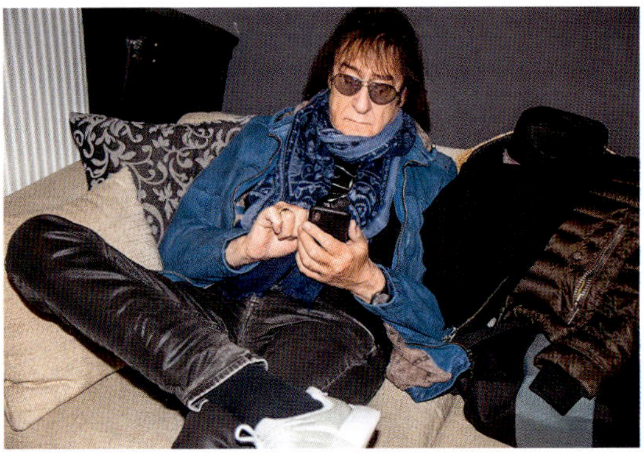

»Hallo Christian, wollen wir ein gemeinsames Buch machen?« – ob Maschine hier wirklich gerade diese *WhatsApp*-Nachricht schreibt?

Du bist seit kurzem live in einer Duovariante zu erleben. »MASCHINE intim – Lieder für Generationen« heißt das Tourprojekt, und an deiner Seite ist Uwe Hassbecker von* Silly. *Die Idee soll auf einer Geburtstagsparty entstanden sein.

Das stimmt, aber nicht auf meiner eigenen ... Wir waren zu der Geburtstagsparty eines früheren DJs angefragt worden, ob wir nicht als Duo dort auftreten könnten. Solche Anfragen gab es ja immer mal, aber die hatte ich immer abgelehnt. Hier hatte man mich aber weichgekriegt. Der Gastgeber war ein echter Ostrockexperte mit einer riesigen Plattensammlung. Er hat alles von AMIGA, wirklich alles. Das finde ich schon mal gut. Also haben Uwe und ich so eine Variante probiert. Ein paar bekannte Songs von mir, und das nur mit Gitarren beziehungsweise griff Uwe auch mal zur Violine oder zur Mandoline. Wir hatten dabei sehr Spaß, und auch das Publikum war sehr angetan. Gemeinsam mit meiner Frau Sylvia dachten wir dann darüber nach, ob wir das nicht zum Konzert ausbauen könnten, und als wir ein paar Veranstaltern von diesem Plan erzählten, waren die auch begeistert.

Mittlerweile seid ihr damit regelmäßig unterwegs. Wie habt ihr das Programm zusammengestellt?

Im Grunde ist ein Querschnitt meines bisherigen Schaffens. Es sind alte *Puhdys*-Klassiker genauso dabei wie neuere Songs von meinen eigenen Alben. Außerdem singe ich die *Silly*-Stücke »Wo bist du?« und »Bye, bye«.

Bevor es mit »MASCHINE intim« losging, sollt ihr es zunächst einmal getestet haben.

Das ist richtig. Wir gaben in Schwarzenberg – das ist im Erzgebirge – drei ausverkaufte Konzerte vor jeweils hundertachtzig Leuten. Es war eine sehr schöne Atmosphäre, das Publikum sang mehr oder weniger jeden Song mit.

Also alle Aufregung umsonst?

Um in Schwarzenberg auf die Bühne zu kommen, muss man durch den Saal gehen, an den Leuten vorbei – und da spürten wir schon, wie sie uns feierten. Das machte das Lampenfieber erträglicher. Natürlich bin ich schon vor zehntausend, zwanzigtausend oder mehr Menschen aufgetreten, aber diese »Intim«-Konzerte sind besonders. Es ist ja auch wie ein Neuanfang.

Egal, ob jetzt* Puhdys *oder mit anderen Musikerkollegen – ist es nicht entspannter für dich, mit einer kompletten Band auf der Bühne zu stehen?

Das ist definitiv ein Unterschied. Bei »MASCHINE intim« würdest du jeden falschen Ton hören, eine Band kann da ein bisschen mehr tricksen. Angenommen, die Band metert los, doch der Bassist liegt einen halben Ton daneben, dann merkt das niemand.

Es ist also anstrengender, im Duo zu spielen?

Nein, auch in meinen Bands habe ich immer das Bestmögliche gegeben. Zudem habe ich mit Uwe auch einen sehr versierten Kollegen, einen starken Partner an meiner Seite. Eine neue Herausforderung war und ist es aber nichtsdestotrotz.

Als es mit »MASCHINE intim« so richtig losgehen sollte, wurdet ihr erst einmal stark ausgebremst. Der pandemiebedingte Lockdown …

Das war eine verdammt harte Zeit. Aber es geht ja nicht nur uns Musikern so, diese neue, unbekannte Situation hat mit jedem etwas gemacht. Ich habe mit vielen Kollegen darüber gesprochen. Bei Uwe war es so, dass er lange Zeit kein Instrument in die Hand nehmen konnte. So krass war es bei mir nicht, ich hatte schon sporadisch zur Gitarre gegriffen. Ich habe auch versucht, neue Lieder zu schreiben, aber irgendwie fehlte die Motivation. Wenn ich weiß, das und das Album oder die und die Tournee steht an, dann bin ich bei der Sache, dann dreht sich alles um Musik.

Wie viele Lieder hast du denn in diesem Jahr schon geschrieben?

Eigentlich nur eines … *(lacht)*. Wie gesagt, die Motivation muss stimmen. Es ist vielleicht aber auch deshalb bis jetzt nur eines geworden, weil ich mich mit dem neuen »MASCHINE intim«-Projekt auseinandersetzen wollte.

Hast du den Lockdown auch unmusikalisch genutzt?

Natürlich, ich tat, was vermutlich alle gemacht haben. Aufräumen, Sachen sortieren, Gartenarbeit … Ich möchte auch gar nicht klagen, es geht der ganzen Welt so. Und mir geht es gut. Ich bin gesund und habe ein schönes Zuhause. Was ist mit denen in irgendwelchen armen Ländern, die eh schon Probleme hatten und nun on top mit der Pandemie klarkommen müssen?

Aber war es nicht ungewöhnlich, als jemand, der sonst meistens viel unterwegs ist, so lange zu Hause zu sein?
Natürlich. Schon ein kleiner Einkauf mit dem Auto war ein Highlight für mich.

In der Pandemie sind einige Virologen richtig bekannt geworden, weil man sie häufig in Talkshows sieht. Einer von ihnen, nämlich Prof. Dr. Dr. Jonas Schmidt-Chanasit, unterstützte dich kürzlich musikalisch bei einem Auftritt.
Das stimmt. Das war in Frankfurt (Oder) bei einer Talkshow von Lilo Wanders und Claudia Seiring, in der wir beide zu Gast waren. Im Vorfeld outete sich Jonas als Fan, also hatte ich ihn zu mir nach Hause eingeladen, und wir probten den Song »Lebenszeit«, den wir dann in der Talkshow gemeinsam zum Besten gaben. Er hat es wirklich gut gemacht, aber er fing auch nicht bei null an. Jonas hatte früher Geige gespielt.

Dein Tourmanager Kai Suttner erzählte mir, dass er im letzten Jahr nicht schlecht staunte, als du dir bei einem Catering statt eines obligatorischen Schnitzels nur eine Suppe bestellt hattest …
Ja, das war am 17. April 2019 im Erzgebirge. Mittags war ich noch in Aue, im »Zoo der Minis« … Mein Fanclub hatte mir zum fünfundsiebzigsten Geburtstag eine Tierpatenschaft geschenkt, und ich versprach, das Tier, es ist ein Kurzkopfgleitbeutler, zu taufen …

Was für ein Stress für das kleine Tier …
Keine Sorge, wir haben für die Taufe ein Double genommen.

Dein Tag war aber noch lange nicht zu Ende.
Richtig. Es ging weiter nach Annaberg-Buchholz. Dort hatte ich abends eine Talkshow. Anschließend bin ich die 320 Kilometer nach Hause gefahren, habe dort noch geduscht, und danach hatte mich meine Frau ins Krankenhaus gebracht. Denn ich hatte in aller Frühe einen Operationstermin.

Wäre es nicht schlauer gewesen, Tiertaufe und Talkshow im Erzgebirge zu verschieben? Dir musste ein Tumor entfernt werden. Eine Absage unter diesen Umständen hätte dir sicher niemand übelgenommen.
Das ist bestimmt so. Aber ich musste ja eh einiges absagen. Und ich wollte, dass so wenige Termine wie möglich ausfallen. Ich hatte auch den Arzt gleich nach der OP gefragt, ob ich die nächsten Veranstaltungen gleich wieder wahrnehmen kann.

Er wird geschmunzelt haben. Hat er auch was gesagt?
»Können Sie machen«, meinte er. »Aber Sie werden dabei einschlafen ...«

Du hattest deine Erkrankung in den sozialen Medien selbst thematisiert. Wolltest du vielleicht der Boulevardpresse den Wind aus den Segeln nehmen?
Ich musste eine Reihe von Konzerten absagen, also wollte ich meinen Fans auch erklären, warum es so ist. Und einen Moment lang hatte ich überlegt, ob ich Rückenschmerzen oder Ähnliches als Begründung angebe. Das wäre ja nicht mal gelogen gewesen, aber ich entschied mich dann dafür, den kompletten Stand der Dinge preiszugeben.

Für Familie, Freunde und Fans war das ein großer Schreck. Warst du deshalb zunächst zögerlich, das publik zu machen?
Das hatte eher mit der Boulevardpresse zu tun. Als ich 2003 an Borreliose erkrankte, wurde ich mitunter von einigen Medien für mehr oder weniger tot erklärt. Wir hatten damals den Running Gag, dass ich mir erst mal die *BILD* kaufe, um nachzulesen, wie es mir geht. Aber eigentlich war es überhaupt nicht lustig. Und ich bin froh, dass ich mit meiner Community direkt etwa über *Facebook* kommunizieren und vieles richtigstellen kann.

Wie geht es dir inzwischen?
Mir geht es gut. Ich war auch kürzlich bei einer Nachkontrolle, es ist alles bestens. Dreimal auf Holz geklopft, denn es gibt viele Menschen, die mit diesem Schicksal leider auch ihr Leben verloren haben. Vielleicht hilft mir auch, dass ich mir einen positiven Blick bewahrt habe, dass ich optimistisch denke. In jedem Fall bin ich dem kompletten Ärzteteam vom Krankenhaus Kaulsdorf sehr dankbar.

Wir haben uns mal über eine Doku über die* Toten Hosen *unterhalten, in der Campino sagt, dass man sich bei einer Wahl zwischen einem guten Musiker und einem guten Freund immer für den guten Freund entscheiden sollte. Dieser Gedanke gefiel dir …
Das würde ich immer noch unterschreiben. Aber sicher hat das Campino auch überspitzt formuliert, denn der gute Freund müsste ja trotzdem ganz gut sein Instrument spielen können. Ich verstehe es eher so, was nützt dir ein super Musiker in der Band, wenn er ein Idiot ist. Das bringt dir auch nichts. Man muss es ja mitunter lang und eng miteinander aushalten. Deshalb braucht es auch den Freund und nicht nur den Musiker …

Wie war es bei den* Puhdys*?
Wir waren nicht nur Kollegen, wir waren eine Familie. Also zumindest wir fünf Musiker. Natürlich eine Familie mit allen Höhen und Tiefen. Das ist wie in einer langjährigen Ehe, in der es ebenso Meinungsverschiedenheiten gibt. Ich halte das auch für normal. Aber oft waren wir uns auch einig, beispielsweise hatte unser Manager vorgeschlagen, dass die Konzerte zum fünfundvierzigsten Bandgeburtstag unsere Abschiedstournee sein sollten. Aber das wollten wir nicht, wir wollten alle weiterhin auf der Bühne stehen. Es wäre uns egal gewesen, wenn tatsächlich nach dem fünfundvierzigsten weniger Leute zu unseren Konzerten gekommen wären, wie unser Manager mutmaßte. Ich selbst wollte auch keine Abschiedstournee, sondern hätte es besser ausklingen lassen. So wie es zum Beispiel auch *Pink Floyd* gemacht haben.

2013 kam es zu einem krassen Einschnitt im Bandgefüge. Wir haben einige Male darüber gesprochen, und ich weiß, dass es dich sehr getroffen hat, aber könntest du die Situation – vielleicht auch aus dem Abstand heraus – an dieser Stelle noch einmal erläutern.
Da sprichst du wirklich einen wunden Punkt an. Das war für mich nicht einfach, und es hatte mich sehr gekränkt. Letztlich war es auch der Grund, warum die *Puhdys* auseinandergegangen sind. Wir haben 2012 das Album *Es war schön* herausgebracht. Das war eine sehr intensive Arbeit, weil es auch die erste Platte für Universal Music war. Und kein Jahr später wollte unser Manager, dass wir schnell ein neues Winter- beziehungsweise Weihnachtsalbum aufnehmen.

Das möchte ich dem Management auch gar nicht vorwerfen, denn in der Regel kennen sich diese mit dem Künstlerischen nicht so aus und wollen eben, dass es für sie und ihre Band läuft. Bei uns stand eine Wintertournee an, und da ist ein dazugehöriges Album sicher passend. Doch eigentlich war keine Zeit dafür, wir spielten etliche Konzerte und hatten weitere Verpflichtungen. Unser Manager erzählte uns von einer Sängerin, die sich ihre Lieder von anderen Musikern schreiben und einspielen lässt und nur mal vierzehn Tage lang im Studio die Gesangsparts fertig macht und dennoch Gold bekommt. Warum wir das nicht so machen könnten, stand als Frage im Raum.

Das geht aber überhaupt nicht bei einer authentischen Rockband ...
Das sehe ich auch so. Wo *Puhdys* draufsteht, sollte auch *Puhdys* drin sein. Natürlich kann man auch mal was covern oder sich einen Song schreiben lassen, aber doch eben kein komplettes Album. Deshalb hatte ich es auch abgelehnt, als unser Manager Fremdkomponisten vorschlug. Aus meiner Sicht konnte es nicht sein, dass fremde Leute *Puhdys*-Lieder schreiben und dass sie auch zu großen Teilen von fremden Musikern eingespielt werden. Also fing ich trotz des engen Zeitplans an, einige Demos vorzubereiten.

Aber auf dem Album* **Heilige Nächte**, *das wir gerade meinen und das 2013 veröffentlicht worden ist, gab es letztlich keine neuen Kompositionen von dir.
Parallel zu meinen Aufnahmen entstand ohne mein Wissen ein komplett anderes Album. Vielleicht hätte ich irgendwann meinen Frieden damit gemacht, dass es Fremdkompositionen sind, dass es überwiegend von anderen Musikern eingespielt ist, aber dass meine Kollegen hinter meinem Rücken agierten, traf mich sehr hart. Es ist sehr schmerzlich, dass nicht einer der Kollegen, mit denen ich seit 1969 in der Band spielte, mich zur Seite nahm, mir davon berichtete und zu mir hielt. Nie im Leben hätte ich einen meiner Kollegen so ausgrenzen lassen. Als ich aus dem Urlaub kam, stand ich vor vollendeten Tatsachen.

Das ist ein absoluter Schlag. Warum macht man so etwas?
Es hieß, mit mir könne man ja nicht reden.

Und kann man mit dir reden?

Ich finde, man könnte es zumindest probieren. Natürlich bin ich auch mal laut geworden, wenn mal wieder jemand unvorbereitet zur Probe kam und es deshalb ewig dauerte, bis ein neuer Titel einstudiert war. Es ging mir dabei um ein Qualitätslevel und um ein gewisses Niveau. Wir haben an einem Abend mitunter mehr verdient als mancher Konzertbesucher im ganzen Monat. Dafür kann man auch mal was tun ...

Gab es denn letztlich unter den* Puhdys *eine Aussprache?

Es gab den Versuch. Ich hatte mir alles aufgeschrieben, was ich dazu sagen wollte. Ich las bei diesem Treffen dann meine Zettel vor, aber ich bekam keine Antworten, die Kollegen sind aufgestanden und gegangen.

Da denkt man doch, man müsse seine Band sofort verlassen, oder?

Das war mein erster Gedanke. Aber ich wollte es trotz des Schmerzes seriös abwickeln. Es bestanden ja auch Verträge, die erfüllt werden mussten. Schließlich klärten wir, dass wir noch bis Ende 2015 beziehungsweise Anfang 2016 Konzerte spielen und dass es unsere Abschiedstournee ist.

***Wie war die Stimmung nach* Heilige Nächte *bis zum letzten Konzert innerhalb der* Puhdys?**

Ich musste an die Geschichte meines Freundes Fritz Puppel von *City* denken. Sie hatten in den 1980ern eine schwerwiegende Auseinandersetzung innerhalb der Band, aber er hatte trotz aller Tragik mit Toni Krahl einen Freund an seiner Seite. Ich war ganz allein, und so habe ich mich auch gefühlt. Es herrschte eine Eiseskälte hinter der Bühne. Oft sprachen mich Künstlerkollegen darauf an, warum ich mich so fertig machen lasse ...

Und nun kolportiert die Boulevardpresse in regelmäßigen Abständen, dass du deine Kollegen verklagt hättest.

Das ist so nicht richtig. Ich habe niemanden verklagt, ich klage meine Rechte ein. Es geht um die Rechte an meinen Songs. Wir haben früher bei den Kompositionen gemeinschaftlich *Puhdys* und später Birr/Meyer angegeben, aber es stimmt so nicht. Ich habe die Lieder komponiert, und mein Ansinnen war es, das nach dem Ende der *Puhdys* zu klären. Also auch nicht rückwirkend, sondern für die Zukunft. Wir sind, wie schon gesagt, seit 2013 verstritten, und inzwischen gibt es die *Puhdys* nicht mehr. Ich möchte, dass es jetzt richtig angegeben wird.

Es geht um 120.000 Euro, schreibt die* BILD*-Zeitung.
Das ist absurd. Die GEMA-Tantiemen gibt es für Albumverkäufe, Konzert- und Radioeinsätze ... Aber wir verkaufen nicht mehr so viel von den alten Alben, es gibt auch keine *Puhdys*-Konzerte, und wie oft noch was im Radio gespielt wird, steht auch in den Sternen ... Es sind also alles Posten, die sich nur sehr ungenau schätzen lassen. Zudem geht es nicht nur um die Tantiemen, sondern um die Rechte allgemein. Wer Rechteinhaber ist, kann auch bestimmen, was mit den Liedern passiert. Manchmal gibt es komische Anfragen, etwa, ob man den oder den Song mit einem anderen Text für eine Supermarktwerbung nehmen könnte. Ich möchte aber, dass die Lieder in Würde und Ehre gehalten werden, dass sie in der Familie bleiben. Dass sich meine Frau oder meine Kinder mit den Erben der Kollegen um meine Kompositionen herumstreiten müssen, ist kein schöner Gedanke.

Warum hattest du damals die Rechte an den Kompositionen geteilt?
Ab dem dritten Album *Sturmvogel*, das war 1976, haben wir für die Kompositionen »Puhdys« angegeben. Letztmalig haben wir das bei der LP *Heiß wie Schnee* von 1980 so gemacht, also für drei Alben beziehungsweise vier, denn ich habe es 1989 beim Album *Neue Helden* noch einmal so gehandhabt. Ich bin davon ausgegangen, dass wir eine Gemeinschaft sind und jeder etwas beiträgt. Ich hatte angenommen, dass jeder dadurch angespornt ist, eigene Kompositionen einzubringen, aber so war es nicht. Letztlich war das mein Job. Klar, Peter Meyer hat mir geholfen, indem er die Lieder aufschrieb und mir immer den Rücken freihielt, aber ich kann unmissverständlich sagen: Die Lieder habe ich erfunden.

Ab dem Album* Schattenreiter *(1982) und bis* Dezembertage *(2001) sind Birr und Meyer als Komponisten genannt.
Ja, wir wollten die Kompositionsangabe »Puhdys« nicht fortführen. Es hatte sich nicht gut angefühlt, bei dreißig Grad in der Hitze ein Lied zu schreiben, während die anderen die Zeit für sich nutzen konnten. Peter Meyer mit

anzugeben, war dem Umstand geschuldet, dass wir uns ein gemeinsames Studio aufbauten. Und er war auch ein guter Partner, weil er alles aufgeschrieben hat. Natürlich hat er mir viel Arbeit abgenommen, aber er hat ja auch über vierzig Jahre lang daran verdient. Doch Komponist ist nun mal der, der sich das Lied und die musikalische Begleitung ausgedacht hat. Meine Kollegen sagen, sie hätten ja meine Lieder dann gespielt und sich dadurch eingebracht. Was hätten wir denn sonst spielen sollen? Als Coverband wären wir ja nicht die *Puhdys* geworden, so wie man sie kennt. Bei den Kompositionen von Ed Swillms hat sich *Karat* oder bei den Liedern von Franz Bartzsch ganz sicher Veronika Fischer ebenso miteingebracht, *Karat* und Vroni gelten aber dennoch nicht als Komponisten. Wir haben zu Beginn unserer Karriere auch »Smoke On The Water« gespielt und trotzdem keine kompositorischen Ansprüche an *Deep Purple* gestellt.

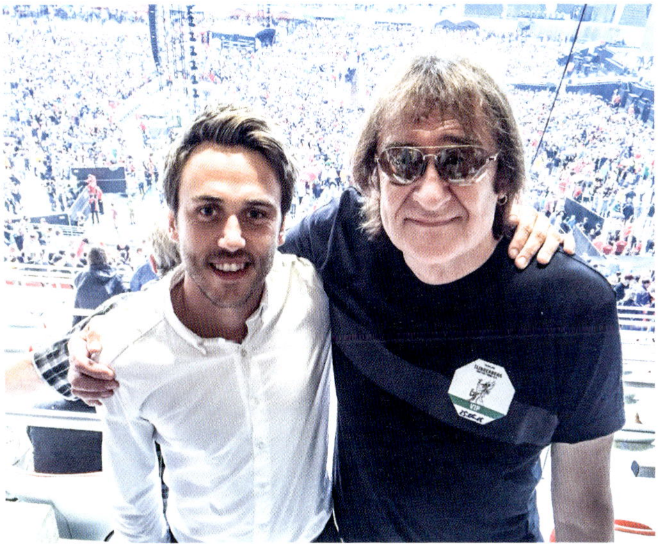

Maschine zusammen mit Clueso. Auf seinem Album *Handgepäck I* ist auch der *Puhdys*-Song »Wenn ein Mensch lebt« dabei.

Du hattest der* Berliner Zeitung *im November 2019 zu diesem Thema ein Interview gegeben, in dem du das Komponieren mit einem Hausbau vergleichst. Der Architekt entwirft, also komponiert, und legt fest, wie alles angeordnet wird, und die Handwerker bauen nach seinen Vorgaben und behaupten am Ende nicht, sie hätten das Haus entworfen.

Ja, das trifft es. Das würde ich wieder so formulieren. Die Komposition ist die Melodie, alles, was dazukommt, ist Arrangement.

Seit 2005 wirst nur noch du als Komponist angegeben.
Peter Meyer hatte gesagt, er käme sich blöd vor, wenn er da weiterhin steht. Es ist ja auch korrekt so, wie es seitdem ist.

Musikverlagsrechte und GEMA-Abwicklungen sind meist sehr komplex und für Menschen, die nicht vom Fach sind, schwer nachzuvollziehen. Nicht nur deshalb ist es schade, dass diese interne Angelegenheit von der Presse aufgegriffen wird. Zumal es meistens auch unter die Gürtellinie geht. Ist es dir bekannt, wer der Presse den entsprechenden Wink gab?
Es ist egal, und es ist auch nicht wichtig. Es ist nur schade, weil es wirklich nervig ist. Und selbstverständlich, ich hätte es gern intern geklärt. So wie wir es all die Jahre vorher bei Konflikten gehandhabt haben. Mir wird Gier vorgeworfen, obwohl ich jahrzehntelang zu gleichen Teilen geteilt habe, und nirgends steht, dass ich ja nichts rückwirkend haben möchte.

Ich persönlich finde es merkwürdig, dass die Kollegen nicht ihre Chance nutzten und fleißig für das Album* Heilige Nächte *komponierten.
Eigentlich möchte ich dazu gar nichts sagen, weil es mir nach wie vor schwerfällt, bandinterne Sachen nach außen zu tragen. Ich möchte überhaupt keine Schlammschlacht lostreten. Ich habe mich nur der *Berliner Zeitung* und dir gegenüber geäußert, weil ich mich diffamiert fühle. Ich kann die vielen Beleidigungen nicht unkommentiert stehen lassen.

Die* Puhdys *sind der Großteil deiner musikalischen Laufbahn. Gelingt es dir, trotz der jetzigen Auseinandersetzungen, zuerst an die schönen Erlebnisse zu denken?
Ja, auf jeden Fall. Es gab auch gute Zeiten, und es sind viele beeindruckende Sachen zusammengekommen. Die *Puhdys* sind definitiv mein Leben.

10 Fragen an LUKAS SCHAAF

Keyboarder und Musikproduzent; koproduzierte die Maschine-Alben *Große Herzen* und *Mein Weg*

Mal abgesehen vom Legionellose-Ausbruch im Spätsommer 2013, mit dem es das Fünfundzwanzigtausend-Einwohner-Städtchen auf die Titelseiten der Boulevardzeitungen schaffte, kennt man Warstein lediglich als Sitz der gleichnamigen Brauerei. Auch der Keyboarder und Musikproduzent Lukas Schaaf kommt von dort. Allerdings wurde er vor zehn Jahren von *Bell Book & Candle*, bei denen er inzwischen Keyboarder ist, in die Hauptstadt gelockt. Darüber hinaus agiert der Nordrhein-Westfale als Musikproduzent, etwa beim Kinder- und Familienpopprojekt *Lottis Welt*. Und gemeinsam mit Maschine hat er seine Alben *Große Herzen* und *Mein Weg* produziert.

1 ***Wenn ich richtig informiert bin, haben dich* Bell Book & Candle *– die Band mit Maschines Sohn Andy Birr – nach Berlin gelotst.***

Das lässt sich so sagen. Wir hatten bei mir in der Heimat eine gemeinsame Mugge. Ich war maximal grün hinter den Ohren, hatte noch viel zu lange Haare und spielte in einer Coverband, die *Bell Book & Candle* auf einem Stadtfest in meiner Gegend supportet hat. Ich hatte zu der Zeit einen Act produziert und war so frech, eine CD dem Gitarristen Jagschn [so wird der *BB&C*-Livegitarrist Holger Jagsch genannt, übrigens in den 1980ern Sänger von *Rosalilli*, Anm. d. A.] unterzujubeln. Der Mythos sagt, dass die *Bell Books* sich schon auf eine lustige Rückfahrt mit eher ungeiler Musik gefreut, wohl dann aber doch gar nicht so schlecht gestaunt hatten. Also angeblich ... *(grinst)*. So kam es dazu, dass mich Tom, der Sohn von den *Bell Books* Jana Groß und Henne Röder, einen Tag später anrief, worauf ich ziemlich kurzfristig nach Berlin zog und Keyboarder in seiner Band *Primadonna* wurde.

2 ***Klingt jetzt nicht nach einem Katzensprung bis zu den* Puhdys*, auf deren Akustiktour du 2014/15 gespielt hattest.***

In Berlin hatte ich einige Musiker kennengelernt, unter anderem Conrad Oleak, der einige Jahre zuvor bei der Akustiktour der *Puhdys* dabei war. So konnte ich ein bisschen Geld verdienen, um mir erst mal eine Grundlage für mein neues Leben in Berlin zu verschaffen. Hier hatte ich im Prinzip schon den ersten Kontakt zu Maschine und durfte die Welt hinter seiner Musik und die Stimmung zwischen ihm und den Fans miterleben und vor allem genießen. Es war eine echt schöne Zeit: Gerade nach Berlin gezogen, viel unterwegs gewesen und dann auch noch etwas Geld mit Musik verdient – war eine Topsache ...

3 ***Aber du bist ja nicht nur Musiker, sondern auch Produzent ...***

Als sich dann die *Puhdys* Anfang 2016 auflösten, war kurze Zeit überhaupt nicht klar, wie's bei mir jetzt in Berlin weitergehen soll. Ich hatte aber 2015 den Produzenten Ingo Politz kennengelernt und habe ihm daraufhin bestimmt zwölftausenddreihundertneununddreißig Mails geschrieben, in denen ich ihm erklärt hab, dass ich ziemlich gern ein paar Kaffee kochende bis hin zu Vocal editierenden Tätigkeiten bei ihm übernehmen würde, um irgendwie in der Berliner Produzentenwelt Anschluss zu finden und um mir weiterhin meine Wohnung leisten zu können ...

4 ***Das hat geklappt, oder?***

Ja, das hat dann auch irgendwie hingehauen, so dass ich dann eines Tages mit zwei Boxen in einer Sporttasche vor seiner Studiotür stand. Mein erster Job war dann tatsächlich das Editieren von Maschines Gesangsaufnahmen zum Album *Neubeginner*. Durch Ingo Politz konnte ich viele Menschen kennenlernen und an einigen Plattenproduktionen mitwirken. Unter anderem bei *Karat*, Kim Fisher und eben Maschine. Mittlerweile habe ich mir in diesem Studiokomplex einen eigenen Studioraum gebaut und darf beziehungsweise kann im gewohnten Umfeld nun weitestgehend eigene Produktionen machen, um nicht zuletzt das Thema mit der Miete im Griff zu behalten. Tatsächlich war auch hier eine der ersten Platten das Maschine-Album *Große Herzen*. Der Kontakt kam aber letztendlich über seinen Sohn Andy zustande, da Maschine es kurzfristig sehr eilig hatte, den Song »Bessere Tage« zu produzieren. In diesem Zuge fiel dann mein Name, und aus diesem Song entwickelte sich dann die gemeinsame Arbeit an den Alben *Große Herzen* und *Mein Weg*.

5 ***Kannst du dich eigentlich erinnern, wann du erstmals einen Song von den* Puhdys *beziehungsweise von Maschine gehört hast?***

Ja, das weiß ich noch. Es war »Hey, wir woll'n die Eisbärn sehn«. Da wusste ich allerdings noch gar nicht, dass er von den *Puhdys* ist. Ich erinnere mich, dass ich als siebenjähriger Karnevalfan nach dem Rosenmontagsumzug in der Schützenhalle stand und eine alkoholtechnisch komplett zerschossene Gruppe aus dem Nachbardorf zu diesem Lied einmarschiert ist und die Bühne förmlich abgerissen hat ... Das war mein erstes Mal. *(Lacht.)* Und Jahre später, also 2014, lag dann die Setlist vor mir, die ich für meine ersten Akustikshows mit den *Puhdys* einstudieren wollte, und ich stolperte über die »Eisbärn«, da ich mich fragte, warum diese Rocktruppe (von der ich mittlerweile auch »Alt wie ein Baum« und »Lebenszeit« kannte) nun einen »Ballermann-Song« covert – bis mir klar wurde, dass es ein *Puhdys*-Song ist.

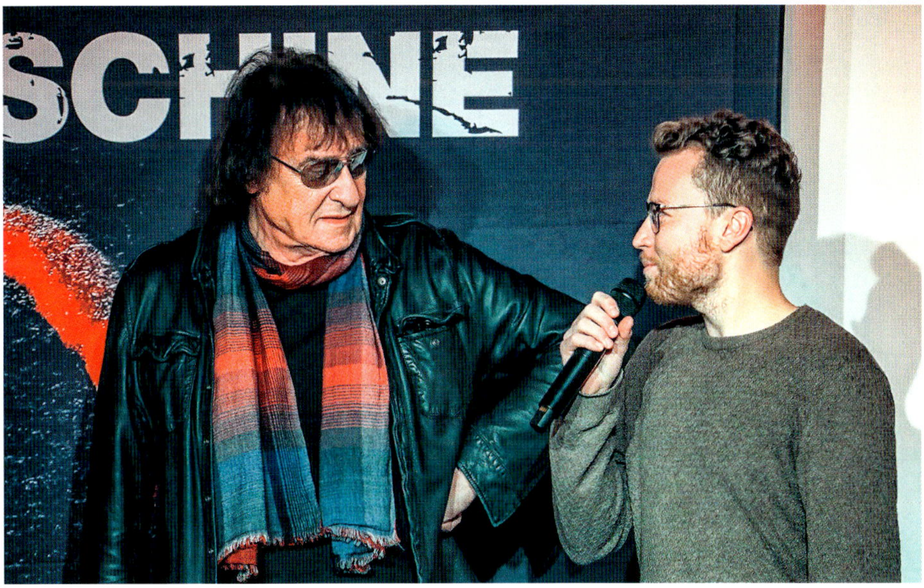

Maschine spielt seinem Fanclub das Album *Große Herzen* vor und befragt bei der Gelegenheit gleich mal seinen Koproduzenten.

6 ***Wie bist du vorgegangen, als klar war, dass du mit Maschine arbeitest? Hast du dir erst mal die Alben deiner Vorgänger reingezogen?***
Ich hatte überhaupt keinen Plan, was mich erwartet. Ich wusste auch gar nicht, ob wir überhaupt gut zusammenarbeiten können, und hab daher erst mal alles auf mich zukommen lassen. Wie Maschines Alben vor mir klangen, wusste ich durch meine Edits, die ich damals schon für Ingo gemacht hatte. Es stellte sich sehr schnell heraus, dass Maschine ein Künstler mit einer sehr ausgeprägten und oftmals erprobten Vision gegenüber seinen Songs ist, was zur Folge hatte, dass ich – im absolut positiven Sinne – schnell zu einer Art Produktionsinstrument von ihm wurde. Das hat mir die Möglichkeit gegeben, zu verstehen, wie Maschine sich und seine Songs hört, und diese Vision dann nach und nach zu lernen und aufzusaugen. Ich glaube, ich bin hier geschmacklich nachhaltig versaut worden ... *(lacht)*.

7 ***Inzwischen sind es zwei Alben, an denen ihr gemeinsam gearbeitet habt. Was sind die Unterschiede zwischen den Produktionen?***
Der große Unterschied war, dass es bei der zweiten Platte unter anderem darum ging, alte *Puhdys*-Songs in ein neues Gewand zu tauchen. Entweder war es dieser Zustand oder ein durch die vorherige Produktion wachsendes Vertrauen, dass ich den Eindruck hatte, beim Album *Mein Weg* hier und da einen größeren kreativen Anteil zu haben als bei *Große Herzen*. Die Songs »Mein Weg« und »Auf das Leben« sind für mich unfassbar emotionale und unglaublich stark geschriebene Songs, die mich durch Maschines Interpretation total berühren. Daher bin ich super froh, dass ich mich für die Songs starkmachen konnte und sie ihren Weg auf dieses »Best-of« gefunden haben. Und da ich die Songs »Das Buch« und »Hiroshima« auch auf der damaligen Akustiktour mit den *Puhdys* gespielt hab, hat es mich besonders berührt, diese Tracks noch einmal gemeinsam mit Maschine zu produzieren. Da wurden wunderschöne, alte Erinnerungen geweckt. Insgesamt hab ich mich einfach sehr geehrt gefühlt, dass man mir das Vertrauen schenkte, diese legendären *Puhdys*-Songs noch mal gemeinsam mit Maschine in ein neues Gewand zu tauchen.

8 ***Maschine ist mehr als doppelt so alt wie du und hat schon viele Platten verkauft, als du noch gar nicht geboren warst, arbeitet ihr dennoch auf Augenhöhe?***

Absolut. Ich bin zweiunddreißig Jahre alt, und Maschine ist der Inbegriff von »respektvollem Umgang«. Ich habe mich wirklich immer sehr geschätzt gefühlt, und damit hat Maschine mir auch ein super angenehmes und ungezwungenes Arbeitsumfeld geboten, in dem wir wirklich alles ausprobiert haben. Was zum Großteil daran liegt, dass wir uns beide einfach respektiert haben und daher auch ungehemmt miteinander arbeiten konnten.

9 ***Kannst du von einem alten Hasen wie Maschine auch was lernen?***

Na klar. Ich hatte irgendwie das Gefühl, dass er der »modern, innovativ« denkende Typ auf produktionstechnischer Ebene ist. Ich durfte die Erfahrung machen, wie es sich anfühlt, mit einem Menschen Musik zu produzieren, der dies schon über sechzig Jahre macht, und zwar mit absoluter Hingabe. Das war und ist sehr inspirierend.

10 ***Und seid ihr beide schon für die nächste Produktion verabredet?***

Ach hör mir auf ... *(lacht)*.

DER BERUF GEHT VOR

Maschine im Interview – 2022

In Maschines Diskografie vereint das Album *Große Herzen* zwei Besonderheiten. Es ist sein erstes Solowerk, das von null auf Platz 4 der offiziellen Albumcharts geht, und es ist auch das mit dem ungewöhnlichsten Veröffentlichungsdatum. Nämlich der vorletzte Tag des 2022er Jahrgangs: der 30. Dezember. Vermutlich hätten sich etliche Maschine-Fans darüber gefreut, dieses Album auf dem Gabentisch zu Weihnachten zu finden. Ist es also schlau, diese Platte etwa eine Woche nach der Bescherung herauszubringen? Die Plattenfirma sagt: »Ja!«, und hat auch eine passable Erklärung. Denn gerade zur Weihnachtszeit kommen all die internationalen Superstars mit ihren Best-of-Alben, und wenn sie Tonnen von dieser Veröffentlichung verkaufen, landen sie automatisch in den vorderen Rängen der Charts, denn hier geht es nach Verkaufszahlen in der jeweiligen Woche. Es kann passieren, dass ein Musiker so viele Platten wie noch nie zuvor in seinem Leben verkauft und trotzdem in den Charts weit hinten ist, weil eben all die Helene Fischers und Madonnas noch mehr verkaufen. Hart, aber gerecht. Und weil das auch die Plattenfirma weiß, sucht sie nach einem Release Date, das aus ihrer Sicht Sinn macht. Deshalb gab es zu Weihnachten 2022 noch kein neues Maschine-Album, höchstens einen Gutschein für die Woche danach …

Wir sind just in der Sekunde für unser Interview verabredet, als es den Anpfiff fürs erste Deutschlandspiel in Katar zur WM gibt. Interessiert dich das?
Eigentlich schon. Aber ich bin kein verbissener Fußballfan. Und sicher werden die späteren Spiele noch einmal spannender … Außerdem: Wenn du zum Interview bittest, komme ich natürlich. Wir sind verabredet, und das wird selbstverständlich eingehalten. Der Beruf geht vor … *(lacht)*.

Und auch sonst sind wir in einer geschichtsträchtigen Woche: Vor wenigen Tagen jährte sich das allererste* Puhdys*-Konzert zum dreiundfünfzigsten Mal. Was sind deine ersten Gedanken, wenn dir dieser Bandgeburtstag in den Sinn kommt?
Als wenn es gestern gewesen wäre … Aber im Ernst, das muss man sich auf der Zunge zergehen lassen: Dreiundfünfzig Jahre ist das jetzt her.

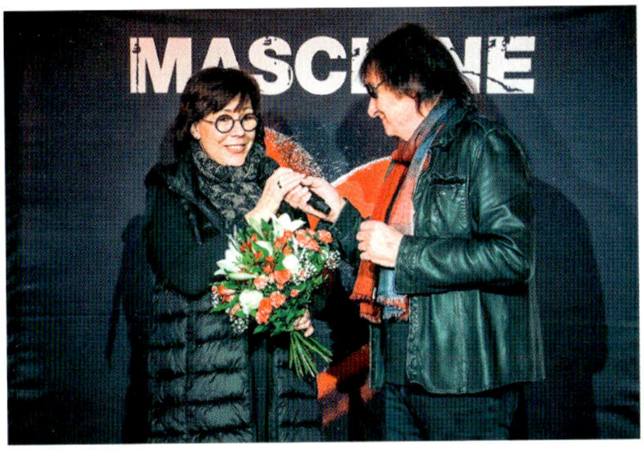

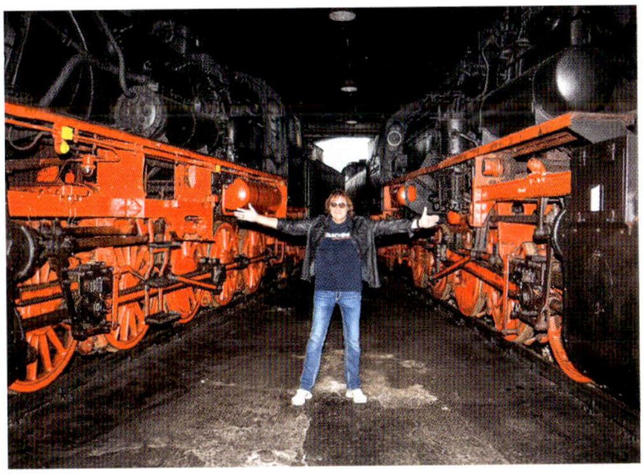

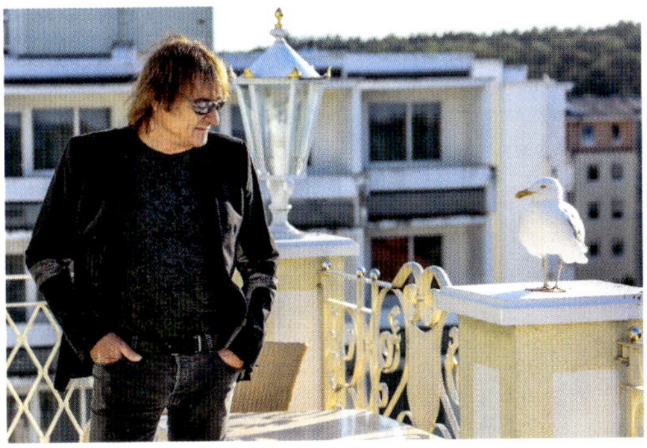

Maschine mit seiner Frau Sylvie, mit Lok und mit Möwe

Der 19. November 1969. Das genaue Datum bleibt auch deshalb unvergessen, weil wir jedes Jahr erneut um diesen Tag herum ein Konzert im Freiberger Tivoli gespielt haben. Die *Puhdys* sind mein Leben, insofern sind es auch schöne Gedanken an dieses Jubiläum. Aber es ist auch gut, dass ich noch einmal was anderes angefangen habe. Auch deshalb, weil eben das letzte Bandkapitel nicht nur Gutes hatte, um es einmal milde auszudrücken. Oder wolltest du darauf hinaus?

Nein, das hatten wir ja schon mal ausführlich besprochen. Und der Streit mit den Ex-Kollegen ist bekanntermaßen inzwischen auch geklärt. Insofern soll es hier vor allem um dein neues Album gehen …

Ich darf auch gar nichts mehr dazu sagen. Das war der Wunsch der Kollegen. Aber ich kann bestätigen, dass, auch wenn es am Ende mit den Kollegen schwierig war, die *Puhdys*-Jahre die beste Zeit meines Lebens waren. Das möchte ich wirklich nicht missen.

Im neuen Song »Wenn ich noch einmal leben könnte« singst du, dass du wieder die gleichen Visionen und Ideale hättest, aber du singst auch, dass es friedlicher laufen sollte.

Ich singe: »Ich würde spielen mit der gleichen Band, aber friedlich bis zum letzten Ton«, und so meine ich das auch. So würde ich mir das wünschen. Aber letztendlich ist es so, dass in keiner Band immer nur Friede, Freude, Eierkuchen ist. Am Anfang sind es vielleicht eher kreative Sachen, weil eben jeder Musiker seinen eigenen Geschmack hat. Und später, wenn der Erfolg da ist, kann es unter Umständen auch um Streitereien um Tantiemen gehen. Man könnte so ein Bandleben mit einer Ehe vergleichen, da gibt es sicher bei den meisten auch Aufs und Abs.

Haben sich die* Puhdys *oft gestritten?

Nein. Aber logischerweise gab es auch bei uns einige Dinge. Diese Konflikte haben wir aber nie an die große Glocke gehangen. Ich halte es für normal, dass man sich streitet. Mit normalem Streiten meine ich aber, dass man sich danach wieder die Hand gibt und in die Augen sehen kann, dass kein Hass entsteht. So singe ich es ja auch im Lied »Gloria«: »Streiten, aber nicht hassen«.

Aus* Puhdys*-Tagen stammt auch der Titelsong deines neuen Albums* Große Herzen *…

Richtig. Ich schrieb ihn für das Album *Dezembernächte* aus dem Jahr 2004. Der Song »Große Herzen« wurde aber in den letzten zwei Jahren aktueller denn je. Es geht darin um Menschen, die sich für andere aufopfern, ohne eine Gegenleistung zu erwarten. Und in den Zeiten der Pandemie gab es glücklicherweise nicht wenige davon. Mir fiel auf, dass dieses Lied absolut in die Zeit passt. Und musikalisch kam mir die Idee, daraus eine Ballade zu machen. Als ich das meinen Labelleuten vorspielte, waren die sehr angetan und meinten auch, dass *Große Herzen* ein passender Albumtitel wäre. Gesagt, getan.

Es ist die bereits dritte Version des Songs, oder?

Ja. Eben die Originalversion, dann die Rockvariante, die für ein »Rock Legenden«-Album entstanden ist, und nun die balladeske Form auf der gleichnamigen Platte.

Auf deinem zweiten Soloalbum* Maschine *von 2014 hattest du schon einmal* Puhdys*-Stücke neu bearbeitet. Brennt es dir auf den Nägeln, weitere alte Tracks ins Hier und Jetzt zu holen?

Nein, da steckt kein Plan dahinter. Manchmal bietet es sich einfach an. Die Idee zu diesem Album von 2014 kam auch nicht von mir, sondern vom Produzenten Ingo Politz. Vielleicht mache ich ja mal eine Best-of, für die ich den einen oder anderen Kollegen bitten werde, eine Nummer mit mir im Duett aufzunehmen. Das schwirrt gerade ein bisschen in meinem Kopf rum, aber es gibt hier noch nichts Konkretes. Ansonsten denke ich, dass sich das Thema mit den Neuversionen alter Stücke ausgereizt hat. Na gut, vielleicht noch »Geh dem Wind nicht aus dem Weg« aus den frühen 1970ern oder so ... *(lacht)*.

Bei den* Puhdys *warst du ja auch Herz, Kopf und Motor, vielleicht ist es deshalb so wie immer. Oder gibt es Unterschiede zwischen* Puhdys*- und Soloalben-Produktionen?

Ja, auch bei den *Puhdys*-Produktionen hatte ich die Richtung vorgegeben – allerdings mit dem Einverständnis der Kollegen. Und natürlich fanden sie auch nicht immer alles gut, was aber – denke ich – auch normal ist. Aber am meisten saß ich mit dem jeweiligen Produzenten, ob nun André Kuntze, Rainer Oleak oder Ingo Politz, allein im Studio. Diesmal produzierte ich mit Lukas Schaaf zusammen. Insofern gibt es keine Unterschiede.

Vor etwa zwei Jahren sagtest du mir, dass dir in den Pandemiezeiten die Motivation zum Komponieren abhandengekommen ist. Was trieb dich letztlich wieder an, so viele neue, gute Songs zu schreiben?

Als es plötzlich keine Möglichkeit mehr gab, Konzerte zu spielen oder sonst wo aufzutreten, und man plötzlich zu Hause saß, war das ein ungewöhnlicher Zustand, der einen wenig beflügelte, Songs zu schreiben. Es braucht immer einen Kick, einen Impuls. Im vorliegenden Falle war es so, dass mir mein alter Bekannter Steven Dornbusch von dem Hamburger Label Premium Records im Hause Soulfood erzählte, dass er durch seine Zusammenarbeit mit *Goitzsche Front* kannte. Julia Neigel und *Extrabreit* sind da beispielsweise unter Vertrag. Ich meinte zu ihm, dass er ja mal fragen könne, was sie von mir und einer Zusammenarbeit halten, und wenige Tage später kam das Feedback, dass es ihnen eine große Ehre wäre, ein Album von mir zu veröffentlichen.

Doch du hattest ja nichts …

Allerdings. Daraufhin schrieb ich den Text zu »Bessere Tage«, den ich dann den Hamburgern vorgestellt hatte. Der wurde für gut befunden. »Dann mach mal Musik dazu«, hieß es, »wir machen dann auch einen Videoclip.« Ich fragte Lukas, ob wir mal was ausprobieren können. Es gab verschiedene Ansätze, aus einer geplanten Mundharmonika wurde ein Akkordeon, und ein paar Metergitarren mussten selbstverständlich auch sein. Prompt kam großes Lob von Jochen Richert. So ein Lob von einem Plattenboss tut natürlich gut. Und hat mich schließlich motiviert, neue Lieder zu schreiben.

Hast du Erwartungen an dein neues Label?

Ich konnte beobachten, dass sich Premium Records um seine Acts wirklich kümmert. Ihre Produkte sehen sehr hochwertig aus. Das wirkt irgendwie liebevoll. Als Künstler oder Musiker kann man sich da nicht mehr wünschen.

Offenbar kleckert Premium Records wirklich nicht, sondern klotzt. Die Vinylvariante deines Albums gibt es in mehreren Farben, und erstmals erscheint auch eines deiner Alben als limitierte Fanbox.

Ich bin sehr froh darüber, dass die Labelkollegen so sehr hinter dem Produkt stehen. Sie glauben an den Erfolg des Albums. Das ist eine erstklassige Motivation für mich.

Und bei der CD ist es eine doppelte. Die erste enthält das neue Album, und auf der zweiten finden sich einige Schätze aus früheren Jahren. Beispielsweise Songs von **Maschine & Männer** ***aus den frühen 1990ern. Die*** **Puhdys** ***hatten sich 1989 zum ersten Mal aufgelöst, und du bist mit eigener Band angetreten. Welche Erinnerungen hast du an diese Zeit?***

Das war in der Tat ein neuer Aufbruch, und zwar im doppelten Sinne. Es hatten sich ja nicht nur die *Puhdys* aufgelöst, es gab auch keine DDR mehr. Bekanntermaßen interessierten sich die Fans erst einmal für die Musik, die sie vorher nicht problemlos konsumieren konnten ... Außerdem war *Maschine & Männer* überhaupt kein Begriff.

War das nicht bitter?
Ich konnte das nachvollziehen. Und es hat mich getröstet, dass wir die Leute, die zu uns kamen, überzeugen konnten. Kamen nur zwanzig, haben wir eben zwanzig begeistert. Und das hat mir immer Kraft gegeben. Wir haben gespielt, als wären zehntausend Leute da. Meine Einstellung war schon immer, dass ich erst einmal alles probiere, bevor ich resigniere. Letztlich hatte ich auch keine Wahl. Wäre ich Versicherungsvertreter geworden, wäre ich verhungert. Ich kann den Menschen nicht irgendwas überhelfen. Und Büroarbeit kann ich auch nicht.

Glücklicherweise bist du uns als Musiker erhalten geblieben und veröffentlichst – das erste aus den 1980ern mitgezählt – jetzt dein viertes Soloalbum. Mich hat überrascht, dass es sich um ausschließlich eigene Texte handelt. Beim Vorgänger* **Neubeginner** *stammten die meisten von Heinz Rudolf Kunze und Gisela Steineckert. Du meintest mal, dass es schwieriger wird, Themen zu finden, wenn man schon jahrzehntelang Songtexte geschrieben hat.
Ich bin selber erstaunt ... *(lacht)*. Ich war mir mehr oder weniger sicher, dass ich schon über alles geschrieben habe. Beim Song »Halte durch« hatte ich beispielsweise mehrere Versionen. Ob die Texte taugen, merkt man erst, wenn man sie singt. Manchmal denkt man, der Text ist nicht gut, aber beim Singen stellt man fest, wie gut es dann doch funktioniert. Aber es geht auch umgekehrt. Auf dem Blatt Papier denkst du, nicht schlecht, doch beim Singen merkst du, dass es überhaupt nicht geht. Bei einigen Songs habe ich wirklich lange dran gesessen.

»Halte durch« ist ein geflügeltes Wort von dir. Wenn du dich verabschiedest, sagst du neben »Tschüss« auch »Halte durch!« ...
Vor Krankheiten und Schicksalsschlägen ist letztlich niemand gefeit. Jeder hat in seinem Bekanntenkreis solche Fälle, und als ich mir überlegte, darüber einen Song zu machen, dachte ich an zwei Kumpels, die sich salopp beim Bier wünschen: »Zieh durch.« Als ich den Entwurf ins Studio brachte, war Lukas sofort begeistert. Es ist wohl auch sein Lieblingslied auf der Platte.

Das Album ist sehr persönlich geworden. »Meine erste Liebe« und »Mein Freund aus alten Zeiten« sind definitiv deine Geschichten. Weißt du, was aus deiner ersten Liebe und deinem alten Freund geworden ist?
Meine erste Liebe heißt Gisela. Ich war sechzehn und sie zwei Jahre älter. Wir haben uns auf einer Party von einer aus meiner Klasse kennengelernt. Danach sind wir zu Fuß von Johannisthal zum S-Bahnhof Baumschulenweg gelaufen. Ein langer Weg zum Quatschen, und kurz vorm Teltowkanal blieben wir stehen und küssten uns. Ich war so beeindruckt von ihr. Aber es sollte nicht lange halten.

Du wolltest nicht mehr leben, singst du …
Sie hatte mir einen Brief geschrieben, eigentlich sehr liebevoll, dass ich doch noch so jung wäre und nicht traurig sein solle. Auch wenn sie versucht hatte, es mir behutsam zu erklären, ich war fertig mit der Welt. In meiner Antwort schrieb ich, dass ich dann nicht mehr leben will. Aber es war eher eine Drohung … Viele Jahre später war ich mal in Pankow unterwegs, und mir fiel ein, dass sie dort in einer Drogerie gelernt hatte. Ich bin in eine Telefonzelle und rief dort an, ob ich Gisela sprechen könne. Sie war tatsächlich da, der Laden gehörte mittlerweile ihr. Ich bin dann hin, und wenig später gingen wir mal essen, da konnten wir im Gespräch das ganze Drama noch mal Revue passieren lassen. Der Kontakt blieb lose, manchmal rief sie an, wenn sie Konzerttickets oder so brauchte. Und auf einer Autogrammstunde tauchte sie mit einem Bild aus meiner Jugend auf. »Für meine Gisela« stand auf der Rückseite … *(lacht)*. Später meldete sich mal ihr Sohn, dass seine Mutter siebzig Jahre alt wird. Ich wollte Blumen schicken, doch meine Frau Sylvia meinte, dass ich da schon vorbeigehen müsste. Habe ich gemacht, ihr Mann und ihr Sohn hatten ihr vorher nichts gesagt. Die Überraschung war perfekt.

Und dein Freund aus alten Zeiten?
Mit Klaus, so hieß mein Kumpel, habe ich wirklich viel Zeit verbracht. Ganz typische Jugendjahre, gemeinsam geraucht, gemeinsam mit Mädchen geknutscht. Und eines Tages war er weg. Klaus war mit seinen Eltern nach Westberlin gegangen. Das war noch vor 1961, die Grenze also noch durchlässig. Aber es konnte dennoch niemand vorher eingeweiht werden, auch ich nicht. So war sein plötzliches Verschwinden für mich sehr überraschend.

Hast du ihn wiedergesehen?
Ja, ich habe ihn zwei- oder dreimal noch vor dem Mauerbau besucht. Mit der S-Bahn nach Westberlin, aber unseren gemeinsamen Alltag gab es eben nicht mehr. Ich kann mich aber auch deshalb an unsere Treffen so gut erinnern, weil sie noch für ein anderes Erlebnis stehen.

Für welches denn?
Meine allererste Currywurst. Klaus hatte mich von der S-Bahn abgeholt, und wir kamen an einem Imbiss vorbei. Dort hatte er mich auf eine mir bis dato unbekannte Currywurst eingeladen. Ich bin fast verrückt geworden, so lecker war das. Seitdem liebe ich Currywürste.

Ich auch – wann gab's die zweite?
Auf dem Rückweg. Ich kam wieder an dem Imbiss vorbei, aber ich hatte leider kein Westgeld. Also habe ich den Verkäufer überredet, mir eine für Ostgeld zu geben. Hat er glücklicherweise gemacht.

Aber als die Grenzen dicht waren, konntest du deinen Kumpel nicht mehr treffen?
Nein. In den späten 1970ern spielten wir auf einem Fest in Westberlin, und als das Schlagzeugsolo dran war, ging ich runter von der Bühne. Da sah ich seine Mutter und sprach mit ihr kurz. Ich hatte gehofft, dass auch Klaus da ist, aber sie sagte mir, dass er verstorben wäre. Wir konnten uns jedoch nicht weiterunterhalten, denn ich musste zurück auf die Bühne. Und nach dem Konzert war sie nicht mehr da. Es gibt ein Foto von Klaus und mir – zusammen mit einem Schäferhund. Im Diabetrachter meiner Fanbox zum Album ist dieses Foto dabei.

Mit »Legende aus Budapest« hast du ein Lied über und für deinen kürzlich verstorbenen Freund Mecky, dem Sänger der ungarischen Kultband Omega, geschrieben. Kannst du dich an eure erste persönliche Begegnung erinnern?
Zuerst hatte ich *Omega* aus der Ferne beobachtet. Sie spielten Anfang der 1970er in der Kongresshalle am Alexanderplatz. Da habe ich mich echt auf den Arsch gesetzt. Wie sie wirkten, wie sie spielten. Da brannte die Luft. Es kam ein Stroboskop zum Einsatz, ich hatte noch nie ein Konzert mit solch flackerndem

Licht erlebt. Kurz davor oder danach – ich weiß es nicht mehr so genau – waren wir auch mal in der gleichen Fernsehsendung. Aber da hatten wir noch keinen Kontakt. Wir hatten uns ja gar nicht getraut, die anzusprechen. Die *Omega*-Musiker sahen so cool aus – echte Haarmatten und irre Klamotten, die sie sich vermutlich von der letzten Englandtournee mitbrachten. Unser Schlagzeuger Gunther Wosylus pflegte immer zu sagen: »Dagegen sehen wir aus wie ein Ärztekongress.«

Auf deinem Album* Neubeginner *von 2016 gibt es ein Duett mit János Kóbor, also Mecky, und dir.

Omega hatten einen Manager in Berlin, der sich um ihre Belange in Deutschland gekümmert hat. Tibor Nagy hieß der, und der kam irgendwann auf mich zu und meinte, *Omega* hätten Interesse, mit mir etwas gemeinsam zu machen. Ich war angenehm überrascht und dachte mir, dann könnte Mecky ja auch auf meinem Album singen. Wir trafen uns im Studio von Ingo Politz, und der Draht zueinander war sofort da. *Omega* spielten ein Konzert in Landsberg, bei dem Uwe Hassbecker und ich dann mitmachten. So ergab dann eins das andere.

In Budapest habt ihr auch zusammen gespielt.

Zum Jubiläum »55 Jahre *Omega*«. Ihre Idee war es, Kollegen aus den anderen Ostblockländern dabei zu haben. *SBB* aus Polen, die *Olympics* aus Tschechien sowie Uwe Hassbecker und ich für Ostdeutschland. Unser Flieger kam früh um acht Uhr an. Und wer stand am Flughafen, um uns abzuholen?

Mecky?

Ja. Es war vereinbart, dass uns ein Manager oder ein Assistent abholt, aber er ließ es sich nicht nehmen, uns in aller Frühe selbst abzuholen. Das hatte mich echt beeindruckt. Ich werde dich auch abholen zu jeder Zeit, versprach ich ihm, doch dazu kam es nicht mehr. Das letzte Mal sahen wir uns auf der Beerdigung von Tibor Nagy. Aber wir hatten danach noch regelmäßig telefoniert. Geplant war, dass ich auch beim 60. Jubiläumskonzert im Budapester Nepstadion vor sechzigtausend Leuten dabei bin.

Über »Halte durch«, der Song, der sich ums Überstehen einer Krankheit dreht, sprachen wir schon, aber inwiefern achtest du auf dich? Tust du was für deine Gesundheit?
Ich finde schon. Fahrradfahren, mit dem Hund rausgehen … Jetzt nichts Übertriebenes.

Dein Spitzname »Maschine« resultiert aus der Leidenschaft für große Portionen beim Essen. Wie ist da der Stand der Dinge? Oder gibt es mittlerweile den Seniorenteller?
Nein, den gibt es noch nicht. Ich achte schon darauf, dass ich nicht sinnlos in mich rein esse. Als junger Mensch ging das natürlich, und wenn es dann noch schmeckt … Ich hatte mir oft noch ein zweites Essen bestellt. Das war kein Ding, ich war die Fressmaschine. Heute höre ich auf meinen Körper. Aber ich esse nach wie vor gern, und ich gönne mir auch zwei, drei Bier. Anderen Alkohol – den Schnaps zum Schluss beim Italiener nicht mitgezählt – trinke ich nicht. Ich vertrage auch nicht viel, was ich jetzt nicht schlecht finde.

Du warst ja auch mal Offizieller Bierbotschafter …
Ja, das geht aber nur zwei Jahre. Ich folgte auf Axel Schulz, und inzwischen ist es der Schauspieler Jörg Schüttauf. Durch die Corona-Jahre hatte ich hier auch nicht allzu viel zu tun. Ich bleibe jedoch Ehrenvorsitzender, was mir das Glück bringt, hin und wieder mit ein paar Kisten Bier bedacht zu werden.

Jetzt haben wir so viel über Krankheiten geredet, ich verspreche dir, dass hierzu keine Fragen mehr kommen, aber ich möchte ein vermeintliches Tabuthema ansprechen: Darf ich dich fragen, wie du mit dem Thema Endlichkeit umgehst? Machen dir Gedanken an den Tod Angst?
Das darfst du. Ich staune sogar, dass ich das noch nie gefragt wurde. Ich habe keine Angst vor dem Tod, aber ich freue mich auch nicht darauf. Wenn man stirbt, ohne vorher zu leiden, ist es wie Schlafengehen. Als meine Mutter beerdigt wurde, hatte ich die Trauerrede gehalten und dabei von einer Episode aus meiner Kindheit erzählt. Ich fragte sie oft, wie das denn wäre mit dem Sterben. Und sie sagte dann: »Sterben ist wie schlafen, nur dass man nicht träumt.« Das klang für mich plausibel. Aber dennoch: Jeder Tod kommt zu früh, egal, wie alt du bist.

Ein Vorbild könnte dein Onkel sein, der über hundert ist.
Ja, das stimmt. Er ist jetzt hunderteins Jahre alt.

Wir haben jetzt so viele ernste Dinge angesprochen, dass man vielleicht erwähnen sollte, dass* Große Herzen *keineswegs eine traurige Platte ist.
Finde ich auch. Es ist eher eine nachdenkliche Platte, aber mir geht es ja darum, etwas zu sagen. Und ich bin eben kein junger Typ mehr. Es wäre ein bisschen albern, wenn ich mit ein paar schlichten Liebesliedern um die Ecke kommen würde. Ich kann mir vorstellen, dass Menschen so ab vierzig mit meinen Themen etwas anfangen können. Wenn du eine gewisse Reife hast, dann blickt man auch mal auf sein Leben zurück und erinnert sich eben an einen alten Freund oder an die erste Liebe. Das sind Songthemen, die mir früher sicher nicht eingefallen wären.

Und es gibt auch sehr witzige Lieder auf dem Album. »Roadies« beispielsweise, deine Liebeserklärung an die Heinzelmännchen des Rock 'n' Rolls. Ist es nicht auch so, dass – wenn etwas schiefgeht – die Schuld immer beim Roadie und nie beim Musiker zu suchen ist?
Da sagst du was, so ist das Klischee. Und ich kann dir verraten, dass es in einer früheren Version des Songs hieß: »Wer hat Schuld, wenn es scheiße klingt? / Die Roadies, die Roadies / Wer hat Schuld, wenn der Sänger falsch singt? / Die Roadies, die Roadies …« Aber letztlich fand ich diesen Witz für den Song nicht mehr so passend, ich wollte die Roadies und ihre Arbeit würdigen. Es sollte rüberkommen, dass ich Roadies sehr schätze und ich froh bin, dass es sie überhaupt gibt.

Gibt es eigentlich auch Songs über Musikproduzenten? Ich finde, Lukas Schaaf, dein Koproduzent, hätte einen verdient.
Das wäre eine Idee. Und, ja, Lukas hätte so einen Song verdient. Ich sag ihm, dass du so denkst. Er wird sich sicher freuen.

Der neunundachtzigjährige Countrysänger Willie Nelson hat in den letzten zehn Jahren elf Alben veröffentlicht. Wäre das auch eine Option für dich?
(Lacht.) Der Gedanke ist nicht schlecht. Ich müsste aber erst einmal meine Frau fragen, die mir viel Arbeit abnimmt. So ein Release ist ja nicht nur Songs

schreiben und aufnehmen. Da noch schnell ein Text, da noch ein Credit – es müssen da so viele kleine Dinge und Termine koordiniert werden, da hängt ein echter Rattenschwanz dran. Also ein ruhigeres Leben und ein bisschen mehr Freizeit hast du nur, wenn man es nicht Willie Nelson nachmacht. Andererseits: Wenn die Welt danach verlangt, werde ich darüber nachdenken.

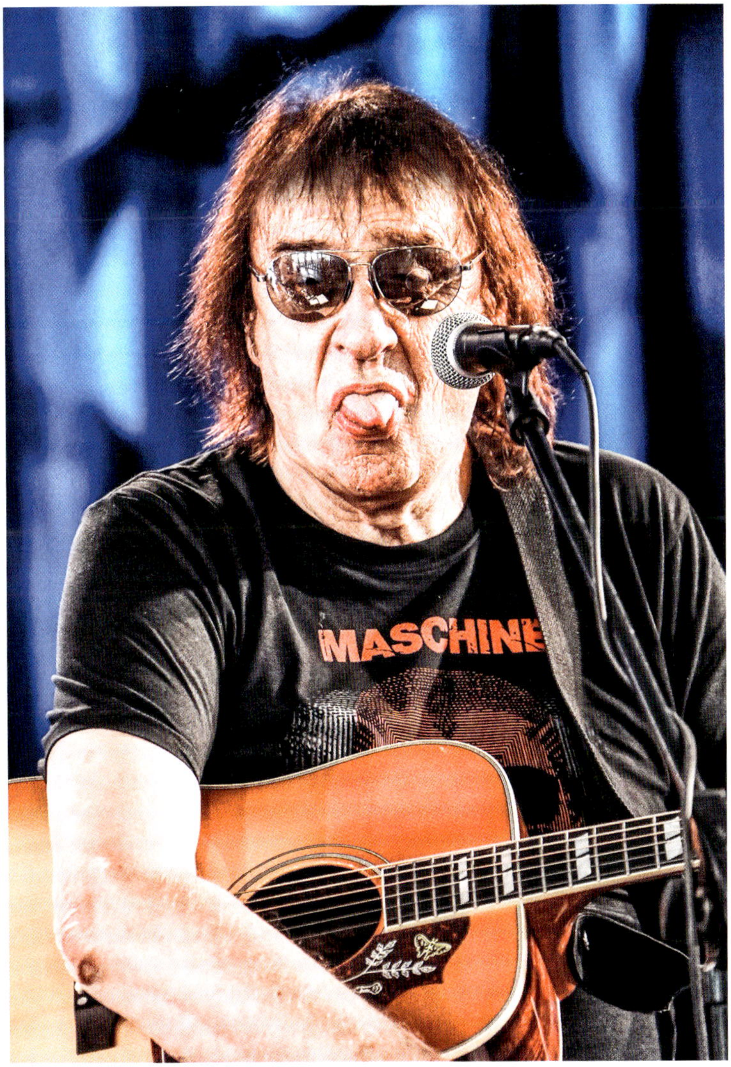

Keine *Stones*-Zunge. Maschine im April 2023 im Leipziger Kupfersaal

10 Fragen an HEINZ RUDOLF KUNZE

Musiker, Sänger, Dichter; schrieb Maschine einige Liedtexte und sang mit ihm ein Duett

Spätestens seit dem Hit »Dein ist mein ganzes Herz« und dem gleichnamigen Album (es war sein bereits fünftes) aus dem Jahr 1985 ist der Mann eine feste Instanz der deutschen Musikszene. Er hat mehr als vierzig Alben veröffentlicht, schrieb Romane und Musicals, übertrug beispielsweise Springsteen-Songs ins Deutsche und textet auch für Kolleginnen und Kollegen wie Herman van Veen, Milva, Hildegard Knef, *City* und eben auch für Maschine – für das Album *Neubeginner*. Beide singen darauf auch ein Duett. Die Biografien von Heinz Rudolf Kunze und Maschine haben eine Gemeinsamkeit: Ihre 2023er Alben erreichten jeweils Platz 4 der offiziellen Albumcharts.

1 ***Auf deinem Album*** **Meisterwerke:Verbeugungen** ***hast du auch einen Song von den*** **Puhdys** ***gecovert. Warum die*** **Puhdys** ***und warum »Wenn ein Mensch lebt«?***

Ich wollte auf diesem Album eine Art Überblick über die Geschichte der Popularmusik in Deutschland – Ost wie West – geben. Deswegen sind Freddy Quinn und Roy Black genauso dabei wie die *Einstürzenden Neubauten*. Und natürlich wollte ich auch den Osten dabei im Blick haben. Ich habe mich dann für *Karat* und die *Puhdys* entschieden. Das sind sicher naheliegende Lösungen, weil beide Bands im Osten sehr erfolgreich und sehr wichtig waren, und auch, weil ich zu beiden Bands schon sehr lange einen persönlichen Kontakt hatte. Warum es nun ausgerechnet dieser *Puhdys*-Song wurde, lässt sich nicht genau sagen. Es war eine sehr spontane Entscheidung. Aber ich kannte »Wenn ein Mensch lebt« aus dem Film *Die Legende von Paul und Paula*, und ich denke, dass es einer der wichtigsten *Puhdys*-Songs ist. Ich kann nicht behaupten, ihr Gesamtwerk zu kennen, aber ich glaube dennoch, nicht daneben zu liegen. Auf meinem Album versuchte ich einen riesigen Spagat hinzukriegen – über alle Genres hinweg. Sozusagen Deutschland als Popgesamtkunstwerk, und da gehören natürlich die *Puhdys* wegen ihrer herausragenden Bedeutung im Osten in jedem Fall dazu.

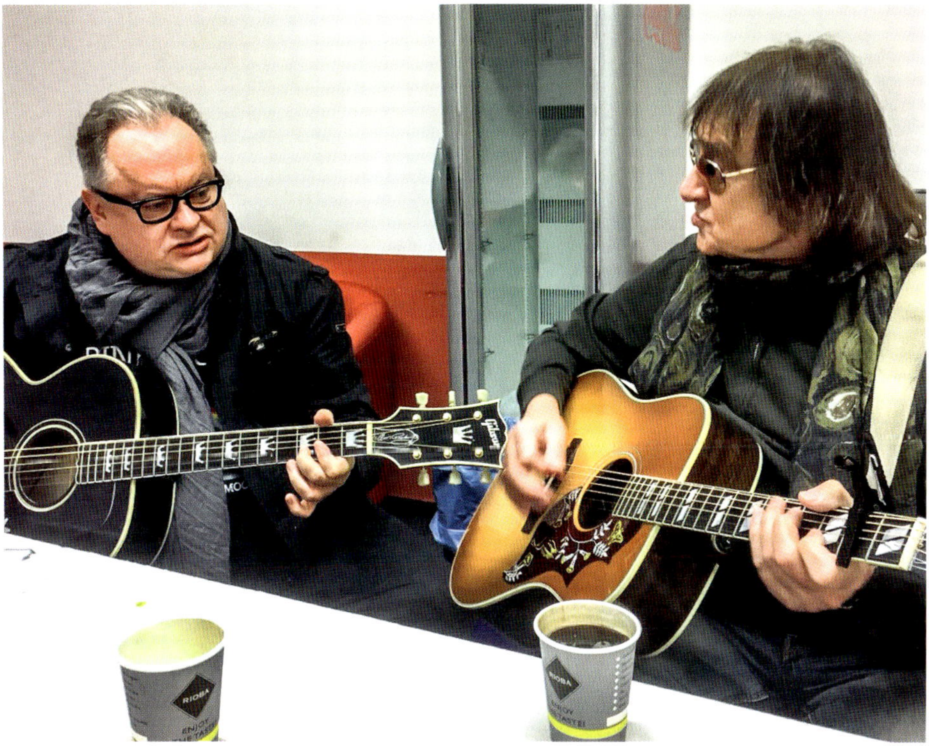

Heinz Rudolf Kunze und Maschine bereiten sich auf einen gemeinsamen Auftritt vor.

2 ***Weißt du noch, wann und wie du die* Puhdys *beziehungsweise Maschine das erste Mal wahrgenommen hast?***

Wahrgenommen hatte ich sie schon vor sehr, sehr langer Zeit. Auch wenn wir im Westen relativ wenig über Ostrock wussten. Irgendwie war es nicht wirklich ein Thema, die Songs wurden ja kaum, besser: gar nicht, gesendet. Und Ostfernsehen ließ sich nur östlich von Braunschweig empfangen. Ich wohnte in Osnabrück, dort konnte man das nicht sehen. Insofern waren die *Puhdys* zwar ein Begriff, aber sie waren für mich nur wenig verbunden mit konkreter Musik. Richtig begonnen hat für mich die Beziehung zum Ostrock 1986. Damals besuchte ich mit einer Westdelegation eine Künstlertagung in Weimar und bin das erste Mal in meinem Leben auf Ostkollegen gestoßen. Es waren sehr schöne und interessante Gespräche. Wolfgang Niedecken, Klaus Lage und Katja Ebstein waren auch dabei. Wir trafen unter anderem *Silly* und einige Liedermacher.

3 ***Und wann hast du Maschine das erste Mal persönlich getroffen?***

Ich begegnete ihm vor Ewigkeiten bei einem gemeinsamen Auftritt beim Tollwood in München, wir quatschten backstage ein bisschen. Wirklich kennengelernt hatte ich ihn, als er mich zu seiner Radiosendung nach Magdeburg als Interviewgast einlud. Wir haben uns sozusagen live vor den Hörern kennengelernt, wir sprachen lange und ausführlich und stellten dabei fest, dass wir erstaunlich viele Überschneidungen auch im musikalischen Geschmack haben. Seitdem trafen wir uns immer mal wieder, und daraus hat sich unsere Freundschaft entwickelt.

4 ***Finden sich in deiner Schallplattensammlung auch Alben von den*** **Puhdys** ***oder von Maschine?***

Ich habe kaum deutschsprachige Platten in meiner Sammlung. Das heißt aber nicht, dass ich das nicht wertschätze. Ich bin jedoch absolut angloamerikanisch geprägt. Ich höre mir zwar alles an, aber das ist orientierungshalber, damit ich weiß, was die Kollegen machen. Aber es gehört eben weniger zu meinen privaten Beschäftigungen. Dennoch bin ich sehr stolz auf all meine Kollaborationen und habe auch die entsprechenden Tonträger da. Zum Beispiel auch *City*, für die ich mal einige Texte geschrieben habe, und natürlich die *Neubeginner*-Platte von Dieter.

5 ***Maschine hat wiederum deinen Song »So wie du bist« interpretiert. Wie gefällt dir seine Version?***

Ich finde sie ganz rührend. Weil er das mit seiner Reibeisenstimme ganz anders belebt als ich. Ich habe ja doch eher eine in Anführungszeichen sehr saubere Stimme, und Dieter machte wohl eher eine Joe-Cocker-Version daraus. Es tut dem Lied gar nicht schlecht, wenn so ein Raubein den Text in den Mund nimmt …

6 ***Angenommen, Maschine möchte noch mal ein Kunze-Lied covern, welches von dir würdest du ihm empfehlen?***

Da kommt einiges in Frage. Ich glaube, was ihm gutstehen würde, weil es letzten Endes auch sein Verhältnis zur Musik beschreibt und eben nicht nur meins, wäre das Titelstück meines neuen Albums *Können vor Lachen*. Es geht um einen Vater, der offensichtlich sehr musikaffin ist und seinem Sohn eine Art Standpauke hält. So ähnlich wie bei »Father And Son« von Cat Stevens, nur lauter und rockiger. Dieser Vater, der offenbar mit Rock 'n' Roll aufgewachsen ist, versucht seinem Sohn zu erklären, wie wichtig Musik sein kann. Ich glaube, das könnte Dieter unterschreiben.

7 ***Seine Coverversion von »So wie du bist« findet sich auf seinem Album* Neubeginner, *dort gibt es auch einige weitere Songs mit Texten aus deiner Feder. Wie kam es dazu, dass du für Maschine Texte schreibst?***

Maschine kam auf mich zu und sagte, dass er an diesem Album arbeite, und fragte mich, ob ich nicht für ihn einige Texte schreiben möchte. Das hatte mich sehr gefreut, dass er fragte. Nun wurde es richtig spannend.

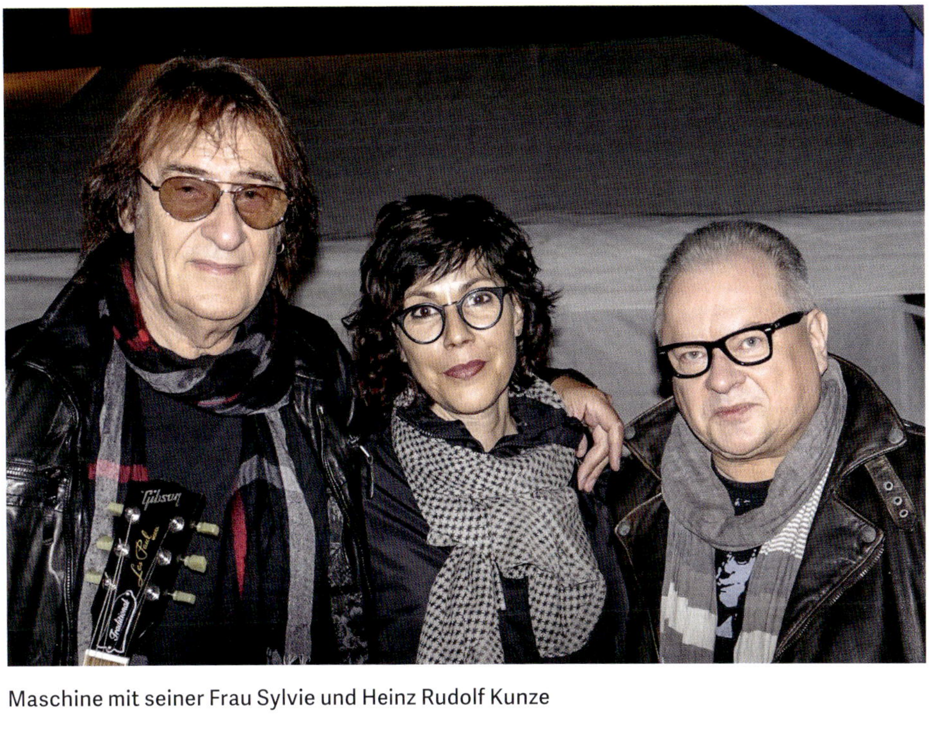

Maschine mit seiner Frau Sylvie und Heinz Rudolf Kunze

8 ***Wie muss ich mir die Zusammenarbeit vorstellen? Hattest du konkret für ihn geschrieben?***

Ja, aber natürlich. Wenn ich was für andere Kollegen mache, dann sind es nie aussortierte Texte von mir. Ich schreibe jeweils exklusiv was Neues. Das habe ich bei Herman van Veen gemacht und auch bei Nicole. Eigentlich bei jedem, für den ich schreibe. Ich versuche mir vorzustellen, wie klingt es aus ihrem Mund, wie passt es zu diesem Menschen. Dieter war kein einfacher Klient. Aber er hat etwas besser gemacht als beispielsweise Gunter Gabriel, der in seinem Leben immer wieder Texte von mir haben wollte, aber es nicht verstanden hatte, mir präzise zu erklären, was genau er von mir wollte. Er sagte immer nur: »Lieber Heinz, es tut mir leid, aber ich kann es nicht nehmen. Es klingt zu sehr nach dir.« Und da hat Dieter ein besseres Händchen gehabt, vielleicht hat er sich auch einfach genauer mit Sprache beschäftigt als der andere Kollege. Wir haben stundenlang telefoniert, als ich für ihn geschrieben habe. Er hatte ganz genaue Vorstellungen. Dieter sagte zum Beispiel: »Dieses Wort hier, das glaubt mir keiner, das musst du anders machen. Das passt nicht zu mir, es klingt wie ein Fremdkörper aus meinem Mund.« Die Aufgabe hat mich sehr gereizt. Ich fand es sportlich, für ihn was zu machen. Ich habe dann so lange daran gearbeitet, bis er endlich sagte: »Ja, so kann ich das rausbringen.« Es war eine nicht ganz einfache Aufgabe, aber es ist mir lieber, dass jemand weiß, was er will, als wenn er so rumeiert und es am Ende dann ablehnt. Bei Herman van Veen ist es so, dass ich ihm zwanzig Texte schreibe und er bei neunzehn davon sagt: »Das passt gut zu mir.« Bei Dieter war es eben nicht so, das war eine interessante Herausforderung. Aber er hat es gut gemacht. So wie ein Trainer. Er sagte: »Es ist schon viel Schönes dabei, aber nun müssen wir noch mal ran.«

9 ***Den von Maschine komponierten und von dir getexteten Song »Irgendwie begabt« singt ihr im Duett. Welche Erinnerungen hast du an die Aufnahmen?***

Ich bin nach Berlin gekommen, um in einem kleinen Studio meinen Part einzusingen. Die Kollegen dort staunten nicht schlecht, dass ich so schnell fertig war. Aber so ist es bei mir immer, ich arbeite da zügig und präzise.

10 ***Maschine wird achtzig, nimmt weiterhin neue Alben auf und tourt regelmäßig. Wäre das für dich auch eine Option, wenn du achtzig Jahre alt bist?***

Natürlich ist es eine Option. Ich kann mir nicht vorstellen, aufzuhören, es sei denn, gesundheitliche Gründe zwingen mich dazu. Es ist ein so schöner Beruf, den wir haben. Wenn wir den weitermachen dürfen und es Menschen gibt, die uns auch im hohen Alter noch sehen wollen, dann wären wir doch verrückt, das auszuschlagen. Für mich sind solche Vorbilder, die immer noch touren – wie die *Stones*, Bob Dylan oder Neil Young –, Leuchtzeichen am Horizont. So lange die noch da sind und ihre Gitarre halten können, kann ich das auch. Aber bist du dir sicher, dass Maschine achtzig ist? Das hätte ich nie gedacht. Ich bin jetzt siebenundsechzig und fühle mich wie ein Greis. Aber wie großartig, dass er noch so fit ist. Er ist ja besonders für die Menschen im Osten eine Symbolfigur und ein Anker. Er hat ganz viel mit ihrem Leben und ihrer Biografie zu tun – das find ich sehr schön, dass sie ihm die Treue halten. Es gibt für mich zwei grundsätzliche Berliner Typen. Der eine Typus ist der Quirlige, der Quecksilbrige, der immer leicht aufgeregte Berliner, und der andere Typ ist eben Dieter – der ruhige Bär. Er hat wirklich die Ruhe weg, es ist immer nett mit ihm. Wir haben ein enges, persönliches Verhältnis. Er ist wirklich ein guter Typ. Es gehört auch zu den wichtigen Dingen in meinem Leben, dass ich diese persönliche Brücke zu den Kollegen aus dem Osten schlagen konnte.

EINEN KÖNNTE ICH JA NOCH SCHREIBEN

Maschine im Interview – 2024

2024 – was für ein Jahr: achtzig Lebensjahre, sechzig Jahre Musiker (mindestens), fünfzig Jahre Albumveröffentlichungen (1974 erschien das *Puhdys*-Debüt) und zehn Jahre Soloalben (den 1986er Alleingang nicht mitgezählt). Das muss gefeiert werden, weshalb neben diesem Buch hier auch ein Best-of-Album herauskommen sollte. Mit den stärksten Songs der Maschine-Alben und vielleicht zwei, drei neuen Liedern. Aber wie so oft, kommt es erstens anders und zweitens als man denkt. *Mein Weg*, das neue Album im großen Jubiläumsjahr, ist komplett neu entstanden. Es vereint *Puhdys*-Klassiker wie »Ikarus«, »Melanie« und »Sehnsucht« sowie zwei Tracks von den bisherigen Maschine-Alben – allesamt aus einem neuen Blickwinkel – mit fünf neuen Songs. Es gibt eine Menge zu besprechen.

Als wir uns zum Interview zu* Große Herzen *trafen, sprachen wir auch über unsere Liebe zu Currywürsten. Wie sieht's eigentlich mit Rostbrat-, Bock- oder Weißwürsten aus?

Es sieht gut aus. Wenn es gebratene Würste sind, sollten sie richtig durchgebraten sein, schön braungebrannt, nicht so lappig. Und eine Bockwurst, die gut geräuchert wurde, kann auch sehr lecker sein. Hin und wieder hole ich mir eine an der Tankstelle. Dazu Mostrich, wie wir Berliner zu Senf sagen, sowie ein knackiges Brötchen – das ist eine feine Sache. Weißwürste esse ich allerdings überhaupt nicht gerne.

Und hast du auch schon eine vegane Wurst probiert?

Nein. Das muss ich auch nicht. Ich kann natürlich gern fleischlos beziehungsweise vegetarisch essen, aber dann bitte ohne ein Ersatzprodukt. Wenn es eine Wurst sein soll, dann gern eine echte.

Zuletzt habe ich dich mit Uwe Hassbecker im Berliner Admiralspalast erlebt, genau am 9. November, an dem sich zum vierunddreißigsten Mal der Mauerfall jährte. Ihr hattet davon auf der Bühne erzählt. Wie war das bei dir noch mal, wie hast du den Mauerfall erlebt?

Erst mal vor dem Fernseher. Wir haben »Aktuelle Kamera« geguckt. Die ostdeutschen Nachrichten hatten ja kaum jemanden interessiert, vermute ich jedenfalls, aber in diesen Tagen war das wirklich eine aufregende Sendung, denn jeden Tag passierte etwas Spannendes. So sahen wir auch den Schabowski, als er seinen berühmten Zettel vorlas. Wir waren uns allerdings nicht ganz genau sicher, was das nun zu bedeuten hatte. Als dann aber im Fernsehen die ersten Bilder gezeigt wurden, wie die Menschen an den Grenzübergängen stehen, dachten wir uns, da fahren wir auch mal hin. Wir sind dann nach Baumschulenweg zum Übergang Sonnenallee. Da war schon alles verstopft, aber ich kannte aus meiner Jugendzeit noch ein paar Schleichwege. An der Grenze standen schon tausend Menschen, die lauthals »Macht das Tor auf!« brüllten. Wir sind dann wieder zurück nach Friedrichshagen, wo wir damals wohnten. Auf den Straßen war echt was los, aber nicht in unsere Richtung. Ich weiß noch, wie wir an einer Ampel standen und ein Besoffener auf uns zutorkelte und meinte: »Ihr seid falsch, zur Grenze geht es in die andere Richtung!« Und nachts um zwei rief mich mein Sohn Andy an, dass er gerade in Westberlin ist, sogar mit dem Auto …

Irgendwo hatte ich gelesen, dass du zum Mauerfall in Mainz warst …

Das war wenige Tage danach. Wir hatten mit den *Puhdys* dort zwei Konzerte. An der Grenze war die Hölle los. Für das Stück von Börde bis Helmstedt, dem Grenzübergang, haben wir über fünf Stunden gebraucht, es sind eigentlich nur 35 Kilometer. Aber es herrschte eine gute Stimmung, alle Leute waren gut drauf. In Mainz besuchte uns unser früherer Texter Burkhard Lasch, der 1986 die DDR verlassen hatte. Als wir »Denke ich an Deutschland«, besser bekannt als »Ich will nicht vergessen«, spielten, sagte ich, dass der Texter da wäre und dass er ja jetzt nach dem Mauerfall noch eine dazu passende, neue Strophe schreiben könnte. Das hat Burkhard dann gemacht, am Ende des Konzerts konnte ich sie vorlesen.

→ Maschine beim Shooting fürs Albumartwork von *Mein Weg* auf dem Tempelhofer Feld in Berlin

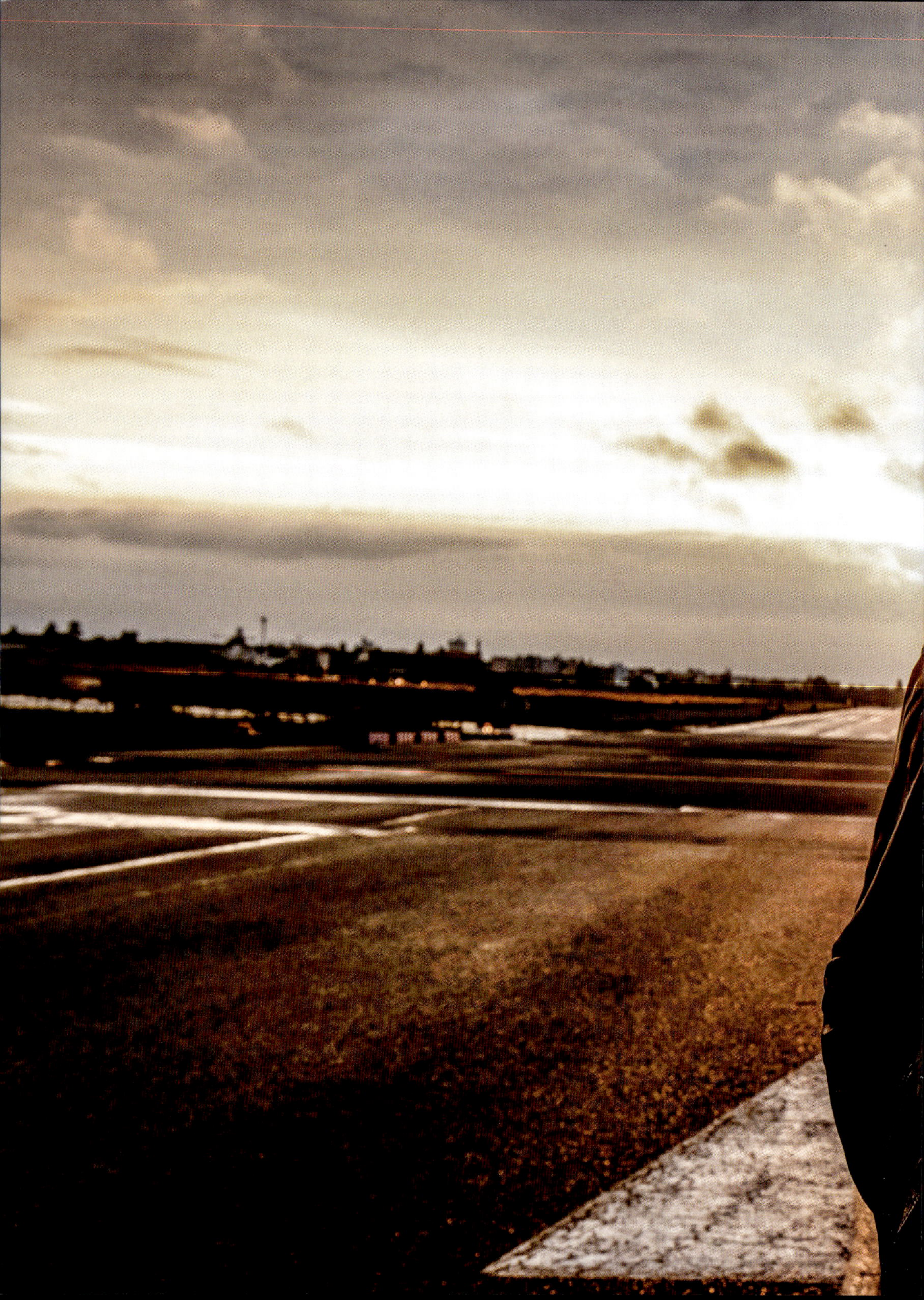

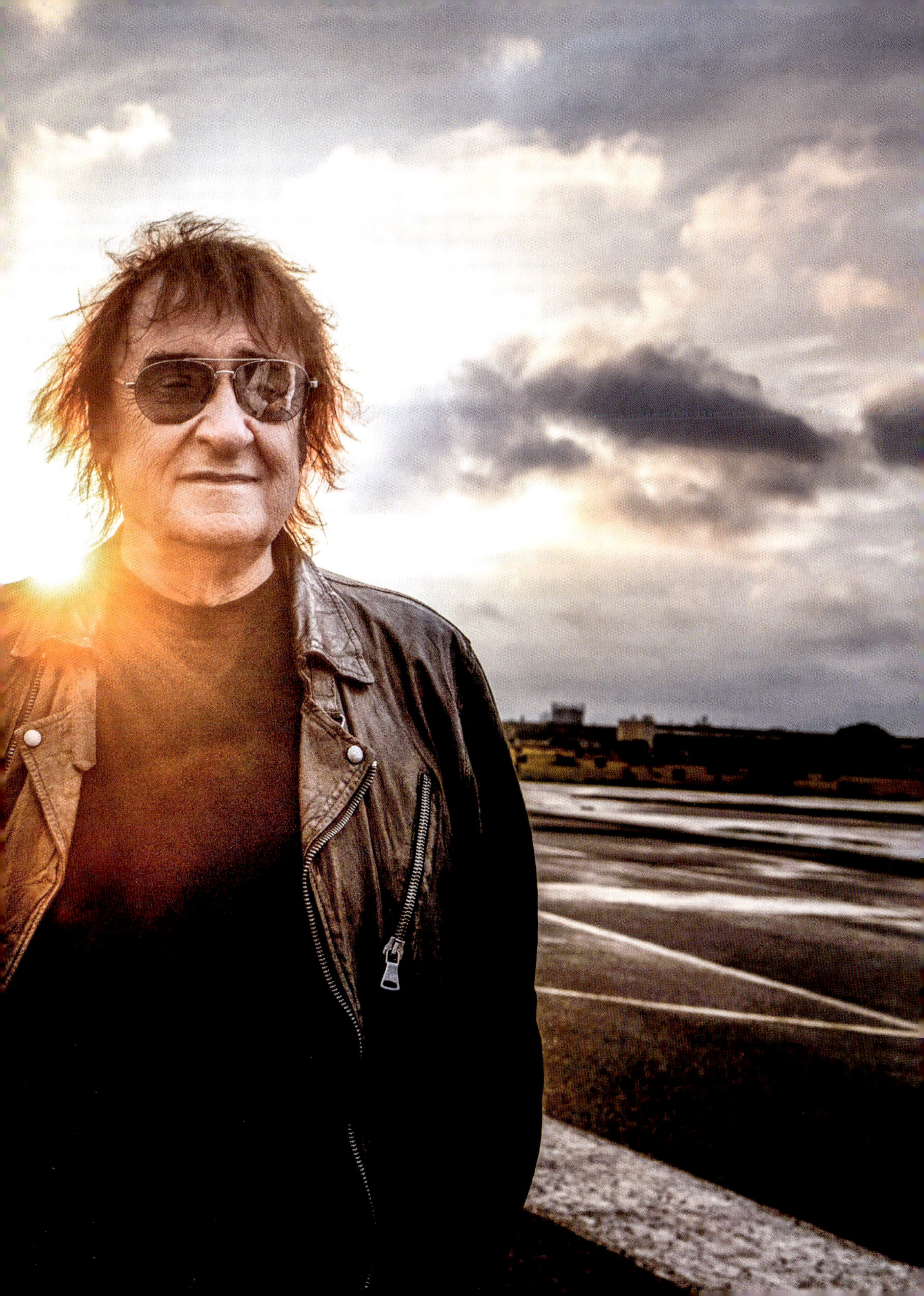

Zurück zum Admiralspalast. Mir wurde einmal mehr bewusst, dass ihr nicht nur erstklassige Musiker seid, sondern auch fabelhafte Entertainer. Einen Großteil des Abends habt ihr eloquent und sehr witzig Geschichten erzählt. Wie kommt es zu den herrlichen Dialogen?

Ich hatte dir schon mal von unseren drei Testkonzerten erzählt, bei denen wir prüfen wollten, ob es überhaupt Sinn macht, dass wir uns zu zweit auf die Bühne stellen. Mal drei Lieder auf der Gitarre, da braucht man nicht überlegen, ob das funktioniert. Aber was macht es mit den Leuten nach zwei Stunden? Deshalb waren wir ganz schön aufgeregt, doch die Zuschauer haben uns von vorn bis hinten gefeiert. Das setzt Adrenalin frei. Gleichzeitig passierten ein paar unvorhergesehene Dinge. Uwe verhedderte sich beispielsweise an den Kabeln. Jedenfalls hatten der Saal und wir eine Menge zu lachen. Dadurch hatte es sich ergeben, dass wir auch eine Menge erzählten. Und glücklicherweise ist Uwe ebenso ein super Geschichtenerzähler. Es hat sich dann mit uns einfach hochgeschaukelt.

Ich fühlte mich an* Die Ärzte *erinnert, die auch immer viel erzählen, bis der nächste Song endlich kommt. Apropos: Bei* YouTube *kann man sich ansehen, dass sie die* Puhdys *zumindest bei einem Konzert in Leipzig covern. Hat dich das gefreut?

Na klar, das ist doch ein Zeichen, dass man zur Kenntnis genommen wird. Es ist nicht der erste Gruß von denen. Sie hatten mal bei einem Auftritt in Berlin im Hintergrund so eine Laufschrift, auf der stand: »Das ist kein *Puhdys*-Konzert.«

Wie lustig … Was denkst du, wer sollte dich noch covern?

Von mir aus können mich alle covern. Ich erinnere mich gern an einen Sampler, auf den Punkbands zum 25. Jubiläum *Puhdys*-Songs gespielt haben. Das war wirklich eine schöne Aktion. Und mir gefällt auch Cluesos Version von »Wenn ein Mensch lebt«. Oder Dunja Rajter, Helga Hahnemann, *Amor & die Kids* mit Tobias Künzel, die *Lords* … Es ist immer eine Wertschätzung der Künstlerinnen und Künstler, sie identifizieren sich ja auch irgendwie mit den Liedern.

Keith Richards versprach kürzlich in einem Interview, dass es – so lange es die* Stones *gibt – auch immer neue Songs und Alben geben wird. Versprichst du uns das auch?

Das kann ich nicht versprechen. Schon bei der *Neubeginner* hatte ich immer gedacht, das wird bestimmt das letzte Album sein. Aber dann kam die Anfrage von Premium Records. Sylvie und ich überlegten auch erst einmal eine Weile, ob wir uns den ganzen Stress noch antun wollen. Es ist nicht nur die Albumproduktion. Da sind Entscheidungen zu treffen, sozusagen für die Ewigkeit. Wir reden also von einer Menge organisatorischer Arbeit und schlaflosen Nächten. Das muss man halt aushalten und schaffen. Natürlich freuen wir uns, wenn dann ein neues Album herauskommt. Aber nichtsdestotrotz möchte ich sicherheitshalber gar nichts versprechen.

Mit* Mein Weg *haben wir ja auch erst mal ein neues Album. Es ist aber nicht das anfangs geplante Best-of geworden, richtig?

Der erste Plan war, dass ich maximal drei neue Lieder mache. Mehr wollte ich nicht zusagen, auch wegen der Kürze der Zeit. Die weiteren Songs wollte ich aus den bestehenden Aufnahmen, also aus den bisherigen Maschine-Alben, auswählen, eben ein ganz klassisches Best-of. Doch die Plattenfirma meinte, es wäre gut, wenn ich die ausgewählten Songs neu aufnehme. Auch wenn ich schon öfter ältere Sachen neu eingespielt habe, bin ich da erst mal skeptisch. Nur weil im Studio jetzt bessere Aufnahmen möglich sind, heißt es noch lange nicht, dass auch die Songs besser werden. Oft haben die Originale einen ganz besonderen Charme, einen einzigartigen Spirit. Da nützt dir keine technische Weiterentwicklung im Studio. Ich konnte mich mit dem Vorschlag aber insofern anfreunden, dass ich mir ja nicht nur aus dem Maschine-Alben-Fundus, sondern auch aus dem der *Puhdys* etwas aussuchen kann. Da schwebten mir gleich einige Nummern vor, die man noch mal anders machen kann. »Melanie« zum Beispiel. Ich weiß noch, dass Fritz Puppels Sohn immer nur ins *Puhdys*-Konzert kam, wenn wir ihm versprachen, auch »Melanie« zu spielen.

Sollten neue Versionen von den Originalen immer stark abweichen?

Im besten Fall. Nur ein bisschen umarrangieren und etwas moderner aufnehmen – das reicht aus meiner Sicht nicht. Man muss sich fragen, ob und wer eine neue

Version gebrauchen könnte. Bei »Satisfaction« reicht mir auch die Originalfassung. Aber wenn man einen anderen Zugang zu einem Song findet, dann kann das durchaus spannend sein. Nimm Joe Cockers Variante des *Beatles*-Songs »With A Little Help From My Friends«, das erkennt man ja kaum wieder. Das finde ich sehr interessant. Noch so ein gelungenes Beispiel sind *Disturbed*. Die amerikanische Metalband hat 2016 »The Sound Of Silence« von *Simon & Garfunkel* gecovert. Allein auf *YouTube* hat der Song über neunhundertfünfzig Millionen Zugriffe.

Wenn* Mein Weg *nicht das geplante Best-of ist, zumindest nicht nur, was ist es dann?
Das kann jeder für sich selbst entscheiden. Ich habe bei diesem Album zumindest ein sehr gutes Gefühl. So klinge ich 2024.

Vielleicht eine Mischung aus fünf neuen Songs und persönlichen Lieblingsliedern?
So könnte ich das unterschreiben.

Die* Puhdys*-Songs, die du ausgewählt hast, wurden bis auf »Ikarus«, der aus den 1970ern ist, alle erstmals in den 1980ern veröffentlicht. Ist es Zufall, dass der Großteil der bekannten Songs aus diesem Jahrzehnt stammt?
Darüber habe ich überhaupt nicht nachgedacht. Es fühlt sich für mich auch nicht anders an, ob ein Song von 1974 oder von 1981 ist. Dahinter steckt also kein Plan.

Anfang der 1980er hatten die* Puhdys *auf dem Album* Computer-Karriere *die Band* Wishful Thinking *gecovert. Allerdings mit einem deutschen Text. Nun hast du das Lied »Hiroshima« neu aufgenommen. Wessen Idee war es damals, den mehr oder weniger einzigen Hit der Briten aufzunehmen?
Das war die Idee unseres westdeutschen Labels Pool. Ich weiß nicht mehr, ob der Vorschlag von Peter Schimmelpfennig höchstpersönlich kam. Wir fanden die Idee aber auf jeden Fall gut, »Hiroshima« von *Wishful Thinking* hatte uns schon immer gefallen. Wir haben dann überlegt, wie wir den Song ein bisschen moderner machen könnten. Das Original erschien ja schon Anfang der 1970er. Den deutschen Text schrieb Wolfgang Tilgner.

Ebenso gibt es von »Melanie« eine neue Fassung, da wollte ich dich schon immer fragen, ob es das Mädchen Melanie wirklich gab.
Ihr Schicksal gibt es sicher Tausende Male. Aber es gibt keine reale Melanie, auf die sich dieser Song bezieht. Burkhard Lasch schrieb immer auf fertige Musiken. Und der Name Melanie passte gut darauf.

Jetzt singst du »Melanie« mit Dirk Michaelis und mit Nessi »Das Buch« …
Ich war mir zunächst etwas unsicher, wie ich es diesmal mit Duetten halte. Ich hatte auf meinen anderen Alben immer Gäste dabei, und ich überlegte deshalb, ob ich das nicht ein bisschen überstrapaziert habe. Jetzt, wo ich das Ergebnis kenne, bin ich natürlich froh, dass die beiden dabei sind. Dirk Michaelis ist damit schon auf drei Alben dabei. Es liegt aber auch daran, dass er in dem Haus, in dem ich aufnehme, ein kleines Büro hat. Und wenn er da ist, schneit er auch ins Studio rein. »Gut, dass du da bist«, sagte ich ihm … Und Nessi ist für mich eine absolute Entdeckung. Sie sagt, sie wäre von »Das Buch« sehr angetan …

Da ist sie nicht die Einzige. Selbst bei »MASCHINE intim – Lieder für Generationen« ist »Das Buch« dabei. Aber das Lied steht auch für einen gewissen Bombast, den Uwe und du zu zweit nicht wiedergeben könnt. Habt ihr euch das gut überlegt?
Da sagst du was. Wir präsentieren es sozusagen mit zwei dünnen Gitarren, und eigentlich war es mir immer wichtig, dass »Das Buch« so bombastisch wie möglich klingt. Aber den Leuten scheint das offenbar nicht so wichtig zu sein. Sie lieben den Titel auch in der abgespeckten Variante und nicht zuletzt wegen des Textes …

Zurück zum Album. Lukas Schaaf ist erneut als Koproduzent an Bord. Der Mann kommt aus Warstein in Nordrhein-Westfalen und ist zweiunddreißig Jahre alt. Er kann also viele Phasen deiner Karriere nicht selbst erlebt haben. Ist das ein Vorteil? Weil er vielleicht ganz unbedarft an die Sache herangeht …
Ein Vorteil ist, dass Lukas sich auf jeden Fall richtig reinkniet, sich genau mit den Liedern beschäftigt. Und dass wir uns gegenseitig schätzen und achten. Außerdem hat er insofern eine Beziehung zu meinen früheren Songs, weil er Gastmusiker auf einer Unplugged-Tournee der *Puhdys* war. Manchmal sage ich ihm im Spaß: »So, jetzt können wir dir auch eine Lederjacke kaufen …«

Du meinst, weil er eher der Popper ist?
Genau. Ich sage öfter, dass ich gar keine Gitarren höre, und er kontert: »Da sind sie doch.« »Ich hör nichts«, sage ich dann. Und ich frage auch: »Wie schätzt du deine Leistung ein?« Das ist natürlich alles nur Spaß. Wir befruchten uns sehr, und es läuft sehr harmonisch. Es wäre normal, wenn man sich im Studio auch mal streitet, aber dazu kam es bisher mit uns noch nicht.

Zwischen* Große Herzen *und* Mein Weg *liegen nur fünfzehn Monate. Das ist vergleichsweise schnell gegangen. Ist der runde Geburtstag schuld daran, oder befindest du dich in einem kreativen Fluss?
Ich würde lügen, wenn ich sage, der runde Geburtstag spiele keine Rolle. Ich verstehe da auch das Ansinnen der Plattenfirma, wenn sie meint, das wäre medial der richtige Moment. Es ist mit unserem Buch hier nicht anders, wir machen das ja auch nicht zum einundachtzigsten. Aber natürlich muss ich sagen, wenn mir nichts eingefallen wäre oder eben nur Dinge, die mir dann nicht mehr gefallen, hätte ich kein neues Album bringen können.

Verwirfst du denn viele Ideen?
Das kann man so sagen, dass letztlich nur ein Bruchteil der Ideen, die man so entwickelt, an die Öffentlichkeit kommt. Ich denke, das ist ganz normal, dass man viele Dinge ausprobiert und erst einmal sammelt. Und davon nimmt man das vermeintlich Beste. Es ist dann aber immer noch nicht sicher, ob es auch den Leuten gefällt. Deshalb ist mein Weg immer der, dass es mir erst mal gefallen muss.

Und die Ideen fallen dir so zu?
Nein, das ist schon Arbeit. Ein Stück weit auch Motivation. Wenn ich sehe, wie die Leute vom Label für meine Sachen brennen. Oder eben Lukas. Wie detailverliebt er an den Produktionen arbeitet. Da noch etwas Atmo, da noch eine zweite Stimme – er überrascht mich immer wieder. Und dann haben wir ein, zwei Songs fertig, und ich denke, na, einen könnte ich noch schreiben. So sind es dann am Ende fünf neue Songs geworden.

Über die ich mit dir sprechen möchte ... »Sonnenseite« ist eine Art Mutmach-Hymne, an wen hattest du gedacht, als du diesen Song geschrieben hast?
Als ich ihn schrieb, hatte ich an niemanden konkret gedacht. Aber jetzt denke ich, dass das Lied gut auf den ehemaligen *Karat*-Bassisten Christian Liebig passt, der nach siebenunddreißig Jahren Bandzugehörigkeit nicht mehr dabei ist.

Und wer hat dich zu »Lebe wohl« inspiriert?
Mal abgesehen davon, dass mich jeder Krieg dieser Welt mitten ins Herz trifft, haben mich die Geschehnisse in der Ukraine tief bewegt. Wenn ich daran denke, was das für Menschen wie du und ich bedeutet, was dieses Schicksal mit ihnen machen muss ... Ich kenne die Ukraine gut, die *Puhdys* hatten da einige Tourneen. Oft waren wir in Kiew. Ich denke an die ukrainischen Flüchtlinge, die ihr Land verlassen mussten, um überleben zu können. Mein Lied handelt aber davon, dass jemand zurückkehrt, dass man Abschied nehmen muss. Auch wenn ich an einer Stelle von Kiew singe, möchte ich den Song allgemein verstanden wissen. Denn Abschiede erleben wir alle, insofern wäre es gut, wenn da jeder seine eigene Situation erkennen kann.

»Weitergehen« steht dagegen für eine große Zufriedenheit, oder?
Insofern, wenn das Leben so verläuft, wie ich es in den Strophen beschreibe. Eben ohne Stress und keine Befehle befolgen zu müssen. Keinen sinnlosen Mut haben, also keine lebensgefährlichen Experimente machen. Der Titel ist aus der Sicht eines erfahrenen Menschen. In der Jugend fällt dir viel Blödsinn ein. Ich denke da an einen S-Bahn-Surfer oder jemanden, der mit 200 Sachen über die Frankfurter Allee brettert. Es wäre gut für alle, wenn das Hirn vorher eingeschaltet wird.

Bist du eigentlich immer Optimist oder gab es Phasen in deinem Leben, als dein Glas halbleer war?
Manchmal kann ich auch sehr traurig sein. Es gibt Phasen, da will man alles hinschmeißen, aber meistens ist es doch so, dass es am nächsten Tag schon wieder viel besser aussieht. Insofern bin ich dann Optimist, wie ich es auch in meinem Lied »Gloria« gesungen habe. Ich habe keine Lust, mein Leben mit schlechter Laune oder mit Traurigkeit zu verbringen. Aber ich vergesse nie, dass

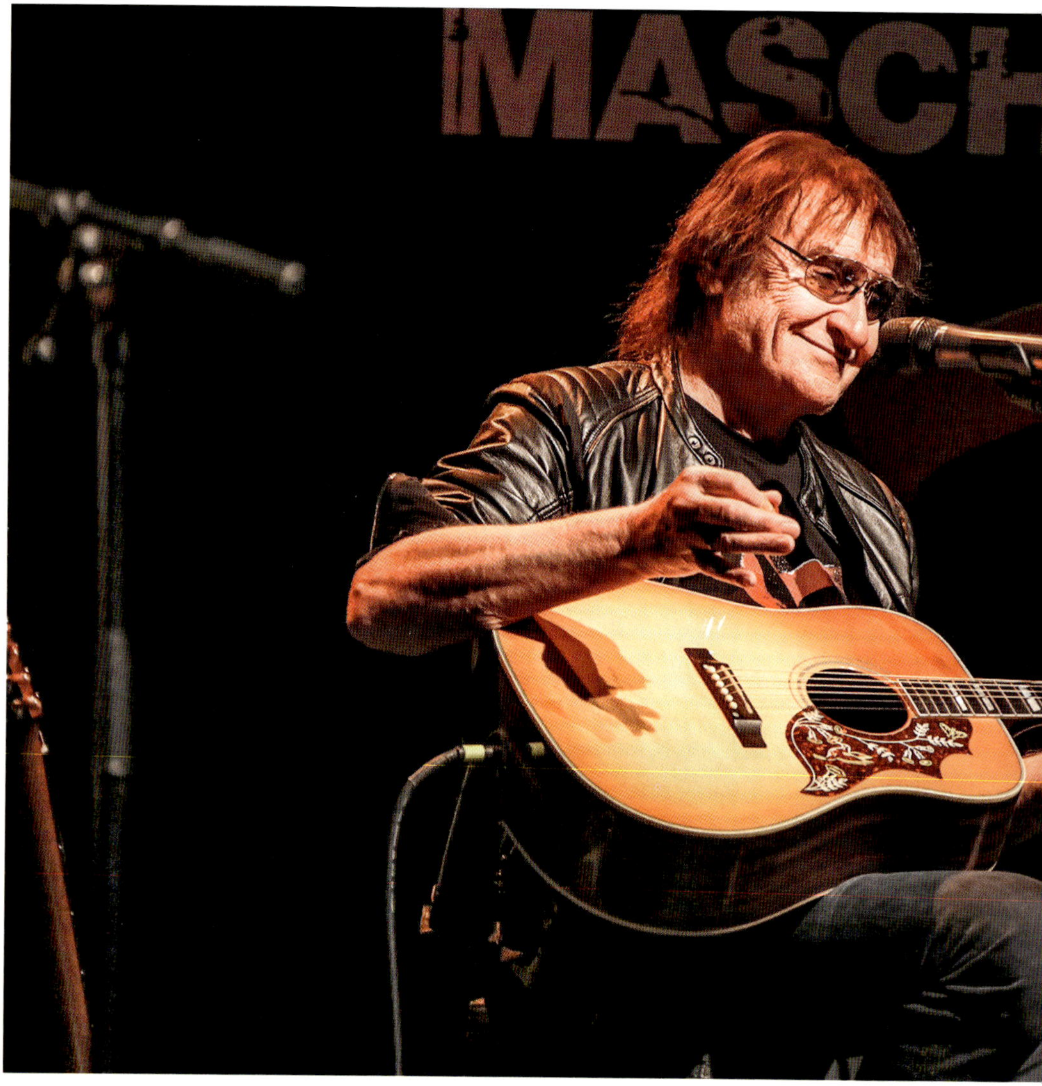

Maschine glücklich machen? Ihn einfach auf eine Bühne stellen wie hier in Erfurt 2023.

es Menschen gibt, denen es nicht so gut geht. Da sind wir wieder im Thema, es ist so schwer, dafür die richtigen Worte zu finden, wenn ich an die Menschen denke, die sich im Krieg befinden. So etwas geht mir unheimlich nahe, vermutlich jedem, der ein bisschen Empathie hat. Das ist leider das Leben. Wenn ich es ändern könnte, würde ich das sofort tun.

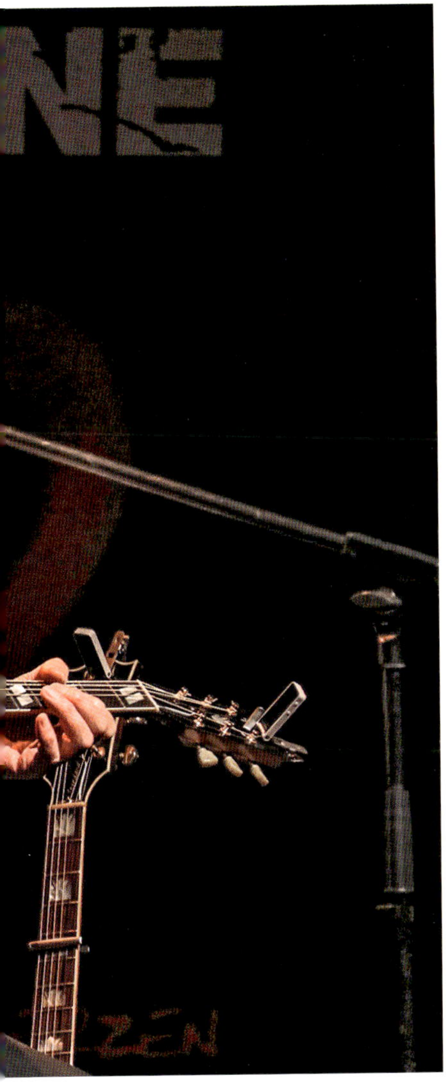

Meinst du, Lieder könnten helfen?
Das können sie nicht. Aber sie sind insofern wichtig, dass man sich mit ihnen identifizieren kann. Dass man merkt, ich bin mit meinen Gefühlen, Sorgen oder Problemen nicht allein.

Deshalb mag ich »Lange her« so sehr, weil ich meinen Wehrdienst auch als verlorene Zeit empfinde.
Wenn du als junger Mensch andere Ideale oder Pläne hast, dann ist es eine völlig versaute Zeit. Auf der anderen Seite ist es aber leider auch notwendig. Wenn beispielsweise die Ukraine keine Soldaten hätte, dann könnte sie sich nicht verteidigen. Ich möchte das gar nicht vertiefen, weil ich da als Laie nicht so sehr den Einblick habe. Es gibt Leute, die sich damit auskennen, die Hintergrundwissen haben und damit die Zusammenhänge besser erklären können. Ich kann es nur sagen: Kriege sind inakzeptabel. Aber natürlich, auch wenn unsere Armeezeit im Vergleich zu vielen Soldaten heute sozusagen nicht mehr als ein Abenteuerurlaub war – so singe ich es ja auch am Ende des Liedes –, war es definitiv eine beschissene Zeit.

Deine Einberufung zur NVA bedeutete auch das Ende deiner Band* Luniks*. War das nicht bitter?
Na klar. Es war alles bitter, was damit zu tun hatte. Ich kann mich noch erinnern, als wir eingezogen wurden. Ich saß hinten auf einem Lastwagen, und meine damalige Freundin hat mir hinterhergewunken. Da fühlt man sich echt beschissen. Es ging dann mit dem Zug weiter, der mindestens fünfmal hielt, weil immer irgendjemand die Notbremse gezogen hatte. Die meisten Rekruten hatten aus nachvollziehbaren Gründen gesoffen, da war echt die Hölle los.

Achtzehn Monate sind fünfhundertachtundvierzig Tage, das weiß ich noch …
Ja, eine Ewigkeit. Ich bin dann Funker geworden. Glücklicherweise habe ich den Test bestanden, denn dadurch hatte man ein wenig Glück im Unglück. Es ging zur Funkerausbildung nach Alt Rehse, unweit von Neubrandenburg. Das war ein riesiger Park mit Flachbauten, fast wie Einfamilien- oder Reihenhäuser. Wir schliefen in Zweibettzimmern. Und mal abgesehen von der Grundausbildung oder irgendwelchen Übungen, saßen wir die ganze Zeit in einem Klassenzimmer und lernten morsen. Nach einem halben Jahr ging es weiter nach Fünfeichen in eine riesige Kaserne mit zwölf oder vierzehn Betten pro Zimmer. Das empfand ich als sehr ungünstig … *(lacht)*. Ich kann also sagen, dass ich nicht gern bei der Armee war. Ich kenne auch niemanden, dem es gefallen hat. Doch ich kann nicht oft genug betonen, dass es im Vergleich mit der Situation jetziger Soldaten zu meiner Zeit wirklich Kinderkram war.

Konntest du wenigstens deine Gitarre mit in die Kaserne nehmen?
Ja, das konnte ich. Mir standen sogar ein Tonband und ein Echogerät zur Verfügung. Damit habe ich einen Song aufgenommen, den ich noch habe. Nur ich zur Gitarre. Es war »Sheila« von Tommy Roe. Und mit anderen Soldaten, die auch Instrumente spielten, habe ich sogar eine Band gegründet. Wir spielten im Kino auf dem Kasernengelände. Bis wir dann verboten wurden …

Ihr wurdet verboten?
Allerdings. Die Stimmung im Kino war so großartig, dass die Soldaten anfingen, den Saal auseinanderzunehmen. Damit hatten sich dort unsere Auftritte erledigt. Ich kann mich auch erinnern, dass wir mal auf einem Offiziersball gespielt haben. Es war hochinteressant, die Vorgesetzten mal in einem privateren Umfeld zu sehen. Viele waren auch betrunken. Nicht selten fiel mal einer ins Schlagzeug.

Bei »Hunderttausend Laienrichter« musste ich sofort an Till Lindemann denken, liege ich richtig?
Da gibt es mittlerweile so viele Fälle. Luke Mockridge, Jörg Kachelmann, Till Lindemann und viele andere. In dem Song geht es auch gar nicht darum, wer am Ende unschuldig ist, sondern einfach um die Vorverurteilungen. Wie kann es sein, dass ein Schwerkrimineller geschützt wird, indem man beispielsweise

weder den kompletten Namen nennt, noch Fotos zeigt, während Menschen in der Öffentlichkeit von den Medien sofort an den Pranger gestellt werden, obwohl noch gar kein Gericht die Schuldfrage entschieden hat. Das finde ich fatal. »Im Zweifel für den Angeklagten« – das muss auch für Prominente gelten. Es war der letzte Song, der für das Album entstand. Die Melodienphrase hatte ich schon länger im Kopf. Es gab auch einen Textansatz dafür. Im Grunde ganz banal, es ging darum, wie schnell die Zeit vergeht. Aber es war noch nicht rund und hat nicht wirklich zur Musik gepasst. Aber ich möchte nicht zu viel verraten, vielleicht nutze ich den Text noch mal für einen anderen Song.

Gibt es einen bestimmten Moment, in dem du merkst, ob ein Text passt oder nicht?

Eigentlich sind es immer drei Anläufe beim Singen. Der erste Anlauf ist ein einfaches Probieren, um zu gucken, wie es funktionieren könnte. Ich singe einfach drauf los, und viele Töne, die Intonation, Betonung und Einteilung stimmen überhaupt noch nicht. Das sind alles Sachen, die sich im Laufe des Entstehungsprozesses entwickeln. Aber man merkt schon, wo man ein Wort langziehen kann und wo etwas anders betont werden muss. Beim zweiten Durchgang achtest du schon darauf, dass es in Anführungszeichen ordentlich rüberkommt. Inzwischen hast du die Nummer auch verinnerlicht. Und beim dritten Mal singst du es einfach heraus, ohne nachzudenken. Manchmal brauche ich sogar nur zwei Anläufe, doch ein anderes Mal auch zehn. Aber auch das ist ganz normal. Hier gibt es keine feste Regel.

»Hunderttausend Laienrichter« ist sehr rockig ausgefallen. Und im Anschluss kommt »Ikarus« – beides zusammen ist ein absolutes Brett. Ist es dir wichtig, daran zu erinnern, dass du Rockmusiker bist?

Na ja, ich muss ja niemandem mehr etwas beweisen. Ich denke jedoch, dass es wichtig ist, dass man verschiedene Arten von Musik macht, aber trotzdem erkennbar bleibt. Ich finde Balladen schön, aber ich liebe auch härtere Sachen. »Hunderttausend Laienrichter« wird auch die erste Single.

Das ist eine echte Ansage.
Finde ich auch. Es hat irgendwie was, dass ein Achtzigjähriger mit so einer Nummer um die Ecke kommt.

Kannst du dich eigentlich noch erinnern, wie »Ikarus« entstanden ist?
Ich weiß noch, dass wir ihn in der Brunnenstraße, im Berliner AMIGA-Studio, aufgenommen haben. Das *Puhdys*-Debüt war ja ein Sammelsurium der ersten Produktionen. Die meisten Titel wurden beim Rundfunk aufgenommen, aber zwei entstanden schon bei AMIGA. Einer davon war »Ikarus«. Ich denke, diese Gypsy-Musikeinflüsse haben das Lied so besonders gemacht. Viele Jahre war der Song ein Highlight auf den *Puhdys*-Konzerten in sehr ausufernden Versionen mit ein paar Solis drin ...

Ihr hattet euch bei »Ikarus« immer zwei Mädels auf die Bühne geholt und ihnen eine Gitarre umgehangen, um euch zu »unterstützen«. Das ist ein richtiges Ritual geworden.
Das ging sogar so weit, dass sich einige anmelden wollten, um mit uns auf der Bühne zu stehen. Wir wollten die Aktion aber immer spontan halten. Nur manchmal ließen wir uns weichkochen, wenn es Fans waren, die wir regelmäßig auf vielen Konzerten trafen.

Auch wenn du dir das zunächst nicht vorstellen konntest, von den Maschine-Alben der letzten zehn Jahre Songs neu zu machen, sind nun »Mein Weg« vom 2014er Album* Maschine *und »Auf das Leben« vom 2016er* Neubeginner *doch in neuen Versionen dabei. Was hat dich letztlich dazu veranlasst?
Da hatte sich Lukas ans Werk gemacht. Ich selbst ging davon aus, dass man da nichts Besseres draus machen kann. Aber er setzte sich ran und probierte schon mal etwas aus. Ich war überrascht, dass er aus »Mein Weg« eine Ballade machte. Und auch »Auf das Leben« hat aus meiner Sicht eine neue Dimension erreicht.

»Mein Weg« findet sich gleich zweimal auf dem neuen Album.
Genau, es fängt mit der neuen Version an und endet mit der ursprünglichen Fassung. Ich finde, das ist für das Album eine schöne Klammer.

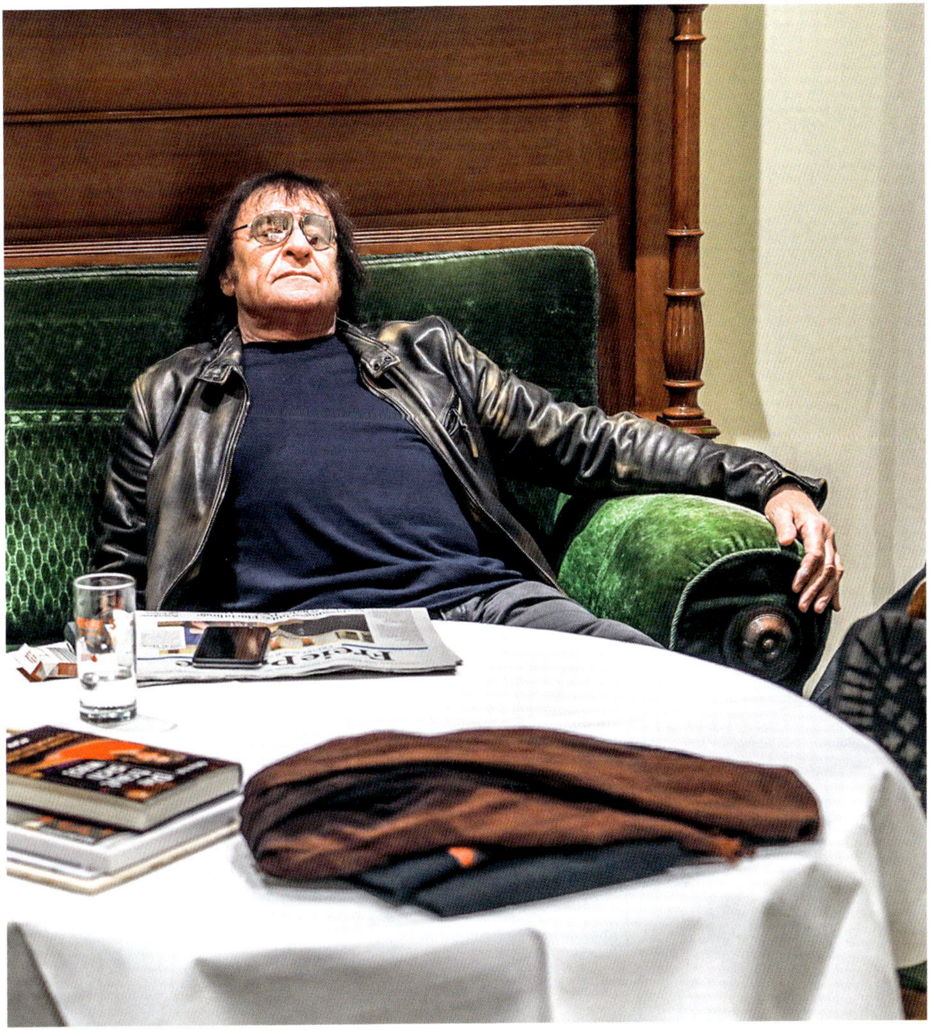

Die Ruhe vor dem Sturm, und zwar im Freiberger Tivoli

IM DUETT MIT MASCHINE

Im Laufe seiner langjährigen Karriere sang Maschine mit vielen Kolleginnen und Kollegen, mal auf ihren Singles und Alben, mal auf denen der *Puhdys* oder auf seinen eigenen Werken. Vermutlich wird hier noch einiges hinzukommen, bisher (Stand: Anfang 2024) sieht es in alphabetischer Reihenfolge so aus:

Alexander Knappe & Maschine: »Unser Lied« (2018)
Annabell & Maschine: »Wirst du für mich da sein« (2014)
Brenner & Maschine: »Wenn ein Mensch lebt« (2021)
City, Dirk Michaelis & Maschine: »Klarer Fall (Born In The GDR)« (2022)
Deine Stimme & Maschine: »Menschlich« (2021)
Dirk Michaelis & Maschine: »Zwei Hände mehr« (2016)
Dirk Michaelis & Maschine: »Melanie« (2024)
Ela & Maschine: »So viel erlebt« (2016)
Gina-Sophie Gaebelein & Maschine: »Ein Fenster in der Stadt« (2018)
Goitzsche Front & Maschine: »Was bleibt« (2020)
Goitzsche Front & Maschine: »Der Osten rockt« (2020)
Heinz Rudolf Kunze & Maschine: »Irgendwie begabt« (2016)
János »Mecky« Kóbor & Maschine: »Der große Magnet« (2016)
Jürgen Drews & Maschine (*Puhdys*): »Hey, wir woll'n die Eisbärn sehn« (2010)
Julia Neigel & Maschine: »Regen« (2014)
Kerstin Ott & Maschine: »Matrosenweihnacht« (2018)
Larry Schuba & *Western Union* mit Maschine: »Traktormann« (1997)
Mario Adorf & Maschine: »Gigolo« (1999)
Matthias Reim, Christin Stark, Toni Krahl & Maschine: »Stark wie ein Löwe« (2022)
Nena, Rock Legenden & Maschine: »Wunder gescheh'n« (2017)
Nessi & Maschine: »Das Buch« (2024)
Romano & Maschine: »Karl May« (2017)
Sylvia Birr & Maschine: »So ist das Leben« (1986)
Till Lindemann & Maschine (*Puhdys*): »Wut will nicht sterben« (1999)

Tobias Künzel & Maschine: »Geschenke« (2018)
Tobias Künzel & Maschine: »Hektik, Hektik trallallallala« (2018)
Toni Krahl & Maschine: »Zu spät« (2012)
Toni Krahl & Maschine: »Lebenszeit« (2014)
Toni Krahl & Maschine: »Das Warten ist vorbei« (2017)
Wolfgang Niedecken & Maschine: »Leben ist kurz« (2014)
Wolfgang Niedecken & Maschine: »Was wussten wir denn schon« (2014)

Anmerkung

Duette, die man nur auf der Bühne erleben konnte (zum Beispiel mit Helga Hahnemann oder Lord Ulli von den *Lords*), sowie die Kollaborationen zwischen *Puhdys*, *Karat* und *City* innerhalb des »Rock Legenden«-Projekts bleiben unberücksichtigt.

ALBUMDISKOGRAFIE

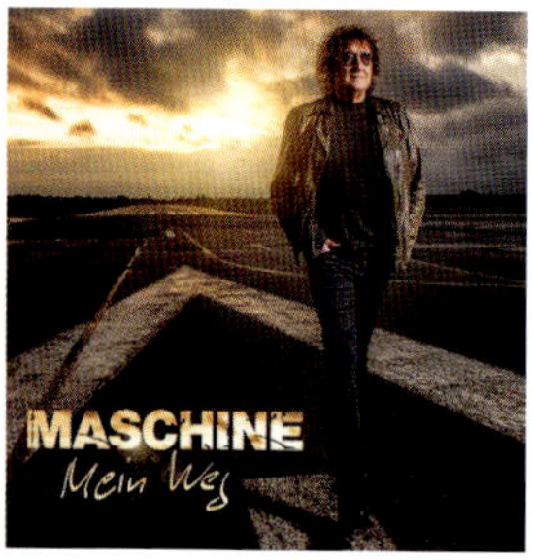

2024: *MASCHINE. Mein Weg* (Premium Records/Soulfood)

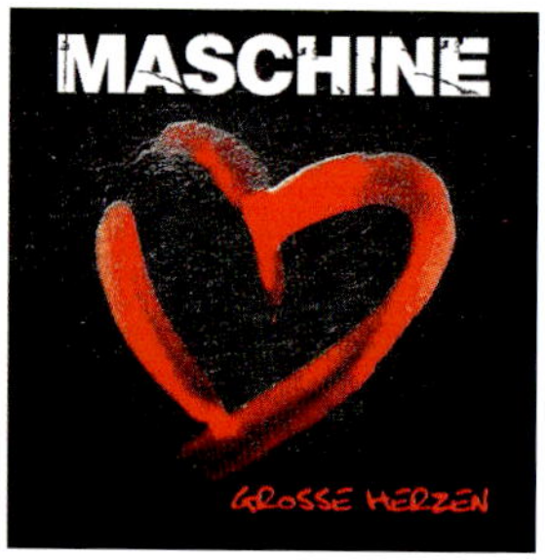

2022: *MASCHINE. Große Herzen* (Premium Records/Soulfood)

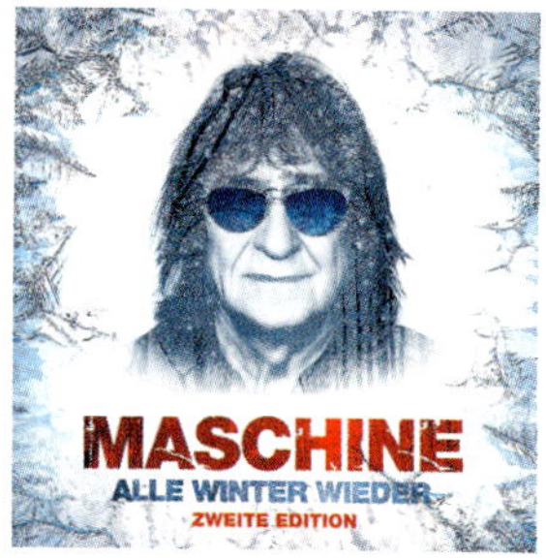

2019: *MASCHINE. Alle Winter wieder. Zweite Edition* (Electrola/Universal Music)

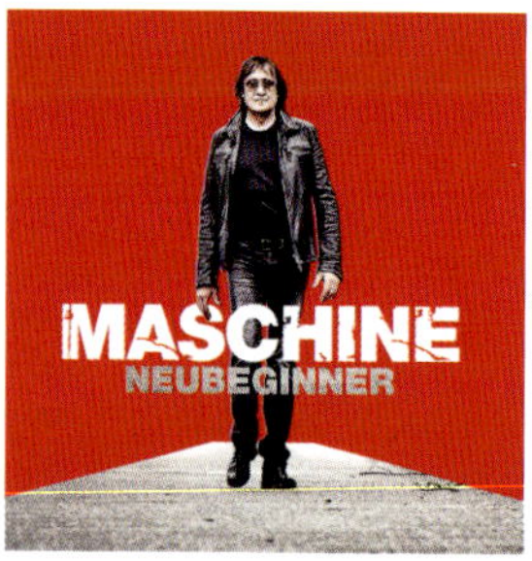

2016: *MASCHINE. Neubeginner* (Heart of Berlin/Universal Music)

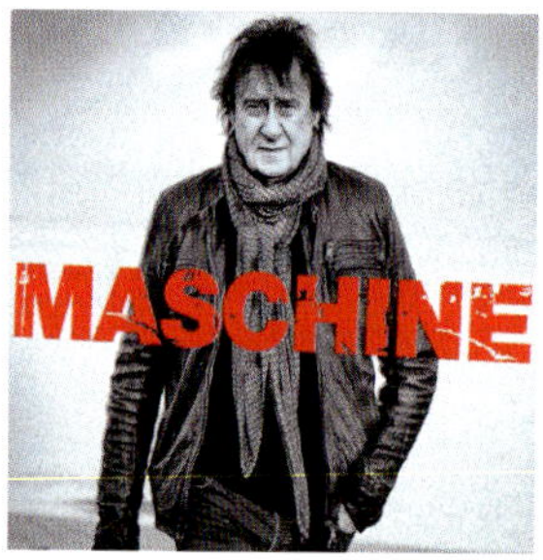

2014: *MASCHINE* (Heart of Berlin/Universal Music)

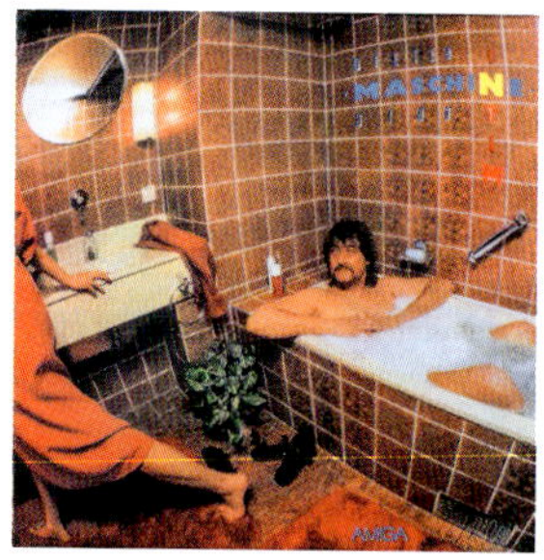

1986: *DIETER MASCHINE BIRR. Intim* (AMIGA)

Maschine

- 2024: ***Mein Weg*** (Premium Records/Soulfood)
- 2022: ***Große Herzen*** (Premium Records/Soulfood)
- 2019: ***Alle Winter wieder. Zweite Edition*** (Electrola/Universal Music)
- 2018: ***Alle Winter wieder*** (Electrola/Universal Music)
- 2016: ***Neubeginner*** (Heart of Berlin/Universal Music)
- 2016: ***Neubeginner. Saturn/MediaMarkt-Edition*** (Heart of Berlin/Universal Music)
- 2014: ***Maschine*** (Heart of Berlin/Universal Music)
- 1986: ***Intim*** (AMIGA)

Mit den Puhdys

- 2019: ***Puhdys in Rock*** (AMIGA/Sony Music)
- 2019: ***Rock-Balladen*** (AMIGA/Sony Music)
- 2019: ***In Rock. Rock-Balladen. Rock Secret*** (Limited 5LP Edition) (AMIGA/Sony Music)
- 2017: ***Puhdys live. Das 3.000 Konzert. Waldbühne. Berlin*** (AMIGA/Sony Music)

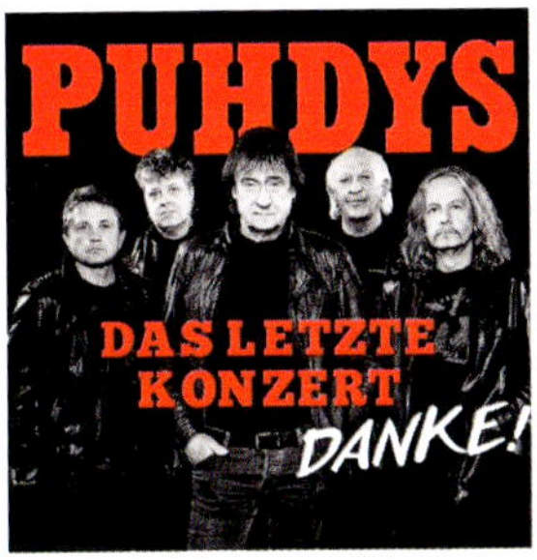

2016: *PUHDYS. Das letzte Konzert. Danke!* (Electrola/ Universal Music)

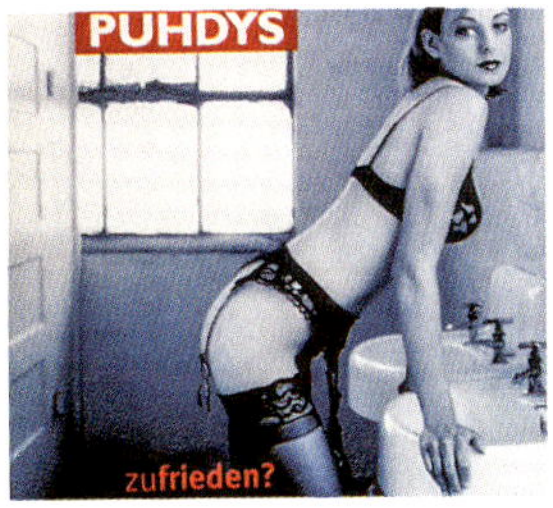

2001: *PUHDYS. Zufrieden?* (AMIGA/BMG)

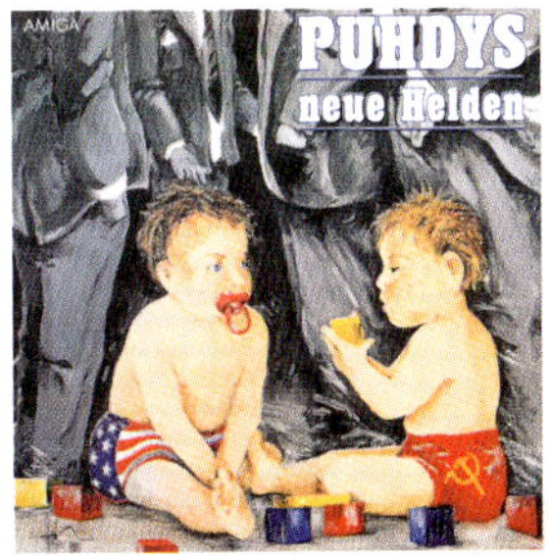

1989: *PUHDYS. Neue Helden* (AMIGA und Koch Records)

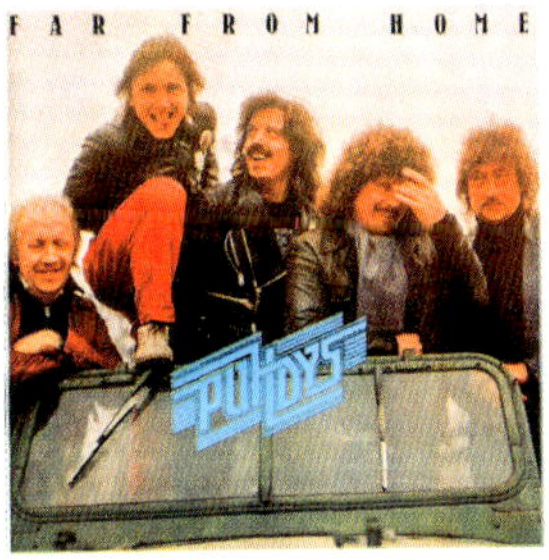

1981: *PUHDYS. Far From Home* (AMIGA und Hansa)

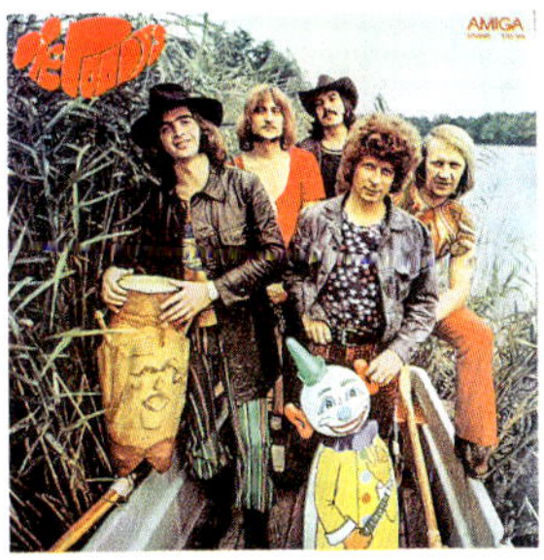

1974: *DIE PUHDYS* (AMIGA)

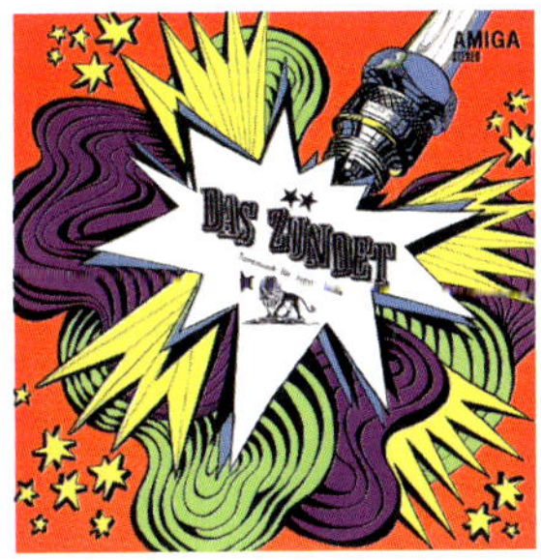

1969: *Das zündet. Tanzmusik für junge Leute* (AMIGA)

2017: ***Vinyl Edition. Original Amiga Classics*** (Viererset mit den LPs ***Puhdys 1***, ***Perlenfischer***, ***Computer-Karriere*** und ***Neue Helden***) (AMIGA/ Sony Music)

2016: ***Echo einer Lebenszeit*** (AMIGA/Sony Music)

2016: ***Das letzte Konzert. Danke!*** (Electrola/ Universal Music)

2014: ***Musik unserer Generation. Die größten Hits*** (AMIGA/Sony Music)

2013: ***Best Of*** (AMIGA/ Sony Music)

2013: ***Heilige Nächte*** (Polydor/ Universal Music)

2012: ***Es war schön*** (Polydor/ Universal Music)

2011: ***Original Album Classics*** (5CD-Set mit den AMIGA-Alben ***Puhdys 1***, ***Puhdys*** 2, ***Sturmvogel***, ***Heiß wie Schnee*** und ***Schattenreiter***)

2011: ***Live aus der O_2-World. 40 Jahre Puhdys*** (Busch-Funk)

2009: ***Abenteuer*** (BuschFunk)

2009: ***Akustisch. Die Hits*** (BuschFunk)

2009: ***Lieder für Generationen*** (30 CD-Set mit allen bisherigen Alben und einer Raritäten-CD) (AMIGA/Sony Music)

2009: ***Die besten Bands der DDR*** (4 CD-Set mit einer von den ***Puhdys***) (Reader's Digest)
2007: ***Das Beste aus der DDR*** (AMIGA/Sony BMG)
2006: ***Dezembernächte*** (Multirecords)
2005: ***Alles hat seine Zeit*** (Multirecords)
2005: ***36 Lieder aus 36 Jahren*** (Ariola Express/BMG)
2005: ***Nur das Beste*** (AMIGA/Sony BMG)
2004: ***Raritäten 2*** (AMIGA/BMG)
2004: ***Forever*** (4 CD-Box) (BMG/Shop24Direct)
2004: ***Best*** (BMG/Zounds)
2003: ***Undercover*** (Multirecords)
2001: ***Zufrieden?*** (AMIGA/BMG)
2001: ***Dezembertage*** (AMIGA/BMG)
2000: ***Was bleibt*** (Ariola Express/BMG)
1999: ***Wilder Frieden*** (AMIGA/BMG)
1999: ***1969–1999. Zwanzig Hits aus dreißig Jahren*** (AMIGA/BMG)
1997: ***Frei wie die Geier*** (Dakoda/ZYX)
1996: ***In flagranti. Live*** (Dakoda/ZYX)
1996: ***Pur*** (Ariola Express/BMG)
1996: ***Golden Stars*** (Ariola Club Edition)
1996: ***Die schönsten Balladen*** (AMIGA/BMG)
1995: ***Was gut ist, setzt sich durch*** (AMIGA/BMG)
1995: ***Die Hit-Singles*** (AMIGA/Minol)
1995: ***Bis ans Ende der Welt*** (Ariola Express/BMG)
1994: ***Zeiten ändern sich*** (Dakoda/ZYX)
1994: ***Raritäten. Besondere Hits*** (AMIGA/BMG)
1994: ***Puhdys live. 25 Jahre die totale Aktion*** (AMIGA/BMG)
1993: ***Castle Masters Collection*** (Castle)
1993: ***Das Beste aus 25 Jahren*** (DSB)
1992: ***Rock aus Deutschland Ost*** (DSB)
1992: ***Wie ein Engel*** (DSB)
1989: ***20 Jahre und kein bisschen leiser*** (AMIGA)
1989: ***Neue Helden*** (AMIGA und Koch Records)
1986: ***Ohne Schminke*** (AMIGA und Pool)
1984: ***Das Buch*** (AMIGA und Pool)
1983: ***Computer-Karriere*** (AMIGA und Pool)
1982: ***Schattenreiter*** (AMIGA und Hansa)
1981: ***Far From Home*** (AMIGA und Hansa)
1980: ***Heiß wie Schnee*** (AMIGA und Rocktopus/Pool)
1979: ***Puhdys Live*** (AMIGA)
1979: ***10 wilde Jahre*** (AMIGA)
1978: ***Sturmvogel*** (AMIGA)
1978: ***Puhdys 4. Die wilden Jahre*** (Hansa)
1978: ***Puhdys*** 5 (Hansa)
1977: ***Die großen Erfolge*** (AMIGA)
1977: ***Rock 'n' Roll Music*** (AMIGA)
1977: ***Puhdys 2*** (Übernahme der AMIGA-LP ***Rock 'n' Roll Music***) (Hansa)
1977: ***Puhdys 3*** (Hansa)
1977: ***Puhdys*** (Melodia)
1976: ***Puhdys 1*** (Hansa)
1976: ***Sturmvogel*** (AMIGA)
1975: ***Puhdys*** (AMIGA)
1974: ***Die Puhdys*** (AMIGA)
1973: ***Siegfried Walendy & die Puhdys*** (Melodia)

Mit den Rock Legenden

2017: ***Volume 2*** (Electrola/Universal Music)
2015: ***Live*** (Electrola/Universal Music)
2014: ***Volume 1*** (Electrola/Universal Music)

Mit dem Evgeni Kantschev-Quintett

1969: ***Das zündet. Tanzmusik für junge Leute*** (AMIGA)

Anmerkung

Es wurde jeweils nur die erste Veröffentlichung angegeben. Oft kamen viele der Alben später noch mal als CD und/oder bei einem anderen Label oder in einem anderen Land heraus, was an dieser Stelle keine Berücksichtigung findet. Die frühen LPs, wie beispielsweise ***Puhdys 1*** und ***Puhdys 2***, waren in Ost und West nicht identisch.

DANKE!

Christian Hentschel und Maschine danken ihren Familien, besonders ihren Frauen Susanne Schmidt und Sylvia Birr, ihren Interviewpartnern Julia Neigel, Heinz Rudolf Kunze, Jörg Stempel, Henning Protzmann, Lukas Schaaf, Felix Lehrmann, Kai Suttner und Uwe Hassbecker, allen Fotografinnen und Fotografen, insbesondere Dana Barthel, Chris Gonz und Bernd Lammel, ihrer Lektorin Bettina Kurzek sowie Uwe Beyer, Oliver Nobis und Steven Dornbusch für wertvolle Hinweise und Inspiration. Nicht zuletzt gilt ihr Dank allen Fans und denen, die sich das Buch hier zugelegt haben. Haltet durch!

BILDNACHWEIS

AMIGA-Archiv: S. 55, 72, 81, 138 (Fischer), 163 sowie S. 56 (unten rechts), 59, 88, 110 (alle Volker Ettelt); Dana Barthel / look-of-life: S. 10, 11, 12/13, 16, 19, 21, 26, 37 (rechts), 119, 120, 151 (links), 156, 166, 169, 181, 183, 185, 186, 194, 199, 200, 213, 217 (oben), 227, 244/245; Sylvia Birr: S. 18, 158, 171, 209, 217 (Mitte, unten), 249; Katrin Gömann: S. 48; Chris Gonz: S. 7, 149 (oben), 195, 236/237; Frank Iffert: S. 145, 170; Bernd Lammel: S. 66, 100 (unten), 103 (3), 104, 148 (rechts), 151 (rechts), 190; Multirecords/Kasskara: S. 101; picture alliance / dpa | Clemens Bilan: S. 179; picture-alliance/ dpa/dpaweb | Jan Woitas: S. 144; picture alliance / Keystone | Röhnert: S. 76 (unten rechts); picture alliance / SvenSimon | Malte Ossowski/SVEN SIMON: S. 196/197; picture alliance / Sascha Radke | Sascha Radke: S. 150; picture alliance / ullstein bild | ARTCO-Berlin: S. 94, 106; picture-alliance / ZB | Klaus Franke: S. 32, 126, 151 (Mitte); picture-alliance / ZB | Kalaene Jens: S. 91; Privatarchiv Dieter Birr: S. 25 (2) (Ahrens), 31 (Weigel), 34 (3), 37 (links), 38, 41 (links), 41 (rechts) (Renate Rohrmann), 43, 44 (4), 53, 56 (4), 85 (2), 112, 113, 124, 132, 135 (Super-Illu), 148 (links) (Volker Ettelt), 149 (unten), 151 (unten), 152, 153, 177 (9), 229, 231; Privatarchiv Jörg Stempel: S. 79; Herbert Schulze: S. 63 (3), 69 (2), 76 (3), 96, 97, 100 (oben); Benjamin Weinkauf: S. 130, 164/165.

Nicht in allen Fällen war es möglich, die Rechteinhaber zu ermitteln.
Berechtigte Ansprüche bleiben gewahrt.